서쪽 하늘, 붉은 노을

정수남 선생 팔순기념 헌정문집
서쪽 하늘, 붉은 노을

엮은이/ 헌정문집 발간위원회

펴낸이/ 문창길
2025년 06월 30일 초판인쇄
2025년 07월 05일 초판펴냄
펴낸곳/ 도서출판 들꽃
주소/ 04623 서울 중구 서애로 27 서울캐피탈빌딩 107호
전화/ 02)2267-6833, 2273-1506
팩스/ 02)2268-7067
출판등록/제1992-000121호
E-mail: dlkot108@daum.net

값 37,000원

*파본된 책은 바꾸어 드립니다.

ISBN 978-89-6143-247-4

정수남 선생 팔순기념 헌정문집

서쪽 하늘, 붉은 노을

| 발간사 |

『서쪽 하늘, 붉은 노을』을 펴내며

문 창 길(시인)

  팔순 작가의 기념문집 출간은 단순한 출판 행위를 넘어, 개인의 삶과 문학, 그리고 사회적 의미가 교차하는 깊이 있는 문화적 서사입니다. 따라서 그 삶의 깊이는 시간 속에 쌓이고, 그 문학의 울림은 그 삶을 견디고 껴안은 언어 속에 머뭅니다.
  정수남 선생님께서 어느덧 팔순을 맞으셨습니다. 세월의 풍랑 속에서도 흔들림 없이 걸어오신 그분의 문학 여정을 기념하고자, 이 책을 엮었습니다. 『서쪽 하늘, 붉은 노을』은 단순한 작품 모음집이 아니라, 한 작가의 정신과 삶의 궤적을 되짚고, 오랜 세월 쌓아올린 문학적 결실을 엄중하게 담아낸 기록입니다.
  정수남 선생님의 글은 시대를 증언했고, 인간을 이해하며, 삶을 품었습니다. 진실한 언어로 사람들의 마음을 어루만졌고, 때로는 날카롭게, 때로는 따뜻하게 세상을 비추었습니다. 선생님의 글을 따라가다 보면, 그 속에 담긴 고독과 연민, 사랑과 신념이 한 시대의 역사와 함께 호흡하고 있음을 느낍니다.
  이 문집에는 선생님의 대표 작품은 물론, 그동안 발표했던 작품 모음과 선생님을 아끼고 따르던 이들의 축사를 비롯하여, 문예동지, 선후배, 제자들이 마음을 더하여 작품을 기꺼이 발표하면서 발간의 의미를 한층 북돋우고 있습니다. 모두가 한마음으로, 선생님께 드리는 감사와 존경의 마음을 담았다고 생각합니다.

팔순이라는 시간 앞에서 우리는 깨닫습니다. 문학이란 결국, 사람의 삶을 향한 깊은 애정과 끈질긴 사유의 결과임을, 그리고 선생님의 문학은 그 길 위에서 쉼 없이 써 내려온 흔적임을 우리는 공감합니다. 한 생애가 지나온 시간과 그 안에서 피어난 문학의 결을 담담히 되짚는 기록이며, 동시에 깊은 사유와 따스한 시선을 세상에 건네는 인생의 노을입니다. 그 작품들은 누군가의 상처를 감싸주었고, 또 어떤 때에는 우리가 외면하던 진실 앞에 마주서게 했습니다. 그 문장들 속엔 삶의 고요한 슬픔도, 기쁨도, 무엇보다 사람에 대한 끈질긴 애정도 깃들어 있었습니다. 책장을 넘길 때마다, 독자 여러분은 한 작가의 생애와 언어가 어떻게 아름다운 노을처럼 스며드는지를 느끼시리라 믿습니다.

더불어, 문집에는 단지 작품뿐 아니라 작가의 삶을 함께 담고 있습니다. 작가의 자전적 산문, 소설, 시, 회고록, 가족과 지인의 글 등을 통해 그들의 인간적인 면모와 사상, 시대적 고민을 드러냅니다. 이는 문학을 넘어선 인문학적 가치를 지닙니다. 기념문집은 작가 사후에도 그 사람의 정신과 언어, 작품 세계를 후세에 전하는 역할을 합니다. 도서관, 아카이브, 학교 등에 보존되어 연구 자료나 교육 자료로 활용될 수도 있는 문학적 유산입니다.

저는 일찍이 문예동지로서 그리고 후배 작가로서 선생님께서 지난 수십 년간 문학이라는 한 길을 묵묵히 걸어오신 것을 지켜보았습니다. 척박했던 시대, 부침 많던 세월 속에서도 글을 멈추지 않으셨고, 삶을 응시하는 눈으로 우리 모두에게 말 걸기를 멈추지 않으셨습니다. 그 깊은 시선과 따뜻한 문장은 독자들에게 때로는 위로가 되었고, 때로는 성찰의 계기가 되었습니다. 사실 팔순, 그것은 끝이 아닌 또 하나의 시작입니다. 『서쪽 하늘, 붉은 노을』이 선생님의 문학 여정 위에 놓인 하나의 이정표가 되고, 동시에 후대에게는 따뜻한 빛이 되어 길을 밝혀줄 것을 기대합니다.

　이 귀한 문집을 함께 엮어주신 발간위원회의 조수행, 임철균, 김나영, 김옥전 작가들과 성원해 주신 모든 분들에게 진심으로 감사의 인사를 전합니다. 그리고 무엇보다, 노을처럼 아름다운 문학의 시간을 남겨주신 정수남 선생님께도 깊은 존경과 애정을 바칩니다.

2025년 6월
정수남 선생 팔순기념 헌정문집 발간위원회 위원장

| 책머리에 |

고맙고 반가운 사람들

정 수 남

　인생은 목적이 아니라 그 목적을 이루기 위해 살아가는 과정이라고 말한 미국의 어느 대학교수가 문득 생각납니다. 그렇습니다. 목적은 우리가 이루었다고 생각하는 순간, 또 저만큼 멀리 달아나게 마련이지요. 그러면 또 그것을 향해 본능적으로 숨 가쁘게 달려가는 게 우리 인생의 여정이니까요.
　나도 예외는 아니었습니다. 그렇지만 그 여정을 달려가는 동안 내 앞에는 늘 고맙고 반가운 사람들이 있었습니다. 그들을 만날 적마다 나는 기뻤습니다. 따듯한 봄날, 청명한 하늘을 올려다보는 것만큼 기쁜 시간을 보낼 수 있었습니다. 그들이 있음으로써 내 여정은 조금도 힘들지 않았습니다.

　내가 낯선 고양시에 들어와서 후곡마을에 '일산문학학교'를 처음 시작한 것은 1998년 4월이었습니다. 아이엠에프 여파로 가뜩이나 독자들의 눈에서 멀어진 문학이 더 밀려나 있던 시기였습니다. 그러나 나는 실망하지 않았습니다. 물론 밖으로는 지역에서 소외된 문학을 뿌리내려야 한다는 게 목적이라고 외쳤지만 사실은 그것보다 그게 내 생계를 위한 마지막 수단이었던 까닭입니다. 그만큼 당시 내 처지는 급박했습니다.
　처음 수강생은 여섯 명이었습니다. 그리고 많을 때는 스무 명이 넘을 때도 있었습니다. 또 예고와 대학교에서 특기자 전형으로 문창과 학생을 뽑을 때는 주간반 야간반으로 나눠 마흔 명도 넘게 가르친 적도 있었습니다. 그래서 어느 정도 성과를 내기도 했지요. 그러나 내 마음은 늘 못마땅했습니다. 조금씩 이것이 과연 내가 할 일인가, 하는 마음이 솟구쳐 나를 괴롭혔습니다. 왜냐하면 그들이 원하는 것은 문학에 대한 정신과 혼, 열정 따위가 아니라 단지 기술과 방법이라는 걸 알았기 때문입니다.

 그래도 나는 절망하지 않고 그들을 붙들고 가르쳤습니다. 반복하다 보면 언젠가는 문학에 대한 올곧은 정신이 그들의 가슴에 각인될 날이 올 것이라고 믿었기 때문입니다. 그러니까 바로 오늘이 그런 날이 아닌가 싶어 더욱 기쁩니다.

 문학은 '처음'에서 출발합니다. 몸에 갇혀 있는 영혼을 끄집어내어 자유를 주어야 비로소 그 영혼이 문학으로 승화됩니다. 아직도 자기 자신이 불만스러운 사람들, 목적은 있는데 이루지 못한 사람들은 이 말을 듣고 실망에서 벗어날 수 있기를 바랍니다. 누군가 문학 병은 고칠 수 없는 난치병이라고 했습니다. 나는 그 말을 믿습니다. 왜냐하면 나 자신이 그랬으니까요. 또한 지금 그 병을 앓고 있다면 당신 역시 그럴지 모릅니다. 그렇다면 저 가슴 밑바닥 어딘가에서 당신을 향해 꺼내달라고 발버둥치고 있을 그 영혼, 이제는 과감히 꺼내 상상의 날개를 달아 주기 바랍니다.

 오비디우스는 이런 말을 했습니다. 일 년 동안 맑은 날과 흐린 날을 세어보면 맑은 날이 더 많았다는 걸 알게 될 것이다…….

그렇게 보면 사실 나는 그동안 내가 만났던 고맙고 반가운 사람들에게 지금까지 가르친 게 아니라 오히려 배웠다고 말할 수 있을 것 같습니다. 따라서 흐린 날보다는 맑은 날이 훨씬 더 많았다고 자신합니다.
 그렇게 보면 그 가운데에서도 오늘은 내 인생에서 가장 맑은 날이라고 해도 과언이 아닐 듯합니다. 이런 호사가 내 평생에 또 있을까요? 이 모든 것, 이 과분한 것을 받으면서 느끼는 것 가운데 첫째는 이처럼 호사를 누리게 한 분들에게 보답하기 위해서라도 앞으로는 더욱더 열심히 쓰고 가르칠 생각입니다. 왜냐하면 그것밖에는 내가 잘하는 게 없기 때문이지요.

 다시 한번 여러분에게 감사드립니다.
 감사합니다.

| 축사 |

한국 문단의 영원한 버팀목이 되기를

김 지 연(소설가)

　세월이 빠르다는 것을 모르는 사람이 어디 있을까. 그런데 정수남 작가의 팔순기념문집을 제자들이 준비한다는 소식을 듣자 나는 갑자기 흠칫 놀라고 말았다. 이는 정수남 작가가 나에게는 여전히 젊은이로 부각 되어 있었기 때문일 것이다. 그만큼 그는 늘 젊은이처럼 열정이 넘치고, 씩씩하며, 무모할 정도로 용감하다. 그런가 하면 세상 때 묻지 않은 천연의 원석 같은 순수성도 지니고 있다. 특히 작품을 창작할 때는 더욱 그러하다. 그것은 지금까지 노익장을 과시하며 창작 생활을 영위하는 그만의 독특한 자양분이라고도 할 수 있을 것이다. 그래서 그럴까. 그가 가는 자리엔 늘 젊은 문인들이 여럿 따른다. 형님, 아우 하면서…….

　그는 소설을 쓴다. 그러나 시도 그에 못지않게 열심히 쓰고 있다. 얼마 전 나는 그가 보낸 세 번째 시집 '희망 사항'을 읽은 적이 있다. 아내에 대한 순애보와 같은 그 시집을 읽으며 뼈근한 감동을 받았다. 요즘 세상에 이런 남편이 존재하다니, 10년을 몸져누운 아내를 향한 그의 지순한 사랑과 그리움과 아픔이 시편마다에서 넘쳐, 나는 지금까지 몰랐던 그를 다시 알게 되었다. 그것은 그의 소설과는 또 다른 깊은 감명이었다.

 우리는 한 달에 한 번꼴로 은평구 일식집에서 만나곤 한다. 때로는 둘이, 또 때로는 셋, 또는 그 이상이 점심 무렵에 모여 식사하면서 문단 이야기로부터 세상 돌아가는 행태까지 나누다 헤어지곤 한다. 그럴 때도 그는 늘 큰누이 챙기듯 늙은 내 건강을 걱정해주었다. 자신이 어느새 팔순이 되었다는 건 잊은 채. 그래서 나는 그가 좋은 소설과 시를 쓰는 한국의 보물 같은 중진작가로 더러는 착각했다.

 어떤 모양의 팔순 기념 문집이 나올까, 나는 벌써부터 기대하고 있다. 그것은 무엇보다 여러 가지 연유로 팔순 잔치를 하지 않는다는 작가의 말을 들은 제자들이 그럴 수 없다며, 그들이 스승의 팔순을 기리기 위해 주축이 되어 문집을 만든다 했기 때문이다. 이 얼마나 아름답고 감동적인 풍경인가. 세상에서는 흔히 제자를 보면 그 선생도 알 수 있다고 한다. 그렇다면 이를 통해 지금까지 정수남 작가가 어떻게 후학을 가르쳐왔으며, 또 어떻게 창작을 해왔는지 짐작하고도 남음이 있다.

 아무리 백세시대라고는 하지만 팔십 수명을 넘길 때까지 가슴을 울리는 글을 쓰며 살 수 있다는 건 어찌 보면 하늘이 내려준 큰 복이라고 할 수 있다. 하물며 제자들이 스스로 모여 기념 문집을 헌상하는 호사를 누린다는 것은, 소설 문단에서도 흔하지 않은 일이다. 그런 의미에서 정수남 작가의 이번 산수傘壽기념문집과 팔순 생신은 진정으로 축하받아 마땅하다고 생각한다.

　다시 한번 더 축하드린다.
　앞으로도 더욱 건강 챙기시고 백수白壽까지 지금처럼 귀한 작품을 창작하기를 간절히 바라는 마음이다.

| 축사 |

우정의 현장에서 즐겨 마주치며

손 영 목(소설가)

　내가 정수남을 처음 만난 때는 1980년대 초엽, 신예작가로서 패기와 자신감이 넘칠 무렵이었다.
　어느 날 저녁, 동인활동하는 친구들과 술집에서 화기애애한 시간을 보내던 중에 예정에도 없던 객군들이 합석했는데, 그 중에 유난히 말발이 세서 주목을 받고 튀는 작자가 있었다.
　은근히 못마땅해 점잖게 자중을 요구했더니, 제 기분에 취해 기세를 부리다 이마빡에 군밤 맞은 격이 된 그가 정색으로 시비를 걸어왔다. 분위기가 어색해지니 누군가 얼른 나한테 속삭였다. 소싯적에 Y고교를 주름잡던 유명한 어깨니까 참으라고.
　이 말이 오히려 나를 자극했다. 제가 어깨면 어깨였지, 명색 해병대 출신에다 현역시절 병장 계급장 달고서 한 특과부서장을 대행하는 카리스마로 빡빡머리 대신에 반고수머리 길러 멋을 뽐내던 기백의 소유자가 나 아닌가.
　그래도 아무튼 주먹다짐하는 불상사로 이어지지 않고 상황이 수습돼 다행이었다. 걱정된 친구들의 극력 만류도 만류지만, 너는 불뚝성미에다 손속이 매워 살煞이 있으니 실수로라도 절대 남과 싸우지 말라던 어머니의 간곡한 당부가 내 뒷덜미를 낚아챈 덕분이었다.
　정수남과의 첫 만남은 이처럼 껄끄러운 장면으로 끝났는데, 이후로 우리는 좀처럼 교유할 기회가 없었다. 저마다 주로 활동하는 권역이 다르고 떨어졌기 때문이다.

하지만, 문학하는 사람들의 동네가 넓은들 얼마나 넓겠는가. 살다보니까 어쩌다 얼굴 마주치게 되고, 대화를 나눠보니 새롭게 서로 이야기가 통하며 마음에 드는 구석이 있는데다 동갑내기여서 어느덧 막역한 벗이 되고 말았다. 이제 우리는 서로 성명이나 아호雅號 대신에 갑장甲長이라는, 구닥다리지만 탁주냄새 물씬한 호칭을 쓴다.

정수남은 개성이 강하고 캐릭터가 독특한 인물이다. 누군들 개성 없는 사람 있을까마는, 대인관계나 문제처리에 호불호와 흑백논리가 호두껍질처럼 단단하고 확실해서 감탄스러울 정도다.

연전에 내가 주위의 강권에 떠밀려 소설가협회 이사장선거에 나섰다가 낙마했을 때, 평소의 우정을 접고 상대편을 당선시키려 열심히 뛴 친구가 있었다. 어느 정도 시일이 지난 후, 나는 까짓 거 지난 일로 치부하자며 인간관계를 복원했는데, 내 마니아를 자처하는 정수남은 그게 무슨 밸 없는 짓이냐며 언짢아했다.

어느 날, 내 인생도 문학도 이젠 정리단계에 이르지 않았나 싶다는 소회를 무심히 주절거렸다가 무안쩍을 정도로 타박을 맞기도 했다.

평안도사람다운 정수남의 이런 기질을 감탄하고 사랑하면서, 기념문집 출간을 진정으로 축하한다.

갑장 파이팅!

| 축사 |

정수남을 말한다

한 보 영(소설가)

　그는 한마디로 액티브하다. 언뜻 보기는 거친 듯싶다. 하지만 한 발짝만 안으로 들어가 보라. 의외로 비단결 같은 정결함과 따뜻함이 내재 되어 있음을 알 수 있다.
　일단 그는 시끄럽다. 언제 어디서든 소곤소곤하는 법이 없으니 말이다. 입만 열면 목소리 낮춘 법 없이 할 말을 소신껏 설파하기 때문이다. 그것도 즉흥적이 아닌 다분히 논리적으로.
　그는 애주가다. 아무 술이나 다 좋아하는 건 아니다. 청하라든가 맥주 등 순도 낮은 술을 즐겨 마시는 편이다. 점심 먹을 때 밥그릇은 손도 안 대고, 앉은 자리에서 병맥주 열 병 이상을 해치운 걸 목도하기란 그리 어렵지 않다.
　그의 어법은 술을 마셨을 때나 안 마셨을 때가 크게 다르지 않은 것 같다. 논리 정연하고 늘 톤 업 한 목청이다. 자칫 주위가 시끄러울 수 있지만 앞에서 말한 대로 별반 주위에 신경 안 쓰고 할 말을 하는 편이다.
　가장 곤욕스러운 건 다소 젊은 작가들과 술 마실 때다. 좀 아니꼽다 싶으면 서슴없이 그의 입에서 "너, 맞을래?" 하는 말이 예사로 나오기 때문이다. 진짜로 손찌검까지 하는 건 못 봤지만, 옆에서 보면 늘 아슬아슬하다. 알게 모르게 무용담도 회자 되고 있지만.
　한데 그건 어디까지나 겉치레에 불과하다. 지나치리만치 정확, 정교, 섬세한 면이 있다면 모두 놀랄까. 그에게는 도무지 '적당히'란 게 없는 것 같다.

의외로 근면한 모습도 볼 수 있다.

그는 파주에 문학 공작소를 개설, 운영하고 있다. 특별한 일이 없는 한 와병 중인 부인을 챙겨준 다음 아침이면 늘 그곳으로 출근한다. 어쩌다 들르면 그는 거의 글을 쓰고 있다. 아니면 뭔가 메모하거나 자료를 뒤적이고 있다.

지하인 탓으로 지하 특유의 곰팡이 냄새, 을씨년스러운 분위기가 엿보이지만 공작소는 언제 가보아도 군더더기 없이 깔끔하다. 기름 칠한 것처럼. 그의 거친 겉모습과는 전혀 다른 정결, 정숙함이 묻어 있다.

그는 또한 메모광狂이다. 촘촘한 메모가 글쓰기에 절대적 설계도라며. 나 같이 메모 같은 것 없이, 다분히 즉흥적이고 감성적으로 글 쓰는 사람에게 쥐구멍을 찾게 할 만큼.

언젠가 제주도로 1박 2일의 문학기행을 간 일이 있다. 공교롭게 나는 그와 룸메이트가 된다. 좀 시끄럽겠거니 지레 겁먹었다.

아니나 다를까. 행사가 끝나고 저녁을 마치자 그는 예상한 대로 술 추렴꾼들을 모으나 싶더니, 야심한 밤에야 룸으로 되돌아온다. 고주망태가 다 돼서 말이다.

한데 놀라운 건 예상을 깨고 너무 얌전하다는 것, 밤새 횡설수설 술주정깨나 할 줄 알았지만 그게 아니었다는 점. 뿐인가. 이튿날 아침에도 제 시간에 일어났을 뿐더러, 룸메이트 나한테는 물론 문학기행 일행에게 조금도 방해되는 일 없이 행동한 그의 무서운 책임감에도 고개 숙여지지 않을 수 없었다.

| 축사 |

거랑놈의 세상을 견뎌 온 작가의 뚝심
-정수남 선생의 시간

김 성 달(소설가)

    정수남 선생은 평양이 고향이다. 평양은 한반도에서 가장 오래된 도시로 고조선과 고구려의 수도, 고려의 제2수도였다. 선생은 경성과 더불어 조선의 양대 도시라고 불리던 평양의 정미소집 손자로 태어났지만 한국전쟁에 등떠밀려 낯선 남쪽으로 내려온 실향민이다, 우리 소설문단에 한획을 그은 손창섭, 황순원, 계용묵, 안수길, 정비석, 선우휘, 최인훈, 이호철 등의 소설가들이 모두 실향민 작가이다.
    팔순이 된 지금까지도 고향에 대한 아릿한 향수를 말 못 할 맑은 그리움으로 얼비치기도 하는 정수남 작가는 여전히 평양 남자 특유의 호기로운 기질을 지니고 있다. 그래서 때로는 원리원칙을 고집하는 아독청我獨淸 아독성我獨醒이었고, 평양 박치기의 위력도 서슴지 않았다. 하지만 고향 떠난 낯선 골목길은 발등 위에 촛불을 세운 듯 조심스럽게 걸었고, 마음의 화가 번져 다른 이를 태우지 않도록 자제했고, 영혼의 맑은 눈빛이 흐려지지 않도록 자신을 몰아세운 것은 평생 사표가 되신 기독교인 아버지 때문이었다. 아무것도 없는 빈 몸으로 내려왔지만 당신의 인생을 몽땅 갈아 넣어 뒷바라지를 한 아버지는 젊음의 한페이지를 불꽃같이 살았던 청춘정수남 선생의 삶을 외면하지 않고 끈끈하게 지탱해준 버팀목이었다.
    지금도 하루 원고지 20여 장을 거뜬히 채우면서 한 달에 단편 한

편을 발표하고, 6개월에 장편소설 한 편을 퇴고하면서도 문학공작소를 비롯한 이곳저곳 소설강의를 하느라 하루가 모자라는 정수남 선생은 그렇게 바쁜 틈틈이 태어나 자란 고향 쪽으로 눈길을 주는 본능적인 배냇짓을 한다. 고향은 마음의 정처이고 마음의 영혼이기 때문이다. 하지만 선생의 고향은 쉽게 찾아갈 수 있는 곳이 아니다. 그저 애틋한 마음으로 고향을 떠올리며 손끝이 떨리는 황망한 눈빛으로 북쪽을 바라보는 정처 없는 자신을 만나곤 하지만, 이내 평양 남자 뚝심으로 펜을 움켜잡는다.

정수남 선생은 새벽에는 자택의 작은 서재에 앉아 소설을 쓴다. 그 소설은 세상 사람들이 이미 알고 있는 이야기를 그들의 언어로 그들에게 쉽고 재미있게 들려주는 것이다. 오후에는 문학공작소에서 소설을 쓴다. 그 소설은 날카로운 관찰과 깊은 감성으로 얻은 경험의 진실을 허구의 지혜로 직조한 것이다. 이처럼 종일 소설과 동행하는 선생은 소설 앞에서 한없이 겸허하고 작아진다. 그 시간은 경험과 심연이 일치하는 삶을 살고 그리기 위해 한없이 고독 속으로 달려가는 여정이기 때문이다. 달리다가 길이 무너지고 사라져도 선생은 오늘도 고독하게 그 길을 달린다.

얼마 전 선생의 시집 『희망사항』 교정을 보면서 나는 새벽내내 울었다. 선생은 투병 중인 아내 팔다리 역할을 한 지도 어느새 10년이 되었지만 제대로 걷지 못하는 아내 때문에 매일 운다. 그러면서도 아직은 아니라고 희망을 노래한다. 옆에 숨 쉬는 아내가 있으니, 남은 생을 함께 할 동반자가 있으니 아직은 심지가 꺼진 게 아니라는 것이다. 아내가 차린 밥을 같이 먹는 소소한 행복, 아침 출근할 때 "일찍 들어오세요" 인사를 듣는 크나큰 기쁨, 아내의 손을 잡고 옛날 데이트 장소에 가보는 즐거움, 아내의 노랫소리를 들으면 느껴지는 하늘을 날 듯한 기분, 이 네 가지 '희망사항'을 염원하는 선생의 시가 나는 선생 마음속에 오래 묻었다가 꺼낸 울음소리 같아 오래도록 울음을 그칠 수 없었다. 그 새벽 나는 선생 시 덕분에 캄캄했으나 울고 나면 환해지는 눈물을 알았다.

정수남 선생은 자신을 과시하거나 남을 꾸짖는 법이 없다. 삼라만상 제각각의 모습을 말없이 품는 풍경과도 같다. 이런 선생을 만난 것은 내 인생의 큰 복이다. 선생의 편파적이다 싶은 무조건 응원에 힘입어 나는 등이 꺾일 때마다 마음의 푯대를 곧게 세우고 씩씩하게 걸었다.

선생의 팔순 기념 선집 발간을 축하드리며. 오래오래 건강하시기를 두 손 모아 축원드린다.

| 축사 |

늘 오늘처럼 건강하세요

김 영 두(소설가)

    원고를 청탁받고 처음엔 깜짝 놀랐습니다. 아니, 정수남 선생님이 벌써 팔순이야, 하는 생각 때문이었습니다. 세월은 누구도 어쩌지 못하는가 봅니다. 늘 청년처럼 느꼈는데 선생님도 어느새 그렇듯 팔순이 되었다는 것을 보면…….
    먼저 축하드립니다. 또 한편으로는 부럽기도 하고요. 제자들이 선생님의 팔순을 그냥 넘기지 않고 기념문집을 낸다는 게 그렇게 쉬운 일은 아니지 않습니까. 요즘 세상에 누가 그런 일을 위해 자기 돈과 시간을 낭비해 가면서 만들어 드리겠다고 마음을 먹겠습니까? 그런 걸 보면 선생님은 복이 많은 분이 틀림없습니다.

    일전에 선생님이 보내 주신 시집 『희망 사항』을 읽고 저는 또 한 번 놀랐습니다. 젊은이 못지않게 늘 창작하는 선생님인 줄은 일찍이 알고 있었으나 이처럼 지난 10여 년간 몸도 영혼도 온전치 못한 아내를 돌보면서 그 애틋한 사랑을 92편의 시편으로 풀어놓았다는 것 때문입니다. 아마도 이번에 출간한 시집 『희망 사항』은 많은 이들에게 깊은 감동을 줄 게 틀림없다고 봅니다. 선생님의 사랑과 헌신이 담긴 그 시편들은 단순한 글이 아니라 메마른 현대인들의 삶에 진정한 의미를 일깨우는 소중한 작품이며, 우리 모두에게 큰 교훈이 될 성과물이었습니다. 자신의 이름도 잃어버린 아내를 곁에 둔 어려운 상황 속에서도 변함없이 희망을 버리지 않는 선생님의 지고지순한 사랑은 많은 이들에게 희망과 용기를 줄 게 틀림없습니다. (저는 이 시집을 받은 날, 몇 번이나 눈물을 훔치며 읽고 또 읽었습니다.)

또한 선생님의 시편들은 우리가 흔히 일상적으로 외치는 사랑의 본질이 과연 무엇인가를 다시금 돌아보게 하며, 그 속에서 정의를 찾게 하였습니다. 그런 의미에서 보면 선생님이 겪으신 고통과 슬픔이 담긴 시편들은 앞으로도 독자들에게 깊은 감정을 불러일으킬 것이며, 그 어떤 문학작품보다도 진솔하고 진지한 감동을 선사할 것입니다.

지금까지 발표한 선생님의 작품들을 보면 단순한 문학적 성취를 넘어, 인생의 소중한 가치와 의미를 되새기게 하는 힘이 있었습니다. 그래서 우리는 선생님이 앞으로도 더 오래 우리 곁에 계시기를 소망합니다. 그렇게 되기 위해서는 앞으로 더욱더 건강에 유념하시기 바랍니다. 그래야 노년에 인생의 여정을 조망하는 선생님의 작품이 더욱 빛나고, 많은 분에게 사랑받을 것이기 때문입니다.

끝으로 선생님의 만수무강과 건필, 그리고 선생님의 팔순 기념문집을 발간하기 위해 열정을 다하고 있는 선생님의 제자분들이 모두 나중에는 한국 문학의 큰 나무로 자라기를 기원합니다.

| 차례 | 정수남 선생 팔순기념 헌정문집 『서쪽 하늘, 붉은 노을』

| 발간사 |

문창길   『서쪽 하늘, 붉은 노을』을 펴내며   4

| 책머리에 |

정수남   고맙고 반가운 사람들   7

| 축사 |

김지연   한국문단의 영원한 버팀목이 되기를   10

손영목   우정의 현장에서 즐겨 마주치며   13

한보영   정수남을 말한다   15

김성달   거랑놈의 세상을 견뎌 온 작가의 뚝심   17
　　　　　　　-정수남 선생의 시간

김영두   늘 오늘처럼 건강하세요   20

| 1부 정수남 | 아직 끝나지 않은 짝사랑

[시]

　　　근성　　　28

　　　자화상·4　　　30

　　　바람　　　32

22 | 서쪽 하늘, 붉은 노을

　　　　인연　　　33

　　　　아버지　　　34

[산문]

　　　　아직 끝나지 않은 짝사랑　　　36
　　　　　　　-나의 인생, 나의 문학

　　　　내가 늙는다는 것은　　　49

[평론]

　　　　소설가 오성찬을 말한다　　　53

[단편소설]

　　　　서쪽 하늘, 붉은 노을　　　65

　　　　작가연보　　　86

| 2부 평론 | 희망은 지금 어디 있을까

김옥전　행복이라는 희망은 지금 어디 있을까　　　92
　　　　　-정수남시집 『병상일기』 『너, 지금 어디 있니?』 『희망사항』

임철균　정수남 소설 「생명의 기원」과
　　　　　　찰스 다윈 『종의 기원』에 관한 소고　　　110

　　　　　정수남 「집」에 나타난 육화된 코기토의 분단극복과
　　　　　　통일 서사　　　121

| 3부 시 | 꽃불처럼 환하다

곽애영	물망초 외 1편	138
김옥전	가면우울증 외 1편	143
문창길	토당리 황 씨·2 외 1편	148
박인숙	목련꽃차 외 1편	152
백경종	가족사진·1 외 1편	156
신정주	늙는다 설워말고 외 1편	161
이인희	푸른 꽃잎처럼 환하다 외 1편	165
장영호	사라진 나뭇가지 외 1편	170
한경선	초록 용수철 외 1편	174
홍 휴	우리 모두 외 1편	178

| 4부 수필, 동화 | 봄꽃이 피었어요

김정옥	아이는 어른의 스승 외 1편	184
정현경	거짓말 외 1편	193
조수행	봄맞이 외 1편	198
최미경	이제는 없다 외 1편	207
최태랑	오백원의 지혜 외 1편	218
한신경	그 소녀는 아직도 거기에 살고 있을까? 외 1편	224
김애련	주차장에 봄꽃이 피었어요!	233

| 5부 소설 | **불을 찾아서**

김나영	불을 찾아서	242
김성문	세계를 상실하는 법	266
김성훈	겨울 연어·1	291
김지윤	밥 한 번 먹자	319
미 진	감기	335
박시연	드디어 카톡	356
신 신	어떤 사랑	376
양희순	아픈 손가락	396
이영주	분양	414
이찬옥	유정 문구	428
이창경	그림자놀이	449
임진아	아웃싸이더	471
임철균	코드 블루 코드 블루	488

필자약력 507

제 1 부

정수남 대표작품

아직 끝나지 않은 짝사랑

| 시 |

근성 외 4편

정 수 남

6층 옥상 시멘트 바닥
약지보다도 작은 틈새에
지난봄부터 어디선가 날아와 뿌리를 내린
후우, 불면 날아가 버릴 것 같은
이름 모를 잡초 하나

여름날 가뭄에도 말라 죽지 않고
장대비 속에서도 가부좌 틀고 앉은

가을이 되자 하얀 꽃까지 피우는
내 어린 날 어머니를 닮은 풀

삼팔선을 넘어와
다시는 갈 수 없는 고향 땅이 되었는데도
눈물 한 방울 흘리지 않고
앉은 곳이 자기 자리인 양
길바닥에 양담배 몇 갑 늘어놓고
온종일 꼼짝하지 않던 남대문 시장통의 어머니

쇳소리 풀풀 나는 평안도 사투리 뱉어내며
합동 단속에도 끄떡하지 않고
아들 넷 보듬고 엄동설한을 버티던
자식들이 모두 성장하여 둥지를 튼 뒤에도 떠난 적 없는

내년에도 봄이 오면
다시 청청하게 살아날 게 틀림없는
이름 모를 잡초 하나

자화상 · 4

나는 약장수입니다
단돈 10만 원에 목청이 터지도록
문학을 파는

나는 선생이 아닙니다
그래서 제자가 없습니다
모였다가 흩어지면 그뿐
그들은 다시 모르는 사람으로 돌아갑니다

가슴을 두드리며
문학의 정신과
문학을 대하는 자세를 떠들어대지만
그것은 잘 팔리지 않습니다

그들이 찾는 것은
언제나 문학의 기술과 방법입니다
가슴 없이는 아무짝에도 쓸모없는 것이라고
목이 쉬도록 외쳐대도
그들은 듣지 않습니다

그것만을 사들고는 좋아라 돌아갑니다

약장수는 언변이 좋아야 합니다
인물도 뛰어나야 합니다
시대는 지금 그런 약장수가 인기입니다

그러나
모든 점에서 뒤떨어진 나는
그래서 팔고 싶어도
많이 팔지 못하는 약장수입니다

가진 게 그것뿐인
그래서 늘 가난을 벗어나지 못하는 약장수는
그래도
오늘 또 약을 들고 집을 나섭니다

그러나 평생을 오늘처럼
살아간다 해도
약장수는 후회하지 않을 겁니다

그 길만이
자신이 걸어갈 길이라는 걸
잘 알고 있는 까닭이지요

바람

바람이 아닌 것은 이 세상에 아무것도 없다

바람 속에 들어가면 누구나 바람이 된다

바람의 마음은 바람이 되지 못하면 알지 못한다

바람이 왜 누울 수 없는가는 바람이 되어야 안다

어젯밤 왜 그토록 서럽게 울었는지는 바람이 되어봐야 안다

인연

평양과 서울은 멀다

먼 데, 만났다

만나서 자식 셋 낳았다

60년 가깝게 헤어지지 않고 살고 있다

아버지

거랑말코 같은 세상…… 아버지는 손을 씻으셨다 하루에도 몇 번씩 손을 씻으시며, 하루에도 몇 번씩 똑같은 말씀을 되뇌곤 하셨다 섭섭할 때나 언짢은 일을 당했을 때는 더 많이 씻으셨다 거랑말코 같은 세상, 거랑말코 같은 세상…… 작은고모가 시집에서 쫓겨 왔을 적에도, 추석날 혼자 외롭게 낚시를 가시면서도, 어머니와 다툴 적에도 아버지는 늘 그랬다 피난 내려와 돌아가실 때까지 아버지는 그렇게 손을 씻으며 사셨다

왜 아버지는 그렇게 손을 씻고 또 씻으셨을까
무엇이 역겨워서 늘 거랑말코 같다고 세상을 비아냥거렸을까

나이 칠십이 넘어가면서 나는 비로소 내가 아버지를 닮았다는 것을 깨달았다 나도 모르게 손을 씻고 있는 나를 발견하곤 놀란다 아내를 데리고 병원에 가면서도, 책을 읽다가도, 나는 내 손에서 문득 알 수 없는 악취가 풍기는 것 같아 화장실로 급히 달려가 손을 씻곤 한다 씻고, 씻어도 악취가 가시지 않아 하루에도 몇 번씩 손을 씻고 또 씻는다 거랑말코 같은 세상……

아, 아버지……

아버지가 그립다
거랑말코 같은 세상……

| 산문 |

아직 끝나지 않은 짝사랑 외 1편
-나의 인생, 나의 문학

정 수 남

　너는 냉정했다. 한 여름철에도 찬바람이 일어날 만큼 차가웠다. 나이 칠십이 넘도록 너 하나 보고 달려왔으나 도무지 곁을 주지 않았다. 그 하얀 웃음 환하게 보이다가도 어느새 팽, 돌아서기 일쑤였다. 그래도 한눈팔지 않으면 언젠가는 내 사랑 알아줄 날이 있으리라, 여기고 미욱스레 달려왔으나 아니었다. 그런 너를 보며 어느 때는 험하고 가파른 이 외길을 왜 뒤도 돌아보지 않고 헐레벌떡 달려왔는지, 후회스러울 때도 있었다. 그러나 그것도 잠시뿐, 다음 날이 되면 다시 네 생각으로 몸이 달아오르는 나를 발견하곤 쓴웃음을 짓곤 한다. 그렇게 보면 나는 누가 말한 것처럼 아직 배냇버릇을 버리지 못한 지진아인 게 분명한 것도 같다.
　사람들은 흔히 너를 가리켜 미래지향적이라고 부른다. 지금도 이 세상의 많은 사람이 나처럼 너를 짝사랑하는 이유는 바로 그것 때문이다. 이는 지금 당장은 아니더라도 미래의 어느 날엔가는 네가 반드시 자신들의 사랑을 받아 줄 것이라는 믿음을 가지고 있는 까닭이다. 나도 마찬가지이다. 그렇게 보면 변화무쌍하고 신묘불측한 너는 여왕과 같은 존재가 분명하다.

　내가 너를 처음 만난 것은 초등학교 4학년 가을이었다. 지금도 그때를 똑똑히 기억하는 것은 파란 하늘 아래에서 처음 마주한 너의 모습이 어찌나 아름다운지, 나도 모르게 평생 사랑하겠다고 맹세했기 때문이다. 아무리 빙충맞은 허릅숭이라도 사랑하는 사람의 모습만큼은 평생 안고 사는 거 아니겠는가. 그날 나는 난생처음 교장 선생님으로부터 장원상을 받았다. 부상이라고 해봤자 겨우 누런 갱지 노트 몇 권이 전부였지만, 백일장이라는 것조차 몰랐던 나에게 그것은 구름에 오른 것만큼이나 기쁜 일이 아닐 수 없었다. 더구나 '이 담에 큰 작가가 될 것 같다'는 교장 선생님의 격려 한마디는 어린 내가 돌이킬 수 없는 길로 접어들기에 충분했다. 작가……. 나는 그게 무엇인지도 모르면서 하냥 좋아했다.

그때부터 내 마음은 너를 향하기 시작했다. 그러나 본격적으로 사랑을 알기 시작한 것은 중학교에 입학했을 때부터라고 해야 옳을 것이다. 문예반에 들어간 나는 너를 만나기 위해 비 오는 날이면 남산 길을 혼자 올랐고, 밤이면 너를 그리며 몸부림쳤고, 손가락에 굳은살이 맺히도록 연서를 썼다. 읽을 책이 귀하던 시절이었으나 아버지가 은행지점장인 동무 한주네 집에 가면 책은 거실 장식장 안에 얼마든지 꽂혀 있었다. 그 시절 충격을 준 소설은 김동인의 '감자'였다. '복녀'라는 한 여인의 비극적 삶과, 가난 때문에 파멸해 가는 그 주변 인물의 추악한 모습이 아프게 다가와 밤잠을 이루기가 어려웠다. 몇 번을 읽었는지 모른다. 다음으로 내 혼을 빼앗은 책은 김소월의 시였다. 사랑과 그리움, 그 애절한 이별 노래에 매혹되어 나는 누가 시키지 않는데도 공책을 펼쳐놓고 저녁마다 필사하곤 했다. 나중엔 동무들이 써달라는 연애편지에 외람되이 인용하기도 했지만…….

그렇게 사랑하게 된 나는 중학교 3학년 때 예총이 주관하는 전국백일장에 참가하여 입상하기도 하고, 학교에서 발행하던 월간지

'용담'에 연재소설을 쓰기도 하면서 차츰 더욱 깊숙이 사랑에 빠져 들었다. 그러니까 그 시절 가르침을 받은 강순희 국어 선생님과 매일 시 한 편씩을 써오지 않으면 대나무 자로 손바닥을 때리던 대구 출신의 장욱제 국어 선생님은 그 일방적인 사랑에 기름을 부어 준 셈이었다.

  그때부터 주변 사람들은 옴나위없이 짝사랑에 목말라 하는 내 모습을 지켜보며 미친병에 걸렸다고, 손가락질했다. 그들의 말에 의하면, 그 병은 한 번 걸리면 콧숨 멎는 날까지 고치지 못한다는 것이었다. 그러나 아버지는 그런 소리를 들으면서도 반대하지 않았다. 다른 사람들과는 달리 나를 두둔했다. '그 성마른 놈이 기거라두 하갔다는데 와덜 가루 막구 기러네?'

  내 아버지는 그런 분이었다. 말수가 적고 무뚝뚝하고 표현은 잘 하지 않았으나 살아계시는 동안 어려울 때는 늘 내 편이 되어 주었다. 그 덕분에 자칫 소외되기 쉬운, 4형제 가운데 둘째였으나 나는 그 틈새에서 기죽지 않고 성장할 수 있었다. 하긴, 아버지의 말씀대로 어린 시절부터 나는 좀 독별 난 데가 있었던 모양이다. 물론 그것은 1.4후퇴 때 피난 내려온 탓에 다른 아이들과 쉽게 섞이지 못하는, 억센 이북 사투리와 다른 아이들과 달리 한쪽으로 쏠려 움직일 줄 모르는 눈이 절대적 이유이긴 하였으나, 아무튼 그것으로 인해 나는 싸우지 않는 날보다 싸우는 날이 더 많았다. 특히 누군가가 눈을 가지고 놀리기라도 하면 사생결단을 할 듯이 덤벼들었다. 코피가 터지고 이마가 깨져도 아랑곳하지 않고 대드는 통에 아이들은 물론 동네 어른들까지도 혀를 내둘렀다. 아버지는 물론 용서하지 않았다. 변명도 통하지 않았다. 매로 다스렸다. 그런 까닭에 나는 우리 형제 가운데 어린 시절 매를 제일 많이 맞고 자랄 수밖에 없었다. 그러나 아버지는 그게 끝이었다. 돌아서서 결코 토를 달지 않는 분이었다. 다음 날 싸우면 또 묵묵히 매를 맞으면 되었다. 그러자 차츰 매에 이골이 난 나는 또래들의 매 따위는 우습게 여기게 되었다.

하지만 어느 날부터인가 나는 아버지가 나에게 관심을 기울이고 있다는 것을 알게 되었다. 슬그머니 내 방에 올라와 일기장 등, 내가 끄적거린 것들을 살피고 간다는 것을 알게 되었을 때 나는 더욱 혼신을 다해 너를 사랑하게 되었다. 그만큼 내 사랑 너와 더불어, 아버지는 나에게 절대적 존재였다.

아버지에 관한 일화를 하나 더 소개하자면 이런 것이 있다. 서울신문 신춘문예에 당선된 며칠 뒤였다. 아버지의 호출을 받고 나는 부랴부랴 달려갔다. 혹시라도 칭찬하려는가 하는 마음이었다. 그러나 아니었다. 어디에서 구했는지는 몰라도 아버지는 내 작품이 실린 신문지를 방안 가득 펼쳐놓고 있었다. 붉은 펜 자국이 여러 군데 밑줄 쳐져 있는 것을 보는 순간 나는 아차, 싶었다. 아니나 다를까. 아버지는 틀린 사투리를 손가락으로 일일이 짚어가며 바로 잡아주었다. 앞으로 이케 쓰갔으믄 작가라는 거 애시당초 할 생각두 말라우. 그날 나는 고개를 떨어뜨린 채 아버지로부터 된통 야단만 맞다가 돌아왔다.

북경 유학생 출신인 아버지는 휴전이 된 뒤 남대문 시장에 마련한 점방을 어머니에게 맡긴 채 걸핏하면 낚시가방을 둘러메고 전국을 바람처럼 떠돌아다녔다. 어느 날은 우리 4형제를 앞세우기도 했으나 대부분은 혼자였다. 이를 두고 어머니는 아버지가 뿌리를 내리지 못해 그런 거라며, 혀를 차곤 하였다. 그도 그럴 것이 평양 보통강 근처 대타령에서 정미소를 운영하는 집안의 둘째 아들로 태어난 아버지는 소위 잘 나가던 유산계급이었으며, 지식인이었던 것이다.
 아무튼 그렇게 일찍 낚시에 입문한 나는 지금까지도 그것을 손에서 내려놓지 못하고 있다. 아니, 어느새 또 다른 내가 되어버린 그것은 너를 사랑하는 도구로 변신하여 이따금 작품의 배경으로 등장하기도 한다. 후암동 2층 적산가옥. 지금도 눈을 감으면 그 다다미방에서 풍기던 붕어 비린내가 스멀스멀 콧속으로 스며드는 것 같다. 그러나 그 시절 그렇듯 와자하던 식구 가운데 지금 생존해 있는 가족이란 충주에서 목회를 하다가 은퇴한 아래 동생 하나와 내가 전부이다. 그런 까닭에 아버지가 생각날 때면 나는 유물로 간직하고 있는 7개의 대나무 낚싯대를 꺼내 쓰다듬으며 쿨쿨한 마음을 달래곤 한다.

 그토록 너를 향한 뜨겁고 순전한 내 사랑이 엇나가기 시작한 것은 고등학교에 올라간 뒤부터였다. 따지고 보면 그것은 중학교에서부터 분에 넘치게 받은 칭찬과 박수, 격려가 원인이기도 했지만, 그것보다는 벌써 너를 만난 것처럼 떠세를 부리려드는 내 허욕이 더 큰 원인이었다고 봐야 할 것이다. 더 배우고, 더 읽고, 더 써도 모자랄 형편인데 나는 그렇지 못했다. 그러니까 감수성의 꽃이 가장 아름답게 피어날 그 시기에 나는 허튼짓으로 시간을 허송한 것이었다.
 부끄러운 이야기이지만, 그 시절 나는 걸핏하면 빡빡머리를 도리우치로 가리고, 껄렁패들과 어울려 쏘다니는 것을 즐겼다. 3대째 내려오는 모태신앙 집안이라는 것을 까맣게 잊은 채 술과 담배도 입에 대기 시작했다. '꼰초'라는 별명을 자랑스럽게 이마에 달고 다닌 것도 그 무렵이었다. 그러다가도 어디선가 네 이야기가 나오면 벌써 모두 가진 것처럼 목을 곧추세우고 씨식잖게 꺼떡거렸다. 한 번 그렇게 잘못 걷기 시작한 길에서 다시 되돌아서기까지는 꽤 오랜 시간이 필요했다. 그 시간의 몇 곱절이 될 만큼의 길고 어두운 시간을 밤마다 가슴앓이해야 했다. 그래서 나와 같은 전철을 밟지 않게 하기 위하여 혹시라도 가르치는 제자들이 그런 모습을 보일라치면 나는 지금도 가차 없이 불호령을 내린다. 그래서 꼭 그런 것은 아닐 터이지만, 그렇게 등단한 30여 명 가까운 제자 가운데 아직 그런 시답지 않은 짓거리를 하는 사람이 한 명도 없다는 것은 퍽 다행스러운 일이 아닐 수 없다. 또 하나 가르칠 때 강조하는 것은 어떤 경우이든 창작을 가슴 한가운데 두고 방해하는 것들이 있다면 가차 없이 쳐내라는 것이다. 그런데 이는 아직 잘 실감이 되지 않는 모양이어서 나를 안타깝게 한다.

   그래도 고등학교 시절 수확이 아주 없었던 것은 아니다. 허투루 보낸 것 같았지만 나름대로 얻은 것도 많았다. 그 가운데 가장 큰 것은 문우들과의 교제였다. 특히 같은 학교 동기생 가운데 정희성, 채윤일, 박옥걸, 정하연, 또 일 년 선배로 임정남, 김종철, 후배로 윤후명 등과 교분을 나눌 수 있었던 것은 큰 소득이 아닐 수 없었다. 또 다른 학교 출신이지만 최인호, 장부일, 손용상, 백 욱, 주수일 등과 어울리게 된 것 역시 내 시야를 넓혀주는 계기가 되었다. 그 가운데에는 이미 작고한 동무들도 있지만, 대부분은 지금도 시인과 소설가, 드라마작가 등으로 문단에서 왕성하게 활동하고 있다. 그들의 인상을 기억나는 대로 나열하자면, 정희성 시인은 그때도 깎아놓은 선비 같았으며, 임정남 시인은 생김새와는 달리 매사에 깐깐한 성품이었고, 윤후명 작가는 미남으로 말투도 나직하고 조용했다. 또 최씨에 곱슬머리에 옥니박이인 최인호는 그때도 입이 쟀고, 원로연극 배우 손 숙의 친동생인 손용상은 귀공자 타입으로 그때부터 여학생들이 늘 따라다녀 우리의 부러움을 샀다.

그들을 만나게 된 계기는 당시 학교마다 유행하던 '문학의 밤' 행사 때문이었다. 학교 대표로 나간 나는 물론 모양은 각자 조금씩 달랐지만, 그들 역시 너를 가슴으로 사랑하고 있다는 것을 금방 알게 되었다.

하지만 나는 너의 실체를 잘못 이해하고 있었다. 문학은 경쟁이 아니라 함께 추구하고 더불어 빚어낼 때 더욱 빛난다는 것을 깨닫지 못하고 있었다. 지금 고백하지만, 나는 그렇게 만난 그들을 동무이며 동시에 경쟁자로 여겼다. 그 경쟁에서 이겨야 너를 독차지할 거라는 착각을 하고 있었다. 그런데 그 무지하고 모자란 생각을 한 사람은 비단 나 혼자만이 아닌 듯했다. 그들 역시 그랬던 것 같았다. 이는 당시 발간되던 학생전문잡지 '학원'에서 여실히 드러났다. 누가 먼저라고 할 것도 없이 우리는 경쟁을 하듯 거의 매달 지면을 차지했다. 그런 만큼 우리가 만나는 시간 또한 딱히 생산적이었다고는 할 수 없었다.

맞벌이를 하는 부모 때문에 동무들의 집합 장소는 자연히 비어있는 우리 집이 되었다. 작품을 합평한다는 핑계로 동무들은 무시로 드나들었다. 그러나 합평은 늘 뒷전이었다. 말갈망도 하지 못하면서 모이면 서로 중구난방 떠들어댔다. 소설이 어떻고, 시가 어떻고, 게거품을 물다가도 담배를 꼬나물고는 상대방의 말꼬투리를 잡고 늘어졌다. 모두가 독불장군이어서 누구 한 사람 지지 않았다. 최인호 집에 몰려갔다가 어머니에게 혼찌검 난 것도, 손용상을 만난다는 핑계로 누나를 보기 위해 돈암동까지 전차를 타고 오가던 것도 다 그 무렵이었다.

그러면서도 다행스러운 것은 너라는 존재가 결코 잠시 왔다 가는 고뿔 같은 게 아니며, 짝사랑의 그 헛헛증은 스스로 풀어내야 할 숙제라는 것을 우리 모두가 깨닫게 되었다는 것이다. 그러니까 럭비공처럼 어디로 튈지 모르던 그 철없는 시절을 방법은 서툴렀는지 몰라도 방향만큼은 분명히 잡고 있었다고 볼 수 있었다. 그렇게 우리는 문학소년 시대를 마감하고, 성큼성큼 성년의 문을 열고 들어갔다.

그렇듯 신둥부러진 나를 네가 멀리한 것은 어쩌면 당연한 일이다. 그러나 네 실체를 찾지 못하고도 여전히 안하무인처럼 허세를 떨던 나의 삶은 재수하여 겨우 들어간 대학에서도 마찬가지였다. 두드려도 열리지 않는 너의 그 냉혹함을 탓하며 그것을 술로 달랬다. 절망을 안주 삼아 밤새껏 마시다가 아침에 눈을 떠보면 방안에는 빈 소주병 여남은 개가 늘 나뒹굴고 있었다. 강의도 뒷전이었다. 강의실에 앉아 있어도 무력증에 걸린 환자처럼 도무지 집중되지 않았다. 어느새 철이 들어 제 갈 길을 찾아 떠난 동무들과는 달랐다.

한마디로 정리하자면 나의 대학 생활은 암흑기라고 할 수 있었다. 문예 장학금까지 받았으나 어둠 속에 갇혀 도무지 어디가 어디인지 분간하지 못하고 지낸 세월이라고 할 수밖에 없었다. 왠지 모를 불안이 자꾸 나를 초조하게 만들었다. 최인호를 필두로 하나둘 등단하는 동무들이 늘어나자 그 초조와 불안감은 더욱 심해졌다. 박수를 보내면서도 한편으로는 그럴수록 더 작아지는 자신을 느꼈다.

그래도 너를 향한 열정이 아주 식은 것은 아니어서 손에는 언제나 책과 펜이 들려 있었다. 쓰고, 또 쓰고, 읽고, 또 읽으며 혼자 정신병자처럼 몽환에 빠져 있곤 하였다. 국어사전을 첫 장부터 끝장까지 훑으며 낱말을 공부한 것도 그때였다. 그러나 쌀쌀맞게 돌아앉은 너는 끝내 나에게 눈길 한번 주지 않았다. 빨리 동무들 곁에 서고 싶은 나의 안달을 알아주지 않았다.

아픔을 먹고 사는 게 문학이라고는 하지만, 그 방황과 좌절의 시간을 견디어내기 힘들었던 나는 때때로 혼자 낚싯대를 메고 아버지처럼 저수지를 떠돌았다. 물가에 앉으면 바람에 실려 오는 물비린내가 꼭 아버지의 체취처럼 느껴졌다. 모든 게 다 부질없다는 체념에 빠져들기도 하였다. 만약 그때 그 여자가 내 곁에 나타나지 않았다면 나는 정말 모든 것을 포기하고 말았을지도 모를 일이었다.

그 여자는 구름 한 점 없는 파란 가을하늘처럼 맑고 투명했다. 처음 보았을 때부터 음전하고 조신한 성품이 나의 투쟁심을 불러일으켰다. 몇 번 쓰디쓴 걸음이 있긴 하였지만 결국 나는 그 여자를 붙잡는데 성공했다. 그 여자는 소설과 시를 쓸 줄은 몰랐으나 좋아하고 이해했다. 우리는 가끔 여자가 다니던 신촌 캠퍼스 앞에서도 데이트를 즐겼지만, 주머니 사정이 넉넉지 못했던 탓에 대부분은 남산 길을 오르내리며 '재건 데이트'로 만족했다.

그래도 우리는 순수했고, 용감했다. 그 길을 걸으며 끝없이 사랑을 풀어놓았고, 인생을 논했고, 미래를 이야기했다. 그렇게 만난 그 여자와 나는 지금까지 한 지붕 아래 살면서 이남일녀를 낳았고, 벌써 네 명의 손자 손녀를 두었다.

아프지만 너를 향한 내 사랑을 접기로 마음을 정한 것은 그 무렵이었다. 대학을 졸업하던 해 서둘러 갈현동 연신내에 가정을 꾸린 나는 외면하고 있는 너에게 구애를 보내는 것보다 먹고 사는 현실이 더 시급했다. 이 세상 사람들은 누구나 자신이 살아온 삶에 대해 나름대로 당위성을 갖고 있다지만, 나 역시 그런 점에서는 예외가 아니었다. '잠시야, 잠시…….' 나는 얼굴을 돌렸다. 그러나 그 세월이 결코 잠시라고는 할 수 없었다. 더구나 한 번 접겠다고 어금니를 깨물었으면 다시는 그리워하지 말고 현실에 전심전력해야 하는데, 그렇지도 못했다. 미련이 시도 때도 없이 치솟아 나를 괴롭혔다.

현실도 만만치는 않았다. 사람과 사람의 관계가 다 내 마음 같지 않았다. 믿었던 사람들로부터 받은 상처는 쉽게 치유가 되지 않았다. 사업은 실패로 끝나기 일쑤였다. 철강업도, 건설업도, 출판업도 매한가지였다.

성남시에 2층짜리 단독주택 19채를 짓고 분양이 되지 않아 한숨을 쉬고 있던 어느 날이었다. 1983년 상달이었는데, 소주 한 잔을 마시다가 문득 붉게 물든 서녘하늘을 보는 순간, 왠지 모를 자괴감이 밀려왔다. 마음에서 지우기로 작정했지만 수시로 떠올라 나를 괴롭히던 네가 그날따라 못 견디게 보고 싶어진 나는 나도 모르게 울음을 터트렸다. 지금 내가 무엇을 하고 있나……. 나는 어금니를 깨물었다. 그날부터 사흘 동안 저녁마다 원고지를 꺼내놓았다. 지금까지 줄곧 함몰되어 있던 새로운 소재, 낯선 표현 등을 모두 걷어내고 가까운 곳에서 평범한 것을 끄집어내어 형상화 시켜야겠다고 마음을 먹었다. 아버지가 생각났다. 저수지가 생각났다. 아버지의 동기들이 사는 동두천이 생각났다. 분단과 실향민이 떠올랐다. 그들이 안고 있는 갈등과 아픔이 다가왔다. 나는 거침없이 써 내려갔다. 신춘문예 당선작인 '접목'은 그렇게 탄생되었다. 비로소 희미하게나마 네 얼굴을 다시 본 것은 그때였다.

그러나 늦깎이로 문단에 얼굴을 내민 나는 벌거숭이나 다름없었다. 어디에도 마음을 두지 못하고 우왕좌왕했다. 이미 저만큼 앞서 가고 있는 동무들과 어깨를 나란히 할 수는 없는 일이었다. 그때 이호철 선생님과 천승세 선생님을 만날 수 있었다는 것은 하늘이 내려준 또 다른 행운이 아닐 수 없었다.

당시 마포경찰서 앞에 있던 자유실천문인협의회 사무실에서 첫인사를 드린 이호철 선생님은 이북이 고향이라는 동질성으로, 작고하실 때까지 나를 제자로 걸어주었다. 작가란 펜을 평생 놓지 않아야 한다고 가르치던 선생님은 실제로 타계하실 때까지 여든이 넘도록 펜을 놓지 않은 분이었다. 선유리 유리방에 가면 아직도 선생님이 사용하시던 앉은뱅이책상이 먼지를 뽀얗게 뒤집어 쓴 채 주인을 기다리고 있다.

천승세 선생님은 작가란 먼저 문학의 혼과 정신을 올곧게 갖춰야 한다고 가르쳐주었다. 이따금 함께 낚시터에 앉기도 했던 선생님은 또 작가란 모름지기 자기 이름 석 자에 책임을 질 줄 알아야 한다면서 그런 각오도 없이 시류와 야합하여 손가락만으로 소설을 쓰는 작가는 진정한 작가가 아니라고 했다. 내가 늘 쓰고 다니는 모자(일명 모택동 모자)는 그때 그 선생님으로부터 하사받아 사용하기 시작한 것이다.

작가가 작품으로 말해야 한다는 것은 만고의 진리이지만, 때로는 목소리를 함께 하여야 한다는 것도 그때 선생님들과 함께 농성 현장에서 배웠다. 그뿐만이 아니었다. 민족문학작가회의에서 많은 문인과 교분을 나누며 조직의 필요성과 목적 등을 배우게 된 것도 다 선생님들의 덕분이었다. 그것은 결국 뒷날 중앙문단에서 도외시되고 있는 지방 문인들의 권익을 도모하고, 목소리를 규합하자는 취지로 창립한 고양작가회의의 모태가 되기도 하였다.

그러나 등단했다고 너를 만나러 가는 길이 활짝 열린 것은 아니었다. 환희의 포옹이 곧바로 이어질 줄 알았으나 아니었다. 암세포가 위장에 똬리를 틀고 있을 줄을 누가 알았겠는가. 또 그와 거의 같은 시기에 천포창이라는 자가면역질환이 기다리고 있을 줄이야……. 어느 날 우연히 그것을 발견하게 된 나는 정신이 번쩍 들었다. 곧 수술하고, 치료를 시작했다. 90킬로그램 나가던 체중이 55킬로그램으로 줄고, 온몸으로 퍼진 헌데에서는 피고름이 흘러내렸다. 의사는 한두 달에 끝날 일이 아니라고 했다. 힘든 시간이었다. 하지만 나는 절망하지 않았다. 나에게는 네가 있었다. 하나님이 계셨다. 나를 위해 기도하는 많은 사람이 있었다.

그때가 되어서야 나는 비로소 모든 것을 내려놓는다는 것이 무엇인지를 절감하게 되었다. 밑바닥까지 떨어져 돌아본 나는 보잘것없는 허접쓰레기나 다름없었다. 그런데 이상스러운 것은 생각이 거기에 미치자 그때까지 게을렀던 내 문학의 혼이 신들린 듯 살아나기 시작했다는 것이다. 그것은 곧 구원이었으며, 부활이었다. 항암제를 먹으며, 스테로이드를 하루에 20알씩 삼키면서도 나는 컴퓨터를 놓지 않았다. 병상에서 링거를 맞으면서도 시를 썼다. 목숨이 다해 세상을 떠나더라도 내가 너를 사랑했었다는 근거 하나쯤은 꼭 남기고 싶은 마음이었다.

어젯밤 나는 저수지에 앉아 있었다. 밤새껏 캄캄한 어둠 속에서 찌 불을 바라보며 너를 생각했다. 너는 여전히 모습을 보여주지 않았다. 말 한마디 건네주지 않았다. 너를 만난 게 언제였는지 이젠 기억조차 가물가물했다.

그러나 나는 실망하지 않는다. 어쩌면 그것이 나의 숙명일지도 모른다고 자위하며, 그래도 언젠가는 내 사랑을 받아줄 날이 있을 거라는 기대를 버리지 않고 끈질기게 너를 찾아 헤매기로 했다. 그렇게 보면 내 짝사랑은 완료형이 되지 못하고 영원히 진행형으로 끝날지도 모를 일이다. 하지만 설혹 그렇더라도 나는 상관하지 않을 작정이다. 사랑은 결과보다 그 과정이 더 아름다우니까…….

| 산문 |

내가 늙는다는 것은

　사람들은 나를 볼 적마다 나이보다 젊어 보인다고 한다. 오늘 만난 분도 그렇게 말했다. 이 말은 두 가지 의미로 해석할 수 있다. 하나는 나이에 비해 얼굴과 몸피가 젊어 보인다는 것이고, 또 하나는 젊은이 못잖게 활동적이라는 뜻일 것이다. 그러나 그것은 사람들이 잘 모르고 하는 소리이다. 그래서 나는 그런 소리를 들을 적마다 대꾸를 미룬 채 그냥 웃음으로 넘기곤 한다. 늘 마도로스 모자를 쓰고 다니고, 남들보다 목소리가 크니까 그렇게 보일지는 몰라도 속내는 다르다. 모자를 벗으면 이마 바로 위에서부터 뒤통수까지 고속도로가 뚫린 듯 머리카락이 하나도 없다는 걸 그들이 알까. 그뿐만이 아니다. 식사할 때나 웃을 때면 치아가 가지런한 것 같아도 실상은 임플란트 3개에 아래위가 틀니로 위장되어있는 형편이다. 사우나에 가면 더 가관이다. 젊은 시절엔 제법 근육깨나 자랑하던 몸집이었지만 세월은 이기지 못해 벗으면 쭈글쭈글한 게 꼭 바람 빠진 풍선 같다. 또 하나, 활동적이라는 것도 마찬가지이다. 본래 거절하지 못하는 성격 탓에 청탁이 오는 대로 밤낮없이 원고를 쓰고, 또 이름에 걸맞게 쓰려고 노력한 것이고, 아는 게 문학뿐이므로 그것을 밑천 삼아 호구지책으로 가르치고 있는 것일 따름이다. 그러려니 오죽하겠는가.

그러니까 따지고 보면 나도 여느 늙은이들과 다르지 않다. 다만 그들과 조금 다른 점이 있다면 좀체 엄살을 부리지 않는다는 것이 될 터인데, 이것 역시 내가 처한 지금의 환경을 돌아보면 그럴 수밖에 없다. 왜냐하면 9년 전 뇌경색으로 쓰러져 왼쪽 팔과 다리가 마비된 채 지금까지 회복되지 않은 아내가 곁에 누워있고, 그 수발을 혼자 감당하고 있는 까닭이다. 물론 요양보호사가 낮에 3시간씩 다녀가기는 하지만 아침과 저녁 식사를 혼자 차려야 하고, 또 가끔은 무료함을 달래주기 위해 휠체어에 태우고 바깥출입도 하는데, 그게 결코 쉬운 일이라고 할 수는 없다. 잠을 잘 적에도 침대 곁에 지팡이가 있어야 하는 아내와 함께 사는 것은 그만큼 한시도 긴장을 늦출 수 없는 어려움이 따른다. 더구나 지금은 치매 판정까지 받은 상태이다. 그런데 어떻게 내가 내 몸 아프다고 얼굴 찡그리고 엄살을 떨 수 있겠는가.

그런 까닭에 나는 늙는다는 것이 무엇일까 하는 둥, 한가롭게 젊은 날의 추억이나 곱씹으며 유유자적 시간을 보내는 요즘 늙은이들과는 달리 늙을 사이가 없이 늘 바쁘다. 어떤 이는 이를 두고 부러워하기도 하지만 솔직히 나의 삶이란 스스로 돌아볼 틈도 없이 시간에 매여 산다고 할 수밖에 없다. 이제는 주부 생활에도 제법 익숙해져서 하지 못하는 음식이 거의 없을 정도가 되었다. 볶고, 끓이고, 부치고, 지지고, 무치고……. 덕분에 주부습진은 늘 달고 산다. 물론 누가 가장 잘하는 음식이 뭐냐고 물으면 아직도 대답은 김치찌개라고 하지만.

사람들은 늙는 것을 흔히 슬픈 일로 여긴다. 그런 사람들은 대개 생리학적으로 생명이 얼마 남지 않았다는 절망과 오랫동안 누려왔던 사회구성원으로의 역할에서 열외가 되었다는 소외감을 두고 하는 소리인 듯하다. 그러나 나는 그렇게 생각하지 않는다. 아침 일출도 아름답지만, 일몰 직전 하늘에 비낀 노을도 그것 못지않게 아름답지 않은가. 그렇다고 나이가 숫자에 불과하다는 말을 신뢰하는 것도 아니다. 그것은 과장된 말이 틀림없다. 생명을 가지고 태어난 모든 것은 늙어가면서 행동이 굼떠지고, 병이 들고, 몸 여기저기가 고장 나게 마련인데, 그것은 인위적으로 어쩔 수 없는 자연의 섭리가 아니겠는가. 정신 또한 젊은 시절과 달라서 갈수록 흐려지고 희미해지는 게 사실이다. 그러나 그렇다고 의기소침해져서는 아니 된다고 본다. 그럴수록 눕지 말아야 한다. 나무는 서 있을 때가 아름답다. 누워있는 나무는 죽은 나무거나 곧 죽을 나무이다. 늙은이는 오랫동안 인생을 살아오면서 그 현장에서 터득한 지혜를 간직하고 있다. 그것이야말로 젊은이들이 지니지 못한 노인의 향기라고 할 수 있다.

  노령 인구 증가가 사회적 문제로 대두된 지 벌써 오래되었다. 그러나 몇 년이 흘러도 아직 그 문제에 대해 뚜렷한 해결책을 찾지 못하고 있다. 이는 아직 일할 수 있는 능력이 있고, 노련한 기술이 있는데도 불구하고 법적으로 매어놓은 연수가 차면 무조건 일터에서 쫓아내는 것에서 비롯되었다고 할 수 있는데, 문제 해결을 원한다면 그것부터 고쳐야 하지 않을까. 물론 내 나이 또래의 늙은이들 가운데에는 병원을 작은집 드나들듯 하는 사람들도 있고, 또 더러는 몇 달에 한 번씩 병원까지 옮겨 다니며 입원해야 하는 환자도 있으며, 치매로 가족도 알아보지 못하고 요양원에 수용된 사람들도 적지 않은 게 사실이다. 국가가 매년 그들을 지원하기 위해 지출하는 경제적 부담금이 만만치 않은 것도 알고 있다. 그러나 그들의 숫자는 일부분에 불과하다. 따라서 항구적 대책을 세우기 위해서는 현장을 모르는 사람들이 모여 한시적 일자리 제공이나 운운하며 탁상공론 할 게 아니라 이제는 정말 그들이 지닌 경험과 적성에 맞는 생산성 있는 자리로 끌어내겠다는 의지를 보이는 게 급선무일 듯하다. 그러기 위해서는 이를 공론화하고, 무엇보다 그와 같은 늙은이들의 외침에 귀를 기울여야 할 것이다.

오늘 카페에서 만난 분도 다른 사람들과 다르지 않았다. 나를 보자마자 똑같은 질문을 던진다. 어쩜 그렇게 젊으세요? 그 소리를 듣자 아이스아메리카노를 한 모금 빨던 나는 그냥 또 씨익, 웃고 말았다.
그러나 그는 나를 모른다. 톱니바퀴처럼 정해진 일정을 숨 가쁘게 살아가는 내가 힘들다고 느낄 때마다 하루에도 몇 번씩 나 자신에게 질문을 던지곤 한다는 사실을. 그리고는 거기에서 다시 힘을 충전한다는 것을…….
'너는 늙으니까 불행하냐? 늙었다는 것 때문에 네가 할 수 없는 게 뭐 있지?'

| 평론 |

소설가 오성찬을 말한다

1. 들어가면서

오성찬은 1940년 4월 26일 제주도 서귀포시 서호마을에서 가난한 농부의 아들로 태어났다. 서호국민학교를 졸업한 그는 가정 형편 때문에 상급학교에는 진학하지 못했다. 그러나 가정 형편에 위축되지 않고 독학으로 문학을 공부하였으며, 1969년 '별을 따려는 사람들'이라는 중편소설로 신아일보 신춘문예에 당선하였다. 그 후 2012년 9월 26일 작고할 때까지 40여 년 동안 그는 자신만의 문학 세계를 묵묵히 구축해갔다.

그와 개인적인 교우를 시작하게 된 것은 1989년 겨울이라고 기억한다. 제주도 출신 후배 작가의 소개로 처음 만나게 되었는데, 그 뒤부터 우리는 마치 십년지기나 되는 것처럼 호형호제하며 각별하게 지냈다. 출판 관계 등, 업무 협의차 서울에 올라올 때면 그는 꼭 연락했고, 우리는 당시 내가 운영하던 출판사가 있던 서대문 근처와 삼청동, 청진동 등에서 식사하며 함께 시간을 보내곤 했다. 때로는 내가 살던 잠실에서도 만났으나 그는 서울 오면 늘 잠자는 곳으로 정한 청진동을 벗어나려고 하지 않았다. 독실한 크리스천인 그는 안수집사로 주량이라고 해봤자 고작 소주 한두 잔이 전부였다. 그것도 자발적이 아니라 억지로 권해야 마실 정도였다. 심한 건 아니지만 당뇨병을 앓고 있다는 사실도 그때 비로소 알게 되었다. 그래도 사람을 좋아하는 그는 술자리만큼은 마다하지 않았다.

  자그마하고, 왜소한 그는 목소리도 느리고 나지막했다. 늘 웃는 얼굴이었지만 밝은 편은 아니어서 입을 다물고 있으면 알 수 없는 우수가 무겁게 내려앉은 것 같았다. 검고 짙은 눈썹과 특히 긴 속눈썹을 지닌 그는 말수도 많은 편이 아니었다. 늘 주장하기보다는 듣는 편으로 자신을 잘 드러내지 않았다. 과묵하고 조용했다. 그런 까닭에 외양으로 보면 그는 결코 강해 보이지 않았다. 그보다는 오히려 한없이 연약해 보이는 사람이었다. 그러나 그는 결코 그렇듯 연약하지 않았다. 외유내강형이라고나 할까. 첫째 그는 자기 자신에게 냉혹할 만큼 엄격했다. 그의 문학도 그렇지만, 그는 서울에 왔다가도 뭐가 바쁜 지 이틀을 넘기지 않고 제주행 비행기를 타고 곧장 고향으로 내려갔다. 아마도 그게 자신과의 약속인 듯했다. 그런 그를 바라보면서 비록 작지만, 작지 않다고 느낀 것은 비단 나만의 생각은 아닐 것이다. 농담 삼아 집에 금송아지라도 두고 왔느냐고 물으면 그는 소리 없이 웃으면서 금송아지보다 더 귀한 걸 두고 와서 빨리 가봐야 한다고, 역시 농담으로 받곤 하였다.

  두 번째로 그는 또 어린 시절의 아픈 이야기를 들려준 적이 없었다. 어쩌다가 말끝에 한토막씩 흘리는 이야기가 전부였는데, 그런 조각들을 긁어모아 겨우 그의 어린 시절이 순탄치만은 않았다는 걸 짐작할 따름이었다. 그러므로 그가 뜨겁게 타오르는 분노를 혼자 삭이며, 또 한편으로는 화해의 몸짓을 끝없이 보내고 있다는 것을 그 시절엔 미처 깨닫지 못했다.

  또 하나는 나중에 그의 작품을 읽고 알았지만, 그는 포기할 줄 모르는 무소의 뿔을 가진 작가였다. 그는 귀를 기울이는 사람이 많지 않음에도 불구하고 4·3을 알리기 위해 끊임없이 노력한 사람이었다. 그것은 그가 동시대에 발표한 작품의 면면이 모두 고향 제주도에서 벗어나지 않고 있다는 것만 봐도 충분히 알 수 있었다. 이는 어느 날 술자리에서 작가들이 소설에 관한 주장으로 중구난방 어지러울 때 그가 한마디 하여 정리한 것으로도 알 수 있었다. 그날, 그는 작가의 역할론에 대해 말했는데, '작가가 그 땅의 역사와 시대, 사회를 피해 간다면 그건 비겁한 도망자일 뿐'이라는 것이었다. 그 말은 지금도 내가 분명히 기억하는데, 그는 덧붙여 '누가 뭐라고 하든지 자신은 더 열심히, 자신이 살아온 땅의 역사를 쓸 것'이라고 덧붙였다.

오늘 비로소 밝히지만, 지금도 후회스러운 점은 그렇듯 많은 사랑과 가르침을 받았음에도 불구하고 그가 실명의 고통을 겪으며 병석에 누워있을 때, 한 번도 달려가 위로하지 못하고, 전화 몇 통화로 대신했다는 점이다. 물론 그 시절엔 나에게도 그만한 사정이 있었지만, 그 뒤 문상조차 가지 못했다는 회한이 늘 가슴을 때렸다. 그래서 이번 한국소설가협회가 봄 심포지엄 행사를 기획하면서 발제자로 청탁했을 때 나는 조금도 주저하지 않았다. 시간이야 많이 흘렀지만, 조금이나마 죄책감을 씻을 기회라고 여긴 탓이다.

2. 오성찬의 작품세계

오성찬은 생전에 총 35권의 문학 저서를 남겼다. 40여 년 동안의 성과물로는 결코 적은 분량이라고 할 수 없는 숫자이다. 평소 게으르지 않았던 작가의 성품으로 짐작할 때 지금까지 생존해 있다면 더 많은 저서를 남겼을 것이라는 아쉬움이 남는 이유가 거기에 있다.

 그의 작품세계를 요약하자면 대략 세 가지로 압축할 수 있을 것 같다. 첫째는 그의 작품이 제주도를 벗어나지 않고 있다는 것이다. 소설이 작가의 체험과 삶의 여정을 자양분으로 생성되는 것이라면 제주도에서 태어나, 제주도에서 자랐고, 살았으며, 군대 3년을 제외하고는 한 번도 떠난 적이 없고, 결국 사망 후에도 제주도에 묻힌 그의 문학이 제주도를 빼놓으면 존재하지 않는다는 것은 어쩌면 당연하다고 할 수 있다. 그만큼 그는 등단 이후 작품을 발표할 때마다 아픔과 굴욕의 역사가 숨 쉬고 있는 제주도, 특히 4·3사건을 시공간의 중심 배경으로 삼았고, 중심 서사 역시 처절했던 제주도민들의 피맺힌 삶을 소설 전면에 내세웠다.
 그는 초등학교 2학년 시절 4·3사건을 직접 목격했다. 어린 나이에 어느 날 갑자기 마을 사람들이 두 패로 나누어져 죽이고 죽는 광경이 그에게는 과연 어떤 트라우마로 남았을까. 그는 이에 대한 실상과 아픔, 상처를 초기 작품부터 생생하게 형상화했다. 일테면 '하얀 달빛', '잃어버린 고향' 등이 그것이라고 할 수 있는데, 특히 4·3사건은 당시 언급하기조차 금기시되던 시대였다는 것을 생각하면 그것을 소설로 드러낸 그의 용기는 가히 놀랍다고 할 수밖에 없다. 특히 1970년부터 2000년까지 그는 그것을 소설화시켜 당시 꽉 닫혀 있던 세상의 문을 끈질기게 두드렸다. 그만큼 어린 시절 겪은 4.3사건의 트라우마는 그가 작고할 때까지 그의 작품세계를 지배하는 중요한 문학적 근간이 된 셈이다. 더구나 작품의 일정부분을 귀향 모티브로 전개한 동시대의 동향 작가인 현기영과 현길언 작가와는 달리, 그는 다른 시각, 즉 제주의 아픔과 고통을 정면에서 드러내고자 했다는 점에 주목할 필요가 있을 듯하다.

　오성찬 문학에서 나타난 두 번째 특징은 제주만이 지닌 고유한 지방 색깔, 즉 로컬을 통해 중앙과는 그 격을 달리하려고 했다는 점이다. 이는 작품마다 드러나는 4·3사건의 화해와 극복의 이미지를 나타내기 위한 구조에서 중앙이나 중심이 아닌 제주도의 로컬을 고집한 이유가 거기에 있다고 보기 때문이다. 이는 제주도만이 지닌 로컬이 중앙에 흡수될 수 없는, 그렇다고 중심에서 미달 되거나 주변으로 폄하될 수도 없는, 자기만의 순수한 가치를 지녔다고 작가 자신이 보았기 때문일 것이다. 그만큼 그는 고향 제주도가 비록 지형적으로는 척박하고, 역사적으로는 비극을 안고 있는 땅이지만 그곳에 대한 자긍심을 가지고 있었으며, 더불어 이러한 가치란 중앙의 지배 논리로 해체될 수 없다고 주장하고 싶었는지도 모를 일이다. 그는 그런 이유로 로컬을 억압하는 중앙에 맞설 힘 역시 그와 같은 가치관에서 나온다고 본듯하다. 그래서 기피 할 수 있음에도 의도적으로 작품마다 로컬을 내세웠다고 봐야 할 것 같다. 이는 또 오늘날 우리의 문학이 중앙 일변도에서 벗어나 지방시대로 돌입해야 한다는 주장과도 맥을 같이 하는 것으로, 그렇다면 그는 그것을 일찍 실천한 선각자라고도 할 수 있다.

　오성찬 문학의 세 번째 특성은 그가 추구한 증언소설과 기록소설이라는 장르이다. 증언소설과 기록소설은 그 근본부터가 다르다. 증언소설은 증언을 통한 사실성과 허구성의 결합을 통해 작가가 진실을 추구하는 문학 양식을 말한다. 따라서 '무엇을 말할 것인가'와 '어떻게 표현할 것인가'가 균형을 맞춰 양립되어야 하며, 무엇보다 사회적, 역사적 진실성에 그 초점이 맞춰져야 한다고 할 수 있다. 거기에 반해 기록소설은 말 그대로 사실의 기록을 통해 당시의 기억을 생생하게 담아내는데 중심을 두고 있는 것을 말한다.

그는 당시 피해자들의 현장 기록을 담은 '한라의 통곡 소리 - 4·3 제주 대학살의 증언'을 통해 4·3사건은 끝난 게 아니라 몇십 년이 지났으나 아직 진행형이라는 문제점을 낱낱이 드러내었다. 이는 어쩌면 앞서 발표했던 작품들이 4·3사건의 소설로는 부족하다고 스스로 느끼고 새로운 형식을 빌리고자 했는지도 모를 일이다. 그래서 발품을 팔아 채록한 이 같은 증언을 소설화하는 방식을 통해 4·3 소설의 창작 방향, 즉 증언소설을 새롭게 설정했다고도 볼 수 있다.

그리고 그는 이를 토대로 대표작이라고도 할 수 있는, 연작 중편소설 5편을 묶은 '한 공산주의자를 위하여'란 작품집을 발표하게 되었는데, 이 작품집은 초야에 묻혀 있는 크고 작은 아픈 기억의 조각들을 한데 묶은 '한라의 통곡 소리'에 수록된 사실적 서사를 기초로 하여 그동안 지녔던 4·3사건에 대한 편견을 깨고, 반대 담론을 형성해내려는 본격적인 증언소설이라고 할 수 있으며, 작가가 의식적으로 표면에 새로 설정한 작의를 드러낸 작품이라고도 할 수 있다. 이는 그가 5편의 연작 중편소설마다 '다시 쓰는 사기史記'라는 부제를 붙인 것만 봐도 알 수 있는 일로, 중심 서사에서 허구를 극도로 제한한 기법으로, 사실성을 보다 중시한 작품이라고 할 수 있다. 그런 까닭에 이 소설집은 증언소설이라는 역사적 진실성과 전달력으로 볼 때 4·3 소설로 충분히 성공했다고 평가할 수 있다.

이에 대해 작가 오성찬은 모 매체와의 인터뷰에서 이 소설의 중요성에 대하여 이렇게 밝힌 바가 있다. "저는 주목받지 못했던 기억을 묶어냄으로써 4.3을 총체적으로 드러내기 위한 '거름'이 되고자 했습니다. 역사적 상흔의 기억을 다른 사람들과 나누기 위해서는 먼저 그 사건이 이야기화되어야 하고, 그것을 전달할 매체를 통해 널리 알려져야 한다고 봅니다."

　다시 말하거니와 누구보다 제주도를 사랑한 그는 이처럼 아직 4·3사건에 대한 진상이 규명되지 않았던 시기에 은폐된 역사적 사건을 소설화하여 만천하에 알리는 것을 숙명으로 여긴, 어찌 보면 용감한 작가였다. 이는 그가 생전에 이루어놓은 문학 외적인 업적을 살펴보면 더 자세히 알 수 있다.
　1969년부터 1978년까지 '제주신문사' 기자로 활동한 그는 1980년대부터는 제주의 역사와 문화, 언어 등 향토 연구가로 활동하면서 그 경험을 저술하기도 하였는데, 특히 1985년에는 '반석'이라는 출판사를 직접 설립, 어려운 경제 여건 속에서도 '제주의 마을'이란 향토지를 시리즈로 간행하였다. 이 시리즈에는 제주 마을의 내력과 변천 과정, 민속, 민요, 속담, 씨족 등 귀중한 자료들이 총망라되어 있다. 또 1989년 2월에는 '제주 역사연구회'를 창립하여 초대 회장을 맡기도 하였다. 이와 같은 일련의 행적을 보면 그가 제주도의 문화와 역사, 언어를 알리기 위해 얼마만큼 애정을 가지고, 노력했는지 짐작할 수가 있다.

　그러나 이처럼 그가 많은 작품을 남겼음에도 아직 오성찬의 4·3 소설에 대한 본격적인 논의가 제대로 이루어지지 않고 있다는 점은 안타깝다고 하지 않을 수가 없다. 특히 '한라의 통곡 소리'와 같은 기록문학은 그의 4·3 소설에서도 기록물로 치부되었고, 더구나 그의 증언집과 작품과의 연관성에 대해서는 논의된 적조차 없다는 점은 아쉬움으로 남는다. 이것은 앞으로 오성찬에 대해 좀 더 폭넓고 다각적인 연구가 필요하다는 것을 말해주는 대목으로 결국 우리가 풀어야 할 과제이기도 하다.

3. 맺으면서

이제 오성찬은 우리 곁에 없다. 늘 소리 없이 웃으며 나지막한 목소리로 우리의 문학 정신을 일깨우며, 제주도의 돌과 바람, 나무 한 그루까지도 사랑했던 그는 이제 가고 없다. 제주 곳곳의 4·3사건 피해 가족을 찾아 증언을 녹취하며 그 참혹한 진실에 피를 토하던 그는 없다.

그러나 그의 문학은 아직도 우리 가슴속에 살아 숨 쉬고 있다. 이는 앞으로도 제주도가 존재하는 이상, 그리고 제주도민만이 아니라 우리 모두의 비극이기도 한 4·3사건의 역사와 교훈이 되살아날 적마다 그는 계속 살아 있을 것이다. 따라서 그는 죽었으나 죽지 않았다.

그가 생전에 걸어간 발자취에 비하면 그는 결코 많은 문학상을 받았다고 할 수도 없다. 1970년 매일 문학상을 시작으로 1978년 제주문학상, 1984년엔 도의문화저작상, 1992년엔 요산문학상, 그리고 1993년에 받은 한국소설문학상이 전부인 셈이다. 이에 대한 이유야 물론 여럿 있을 터이지만, 그러나 그는 그것에 연연하지 않은 듯했다. 그것은 무엇보다 그가 평생 4·3사건을 소설로 형상화한다는 집념을 꺾지 않았다는 것, 그리고 소설 전편에 내세운 제주도만이 지닌 토속적 언어와 역사, 문화로도 충분히 알 수 있다.

이따금 나는 그가 문득 생각날 때가 있다. 그럴 때면 하늘나라에서 지금 그는 과연 무엇을 하고 있을까, 궁금해진다. 정말 그는 지금 무엇을 하고 있을까. 혹시 거기서도 소설을 쓰고 있는 것은 아닐까. 여전히 얼굴 가득 잔잔한 미소를 머금은 채 제주도를 걱정하고 있는 것은 아닌지, 묻고 싶다.

이제 고백하지만, 그는 정말 형다운 형이었다.

- 4·3 사건이란?

원인: 4.3사건이 일어나기 1년 전인 1947년 3월 1일 제주 관덕정에서는 3.1절 기념행사가 열리고 있었다. 그날 그곳을 지나던 기마경찰이 말을 타고 가다가 6살짜리 어린아이를 치는 사고가 발생했다. 그러나 경찰은 다친 아이를 돌보지 않고 그냥 가버렸다. 이를 목격한 군중들은 가만히 있지 않았다. 그 경찰을 뒤쫓으며 소리를 지르고, 돌을 던졌다. 그러자 이 장면을 본 경찰들은 폭동이 일어난 것이라고 간주, 군중을 향해 총을 쐈고, 이때 6명이 그 자리에서 사망했다.

배경: 당시 제주도 경찰들 상당수는 친일 경험이 있는 자들이었다. (1946년 군정 경찰 간부 82%가 일제 경찰 출신이었다.) 미군정은 이 사실을 알면서도 해방 후 그들에게 제주도의 치안을 맡겼다. 따라서 그들의 대부분은 제주도민들 위에 군림하면서 고답적인 자세로 도민을 천대시하는 습성이 있었다.

이 사건을 계기로 3월 10일 제주도민들의 95%가 참여한 유례없는 대규모 총파업이 시작되었다. 그렇게 되자 정부에서는 이를 반란으로 간주, 제주도에 경찰과 군대, 우익 청년단체들을 보냈다. 이에 신변의 불안을 느낀 좌익세력과 남로당 제주도당은 1948년 4월

3일 마침내 무장봉기를 하기에 이르렀다.

 경과: 1948년 4월 3일 새벽 2시, 남로당 무장대 350명이 제주도 24개 경찰지서 가운데 12개 지소를 일제히 공격함으로써 사건은 시작되었다.

 사건은 1948년 5월 10일 남한만의 단독 선거에서 제주도가 선거 보이콧을 하면서 더욱 심각해졌다. 이후 섬 주민들을 청소하는 작전에 돌입한 정부는 우익 서북청년단을 제주도로 급파하여 48년 11월부터 초토화 작전에 돌입하기에 이르렀다. 약 4개월간 지속된 이 작전은 해안선에서 5킬로미터 이내의 무허가 통행금지를 포고하고, 이를 어기는 자는 이유 여하를 막론하고 폭도로 인정, 총살했다. 그뿐만이 아니었다. 산속에 숨은 무장대(좌익)와 토벌대 간의 긴 싸움에서 우익은 마을 주민들이 무장대를 돕는다는 가정 아래 대량학살을 감행하였다. 이때 우익 토벌대는 집을 다 태우고, 사람이 보이면 모두 죽이고, 특히 마을에 주민들을 다 모아놓고 총살하면서 그걸 서로 보게 하였고, 이들의 악행을 피해 굴속에 숨은 사람들은 가스로 죽이는, 만행을 저질렀다. 이때 낮에는 우익 토벌대에, 밤에는 좌익 무장대에 죽은 피해자가 전체 피해 숫자의 80%가 넘었다.

 참고로, 제주도는 지형상 사방이 바다로 막혀 있어 그들을 피해 도망가고자 해도 마땅한 곳이 없었다. 한라산에 산재한 동굴로 숨는 게 고작이었다.

 피해 상황: 경찰과 군이 무장봉기를 진압하는 과정에서 공식적으로 접수된 사망자 수는 1만1천여 명이라고 했다. 하지만 4.3 공식 보고서에 의하면 약 3만 명이 넘고, 유족들 또한 7만2천 명이 넘는다고 한다. 그러나 그것은 사망자 숫자일 뿐, 부상을 당한 뒤에도 입을 닫은 사람들은 그보다 훨씬 더 많을 것으로 추정된다. (1946년 제

주도 인구는 27만 7천 명이었다.)

진행 상황: 4·3사건은 1954년 9월 21일 한라산의 금족 지역을 전면 개방할 때까지 6년 6개월 동안 지속되면서 엄청난 유혈사태를 낳았다. 정부는 이날을 계기로 4·3사건의 종말을 공식적으로 선언하였다. 그러나 그것은 어디까지나 정부의 공식적인 발표일 뿐, 제주도민이 안고 있는 비극이 치유되고 회복된 건 아니었다. 오히려 그들의 유족들은 차별대우라는 또 다른 멍에를 몇십 년 동안 지고 살아야 했다. 마을마다 같은 날 제사를 지내는 집이 많으면서도 어디에 하소연할 곳이 없었다는 것과 이를 알면서도 정부 관계자들이 외면했다는 것은 무엇을 의미하는가.

이와 같은 시간이 무려 50여 년이나 흘러갔다. 그러나 역사는 덮는다고 사라지지는 않는다. 1999년 말 마침내 국회를 통과한 '제주 4·3사건 진상규명 및 희생자 명예 회복에 관한 특별법'을 정부가 2000년 1월 12일 제정 공포하면서 비로소 정부 차원의 진상조사가 착수되었고, 2003년엔 희생된 사람들을 기리기 위한 4·3평화공원도 설립되었다. 그러니까 50여 년 동안 4·3사건은 잊을 수 없음에도 잊힌 사건으로 강요된 채 깊은 바닷속에 잠겨 있다가 겨우 물 위로 그 모습을 드러낸 셈이었다.

그리고 작금에 이르렀다. 물론 늦은 감은 있으나 지금이라도 국민 화합 차원에서 사건의 바른 진상규명과 희생자를 비롯한 유족들의 명예를 회복시키고 인권 신장을 펼친다는 것은 바람직하다고 할 수 있다. 그러나 오랫동안 저들의 가슴 깊은 곳에 똬리를 틀고 있던 한 맺힌 상처가 그것으로 다 치유될 것이라고 보기는 어렵다. 따라서 4·3사건이 끝났다는 것은 문서일 뿐, 완전한 치유와 온전한 회복이 되기 위해서는 더 많은 시간이 필요하다고 할 수밖에 없다.
 이념 간 갈등이 빚은 우리 민족의 비극사. 그것은 외면할 수 없는 우리 모두의 아픈 역사이다. 그러므로 정부도 그들에 대한 피해 보상을 물질만으로 성급히 해결하려고 해서는 아니 될 것이다. 이는 앞으로 우리가 함께 풀어야 할 숙제가 아닐 수 없다.

| 단편소설 |

서쪽 하늘, 붉은 노을

495, 496, 497, 498, 499······.

500, 나는 눈을 뜨고 모래시계를 바라보았다. 그러나 잘록한 허리 위에 남아 있는 핑크빛 모래는 그때까지도 홈을 타고 여전히 흘러내리고 있었다. 그럴 리가 없는데, 또 맞추지 못한 것이다. 다른 때 같으면 아흔아홉, 일백아흔아홉, 이백아흔아홉, 삼백아흔아홉, 사백아흔아홉에서 잠시 머뭇거려 어쩔 수 없다고 할 수 있으나 이번은 아니었다. 500까지 세는 동안 나름대로 정신을 똑바로 차리고 그 숫자를 제대로 셌다고 할 수 있었다. 그런데도 내 예측은 이번에도 빗나간 것이다. 이는 내가 아무래도 다른 때보다 빨리 세었거나 아니면 그동안 습기를 많이 머금은 모래시계의 알맹이가 더디 내려가고 있다고 볼 수밖에 없었다.

비취이슬사우나실은 뜨거웠다. 더구나 습식이어서 물수건으로 얼굴을 가리지 않고서는 호흡조차 힘들었다. 그래서 웬만한 사람들은 모래시계가 한 번 다 떨어질 동안 견디다가 나가는 게 보통이었다. 그러나 그날 나는 세 번이나 모래시계를 뒤집었다. 온몸이 벌겋게 달아오르고 숨이 찼으나 개의치 않았다. 그래도 숫자는 맞지 않았다. 두 번은 아흔아홉에서 더듬거리는 내 잘못이 분명했다. 그러나 마지막은 아니었는데도 결과는 실패였다.

바보 같은 짓거리 그만하고 어서 나와.

홍 영감이 보기 딱하다는 듯 혀끝을 차며 나무랐으나 나는 못 들은 척했다. 백 영감이라면 그렇게 윽박지르지는 않았을 것이다. 그런데 왜 그는 정말 여태 나타나지 않는 것일까. 나는 다시 모래시계를 뒤집어놓고 입속으로 숫자를 세기 시작했다. 12, 13, 14, 15, 16, 17…….

하지만 결국 빼빼 청년이 허리를 숙인 채 엉거주춤 들어서며 인사를 건네자 나는 그만 일어서고 말았다. 삶아놓은 것 같은 내 몸통을 보면 그 또한 홍 영감 못잖게 잔사설을 늘어놓으며 또 씨도 먹히지 않는 말을 주저리주저리 풀어놓을 게 분명하기 때문이었다.

냉탕에 들어가 뜨거워진 몸을 물줄기로 식히고 있는 등 뒤로 홍 영감의 핀잔이 다시 떨어졌다. 그게 뭐 그렇게 중요해? 늙은이 티 내는 거야? 공연히 그러다가 큰일 나, 이 사람아. 그의 호통을 귓등으로 흘리며 나는 주위를 두리번거렸다. 백 영감의 모습은 그때까지도 눈에 띄지 않았다. 아직 나타나지 않는 것을 보면 오늘도 오지 않을 것 같았다. 벌써 며칠째인가. 보지 못한 지 보름이 넘어가지 않는가. 나는 머리를 갸웃거렸다. 그럴 사람이 아니었다. 다른 날 같으면 오히려 우리보다 더 먼저 들어와 느리기는 하지만 다리를 절룩거리며 냉탕 온탕을 부지런히 오가고 있을 위인이었다. 정말 무슨 일이 생긴 건 아닐까. 나는 늘 보이던 늙은이가 며칠째 보이지 않으면 무슨 사단이 생긴 거라는 홍 영감의 말이 떠오르자 오늘은 꼭 그를 찾아봐야겠다고 생각했다. 당장 튀어 오를 것 같은 자세로 냉탕 중앙에 웅크리고 앉은 돌두꺼비를 올려다보던 나는 홍 영감이라면 혹시 그의 핸드폰 번호나 집을 알지도 모른다는 데 생각이 미치자 벌떡 일어났다. 돌두꺼비는 왕방울 같은 눈망울을 부릅뜨고 그날도 입에서 연신 찬물을 뿜어내고 있었다.

 평일 2시쯤이 되면 실로암 대중 사우나는 늘 한산했다. 찜질방에서 마구 쏟아져 내려온 젊은 사람들로 300여 평의 넓은 공간이 장터를 이룬 것처럼 북적거리는 이른 시간대나 오후와는 달랐다. 그날도 마찬가지였다. 단골로 드나드는 동네 늙은이들 몇 명이 벌거벗은 채 뿌연 수증기 속에 들어앉아 느린 동작으로 물을 뒤집어쓰고 있을 뿐이었다. 물론, 그 가운데에는 간혹 젊은이가 끼어 있을 때도 있었다. 일테면 입만 열면 예수 운운하는 빼빼 청년 같은 부류가 거기에 속했으며, 또 가끔은 온몸에 문신을 새긴 스포츠형 머리의 건장한 청년들이 난데없이 들어와 제 세상인 양 휘젓다가 나가기도 하였다. 그런가 하면 늦게까지 찜질방에서 늦잠을 자다가 눈곱을 그대로 붙인 채 내려오는 사람들도 더러 있기는 했다. 그러나 대개 그때가 되면 세신사 송 씨도 일손을 놓고 출입구 왼쪽에 놓인 간이 칸막이 속 전용 매트리스 위에 앉아 길게 하품을 토해내기 마련이었다.

 홍 영감의 말이 아주 틀린 것은 아니었다. 사실 숫자 맞추기 같은 것은 아무짝에도 쓸모없는 짓거리라고 할 수 있었다. 따지고 보면 그것은 가뜩이나 늙어 기운이 진한 몸의 물기를 비틀어 짜내는 것 같은 곤욕만 불러온다고 볼 수도 있었다. 그런데도 내가 올 때마다 그것을 꼭 하는 이유는 그마저도 하지 않으면 시시때때로 엄습하는 잊혀가는 기억에 대한 두려움을 떨쳐버릴 수가 없기 때문이었다. 더구나 아흔아홉이란 숫자가 갑자기 떠오르지 않을 때는 혹시 숫자를 모두 잊어버리지는 않을까, 하는 두려움까지 엄습했다. 그 두려움은 모양도 없었고, 예고도 없었다. 자신이 찾아오고 싶으면 언제든지 밀고 들어와 나를 일깨워놓고는 괴롭혔다. 언제부터 그런 증상이 나타났는지는 나도 알 수 없었다. 그렇다고 대놓고 떠벌릴 일도 아니어서 나는 속으로 끙끙 앓고 있을 따름이었다.

 냉탕에서 나온 나는 천연유황탕에 몸통을 반쯤 잠그고 반신욕 하는 홍 영감 곁으로 바투 다가갔다. 눈을 지그시 감고 있던 그는 내가 가까이 다가가자 벗겨진 머리 위에 송골송골 맺혀있는 땀방울을 손바닥으로 훑어내며 무슨 일이냐는 듯 턱짓으로 물었다.

 백 영감 핸드폰 번호 알아?
 몰라.
 그럼, 주소는?
 그걸 내가 어떻게 알아?
 홍 영감은 귀찮다는 듯 머리를 돌리고 눈을 감았다.
 여기에 아파트 단지가 생기기 전부터 알던 사이라면서?
 사람하고는. 아는 사이라면 그런 것까지 다 챙겨야 하는 거야? 내가 뭐 그 동네 통반장이야?
 그는 그걸 왜 따지듯 묻느냐는 얼굴로 나를 힐끗 돌아보고는 다시 눈을 감았다.
 혹시 누구 아는 사람 없을까? 오 단지에 산다는 말은 들었는데…….
 누가 알겠어, 그 영감태기를.
 나는 더 묻지 않았다. 어쩌면 그도 숫자를 세다가 까먹고는 지금 속으로 다시 세고 있는지 알 수 없는 일이었다. 그렇다면 어떻게 하지? 그의 벗겨진 뒤통수를 한동안 내려다보던 나는 3년 가까이 보아온 그가 문득 처음 보는 사람처럼 낯설게 느껴졌다.
 약속한 적은 없지만 대개 월요일과 목요일 2시쯤이 되면 우리는 서로 앞서거니 뒤서거니 실로암 사우나에 모여들었다. 간혹 한두 사람이 빠질 때도 있고, 또 어떤 날은 혼자 땀 빼다 나오는 적도 있었지만 그런 때에도 며칠 지나면 만날 수 있다는 생각에 우리는 서로 신경을 크게 쓰지 않았다. 만나면 우리는 벌거벗은 채 어릴 때 놀던 동무들처럼 낄낄거리며 서로 등을 밀어주곤 하였다. 물론 그 시간대에 우리만 있는 건 아니어서 더러 다른 사람들이 낯살이나 든 노인네들이 점잖지 못하게 무슨 사설이 그렇게 많으냐고 핀잔을 주거나 지청구를 먹일 때도 있었다. 특히 강 노인 같은 경우는 더욱 그러했다. 우리보다 10살 정도 더 나이가 많은 그는 그럴 적마다 다른 사람들과 달리 더 얀정머리 없이 나무랐다. 그러나 우리는 개의치 않았다. 다 같이 늙어가는 처지인데, 뭘. 저세상 가는 데는 순서가 없어. 누가 먼저 가게 될지 모르는 거야. 홍 영감은 그럴 적마다 들으라는 듯 오히려 큰소리쳤다. 대단위 아파트 단지가 조성되고, 사우나탕이 개업한 이후 일주일에 두 번은 그렇듯 만나는 처지인 탓에 나는 홍 영감이 씨부렁거릴 적마다 그의 편을 들며 덩달아 크게 웃곤 하였다. 그만큼 우리는 흉허물이 없는 사이로 그곳에서는 소문나 있는 편이었다.

  그런데 정작 내가 그에 대하여 아는 것은 얼마나 될까. 나는 가끔 그가 정말 생면부지의 사람처럼 느껴질 때가 있었다. 건설 현장 소장으로 잔뼈가 굵었다는 그가 내 말을 건성으로 듣다가 중간에 잘라내고 자신의 주장을 피력할 때는 더욱 그런 느낌이 고개를 쳐들곤 하였다.

  씻어버리고 싶다. 박박, 문질러서 모두 하수도 구멍으로 밀어버리고 싶다……. 내 기억을 조금씩 갉아먹는 이 좀벌레 같은 존재들,

정수남 ▎69

그런데 이놈들은 언제부터 내 몸에 숨어들어와 나를 나답지 못하게 조종하기 시작한 걸까. 따지고 보면 이런 증상은 비단 숫자만이 아니었다. 어느 때는 아파트 현관 비밀번호를 잊어버려 당혹스러울 적도 있었고, 또 어느 때는 하나밖에 없는 손자 이름이 생각나지 않아 애먹을 때도 있었다. 당뇨와 고혈압, 고지혈증 때문에 매일 아침 처방해준 알약을 꼬박꼬박 복용해야 하는데 그것도 잊어버리곤 허둥거린 적이 있었다. 문제는 그게 가끔 일어나는 게 아니라 시간이 지날수록 자주, 빈번하게 일어난다는 것이었다. 이 얘기를 들은 아들은 나이가 들면 누구나 다 인지 능력이 조금씩 떨어진다고 하면서 크게 걱정할 일은 아니라고, 데면데면하게 대꾸했다. 그래도 내가 얼굴을 풀지 않자 정 그러면 나중에 날짜 잡아 병원에 한번 가보자며 슬그머니 뒤로 빠졌다.

내가 손대야를 들고 다시 비취이슬사우나실로 향하자 온탕에 들어가 있는 강 노인 곁에 앉아 말을 붙이던 삐삐 청년이 기다렸다는 듯 수건을 들고 내 뒤를 따라붙었다. 오늘은 제가 등 밀어드릴게요. 내가 손사래를 쳤으나 그는 물러나지 않았다. 그는 늘 그런 식으로 사람들에게 접근했다.

세상 참 말세지요? 그래도 걱정하지 마세요.

나는 대꾸하지 않은 채 모래시계를 뒤집었다. 핑크빛 모래가 잘록한 홈을 타고 아래로 흘러내리자 버릇처럼 다시 숫자를 세기 시작했다. 1, 2, 3, 4, 5……. 삐삐 청년이 다시 말을 걸어온 것은 내가 사십팔까지 셌을 때였다.

요한계시록 이십일 장과 이십이 장을 보면, 새 하늘과 새 땅이 곧 온다고 써있어요. 그렇게 되면 하나님이 사람들의 모든 눈물을 그 눈에서 닦아 주신다고 했어요. 물론 그런 세상을 맞이하기 위해서는 예수님을 구주로 반드시 영접하셔야 해요. 왜냐하면 그것은 믿는 사람들에게만 속한 것이라고 했으니까요. 그러니까 더 늦기 전에 어르신도 예수님을 주님으로 영접하세요. 내일 일을 모르는 게 세상이라는 건 어르신이 누구보다 더 잘 아시잖아요. 오래 사셨으니까…….

나는 그의 말을 한 귀로 흘리며 돌아앉았다. 오늘은 요한계시록이구먼. 그런데 그 말 역시 벌써 한두 차례 들은 게 아닌 터여서 이젠 귀가 아플 지경이었다.

숫자는 또 맞지 않았다. 500을 세고 눈을 떴으나 모래는 여전히 남아 흘러내리고 있었다. 뭐가 잘못된 것일까. 숨이 가빠 조금 빨리 센 탓일까. 아니면 듣지는 않았어도 빼빼 청년이 중얼거리는 게 방해된 탓일까. 나는 빼빼 청년을 사납게 훑어보다가 문득 백 영감을 떠올렸다. 지팡이에 의지한 채 절룩거리면서도 그는 숫자만큼은 거의 정확히 맞혔다. 오백, 하는 것과 동시에 빈 모래시계를 뒤집곤 하였다. 그 동작을 내가 부러워하면 그는 거기에서 희열을 느낀다고 하면서 조용히 웃곤 하였다. 그거 말고 자신이 이 세상에서 잘하는 게 무어 있느냐는 것이었다. 사실 따지고 보면 나는 실패한 인생이 거든. 지금 굶지 않고 이나마 사는 것도 다 자식들 덕분이야……. 그는 입을 열 적마다 두 아들을 자랑했다. 은행에 다니다가 나와 시작한 건설업 등, 세 번이나 사업에 실패한 뒤 아버지가 물려준 재산까지 모두 거덜 내고 거기에 덧대어 뇌경색으로 쓰러졌을 때 살린 게 아들들이었다는 것이다. 대학병원에서 가망이 없다고 했을 적에도 아들들은 포기하지 않고 끈질기게 달라붙어 한방으로 살렸다고 했다. 그런 소리를 들을 적마다 말은 하지 않았으나 나는 부러움을 느꼈다. 평교사로 정년퇴직할 때까지 평생 가족을 위해 헌신한 내가 조금이라도 공치사할라치면 그건 부모가 응당 해야 할 의무 사항 아니냐며 눈을 치뜨는 내 아들과는 달랐다. 아들이 그럴 적마다 생각나는 건 4년 전 먼저 세상을 떠난 아내였다. 아내가 살아 있다면 과연 그 말을 듣고도 가만히 있었을까.

그런데 정말 그는 왜 나타나지 않을까. 나는 은근히 그가 걱정스러웠다. 빼빼 청년은 내가 대꾸하지 않자 또 다른 이야기를 꺼냈다. 서울에 있는 신학대학교에 다니다가 몸이 아파 휴학했다는 그는 그러나 입은 아프지 않은 모양이었다.

예수님이 부활하셨다는 건 어르신도 알고 계시죠? 부활해서 단 몇 분, 또는 단 며칠만 살다가 승천하셨다면 아마 믿지 않는 분들이 많을 거예요. 그런데 부활하신 후 제자들 앞에 나타난 예수님은 사십 일 동안 그들과 함께 먹고 자며 말씀을 주셨거든요. 그건 무엇을 의미할까요?

그러나 나는 그 말에도 무응답으로 일관하였다. 토를 달면 더욱 바투 다가서는 그의 성미를 아는 까닭이었다. 결국 긴 사설을 늘어놓던 그의 입은 홍 영감이 들어오자 닫히고 말았다. 여기에서 뭣들 하고 있어? 땀 빼다가 죽으려고 환장했어? 그는 빼빼 청년을 향해 왕방울 같은 눈을 사납게 치떴다. 목자 사나운 그가 쏘아보자 빼빼 청년은 얼른 눈길을 돌렸다.

땀 적당히 빼, 그것도 혈압에 좋지 않아.

홍 영감은 팔십 가까운 나이에도 불구하고 근육질의 몸을 지니고 있었다. 내가 모르는 콜라겐을 특별히 복용하고 있는지는 몰라도 가슴이나 팔뚝, 허벅지가 60대 버금가게 아직도 탄탄했다. 그뿐만이 아니었다. 달수는 몇 달 뒤에 태어났지만 나와 갑장인데 성미 또한 괄괄해서 목욕탕에서도 조금만 수틀리면 젊은이처럼 꽥, 꽥 소리 지르기 일쑤였다.

　오늘 오후에 뭐할 거야?

　나는 그가 특별히 할 일이 없다고 하면 백 영감을 함께 찾아보자고 권할 생각이었다. 그래서 다행히 백 영감을 만나게 된다면 셋이 홍성루에 들어가 모처럼 자장면이라도 시켜 먹을 요량이었다. 소화력이 떨어진 사람은 밀가루 음식을 삼가야 한다고, 아들이 주의 주었으나 어릴 적부터 좋아한 자장면을 끊을 수는 없었다. 그러나 그의 대답은 뜻밖이었다.

　나, 오늘 바빠. 오후에 현장 소장 출신들 모임이 있어서 서울 가봐야 해. 왜?

　아니, 그냥.

　백 영감 찾으러 같이 가자고 하려고?

　그래, 궁금하잖아.

　궁금하긴……. 무슨 사정이 있겠지.

　홍 영감은 내 말을 끊은 채 잠시 양손으로 땀범벅이 된 얼굴을 훑어내렸다. 비취이슬사우나실은 실로암에서 황토사우나실과 휴게실, 수면실, 천연유황탕과 함께 자랑하는 시설 가운데 하나였다. 백수정을 촘촘히 박아놓은 벽면도 그러했지만 뜨거운 열기를 일정하게 내뿜는 흄관도, 돌판을 우툴두툴한 채로 깔아 지압을 할 수 있게 만든 바닥도, 는개처럼 천정에서 뿌옇게 떨어지는 물방울도 인근에서는 찾아볼 수 없는 최신 시설이었다. 한가지 흠이라면 지하인 탓에 4대의 대형 환풍기가 24시간 쉬지 않고 돌아가고 있으나 특유의 곰팡내를 완전히 거두지 못한다는 점이었다.

　입을 다물고, 나는 다시 숫자를 세기 시작했다. 44, 45, 46, 47……. 내가 막 팔십팔을 셌을 때였다. 홍 영감이 혼잣말처럼 입을 열었다.

모르지, 또. 목욕탕을 바꿨을지도.

그건 또 무슨 소리야?

아직 모르는 모양이군. 칠 단지 건너편 큰 길거리 있잖아. 거기 상가 십 층에 대형 사우나탕이 새로 문을 열었대. 내가 가본 건 아닌데, 여기보다 시설이 훨씬 좋다고 벌써 소문이 쫙 퍼졌어. 하긴 경쟁 시대인데 누가 말려…….

그는 아무렇지 않다는 투로 말했다. 그러나 나는 놀라지 않을 수 없었다. 거기에 그런 사우나탕이 새로 생겼다고? 금시초문이었다. 그렇다면 가뜩이나 올라가는 수도세 전기세 때문에 실익이 없다고 볼 적마다 울상을 짓던 실로암사우나 최 사장의 얼굴이 더 일그러져 있을 것은 보지 않아도 뻔했다. 내가 눈을 크게 뜨자 구석에 앉아 있던 빼빼 청년이 슬그머니 거들고 나섰다.

맞아요. 백야 빌딩이라고, 일 층에 파리바케트와 베트남쌀국수 가게가 있는 거기예요. 아시죠?

나는 잠자코 그를 돌아보았다. 빼빼 청년까지 아는데 나는 그걸 왜 여태 몰랐을까. 그러나 나는 곧 머리를 흔들었다. 아무리 그렇더라도 백 영감이 나에게 언질 한마디 없이 그곳으로 옮겼을 리는 만무했다. 그는 그럴 위인이 아니었다. 어려서 소아마비를 앓은 탓에 걸을 적마다 다리는 절뚝거리지만, 마음만큼은 성한 사람들보다 더 곧고 바르고 정이 많았다. 아마 사업이 실패한 원인도 따지고 보면 그런 까닭이었을 것이다.

근데 왜 그 영감태기는 자꾸 찾아? 뭐, 돈이라도 꿔줬어?

돈은 무슨……. 난 그냥 늘 보던 사람이 한동안 보이지 않으니까 혹시라도 몹쓸 사고라도 당했나 해서 그렇지.

무슨 사고?

팔십 먹은 늙은이들이 사고 났다면 뭐 다른 거 있겠어? 죽음밖에는…….
 내 말이 떨어지자 홍 영감이 놀랐다는 듯 눈을 크게 떴다.
 무슨 기미라도 보였어?
 기미는 무슨, 일테면 그럴 수도 있다는 거지. 자주 보던 사람이 며칠째 보이지 않으면 그런 사고가 난 거라고 얘기한 사람이 누군데 그래?
 나는 갑자기 숨이 가빴다. 더는 앉아 있기가 힘들었다. 결국 나는 500을 채우지 못하고 비취이슬사우나실을 빠져나왔다. 그래도 홍 영감은 나를 놓아주지 않았다. 내 뒤를 따라 나오며 재우쳐 물었다. 성미가 급한 그는 본래 습식사우나나 건식사우나에 오래 머물지를 못했다.
 그럼 죽었을 수도 있다는 얘기야?
 홍 영감은 냉탕까지 나를 따라 들어왔다.
 몰라. 일테면 그럴 수도 있다는 얘기지.
 나는 건성으로 대꾸하며 폭포물맞이 버튼을 눌렀다. 그러자 바가지로 물을 끼얹듯 천정에서 물줄기가 금방 쏟아졌다. 그 물줄기가 그칠 때까지 구부린 채 등을 대고 있던 나는 이윽고 숨을 크게 내쉬었다. 비로소 가쁘던 숨이 조금 가라앉았다.
 언제 들어왔는지, 열탕에는 젊은이들이 벌써 몇 명 들어앉아 있었다. 또 천연유황탕에도 등짝에 용을 문신한 덩치 큰 두 명의 젊은이가 앉아 대화를 나누는 게 보였다. 나는 그들을 유심히 바라보았다. 스포츠머리가 아니었다. 처음 보는 얼굴들이었다. 새로 문을 열었다는 7단지 건너편 큰 길가의 사우나탕으로 가지 않고 여기에 온 것을 보면 아마 외지 사람들인지도 모를 일이었다. 무슨 이야기를 나누는 것인지는 알 수 없으나 그들이 크게 웃을 적마다 시퍼런 등짝에 새겨진 두 마리의 용이 곧 날아갈 것처럼 꿈틀거렸다. 그뿐만이 아니었다. 조금 전까지 하품을 길게 물고 있던 송 씨도 황제 마사지인지 스포츠 마사지인지 그냥 전신 마사지인지는 알 수 없으나 어느새 전용 매트리스에 한 사람을 뉘어놓고 열심히 등짝을 밀고 있었다. 이렇듯 한가한 시간에 손님들이 몰려든 것은 아마도 바깥 날씨가 갑자기 추워진 탓이라고 할 수 있었다. 하긴, 그동안 12월 겨울 날씨치고는 너무 따뜻하지 않았는가. 잠시 주위를 두리번거리던 나는 곧 입구에 비치된 때수건을 들고 세면장으로 향했다. 빼빼 청년이 따라와 등을 돌리라고 했으나 나는 거절하고 혼자 팔부터 가슴, 등, 다리 순서로 비누를 칠하기 시작했다. 비누칠한 뒤 한바탕 물로 씻어내면 그걸로 그날 목욕은 모두 끝나는 셈이었다. 내가 목욕하는 시간은 대략 한 시간 반이면 충분했다. 그 시간이 넘으면 갑자기 호흡이 가빠지고, 현기증이 일어났다.

왜 숫자는 번번이 틀릴까. 그리고 왜 아홉이 되면 머뭇거릴까. 여든아홉과 아흔아홉이 특히 그랬다. 그러나 팔십구와 구십구는 그렇지 않았다. 무엇이 나를 그렇게 만들었을까. 그러니까 그날도 숫자 세기는 실패했다고 볼 수 있었다. 그러나 아침부터 허리가 켕기고 오른쪽 다리가 저리던 현상만큼은 사라진 것 같아 나는 조금 안심이 되었다. 그게 비단 약 탓만은 아닌 것 같았다.

마른 수건으로 대충 몸을 닦은 나는 곧장 휴게실로 나와 앉았다. 직사각형 테이블을 사이에 두고 양쪽으로 등받이 있는 4개의 하얀 플라스틱 의자가 여섯 세트 길게 놓인 휴게실은 음료수를 판매대에서 자유롭게 사 마실 수 있는 곳으로, 샤워를 마친 손님들이 벌거벗은 채 많이 이용하는 곳이었다. 한가지 흠이라면 LED 조명이 너무 밝은 탓에 자욱한 욕탕에서는 자세히 볼 수 없던 낯모르는 손님들의 사타구니까지도 낱낱이 목격할 수 있다는 점이었다. 그래서 손님들은 대부분 음료수로 마른 목을 축이며 대화를 나눌 때 수건으로 거기를 덮곤 했다. 하지만 홍 영감은 가리려 하지 않았다. 왠지는 몰라도 오히려 과시하듯 그것을 더 앞으로 내밀고 앉았다. 하긴, 희고 검은 터럭 속에 머리를 비죽이 내밀고 있는 그의 것은 유별난 데가 있긴 하였다. 유효기간이 끝나 이제는 겨우 소변이나 배설하는 도구로밖에는 구실을 못 하는, 볼품없이 쭈그러든 우리 또래들의 것과는 달리 그의 것은 아직도 또 다른 기능을 충분히 감당할 것처럼 옹골찬 데가 있었다.

판매대에서 오렌지 과일 주스 깡통을 한 개 사 들고 구석 테이블 앞에 앉은 나는 문득 백 영감의 물건이 떠올라 피식 웃었다. 그의 것은 내 것처럼 볼품이 없었다. 그런데도 그는 나처럼 구태여 그것을 가리려고 하지 않았다. 내가 수건을 건네주면서 민망하니까 거기 좀 가리라고 하면 그는 오히려 그것으로 우리가 다 가계를 이어 오지 않았느냐고 반문하면서 인류의 역사까지 들먹거렸다. 그러니까 부끄러운 존재가 결코 아니라는 것이었다.

잠시 뒤 홍 영감이 캔 커피를 들고 다가오자 나는 옆자리를 내주었다. 입구를 빠져나온 빼빼 청년도 두리번거리다가 곧바로 우리 건너편 테이블에 앉아 평소처럼 식혜가 든 병마개를 비틀었다.

홍 영감이 물었다.

그래도 그 영감태기가 어떤 눈치를 보였으니까 네가 목마르게 찾는 거 아닌가 말이야. 뭐야? 나한테 말 못할 무슨 곡절이라도 있는 거야?

그런 게 어디 있어. 다만 그럴 수도 있다는 거지. 늙은이들 목숨을 누가 살았다고 장담하겠어, 잠자다가도 숨넘어가는 경우가 다반사인데. 안 그래?

정말 그렇다면 신경 쓸 일도 아니구먼. 싱거운 사람 같으니라고.

비로소 알았다는 듯 홍 영감이 나를 쳐다보며 혀끝을 찼다.

사실 백 영감에게 구체적인 얘기를 들은 것은 없었다. 다만 올해 여름이 다 끝나갈 무렵 휴게실에서 찬 커피를 마시던 그가 무슨 생각이 들었는지 문득 밑도 끝도 없이 죽음에 관해 말을 꺼낸 적은 있었다. 나는 죽으면 바람이 되고 싶어. 바람이 되어서 어디든지 자유롭게 돌아다니고 싶어. 그때도 나는 그의 말에 특별히 의미를 두지는 않았다. 다만 다리가 불편한 그가 얼마나 자유롭게 돌아다니고 싶었으면 그런 말을 할까, 했을 뿐이었다. 그래서 그가 너는, 하고 물었을 때 나는 순간적으로 모래가 되고 싶다고 대꾸했다. 왜 그랬는지는 나도 알 수 없었다. 아마 그때 머릿속으로 비취이슬사우나실의 핑크빛 모래를 생각하고 있었던 것 같았다. 왜냐하면 그날도 숫자를 맞추지 못했으니까.

금빛 모래?

그는 의아하다는 듯 나를 바라보며 되물었다.

그래, 금빛 모래가 되어서 종일 햇빛에 몸을 맡기고 싶어.

사우나탕에서 땀 빼듯이?

그래.

그날 대화는 그게 전부였다. 그러나 그날 이후 숫자를 세다가, 혹은 냉탕에 들어앉아 있을 때, 또는 휴게실에서 주스를 마실 때면 문득문득 바람이 되고 싶다는 백 영감의 말이 떠올랐고, 그럴 때면 앞서간 많은 사람의 모습이 기억 속에서 천천히 걸어 나오는 것을 느껐다. 코로나19로 갑자기 세상을 떠난 동기동창 성준이도, 지방에 세운 비누공장을 다녀오다가 고속도로에서 교통사고를 당해 졸지에 객사한 광태도, 간암 3기 판정받고도 좋다는 온갖 약은 다 먹으며 버둥거리다가 떠난 진복이도……. 그것만이 아니었다. 나보다 어린 사람들도 많았다. 그 가운데에는 교사 시절 다섯 살이나 어린데도 나를 괴롭히던 까탈스러운 심 교장의 얼굴도 있었다. 그 모두가 지금은 이 세상에 없는, 사라진 얼굴들이었다. 죽음의 문턱을 넘는 순간 그들은 과연 무슨 생각을 했을까. 그러나 나는 그와 나눈 이야기를 홍 영감에게는 꺼내지 않았다.

이윽고 강 노인도 목욕을 마친 모양이었다. 탈의장으로 향하다가 내 눈길과 마주치자 머리를 돌렸다. 얼굴이 잔뜩 일그러져 있는 걸 보면 용 문신한 젊은이들의 웃음소리가 강퍅한 그의 심사를 건드린 듯했다. 그는 실로암에 들어서면 보통 목욕 두 시간, 수면 두 시간, 합쳐 네 시간 동안 머무르다가 나갔다. 그는 비취이슬사우나 황토방 사우나, 게르마늄 사우나, 열탕이나 냉탕은 쳐다보지도 않았다. 입구에 들어서면 곧바로 샤워를 간단히 마치고는 천연유기유황탕에 들어앉아 30분 가까이 꼼짝하지 않았다. 그래서 나는 그도 그곳에 앉아 나처럼 숫자를 세고 있는 줄 알았다. 그러나 아니었다. 가려움증 때문이라고 했다. 그런 그를 볼 적마다 홍 영감은 등 뒤에 종주먹을 들이대며 실로암이 무슨 자기 작은집인 줄 아느냐고 비아냥거렸다. 그래도 신도시가 형성되면서 대대로 물려받은 적잖은 전답을 보상받아 알부자 소리를 듣는 그는 모른 척했다.

잠시 뒤 홍 영감이 지나가는 말투로 물었다.

그런데 넌 왜 숫자 세는 거에 그렇게 연연하냐?

그거? 잊지 않기 위해서. 가만히 있으면 뭔가 자꾸 잊혀가는 것 같아서.

이런 바보. 그런 건 늙으면 누구나 다 나타나는 현상이야. 나도 그래. 그래도 나는 그런 거에 신경 쓰지 않아. 너무 신경 쓰다 보면 그게 오히려 큰 병을 부를 수도 있거든. 그러니까 너도 앞으로는 그런 소심증 버려.

캔 커피를 다 마신 홍 영감이 빈 깡통을 흔들어보다가 쓰레기통에 버리고는 일어섰다. 나는 그를 올려다보면서 입을 열었다.

왜 벌써 나가려고?

목욕 끝냈으면 빨리 나가야지, 여기서 그럼 밤샐 거야?

그건 아니지만…….

얼른얼른 일어나. 시간이 뭐 우리를 위해 멈춰주냐? 죽으면 썩어질 몸뚱이인데 살아있을 때 부지런히 움직여야 하지 않겠어?

그는 나에게 한 말을 빼빼 청년에게도 반복했다. 젊은 사람이 무슨 할 일이 없어서 목욕탕에서 국으로 몇 시간씩 죽치고 있느냐고, 달구치는 그의 목소리가 휴게실을 울렸다.

그래도 그를 붙들고 싶은 나는 돌아서는 그를 올려다보며 조금 더 쉬었다가 같이 나가서 홍성루 자장면이나 먹자고 했다. 그러나 그는 머리를 세게 흔들었다. 나, 오늘 모임이 있다고 했잖아. 그리고는 숨 쉴 틈도 주지 않고 나를 향해 입을 열었다.

너, 죽음이 겁나냐?

그럼 겁나지 않냐? 시시각각 다가오는 걸 느끼는데…….

난 두렵지 않아.

홍 영감은 머리를 세게 흔들었다.

난 죽음이 찾아오면 그냥 어서 오세요, 하고 맞을 생각이야. 그것보다 중요한 건 지금이야. 지금은 숨을 쉬고 있으니까, 어쨌든 열심히 살아야 한다고 생각해. 죽음 따위는 잊어버리고. 그거야 누구에게나 어차피 찾아오는 거 아니야?

핸드폰을 한 차례 열었다가 닫은 그는 뒤도 돌아보지 않고 화장대 앞으로 걸어갔다. 곧이어 드라이기로 머리를 말리고 스킨로션과 밀크로션을 손바닥에 담아 얼굴을 문지르는 그의 모습이 거울에 보였다. 나는 그가 탈의실로 향하는 것을 먼눈으로 보면서 그렇다면 혼자서라도 백 영감을 찾아봐야겠다고 작정했다.

홍 영감이 자리를 비우자 그동안 건너편에 앉아 핸드폰을 만지작거리고 있던 빼빼 청년이 냉큼 그 자리로 옮겨왔다. 마른기침을 한 차례 뱉어낸 뒤 그가 나지막하게 입을 열었다.

저 어르신은 죽고 사는 게 얼마만큼 중요한지, 아직 잘 모르시나 봐요?

나는 대꾸하지 않았다. 또 무슨 얘기를 하려고 하나, 눈길도 돌리지 않았다. 위아래로 260개가 촘촘히 붙어있는 탈의장에는 홍 영감 외에도 늦게 입장한 몇 명의 손님들이 서둘러 옷을 벗고 있었다. 내가 본척만척하는데도 빼빼 청년은 내 얼굴을 한 차례 살펴본 다음 자발없이 말을 이었다.

제가 언젠가 한 번 말씀드렸죠? 야고보서요. 거기에 보면 이렇게 기록되어 있어요. '내일 일을 너희가 알지 못하는구나. 너희 생명이 무엇이냐. 너희는 잠깐 보이다가 없어지는 안개니라, 라고요.' 이 말의 뜻이 과연 무엇일까요?

그의 말을 한쪽 귀로 흘려듣던 나는 문득 백 영감 생각에 잠겼다. 언젠가 백 영감도 이와 비슷한 소리를 한 적이 있었다. 우리는 모두 아침 이슬 같다고. 햇살이 비치면 금방 말라 흔적 없이 사라지고 마는……. 나는 그때에도 그 소리에 큰 의미를 두지는 않았다.

여기 들어오면 누구나 다 벌거벗잖아요? 잘 살고, 못 살고, 힘 있고 없는 게 전혀 문제가 되지 않지요, 안 그래요? 그렇다면 그게 뭘까요? 우리 몸에 걸치고 있는 그건 모두 껍데기라는 거지요. 그런데 영혼은 그것과 다르지요. 그렇다면 우리가 죽은 후 껍데기에서 벗어난 우리 영혼은 어디로 갈까요?

나를 건너다보는 그의 눈빛은 자신이 던진 물음에 대한 대답을 기다리는 것 같았다. 하지만 나는 이번에도 그의 눈길을 무시했다. 그런데 도대체 그의 정체는 무엇일까. 예수 운운하는 소리는 하도 많이 들어 그가 입을 열면 무엇을 말하려고 하는지 이제는 대충 짐작하지만 정작 그의 속내는 2년이 가깝도록 모르고 있다고 봐야 했다. 내가 안다는 것은 고작해야 잘 웃지 않는다는 것, 쌍꺼풀진 커다란 눈망울뿐이었다. 거기에 몇 개 더 덧붙이자면 기껏해야 신학대학 휴학생이라는 것(그런데 무슨 병으로 휴학하게 되었는지는 묻지도 않았고, 또 그가 말해 주지도 않았다), 몸통이 전봇대처럼 비쩍 말랐다는 것(본래부터 그랬는지, 아니면 어떤 사유가 있는지는 모른다), 휴게실에 오면 꼭 작은 유리병에 든 식혜를 사 들고 앉는다는 것 등이 전부였다. 또 하나는 길거리에서 전도를 목적으로 하는 사람들과는 달리 그는 어느 교파나 교회를 지목해서 나가보라고 권하지 않는다는 것이었다. 집에서 가까운 교회에 나가 다 내려놓고 예배를 드리면 된다고 말했다. 내가 안다는 것은 그게 전부였다.

그가 다시 말을 이었다.

우리가 여기 오면 모두 때를 밀지요? 그러나 때는 금방 다시 끼기 마련이잖아요? 죄처럼요. 그렇게 보면 교회는 목욕탕과 같다고 볼 수도 있어요. 다른 건, 시간마다 끼는 몸의 때를 벗기는 데가 목욕탕이라면 마음의 때를 벗기는 데가 교회라는 것뿐이지요.

내가 대꾸하지 않아도 그는 입을 닫지 않았다. 마치 자기 할 말을 끝까지 해야겠다는 투로 쉬지 않고 떠들어댔다.

시퉁스럽게 나불거리는 삐삐 청년의 말을 한쪽으로 흘리며 일어선 나는 탈의장으로 향했다. 홍 영감은 벌써 나간 모양이었다. 속옷과 겉옷을 걸친 나는 이윽고 삐삐 청년을 남겨놓은 채 거리로 나섰다. 날씨는 차가웠다. 따뜻한 곳에 머물다가 나왔기 때문일까, 옷깃을 파고드는 겨울바람이 더 매섭게 느껴졌다.

백 영감이 산다는 곳은 대충 들어 짐작하고 있었다. 5단지. 그러나 내가 알고 있는 것은 거기까지가 전부였다. 몇 동 몇 호인지는 몰랐다. 그런 까닭에 그를 찾아 나선다는 건 어찌 보면 무모한 짓이라고 할 수도 있었다. 그래도 나는 주저하지 않았다. 만약 여기에서 내가 포기한다면 그날 밤 역시 잠을 이루지 못한 채 뒤척일 게 분명한 까닭이었다.

5단지는 실로암사우나에서 세 블록을 걸어가야 하는 제법 먼 거리였다. 그러나 나는 오리털 패딩을 귀밑까지 끌어올리고 천천히 걸음을 옮겼다. 설혹 찾지 못하게 되면 관리실에 찾아가 백씨 성을 가진 사람의 주소를 죄다 뒤져볼 요량이었다. 만약 개인 정보 누출 문제로 거절하면 이번엔 상가 부동산중개인사무소나 편의점을 찾아가서라도 인상착의를 대며 물어볼 생각이었다. 아무튼 죽지 않았다면 만날 수 있지 않겠는가, 하는 마음이었다.

12월의 겨울 해는 짧았다. 아직 5시가 넘지 않았는데 서쪽 하늘엔 벌써 노을이 붉게 물들어 있었다. 문득 붉은 꽃이 활짝 피어 있는 것 같은 그 노을 너머가 삐삐 청년이 주장하는 천국이 아닐까, 하는 느낌이 들었다. 나는 걸음을 멈추지 않았다. 101, 102, 103, 104,

105……. 걸음을 옮길 적마다 숫자를 세었다. 그러나 비취이슬사우나실의 모래시계처럼 구태여 숫자를 맞출 필요는 없었다. 그냥 천천히, 또는 그것보다 조금 빨라도 상관이 없었다. 나는 비로소 숫자의 구속에서 처음 벗어난 느낌이 들었다. 자유. 그랬다. 그것은 자유가 분명했다.

얼마나 걸었을까. 이윽고 5단지 출입구가 보였다. 자동차가 단지를 드나들 적마다 차단기가 바쁘게 오르락내리락하는 게 눈에 들어왔다. 출입구 앞에 서서 나는 한차례 호흡을 길게 토해냈다. 우뚝 솟은 고층 아파트와 아파트 사이를 빠져나온 햇살이 내 그림자를 길바닥에 길게 그리고 있었다.

| 작가연보 |

1945년	3월 22일 평안남도 평양시 창전리에서 아버지 丁用訓과 어머니 金賢玉 사이에서 차남으로 태어나다.
1951년	할아버지와 장손인 사촌 형님네 식구들을 대타령에 남겨놓은 채 가족과 함께 월남하다.
1958년	남대문국민학교 졸업.
1961년	용산중학교 졸업.
1964년	용산고등학교 졸업.
1969년	국학대학교(고려대 전신) 국문과 졸업. 극동철강공업주식회사 영업 사원으로 입사. 金英子와 결혼. 장남 대훈 출생.
1971년	차남 상훈 출생.
1973년	극동철강공업주식회사 퇴사. 중앙철강상사 창업. 딸 윤희 출생.
1975년	중앙철강상사 폐업.
1978년	경기도 성남시에 단독주택 19동 건축(주택사업 시작)
1980년	화랑, 제화점 개업.
1982년	화랑, 제화점 폐업.
1983년	주택건설 사업 폐업.
1984년	서울신문 신춘문예 소설 부문「接木」당선. 단편「달의얼굴」『소설문학』,「未遂」「한국문학〉,「분실시대1」『문학사상』 발표.
1985년	단편「첫 번째 門」을 창작과 비평사 간행 신작소설집에 발표.
1986년	단편「삼촌과 모자」『현대문학』, 「寓話 1」『동서문학』, 「해저문 강」『소설문학』, 「분실시대 2」『문학정신』, 중편「他姓의 새」를 동문선 간행 『소설 1986년』에 발표.
1987년	단편「晚歌」,「광장」, 중편「耐旱記」『민족문학』 등 발표.
1988년	단편「입춘부근」창작과 비평사 간행 신작소설집에 발표. 단편「코 그리고 목」발표. 도서출판 눈에서 첫 창작집『분실시대』출간.
1989년	단편「강노인과 하모니카」월간낚시 발표. 단편「눈오는 날」소설문학 발표. 도서출판 눈을 인수하여 경영 시작.
1990년	단편「失踪」『민족문학선집』제3권에 발표. 중편소설집『타성의 새』를 도서출판 고려원에서『고려원 소설문고098』로 출간. 제2회 자유문학상 수상. 한국작가회의 이사 및 소설분과위원장 선임.
1991년	에세이선집『별은 한낮에 빛나지 않는다』도서출판 삼천리에서 출간. 단편「방」『민족문학』소설선에 발표. 한국작가회의 자유실천위원장 선임.
1992년	도서출판 공동체, 도서출판 삼천리, 도서출판 들꽃세상, 도서출판 눈

	경영.
1995년	서울 잠실에서 고양시로 이사.
1997년	월간 고양크리스천 저널을 창간하여 3년간 발행.
1998년	단편「환절기」『한국소설』에 발표. 4월 6일 일산문학학교 개교.
2005년	제15회 대한민국장애인문학상 수상.
2006년	위암 수술. 콩트집『아직도 그대는 내 사랑』을 풀잎문학사에서 출간. 시집『병상일기』를 도서출판 들꽃에서 출간.
2007년	고양작가회의 창립, 초대 회장으로 취임. 일요 서울에 장편「코끼리는 없다」연재.
2008년	문예지 작가연대 창간. 단편「문」『활천』, 단편「시계탑이 있는 풍경」『작가연대』, 단편「생명의 기원」『작가연대』발표.
2009년	단편「연착」『활천』발표. 창작집『시계탑이 있는 풍경』을 도서출판 들꽃에서 출간.
2010년	불광성서침례교회사『은혜가 강물처럼』을 생명의 말씀사에서 출간. 고양기독교평신도연합회 회장 취임.
2011년	단편「길에서, 길을 보다」『문학사계』발표.
2012년	단편「소풍」『시에』, 단편「샛강」『창작21』에 발표. 창작집『길에서, 길을 보다』를 도서출판 새미에서 출간. 성석성결교회사『황무지가 장미꽃같이』출간.
2013년	단편「회색과 쥐색」『작가연대』발표.
2014년	단편「가갸거겨, 규구교고, 그기」(개제 : 길에서 길을 잃다)『창작21』발표.
2015년	단편「꿈길」『문학나무』, 단편「앉지 못하는 새」『시에』발표. 장편소설『행복아파트 사람들』과 산문집『시 한 잔의 추억(1)(2)』를 도서출판 도화에서 출간.
2016년	단편「그림자놀이」『맑은누리문학』발표.『소설가 정수남 선생님과 함께 떠나는 365일 글짓기 여행』을 아인스북에서 출간. 고양자치연대 공동대표.
2017년	단편「파라다이스유료낚시터」『한국소설』, 단편「탈과 뿔」『이호철 선생 추모소설집』, 산문「아직 끝나지 않은 짝사랑」『한국소설』, 산문「잃어버린 아이를 찾습니다」『시에』발표. 고양작가회의 회장 퇴임.
2018년	단편「쉿, 쉿, 쉬잇, 쉬이잇!」『월간문학』, 단편「청양고추」『PEN문학』, 단편「가나안기사식당」『시에』, 중편「겨울빛」『한국소설』, 중편「집」『창작21』발표. 한국대표작가우수작품선집 한국소설가협회에「길에서, 길을 보다」수록. 제43회 한국소설문학상 수상. 한국소설가협회 중앙위원.

	'선한나라 마을공동체' 이사장 취임.
	창작21작가회 고문.
2019년	창작집 『앉지 못하는 새』 도서출판 도화에서 출간. 단편 「쉿, 쉿, 쉬잇, 쉬이잇!」미주문인협회 발행, 한솔문학에 재수록. 단편 「흉터」『작가연대』, 콩트「껍데기」『계간문예』 발표.
2020년	중편 「후아유」『한국소설』 발표. 시 「2038년, 어느 봄날」『시선』 발표. 단편 「아주 이상한 가출기」『작가연대』 발표. 한국여성사 김만덕편 「아주 특별한 소망」 발표. 문학저널창작문학상 수상. 파주문인협회 이사 선임. 고양에서 파주로 이사.
2021년	1월 1일 차남 사망
2022년	콩트「껍데기」『문협 콩트 선집』에 수록. 단편 「길을 찾아서」『창작21』, 단편 「아무도 오지 않는 밤」『한국문학인』, 단편 「이사」『한국소설』, 단편 「고수는 없다」『문학저널』에 발표. 평론 「분단 디아스포라 소설의 분석」『작가연대』 발표. 문학저널창작문학상 수상.
2023년	시 「여성봉에서」『시선』, 수필 「내가 늙는다는 것은」『시에』, 단편 「잃어버린 시간」『작가연대』, 단편 「길과 길」『시선』, 콩트 「사랑의 향기」『경기작가』, 콩트 「어느 날, 하루」『문학나무』, 중편 「개들의 전쟁」 한국문화예술위원회 웹진 발표. 평론 「소설가 오성찬을 말한다」『한국소설』 발표. 단편 「쉿, 쉿, 시잇, 시이잇!」 경기문학 재수록. 서연비람 기획물 『한국음악사 – 황병기 편』 단편 「가야금에 영혼을 담다」 발표. 소설집 『아주 이상한 가출기』들꽃 출간. 시집 『너, 지금 어디 있니?』 시선 출간. 전영태문학상, 경기문학상 수상. 12월 5일 일산문학학교 폐교. 12월 28일 파주 봉일천에 '정수남 문학공작소' 개소. 파주문예대학 강의 시작. 능곡문화센터 강의 시작.
	고양작가회의 비상대책위원장 선임.
2024년	시 「계단이 여기 있는 이유」 지하철 시 선정. 단편 「수수께끼」『디아스포라 웹진 – 그 너머』 발표. 단편 「든든한 집」『작가연대』, 콩트 「덧없는 노래」『세월호 10주기 기념문집』, 단편 「그는 일어날까」『문학저널』, 단편 「부끄럽지 않은 사랑」『불교와 문학』, 단편 「미혹」『한국문학인』, 단편 「정상청은 죽었다」『창작21』, 콩트 「운수 나쁜 날」『경기작가』 발표. 서연비람 기획물 『한국문학사 – 송강 편』에 단편 「깊은 강은 바람에 흔들리지 않는다」와 『한국 환경생태사 – 화전과 벌목 편』에 단편 「산촌별곡」 발표. 『창작21』에 특집 '작가연구'에 단편 「정상청은 죽었다」 발표. 학촌이범선 문학상, 시선소설문학상, 파주예술가상 수상. 소설집 『생명의 기원』시선, 중편소설집 『개들의 전쟁』 도화 출간. 고양문협 사무실에

	서 소설반 강의 시작.
	고양작가회의 비상대책위원장 사임.
2025년	시집 『희망 사항』 도화 출간. 서연비람 기획물 『한국운동사 – 홍길동전』에 중편 「꺼지지 않는 횃불」 발표. 단편집 『그는 일어날까』 도화 출간 예정. 스마트소설선집 『우리가 정말 사랑을 알까』 문학나무 출간 예정. 단편 「서쪽 하늘, 붉은 노을」 팔순 기념문집에 발표.
현 재	고양작가회의 고문, 창작21작가회 고문. (사)한국소설가협회 이사. '한솔문학' 자문위원. 한국작가회의, 국제 PEN본부 한국지부. 한국문인협회 회원. 정수남문학공작소 대표.

제 2 부

평론

희망은 지금 어디 있을까

| 평론 |

행복이라는 희망사항은 지금 어디 있을까
-정수남 시집 『병상일기』 『너, 지금 어디 있니?』 『희망사항』

김 옥 전

　신으로부터 유한한 생명을 부여받은 인간은 지구라는 행성에서 시간 살이를 한다. 생로병사의 과정을 거치면서 인간의 육체와 감정은 시간이 이끄는 대로 신에게 돌아가는 수순을 밟는다. 한편 생명이라는 단어의 의미는 세계라는 의미와 다르지 않아서 우리는 몇몇의 세계를 잃고 상실의 아픔을 느끼거나 자신의 세계를 돌아보면서 시간 위를 걷는다.
　인간의 삶은 상실과 부재의 연속이라 할 수 있고 그 과정에서 우리는 '병'이라는 형식을 통해 삶의 의미를 재인식하게 된다. 작가는 이러한 재인식의 결과 견고해진 자의식을 문학 속에 녹여 넣는다. 휴머니즘 소설가라 할 수 있는 정수남이 쓴 세 권의 시에는 자신이 경험한 암 투병(『병상일기』)과 이후 치료와 재활의 시간을 견디며 잃어버린 너를 찾는 과정(『너, 지금 어디 있니?』) 그리고 병든 아내를 간호하며 느끼는 회환과 소망(『희망사항』)이 순차적으로 묘사되어 있어 한 편의 소설을 읽는 듯한 느낌이 든다.
　또한 그 시편들은 기독교에 바탕을 둔 구도자적 자세가 중심을 잡고 있는데 작가는 인간이 보편적으로 탐구하는 존재론적 본질에 대한 해답을 이미 알고 있는 상태에서, 그럼에도 불구하고 지난하기만 한 삶의 군상들에 대한 연민과 위로의 시선을 보내며 격려의 메시지를 보내고 있다는 데에 의의가 있다.

병상에서 발견한 길

첫 시집 『병상일기』에서 시인(화자)은 다양한 길들을 발견한다. 그 길들은 죽음의 돌멩이가 깔려있어 고단하고 고통스럽다. 하지만 그 길 위에 놓인 발자국들은 다양한 삶의 여정을 충실하게 걷던 이들이 남긴 궤적이다. 그 궤적을 따라 걷고 있는 화자 역시 고통이나 절망이 아니라 견딤과 승화로 보폭을 조절하며 살얼음판과 같은 길을 걷는다. 우리에게 길이 있다면 그것은 죽음 이전의 상태로 돌아가는 길일 게다. 여기서 말하는 죽음 이전이란 건강한 육체로 살아가는 지구라는 행성의 삶이 아니라 그보다 훨씬 이전의 상태 즉 태어나기 이전의 상태를 말하는 것이다.

연작시 「길」은 화자가 암 수술을 하고 입원했을 때, 그리고 통원치료 등의 병원 생활을 하면서 만나게 된 군상들의 삶이 그려진다. 길 위에는 환자도 있고 간병인도 있고 의사도 있으며 가족의 눈물도 있고 이들을 껴안은 해학이 있다.

어느 날 문병 온 삼촌이 내 모습을 보자 눈물이 그렁한 얼굴로 한심스럽다는 듯이 야단을 쳐댄다.

요즘 세상에 나이 육십두 나이라구 발세 드러누원, 벤벤티 못하게시리……, 요즘은 위암 같은 건 병두 아니래. 야. 날레 일어나라우. 일어나서 다시 세상을 안마당처럼 휘이휘이 휘저으면서 살아가야디 안카서?

이케 맥없이 누웠다가 갈라구 우리가 북에서 피난내레 왔간?

그런데 웬 일일까. 연신 한숨을 쉬며 두어 시간 앉았다가 일어서시는 삼촌. 아들네 집을 향해 돌아서는 삼촌의 뒷모습이 그날따라 내 눈에는 나보다 더 초췌해 보였다.

- 「길・13」 전문, 시집 『병상일기』

화자는 소화가 안 돼 들른 병원에서 위암 2기라는 선고를 받고 위의 4분의 3을 절단한다. 몸무게는 30kg이나 빠졌다. 생과 사의 경계를 넘나들며 생에 대해 되짚었을 화자에게 찾아온 삼촌은 평양에서 함께 피란 온 혈육이다. 그들은 실향의 고통과 고향에 대한 그리움을 공유하고 있다. 살기 위해 죽을 각오로 내려온 남한 땅이다. 그러니 그들이 소유한 감정의 깊이는 더 말할 필요조차 없다. 온갖 설움과 생활고를 겪으며 이를 악물었을 그들의 미래는 그리던 고향에 돌아가는 것이리라. 그런데 화자가 죽을 고비를 넘기고 있다. 화자를 바라보는 삼촌의 심정은 '눈물이 그렁하'다. 어찌 '한심스런 얼굴'일 수 있겠는가. 어찌 '야단'을 치셨겠는가. 삼촌을 바라보는 화자의 자책이며 죄송한 마음을 삼촌에 투사했을 것임을 짐작한다. 화자는 삼촌 역시 화자와 다르지 않음을 고백한다. 돌아서는 뒷모습이 '나보다 더 초췌해 보였'기 때문이다.

화자는 자신이 걷고 있는 길 위에서 또 다른 길을 가고 있는 이들을 본다. '중증 지체장애인 조복성 씨'는 뇌진탕을 일으켰고, 환경미화원인 '유금덕 아주머니는 새벽부터 청소를 시작'하며, '대장암 말기'인 '임용진 씨는' '의식 불명으로 두 달이' 지났어도 '숨을 놓지 못하'고 있다. 아마도 '악착같이 모아서 이룬 빌딩 두 채'와 '목숨'을 바꾸고 싶을 것이다. '암세포가 전신에 전이된' '김석찬 씨는' 집에 데려다 달라고 '해가 저물 때까지' 가족과 '줄당기기를' 한다. 이들의 숨결과 눈물이 만나 병상은 오늘도 꽃을 피우고 욕망을 소망으로 변화시킨다. 살기 위해 악착같이, 제 몸 돌보지 않고 달려왔을 것인데 살 만하니 덜컥 죽음 앞이다. 그네들 한 사람 한 사람의 삶은 모두 아이러니하고 절실해서 억울해 하는 것이 마땅하다.

하지만 이들을 바라보고 이들의 길을 펼쳐 보이는 화자의 시선은 억울함이나 원망 보다는 해학적인 체념과 신의 섭리에 대한 순응이다.

심근경색증을 앓고 있는 노병천 씨는 늙기도 전에 노망이 들었다고 가족들에게 핀잔을 들으면서도 입을 열었다 하면 늘 낚시 이야기로 시간 가는 줄을 모르는데, 혹시라도 다른 환자를 문병 온 사람이 어쩌다 그 이야기에 관심이라도 기울이는 눈치가 보이든가 맞장구라도 칠라 치면 그의 목소리는 더욱 커져서 가족이 막기 전까지 입에 침이 마르지 않는다.

죽은 고기도 자라는가. 그가 수룡지에서 잡았다는 놈이 어제는 분명 팔뚝만 했는데, 오늘 이야기하는 놈은 어느새 넓적다리만큼 커져 있다. 그놈이 내일은 또 얼만큼 클 것인지에 대해서는 아무도 알 수가 없는 일이다.

- 「길·18」 전문, 시집 『병상일기』

해학이란 체념의 자기 위안이며 타자들에 대한 은근한 감싸 안음이다. 마음 안에서는 불안과 싸우면서도 마음 밖에서는 평온하게 보이려 부단한 노력을 한다. 화자는 아무렇지 않게 죽음의 공포를 외면하는 척하는 대상들을 보면서 깊거나 무거운 사유보다는 웃음으로 눈물을 씻는다. 심근경색증이 가벼운 병이겠는가, 그러나 문병 온 사람들이나 가족에게 두렵다고 호소하지 않는 대상의 모습은 화자의 모습에 다름 아니다. 죽은 고기 크기가 점점 자라 '팔뚝만' 했던 것이 '넓적다리만큼 커져'있다. 죽은 고기의 크기가 자랄 때마다 삶에 대한 소망이 커지고 절망을 극복하는 웃음의 가치는 더욱 선명해 진다.

「길」연작 시편에 등장하는 이들은 누구든 포기할 줄 모른다. 화자는 병상에서 각각의 길을 통해 그들과 함께 삶으로 돌아선다. 죽음 이후의 세계는 아직 화자가 가야 할 길은 아닌 까닭이다. 그리고 그들이 귀환하는 길에는 진정한 '행복'에 대한 깨달음이 진동한다.

> 환갑이 넘은 아내가 사과를 깎고 있는 옆에 앉아서 성경을 읽는다.
> 할인점 세일 코너에서 400원씩에 사왔다는 사과가 달다.
> 초저녁에 사위가 식수를 가져다주었고, 큰 아들의 안부 전화가 있었다.
> 창밖으로는 봄비가 내리고 있다.
> 　　　　　-「행복」전문, 시집『병상일기』

상실의 아픔은 현실의 일상이 얼마나 행복한가를 깨닫게 한다. 병실에서 만난 수많은 환자들처럼 큰 돈을 벌거나, 세상을 위해 의미 있는 삶을 살아간다 하더라도 궁극의 '행복'은 사랑하는 가족이 곁에 있고 어제와 다르지 않은 오늘이 계속되며, 계절의 흐름과 자연의 아름다움을 느낄 수 있는 지금 여기, 이대로의 평화로운 오늘이다. 이 담담하고 진솔한 고백이, 잔잔하고 고요한 시어가 감동이라는 묵직한 무게로 가슴에 퍼지는 이유는 우리가 간과하거나 아직 그 가치를 느끼지 못하고 있는 평범한 일상이 가장 소중한 존재의 이유이며 삶의 가치임을 말해주고 있기 때문이다. 죽음의 고비를 지나온 화자는 이제 겸손하게 남은 생을 살아간다. 병실이라는 통과의례를 거친 화자는 이제 일상으로 돌아온다.

겨우 한 달밖에 되지 않았는데
개천가에 납작 엎드린 내 집이
자꾸만 새삼스럽게 느껴져
손바닥으로 쓸어보고
쓸어보다가

먼지를 뒤집어쓰고 있는
책들을 끌어안아 보다가
그 옆에 놓여 있는
원고뭉치를
보석처럼 다시 찬찬히 훑어보다가

개천 얼음 터지는 소리를 들으며
아직도 한 겨울이라는 것을 실감하다가

몰래 내쉬는 아내의 한숨소리를 듣다가

언제까지 계속될지 모를
투병생활이 걱정스러워서
나도 아내 모르게 한숨을 토해내다가
창문을 흔드는 칼바람에 잔기침을 뱉어내다가
자동차 불빛에 놀라
짖어대는 앞집 강아지 소리에서도
살아왔다는 것을 느끼는

하나님께 감사기도를 드리는
첫날밤
　　　　　- 「퇴원한 날」 전문, 시집 『병상일기』

　'불행할 때 감사하면 불행이 끝나고 형통할 때 감사하면 형통이 연장된다'고 찰스 스펄전이 말했다. 화자의 태도는 찰스 스펄전의 말을 그대로 담고 있다.
　화자는 퇴원을 하고 집으로 돌아온다. 한 달 전에 보았던 일상이 '새삼스럽게 느껴'지고, '먼지'낀 책들과 '원고뭉치'가 보석같이 느껴진다. 투병생활이 두렵지 않은 것은 아니겠으나 '짖어대는' 강아지 소리에 새삼 '존재'하는 자신을 발견하고 '감사' 기도를 올린다. 이제부터 부여된 삶을 새로이 카운트하는 화자는 '첫날밤'이라는 사실 앞에서 감동과 간절함을 강화한다.
　이 시에서 '집'은 성찰과 재인식을 가능하게 해 주는 공간이다. 죽음의 문턱에서 돌아설 수 있도록 도우신 '하나님'에 대한 감사 역시 이 공간에서 이루어지며 새로운 인생 또한 이 공간에서 이루어진다. 이전까지도 생에서 주체적이지 않은 순간은 없었을 터이지만 이제부터 시작될 화자의 새 삶은 한층 더 값지고 감사할 것이다. 이를 예술적 상상력으로 탁월하게 형상화함으로써 문학적인 성취를 보여주는 것이 정수남 시의 매력이다.

『병상일기』에 수록된 일련의 시들은 소설적 서사와 시적 묘사가 뛰어나다. 우리 시의 전통인 해학적 표현들이 가미되어 한국문학의 근간을 지탱해 주고 있다는 것도 중요한 의의가 될 것이다.

너를 찾는 길이 내가 사는 이유다

죽음의 고통 속에서 화자가 갈망하고 찾으려던 '너'는 누구이며 무엇일까 고찰해 본다. 전쟁의 고통을 겪었던 화자임을 고려하면 '너'는 고향일 것이며 암이라는 질병과 싸웠던 점을 고려하면 건강일 것이며, 사랑하는 아들을 잃은 아픔을 떠올릴 때는 혈육이고, 가장 사랑하는 아내의 기억 또한 '너'일 것이다. 만해 한용운님이 군말에서 '님만 님이 아니라 기룬 것은 다 님이다'라고 하신 말씀에 빗대어 표현하면 정수남 시에서의 '너'는 사랑하는 모든 존재일 것이다. 고통의 크기가 비장미를 결정짓는다면 두 번째 시집 『너, 지금 어디 있니?』는 비장미의 완성을 이룬 시집이라 하겠다.

남북 분단은 정수남 시인(시적 화자, 혹은 화자)에게 첫 번째 아픔의 근원이다. 실향민으로서 공통적으로 소망하는 귀향의 꿈이 시를 통해 승화한다. 분단의 아픔과 통일의 필요성을 문학으로 접근하는 방식이 고전적이거나 철학적인 거대 담론의 형식을 취하였더라면 독자들은 실향의 정서나 통일의 필요성에 대해 설득당하지 않았을 것이다. 그러나 정수남 시인의 시어는 서민적이고 소박하여 온몸에 시가 물들게 한다. 그럼으로써 독자의 일상에 파고들어 실향의 아픔을 겪어보지 못한 독자들마저도 통일을 꿈꾸게 한다.

중학생이 된 아들이
백두산으로 소풍 간단다

천지를 구경하고
장백폭포 아래에서 물장구를 치다가
친구들과 풀밭에 둘러앉아 점심을 먹겠단다

나는 아들이 친구들과 함께 먹을
김밥을 만다
모자라지 않도록 넉넉히 만다

아침에 출근하면서
금년 여름휴가는 또 작년처럼
묘향산으로 가자던 남편이 생각난다

벌써 몇 년째인가
모두가 눈에 익은 풍경이다
산자락을 타고 굽이굽이 이어진 계곡

하늘을 이고 있는 봉우리
이름 모를 산새들의 노랫소리까지도

백두산에 가는 아들이 돌아올 때
키 작은 만병초 하얀 꽃을 선물로 가져오겠단다
고산지대에서 온갖 풍상을 겪으면서도
가느다란 허리 꺾이지 않고 꿋꿋하게 피어난 꽃

그러나 김밥을 말며
나는 그것보다
느릅나무 향기가 더 좋다고 말하고는
웃는다

- 「2038년 어느 봄날」 전문, 시집 『너, 지금 어디 있니?』

  2038년 어느 봄날에 대한 상상은 통일을 꿈꾸는 시인의 소망을 펼쳐 보인다. 백두산, 장백폭포, 묘향산이 공간적 배경으로 펼쳐진 시에서 '눈에 익은 풍경'을 추억하는 시적 화자는 소풍 가는 중학생 아들이 '고산지대에서 온갖 풍상을 겪으면서도/ 가느다란 허리 꺾이지 않고 꿋꿋하게 피어난 꽃//'을 가져오겠다는 말을 듣는다. 온갖 풍상을 겪으면서도 꿋꿋한 꽃은 화자의 분신이다. 객관적 상관물로 가져온 꿋꿋한 꽃처럼 시인은 실로 파란만장한 질곡을 겪어낸다. 시인 자신도 암 투병 중이지만 '막내 외삼촌은 미국에서 위암을 앓다가 이 땅에 와서 눈을 감았'고 '내 둘째 아들은 이유가 밝혀지지 않은 암으로 3년 전 죽'(「증거불충분」)는다. 거기에 더해 사랑하는 아내가 '뇌경색'이라는 진단을 받는다.

 인간의 삶은 생로병사의 순리를 벗어나지 못한다지만 설상가상이라는 말로도 모자랄 시련 앞에서 감히 그것들을 당당하게 감당하고 이겨낼 의지를 가진 이들은 몇 되지 않을 것이다. 이러저러한 사건들이 시적 경험이고 시를 풍부하게 하는 재산이라지만 그럼에도 쓰나미처럼 밀려오는 사건들은 잔혹하고 노엽다. 왜 나에게 이러느냐고 절대자에게 항변하기도 하며 운명을 포기하는 것으로 대응하는 경우도 흔하다. 그런데 시인은 끝나지 않는 고통과 대결하고 끊임 없는 자기 성찰 과정을 통해 내면화된 작가 특유의 저력으로 매번의 싸움에서 이긴다. 지칠 줄 모르고 타오르는 등불처럼 문학으로 빚어내는 시의 숭고성은 이런 제련과 연마의 과정을 통해 탄생한다.

> 칼바람이 흔들어대며 갈개질한다고 해서 꿈을 접지는 않습니다 당신이 보기에는 헐벗은 우리가 초라해 보이겠지만, 그러나 꿈까지 초라한 것은 아닙니다 자줏빛 욕망을 누르고 있을 수만은 없어 잔가지마다 황색의 털로 감싼 꽃눈을 띄우고, 오고 있을 봄을 기다립니다 화려한 부활의 봄을 …
>
> 당신은 두 팔 벌리고 그 부활의 봄날을 열망하며, 이 춥고 어두운 겨울을 인내해 본 적 있으십니까
>
>   - 「목련 나무의 겨울」 전문, 시집 『너, 지금 어디 있니?』

 환경적 장애를 극복하는 화자의 열정과 감성은 겨울에서 봄으로 꽃을 피우게 된다. '칼바람'은 화자가 겪어내는 고통들이다.

그것들은 '갈개질'하며 화자를 주저앉히려 하지만 화자는 지지 않는다. '봄'을 기다리는 '꿈'은 화려하고 끊임없다. 지금 화자는 칼바람 속 겨울 한가운데에 있다. 헐벗은 채, 욕망을 누르며 버티고 견딘다. 그러나 화자는 절망하지 않는다. '봄'에 대한 확신이 있기 때문이다. 심지어 그것을 '열망'한다. 무너지지 않는 단단한 의지를 그 아름다운 꽃잎 한 장 한 장에 피워 올리니 세상이 어찌 아름답지 않겠으며 푸르지 않겠는가.

길이 가파르다// 때 이른 땅울림에/ 겨우내 잠자던 나무들이/ 부스스, 깨어 일어선다// 봄바람에 임꺽정이 헛기침을/ 몇 번 뽑아낸다/ 그의 기침 소리에/ 골짜기에 남아 있던 잔설이/ 맥없이 녹아 버린다/ (「감악산에 오르며」 일부) 가파른 생을 오르면서 잠자던(절망하던) 나무들을(독자들을) 깨우는 화자, 임꺽정이(화자가) 헛기침을 (시로) 뽑아내면 잔설마저 녹아 봄을 기다리게 한다. 그의 발화는 일상의 사소한 사물들을 기표로 변환해 내면에 자리한 기의를 끌어올리는 힘이 있다.

우리는 무엇을 희망하는가

정수남의 시에 나타나는 이야기들은 모두 실체적 경험을 바탕으로 한다. 관념이나 추상을 배제한 채 소설가답게 서사에 의지해 오롯이 써 내려간 진실의 시편들에 토를 달 수 없는 이유는 체화되지 않은 작품이 없고 경험을 통해 시로 자리매김하지 않은 작품이 없기 때문이다. 팔순에 도달한 시인은 이제 아내의 병수발을 하게 된다. 세 번째 시집의 소재는 아내이며 주제는 아내가 '희망을 놓지 말기를 바란다' (「시인의 말」 시집 『희망사항』)

는 것이다. 시 편편이 배치된 아내와의 추억, 아내에 대한 사랑, 아내와 조금 더 함께 살기를 희망하는 기도들을 통해 인간의 존재와 존재 의미를 고찰하게 한다. 이때 시인 특유의 역설과 반어의 등장은 웃음을 넘어 삶과 인생에 대한 우아미를 느끼게 한다. '너, 지금 어디 있니?'라는 물음은 아내가 뇌경색으로 쓰러진 아내의 기억, 사라진 자아의 행방에 대한 물음이다. '한평생 함께 만들어갈 세상'을 함께 잘 지키던 아내였으나 이제 '옹알이 하는 아기'가 되어버린 아내의 너, 기억은 자꾸만 꺼져가고 있다.

아내는 일류 배우다
배우는 대개 한두 시간 다른 사람의 삶을 살지만
아내는 십 년 동안 남의 삶을 살고 있다

한여름철에도 솜이불 덮고,
삼복더위에서도 땀 한 방울 흘리지 않는다

사랑한다는 말은 하지 않지만
내가 사랑한다고 하면 머리는 까닥거린다

그건 일류 배우들의 태생적 교만 아니겠어?

세상에서 가장 소중한 것을 소유하지는 못했지만
모두 소유한 것처럼 늘 당당한 얼굴

세상일을 모르는 듯 초연해도

식탁에 같은 반찬이 세 번 올라오면
눈꼬리를 사납게 치켜세우고 까탈을 부리는 것
그것 역시 일류 배우들의 자존심 아니겠어?

그렇게 보면
잠자리에서 연주하듯 코를
높고 낮게
때로는 숨이 넘어갈 듯 고는 것도
고도로 숙달된 연기 아닐까?

그런데 아내가
언제부터
배우 되겠다고 맘먹었는지는
나도 궁금하다
  -「아내는 일류 배우다」전문, 시집 『희망사항』

   시인(화자)이 투병생활을 하던 오랜 세월 동안 내내 시인의 곁을 지키던 조용한 아내이다. 남산에서 데이트를 할 때의 앳되고 순했던 젊은 아내가 시인과 호흡을 맞추면서 60년 가까이를 함께 한다. 이제 아내는 시인과 다르지 않다. 부부라는 이름보다 더 깊은 '나'의 분신일 것이다. 그런 순한 아내가 아프다. 부부가 공유하던 기억을 어딘가에 자꾸 흘린다. 병수발을 받던 시인과 병수발을 하던 아내의 역할이 전도 된 지 십 년이다. 그 강하고 올곧고 패기 있는 시인도 아내의 연기 앞에서는 속수무책, 다만 감탄할 뿐인 관객이 된다.

아내는 계절을 망각하고, 사랑한다는 말을 어딘가에 놓쳐버린 채 어린아이처럼 반찬 투정을 한다. 그러나 화자는 애정 어린 시선으로 그런 아내를 '일류 배우들의 자존심'이라고 미화한다. 매일 새로운 반찬을 해 식탁에 올려야 하는 자신의 수고나 감정은 마음에 두지 않는다. 다만 '고도로 숙달된 연기'에 몰입해 있는 배우를 찬탄의 시선으로 바라본다고 표현한다. 우리는 반어적 표현과 해학적 묘사를 이용해 언어를 눙치는 화자의 넉살에 웃고 숨어있는 눈물에 아프고 화자가 사랑하는 아내를 함께 사랑하게 된다. 그리고 '아내도 때로는 나처럼' '내 생각을 하면서' '울고 있는 건 아닐까,' 하는 생각을 하면서 그것이 미안해 '눈물'마저 서둘러 거두는 화자와 함께 서둘러 표정을 바꾼다.

시인(화자)은 아내가 더 이상 예전으로 돌아올 수 없다는 것을 안다. 매일 방 안의 세계에 갇혀 늘 똑같은 장소에서 똑같은 태도로 화자의 수발을 받아야 살아갈 수 있다는 것도 안다. 그런데도 화자는 희망한다. 아내가 끓어주는 된장찌개를, 아내와 함께 걷기를, 아내와 함께 그 옛날의 남산에 오르기를... 그것들은 이제 불가능하다. 신발장에 놓여있는 '운동화'나 '구두'는 아내로 형상화된 매개물들로써 화자의 아쉬움과 슬픔이 구체화되어 나타난다.

    빗소리가 고즈넉한 오후
    신발장에서
    그대를 기다리며 졸고 있던
    하얀 운동화가 문득
    투덜거리는 소리를 듣는다

신을 사람이 찾지 않아
몇 년 동안 혼자 외로웠다는
왜 꺼내주지 않느냐는

꽃핀 봄날
몇 년 만에 비 맞으며
자기도 바깥 구경하고 싶다는
　　　　　　(하략)
　　- 「아내의 운동화」 부분, 시집 『희망사항』

　시인은 아내가 운동화를 신고 함께 꽃구경하기를 소망하고 있다. 그 '고맙고 반가운'것과 함께 극장도 가고 싶지만 '다시 올 수 없'음도 안다. 걷는다는 것은 미래지향적이다. 우리가 흔히 인생을 산다는 표현으로 길을 걷는다고 말하는 이유도 미래를 향해 가기 때문이다. 시인들은 신발을 통해 자신이 살아온 삶의 단면들을 그려낸다. 그런데 아이러니하게도 시적 장치로서의 신발은 과거 회상을 통해 미래를 지향하게 하는 기능도 한다. 「꿈」 연작시는 아내와의 추억이 고스란히 드러나 있다. 신발을 신고 건강하게 세상을 살던 시절 '경포대 해변 식당에서/ 산오징어 먹으며' 웃던 아내가 있다. '1966년 성탄절 이브'에 '발을 동동 구르면서 남산에 올라갔'던 아내가 있고, '첫아들 대훈이를 안고 의기양양 돌아온 날' 미역국을 먹고 '기저귀를 갈던 초보 엄마 시절' 풀어진 민낯의 아내가 있는 과거로도 데려간다. 이런 추억을 꿈이라는 매개체를 통해 회상한 시인은 말한다. '그런데, 꿈이란 건 정말 요사스러워/ 잊었던 기억을 생생하게/ 되살리는 생명력이 있다니까//'라고 말이다.

　신발이 멈춘다는 의미를 절망이나 죽음 등의 의미로 속단해서는 안 된다. 화자는 멈춘 신발을 통해 희망하고, 꿈을 꾸기 때문이다. 서두에서 언급한 바와 같이 시인에게는 절망이란 단어는 없다. 고통마저도 감사로 승화시키고 절망을 놀이하듯 극복해 나간다. '아침마다 코를 골며 자는 아내의 편안한 얼굴을 볼 때' 감사하고, '성경 구절을 읽으며 아멘, 하고 외치는 아내를 볼 때' 감사하며, '내 이름을 물어볼 적마다 잊지 않고' '정수남이라고 크게 외칠 때' 감사한 화자에게 절망이 들어설 자리는 없다.

　아내에게 바치는 사부곡 『희망사항』은 간절한 기도문이 되어 독자들에게 울림을 준다. 80년을 걸어온 시인은 안다. 우리가 소망해야 할 지극히 평범한 것들이 지극히 소중한 것이며 조용히 눈을 감았다 떴을 때 어제와 같은 일상이 오늘도 진행되는 것이 축복이라는 것을. 지금이 비록 지구라는 행성의 시간 계산대로라면 노년이며 사랑하는 아내 역시 죽음의 문턱 앞에 와 있다손 치더라도 오늘 우리가 희망해야 할 것들은 남아있는 시간을 고즈넉하게 살다가 신의 나라로 돌아가는 것이다.

　　이 나이에 그런 게 필요 있겠어?
　　그래도 굳이 말하라면, 글쎄 나는 그냥……

　　그냥, 옛날처럼 아내가 차려주는 밥상이나 한번 받아봤으면
　　그냥, 아침 출근할 때 일찍 들어오세요, 하는 소리 한번 들어봤으면

그냥, 한 번이라도 아내의 손잡고 그때처럼 남산에 올라가 봤으면
그냥, 맑은 목소리로 부르는 아내의 노랫소리 한 번 들어봤으면

그냥, 그게 전부야
정말이야, 그냥……

- 「희망 사항(1)」 전문, 시집 『희망사항』

  둔탁한 길을 걷는 자들도 예리한 길을 걷는 자들도, 웃거나 웃으며 걷는 길 위에는 숙명처럼 죽음이라는 문이 버티고 있다. 사랑은 죽음의 통과의례를 견디게 하는 숙명이고 업보이며 축복이다. 사랑을 통해 내면을 성숙하게 하고 인간의 영혼을 맑게 하며 현실의 지난하고 구태의연한 돌길들을 견디게 한다. 그 걸음 걸음마다 아프지 않은 것이 어디 있겠으며 아쉽지 않은 것이 있을까, 그러나 나를 아프게 한 세상마저도, 발에 차이는 돌부리조차도 지고 가야 할 십자가마저도 동행이고 친구였음을 시인은 독자와 후배와 제자들에게 말하고 있다.
  발자국과 발자국이 호흡을 마주듯 문학과 문학으로 예술적 구원에 이르도록 하는 격려와 관심이, 진정한 성찰과 경험에서 나오는 진솔한 언어가 시로 승화될 때 세상을 살게 하는 힘을 얻을 수 있다, 그것이 문학이라는 길을 가는 우리들이 지녀야 할 덕목임을 시인의 시를 통해 배운다.

정수남 소설 「생명의 기원」과 찰스 다윈 『종의 기원』에 관한 소고 小考

임 철 균

1. 들어가며

「생명의 기원」은 정수남의 2024년 신작 소설집 『생명의 기원』 표제작이다. 대기업에서 근무하는 외동아들이 해외파견 업무로 러시아에 갔다. 어느 날 결혼을 했다. 키도 아들보다 크고 육중한 몸매의 러시아 여자와 결혼하여 금발머리 아이를 낳았다. 그 아들이 한국 본사에 업무 보고차 보름간 아내와 아이를 데리고 귀국한다. 그리하여 소설 속에 1인칭 화자와 아내, 며느리와 손자 간에 에피소드가 전개된다.

정수남[1]을 가리켜 흔히들 '분단작가'라 한다. 하지만 이러한 세평世評에 대한 필자의 생각은 그렇다. 절반은 맞고 절반은 틀리다. 절반의 맞음은 그의 고향이 평양인 해방둥이이고, 그의 소설집들 속에 간혹 「집」[2]같은 묵직한 주제의 소설이 실리기 때문이

---

[1] 1984년 『서울신문』 신춘문예 소설 「접목」 당선으로 등단. 작품집 『분실시대』, 『별은 한낮에 빛나지 않는다』, 『타성의 새』, 『아직도 그대는 내 사랑』, 『시계탑이 있는 풍경』, 『길에서 길을 보다』, 『앉지 못하는 새』, 『아주 이상한 가출기』, 『생명의 기원』 등이 있다. 장편소설로 『행복아파트 사람들』, 시집으로 『병상 일기』, 산문집으로 『시 한잔의 추억(1), (2)』, 어린이 글짓기책으로 『소설가 정수남 선생과 함께 떠나는 365일 글짓기 여행(1),(2)』이 있다. 자유문학상, 대한민국 장애인문학상, 한국소설문학상, 문학저널창작문학상, 전영택문학상, 경기문학상, 이범선문학상을 수상하였다. 현재 <정수남 문학공작소>와 <파주 중앙도서관>에서 문학을 가르치고 있다.

[2] 정수남, 「집」, 『아주 이상한 가출기』, 들꽃, 2023. 182~231쪽 참고.

다. 절반의 틀림은 「생명의 기원」[3]과 같은 작품들이 그의 소설집들 속에 의외로 군데군데 존재하기 때문이다.

영국의 생물학자이자 박물학자인 찰스 다윈은 '자연선택'에 의해 새로운 종이 기원한다는 '자연선택설'을 발표하며 생물의 진화를 주장하였다. 다윈의 자연선택을 통한 진화이론은 이후 집단유전학을 통해 그 과학적 개연성을 인정받기 시작했다. 그의 진화이론은 단순히 생물의 진화를 바라보는 시각을 넘어 사회를 보는 시각에도 적용되었다. 그의 이론은 과학계를 넘어 철학과 종교는 물론 사회·경제·정치·문화 등 전반으로 응용·융합되며 확산되었다. 다윈이 주창한 '생명의 기원' 핵심은 '변화와 적응'이다. 한마디로 말해서 '적자생존適者生存'이다. 다윈보다 이 용어를 먼저 창안하고 사용한 영국의 철학자 허버트 스펜서에 따르면, '환경에 적응하는 종(Species)만이 살아남고, 그렇지 못한 종은 도태되어 사라지는 현상'이 '적자생존適者生存'이다. 다시 말해 환경에 가장 적합하게 적응한 종(適者, the fittest)이 결국 살아남는(生存, Survival) 것을 말한다. '살아남는다'는 것이 개체의 생존만을 의미하는 것은 아니다. 종(Species)의 생존에서 나아가 해당 종의 생존이 다음 세대로 발전·계승됨을 의미한다. 정수남 소설 「생명의 기원」 스토리이자 주제이기도 하다.

글을 이어감에 필자는 먼저 소설 「생명의 기원」 줄거리를 '기·승·전·결'로 나누어 적어보려고 한다. 필자의 주관적 생각을 딱히 적지 않으려 한다. 가능한 소설 원작의 사실적 서술과 설명에

---

[3] 정수남, 「생명의 기원」, 『2024년 시선 소설문학사 대상 수상자 소설집-생명의 기원』, 시선사, 2024, 11~33쪽 참고.

임철균 ▮ 111

치중하려 한다. 그리하여 이야기의 시작과 전개와 결말 속에서, 이 글을 읽는 독자들과 소설의 '내용/의미'에 관하여 함께 생각해 보고자 한다.[4]

2. 상실을 넘어 절망의 끝에 서다

소설은 '요요'를 손에 든 어린 소년과 친할아버지가 난생처음 만나는 장면에서 시작한다. 그러나 소설 속 화자인 할아버지는 "아이를 보는 순간, 나는 절망"[5] 한다. 예상은 했지만, 서양인과 같이 생긴 '혼혈아'였기 때문이다. 러시아에 파견근무를 나간 외동아들이 어느 날 그 나라의 여자와 결혼한다는 소식을 알렸다. "외국에서 제멋대로 결혼한 뒤 사진 몇 장만 달랑 부쳐왔던 아들"(12쪽)이었다. 그 뒤로 할아버지는 아들과 연락도 주고받지 않은 채 데면데면하게 지내왔다. 그런 아들이 아내와 아들을 데리고 본사 보고업무 때문에 보름간 귀국한다는 전갈을 보내온 것이다. 며느리는 "육중한 허리"(12쪽)를 가진 여자였고, 아이는 "당장 내다버리고 싶은 마음이 굴뚝"(13쪽)같은 천방지축이었다. 그래도 아내는 하나밖에 없는 '손자'라고 혼혈아인 아이를 끌어안고 볼에 얼굴을 비비었다. 하지만 할아버지는 창피한 마음에 노인정 친구 김영감에게도 아들 내외 왔다는 소리를 일절 하지 않았다. 할아버지는 "아이가 백프로 외탁했다고 단언"(14

---

[4] 이러한 필자의 글 행위가 정수남 소설에 대한 '스포일러[spoiler]' 임을 잘 알고 있다. 하지만 정수남 소설집 속에는 본 글에서 분석하는 「생명의 기원」 외에도 참 재미있고, 흥미로우며, 헛웃음이 퍽 터지기도 하며, 한편 가슴이 먹먹해지는 그런 소설들이 많다.
[5] 정수남, 앞의 책, 11쪽. (이하 본문 인용 뒤 괄호 속에 쪽수만 표기함)

쪽)했다. 상실을 넘어 절망에 끝에 선 아비이자 할아버지였다.

3. 과학을 넘어서는 것들

아내는 며느리를 못마땅해했다. "아들이 좋아하는 비빔국수, 김치찌개, 청국장에 (중략) 코를 틀어막고 얼굴을 돌리기까지"(15쪽)하는 모습 때문이었다. 할아버지 또한 "영화에서 본 것 같은 야리야리한 서양 여자"(16쪽)가 아닌 것에 실망했다. 아들보다 큰 키에 "아프리카 코끼리 엉덩짝을 연상시키는"(16쪽) 모습이 보기 몹시 거북했다. 아이에게 여전히 눈길을 주지 않는 할아버지에게 그나마 아내가 "글로벌 시대에 맞지 않는 고리타분한 사고는 이제 버려야 한다"(16쪽)며 아이의 노랑머리를 쓰다듬었다. 하지만 할아버지로서는 며느리고 아이고 도저히 받아들일 수 없었다.

> 수원 백씨는 송계공 백우경의 후손들로 신라 경명왕 때 중랑장을 지낸 백창직을 중시조로 하고 있다. 본관의 유래는 그의 9세손인 백천장이 고려 때 수원 현감에 봉해진 뒤 그때부터 내려오게 되었다고 전해지고 있다. 아무튼 지금도 경북 월성군 안강읍 옥산동에 있는 시조의 묘소에서는 매년 5월 첫째 일요일에 향사가 거르지 않고 행해지고 있다.(17~18쪽)

족보 있는 가문의 집안에 혼혈아를 받아들일 수 결코 없었다. 그런 할아버지에게 아내가 감격에 겨운 듯 어느 날 말했다. "눈을 뜨고 잔다니까요. 글세, 제 아비하고 똑같아요."(19쪽) 더군다나 "젖니가 빠지기 전에 이를 간다"(20쪽)고 했다. 외동아들이 어릴 때 했던 것과 똑같은 행동이었다. "우리 핏줄이 틀림없다니까요!"(21쪽) 아내가 확신에 찬 목소리로 할아버지에게 말했다. 더군다나 아이는 엄마와 달리 매운 음식에도 냉수를 연신 퍼마시며 막무가내로 덤벼들었다. "아·버·닌·간·사·합·니·다…"(21쪽) 못마땅했던 며느리의 말투가 할아버지는 신기하고 재미있어졌다. 빵이나 초콜릿 등을 슬그머니 건네며 어눌한 며느리의 말투를 은근히 즐겼다. 아내와 며느리와 아이와 놀이동산을 다녀온 할아버지였다. 피곤함에 '이를 갈며' 깊이 잠든 아이의 곁에서 "밤이 늦도록 파수꾼처럼 그 곁을 지키고"(25쪽) 있었다.

4. 우리도 타자他者였다

할아버지가 아이에게 너의 이름은 '이반'이 아니라 '백.인.현'이라고 가르치기 시작했다. "따지고 보면, 수원 백씨의 시조도 중국인이었다"(29쪽)고 할아버지가 생각했다. 아들 내외와 아이가 있기로 한 날짜에서 열 이틀째 되는 밤에 아내와 할아버지가 마주 앉았다. 아이는 한국에 놓고 아들 내외만 러시아 가면 좋겠다는 말을 아내가 넌지시 꺼냈다. 말도 안되는 소리 하지 말라며 할아버지가, 긴 한숨을 쉬었다. 설령 아이가 한국에 남는다고 해도 주변의 시선을 어떻게 감당하며 살아야 할지 그런 걱정 때문이었다. 아들 내외와 손자가 다시 러시아로 돌아가는 날이 다가왔다. 아내와 할아버지가 백화점을 들렀다. 아내가 온갖 물건들을 마구잡이로 사기 시작했다. "지금까지 주고 싶어도 주지 못했던 제 마음이에요."(31쪽) 아내가 할아버지에게 말했다. 아들 내외가 떠나기 전날 아내가 며느리를 불러 앉혔다. "이건 내가 시집 왔을 때 시어머님이 건네준 것이다. (중략) 그 반지는 내 시어머님께서 그 윗분한테 받은 것이란다. 그 윗분은 또 그 윗분한테 대물려 받은 것이고…"(32쪽). 아내가 며느리에게 '백옥 가락지'를 건네주었다. 아무런 말도 하지 못하는 채 감격하는 며느리였다. 공항에서 아이가 아내와 할아버지를 향해 "요요를 주먹에 꼭 쥔 채 웃으면서 손을 흔들었다."(33쪽) 할아버지의 눈에는, 처음 보았을 때 보다 '자신의 손주'가 부쩍 자란 것처럼 보였다.

5. 맺으며

정수남 소설의 근저에는 '분단'이 깔려있다. '강제로 헤어짐의 고통'과 '다시 만날 것이라는 희망'이 그것이다. '분단소설'의 본격적인 시작은 '반공주의'를 기조로 한 김동리의 「혈거부족」(1947)으로 알려져 있다. 이는 신탁통치의 영향으로 남북이 분열되는 상황을 다룬 소설이며 미군정과 남한의 단독정부 수립을 지지하는 우익적 정치소설이기도 하다.[6] '분단소설'은 소설 유형 가운데 공시적이고 일반적인 유형이 아니라 통시적이고 특수한 유형으로 볼 수 있다.[7] 이는 외세에 의해 갈라진 남·북분단

---

[6] 박헌호, 「김동리의 『해방』에 나타난 이념과 통속성의 문제」, 『현대소설연구』 17, 현대소설학회, 2002 참고.
[7] '분단소설'이라는 소설 유형의 명칭은 1980년대 후반에 본격적이고 명확하게 사용되었다.(이동하, 「분단소설의 세 단계」, 『문학의 길, 삶의 길』, 문학과지성사, 1987, 김승환·신범순 편, 『분단문

을 소재로 한, 세계사에 유래가 없는 한국 현대소설사만의 매우 독특하고 고유한 창작유형이다. 같은 범주에 '통일문학'이라는 명칭이 있다. 이는 '분단을 넘어 통일을 지향'하는 적극적인 용어이지만 '현재성'이 아닌 '미래성'을 중시한다는 측면에서 한계가 있다. 즉 '분단'은 '통일'에 비해 당장 현재의 삶과 의식에 지대한 영향을 미치고 있기 때문이다. 또한 '분단'이라는 용어에는 이미 '통일'이라는 의미가 내포되어 있기 때문이다.[8]

이러한 '분단소설'을 기조로 하는 정수남 소설에서 「생명의 기원」은 다양한 해석이 가능하다. 외국 여자와 결혼한 외아들이 손자와 함께 귀국하면서 발생하는 이야기 표면에 '다문화 담론'이 펼쳐지고 있기 때문이다. 주지하다시피 다문화 담론은 세계적으로 우호적이지 않을뿐더러[9] 한국의 경우 역시 아직은 다문화 담론에 대하여 그리 포용적인 상황이 아니다. 무엇보다 한국은 반도라는 지리적 특성에 의한 오랜 역사의 단일민족 역사를 가지고 있기 때문이다. 또한 성리학의 영향으로 가족, 가계家系, 가문, 족보 등의 관념이 현재도 대다수 사람들의 무의식 근저에서 작동하고 있기 때문이다. 그럼에도 불구하고 '다문화 문제'는 이제 피할 수 없는 '현실적 문제'가 되고 있다. 이는 비단 한국만의

학비평』, 청하, 1987, 임우기,「1980년대 분단소설의 새로운 전개」,『문학과 사회』, 1988. 참조) 물론 '반공소설', '이산소설', '실향소설', '전쟁소설', '전후소설', '6·25 소설'이라는 명칭들도 있지만 이들 명칭은 한국의 분단만이 가지는 특수성을 포괄하지 못한다. 이러한 의미에서 '분단소설'은 이 모든 명칭의 특수성과 아울러 남북의 모순성을 또한 포괄하고 있는 문학적 용어라 할 수 있다.
8) 분단문학과 통일문학에 대하여 임헌영은 다음과 같은 명제로 요약하였다. "분단문학과 통일(지향)문학의 관계는 "분단문학은 분단극복문학이 되어야 할 것이고 나아가 통일지향문학이 되어야 할 것이다." 라고 하였다.(임헌영,『태백산맥』과 통일문학의 지평」, 사회와사상』, 1998, 3쪽.
9) 2024년 현재 유럽의 경우 '이민자 문제'로 인한 사회적 비용과 범죄가 증가하고 있으며 이로 인하여 극우정권이 수립되는 결과가 야기되고 있다.

문제가 아닌 세계적 문제이기도 하다. 저출산, 고령화, 결혼 기피 등이 인구감소를 유발하며 각 나라의 생산성을 하락시키고 있다. 그러므로 현재 한국사회에 다문화 담론의 제기와 필요성은 공동체의 존속을 위한 필수 담론이다.

다문화 담론을 표면에 배치한 정수남 「생명의 기원」 근저에는 휴머니즘 인식이 흐르고 있다. 휴머니즘은 인간의 생명과 가치를 존중하고 인간의 창조력을 긍정적으로 발전시키고자 한다. 김동인의 「발가락이 닮았다」(『東光』, 1932.1)와 같은 모티브를 사용하는 「생명의 기원」 역시 근저에 휴머니즘을 담고 있다. 그러나 「발가락이 닮았다」가 아이러니와 부조리를 담고 있는 반면, 「생명의 기원」에는 휴머니즘적 페이소스와 미래지향적 담론(다문화 담론)이 담겨있다. 즉 두 작품이 비슷하되 가치 지향이 다르다. 「생명의 기원」이 보다 긍정적이며 발전적이라는 의미이다.

정수남이 기존에 창작한 분단소설은 개인적 고통과 좌절, 희망을 소원하는 '매우 한국적인' 순수문학이었다. 그러나 금번 신작 소설집의 표제작인 「생명의 기원」은 지금까지의 창작에 대한 사유의 틀에서 다시 한번 엇박자를 내고 있다. '분단'이라는 한국적 모순과 특수성에 '다문화 담론'을 결합하여 '세계성 확보'의 심적心的 투쟁을 전개하고 있다. 또한 인간의 생명과 가치를 존중하는 정신, 이를 억압하는 모든 것에 투쟁하는 인간해방 사상인 휴머니즘을 배면에 자욱하니 깔고 있다.

필자가 글 서두에 적은 것을 기억하자. 정수남에 대한 '분단작가'라는 명칭이 "반은 맞고 반은 틀리다" 했다. 이는 무엇보다 본 글의 분석 대상인 소설 「생명의 기원」에 기반하여 평가한 것이다. 소설 속에서 '한국·러시아 혼혈아'인 손자와 할아버지는 첫 만남에 데면데면한다. 하지만 결국 '한 핏줄'임을 확인하고 둘은 서로에게 형언할 수 없는 감정을 느낀다. 하지만 어찌할 수 없는 외적인 사정으로 인하여 두 사람은 헤어져야만 한다. 분단의 아픔으로써 알레고리이다. 그럼에도 불구하고 소설의 결말은 역설적으로 '밝은 슬픔'이다. 이는 소설의 처음과 마지막에 나타나는, 아이가 손에 들고 있는 '요요'의 특성이기도 하다. 손에서 멀리 떨어지지만 결국은 다시 돌아오게 되는 것이 요요의 특성이다. 원심력과 구심력이다. 요요처럼 멀어지지만, 다시 만날 것을 아는 할아버지의 애틋한 마음이다. 통일에 대한 정수남 작가 특유의 알레고리가 잘 발현된 프롤로그와 에필로그 출현 소품과 문장이다.[10]

정수남은 자신은 소설집 『아주 이상한 가출기』 서두 「작가의 말」에 아래와 같은 글을 적었다. 그가 가끔 문학인들과 마주칠 때 말하곤 하는 것을 곁에서 들은 적이 있다. "일단, 무조건, 열심히 쓰세요. 쓰고, 쓰고, 쓰고, 또 쓰세요. 쓰면서 생각하고, 쓰면서 정리하고, 쓰면서 평가하세요. (중략) 그것이 나의 운명이고 또 우리의 운명입니다." 그의 말을 생각하며 아래와 같은 그의 글을 읽는다.

나무는 수직성을 지니고 서 있을 때 아름답다. 쓰러진 것, 뿌리가 뽑힌 것,

---

10) 소설가가 한 작품 안에 특정 소품, 특정 문장, 특정 인물, 특정 배경 등을 연 거푸 쓸 때는 '소설적 복선'의 이유가 있다는 것이 소설의 기초이다. 특히 단일한 구성에, 단일한 주제를 향해 달려야 하는 '단편소설'의 경우에서 프롤로그와 에필로그의 중복 문장에 관한 엇박자 해석은, 작가의 실수이든가 비평가의 실수 둘 중에 하나이다.

토막이 난 것들은 오직 죽음만이 기다리고 있을 뿐이다. 그렇게 보면 나무는 사람의 숙명과도 닮은 데가 많다. 사람도 그렇지 않은가. 벼랑에 몰린 고통이 아무리 참담하더라도 서서 버티고 있어야 살았다고 할 수 있는 것이다. 수평의 자세가 되어 눕는다는 것은 죽음을 의미하며, 그것은 곧 굴복이다. 그런 까닭에 시련과 고통이 덮쳐와도 이 악물고 끝까지 서서 자신이 살아있다는 것을 알려야 한다.[11]

'무릎 꿇고 사느니, 차라리 서서 죽겠다!'라는 비장한 결의와 서릿발 같은 결기가 느껴지는 글이다. 누군가는 이제 구시대적 낡아빠진 프랑스혁명적 사고라고 비판할지 모른다. 하지만 어차피 '문학인'이란, 과거와 현재와 미래를 뜯어먹으며 그것으로 나와 타자의 심장에 허기와 갈증을 채우는, 무한 천형天刑의 시지프스 운명과 사유의 주체들이라고 생각한다. 또 그것이 우리들 '문학인의 운명'이자 '소설의 운명'이라고 생각한다.

필자는 이 소고小考의 제목에 찰스 다윈의 『종의 기원』을 적으며 그 핵심으로 '적자생존適者生存'을 말하였다. 적자생존의 핵심은 강한 것이 살아남는 것이 아니라 '변화에 잘 적응'하는 것이 살아남는 것이다.[12] 이러한 점에서 소설가 정수남은 현대 한국소설사의 흐름과 변화에 잘 적응하고 있는 작가이다. 『종의 기원』에 '인간'으로서 아직도 꾸준히 '더 인간답게' 진화하고 있는 작가이다. 이러한 점을 「생명의 기원」에서 '생명의 기원'은 물론 생명의 본질에 관하여 잘 보여주었다. 한국사회의 근본적 모순

---

11) 정수남, 『아주 이상한 가출기』, 앞의 책, 4쪽.
12) 이것이 결코 시류에 편승하는 기회주의나 세속주의가 아님은 세 살 아이도 알 것이다.

과 특수성인 '분단'을 근저에 두고 다문화 담론이라는 현재적·실재적 문제를 소설에 잘 담아 내었다. 소고小考를 마치며 정리한다. 무엇보다 정수남 작가의 최대 미덕은 인류 보편 근저에 영원한 사상인 휴머니즘이 그의 소설들 배면에 언제나 따스하고 부드럽게 깔려있다.

정수남 「집」에 나타난 육화된
코기토의 분단극복과 통일 서사

1. 육화된 코기토와 불변의 주체 의지

소설 「집」은 해방둥이(1945)이자 실향민인 정수남의 『아주 이상한 가출기』[1])에 수록된 여덟 편 소설 중 단편이다. 이 작품은 그가 지금껏 문단 데뷔[2]) 이래 천착해 온 오직 하나의 주제를 집약하고 있는 소설이다. 소설 「집」에 주인공은 '삼촌'이다. 아버지의 동생인 삼촌은 한국전쟁 때 월남한 실향민으로 91세이다. 소설 속에서 삼촌은 시작부터 끝까지 노환으로 극히 병약한 상태이다. 그러므로 소설은 삼촌과 함께 월남한 70대 남자 조카에 의해, 액자소설 형식을 띠고 과거와 현재를 오가며 서술된다.

육화된 코기토(cogito incarné)는 몸의 존재론이다. 이것은 데카르트가 근대철학의 첫 번째 명제로 삼은 '나는 생각한다, 그러므로 나는 존재한다(cogito ergo sum)'의 반성적 사유에서 출발한 개념이다. 데카르트의 코기토는 사유하는 영혼(res cogitans)을 절대화하였다. 그리고 그 과정에서 외부 세계와 신체를 주체가 아닌 객체로 전락시켰다. 현대에 들어 데카르트가 비판을 받는 지점이다. 실

---

1)정수남, 『아주 이상한 가출기』, 들꽃, 2023.
2)정수남은 1984년 서울신문 신춘문예에 분단을 소재로 한 「접목」으로 등단하였다.

임철균 ▮ 121

존하는 신체를 배격하고 사유를 의식과 동일시하였기 때문이다. 이에 관해 하이데거는 코키토가 표상을 매개로 한 일종의 '자기반영'이라고 지적하였다. 리쾨르는 '온전한 코키토' 즉 의식과 몸을 통일하여 '부상 당한 코키토'를 치료하고자 하였다. 이러한 몸의 존재론은 미셸 앙리와 자크 라캉에 이르러 비로소 하나의 개념으로 발현된다. 앙리와 라캉은 사유와 존재의 불일치를 강조하였다. 신체를 중심으로 새로운 주체화를 사고하였다. 앙리는 후설의 초월적 현상학에 반대하며 물질적 현상학을 주창하였다. 그리하여 삶의 근본적 토대는 표상과 가시에서 벗어난 파토스적 존재라 했다. 이것이 바로 신체, 즉 '육화된 코키토'이다.[3] 소설 속에서 주인공인 삼촌은 자신의 병약한 육체를 포기하지 않는다. 의식의 불명료함 속에서도 병약한 육체를 통하여 자신의 주체 의지를 드러낸다. 삼촌에게 있어 육체의 소멸은 곧 주체의 소멸인 까닭이다. 그리하여 소설은 다음과 같은 삼촌의 육체를 통한 절규로 시작된다.

집에, 집에 가자우.(182)[4]

소설은 허구이다.[5] 그러나 작가에게 있어 소설은 한편 '진실의 세계'이다. 그리고 작가는 그 세계를 보여주기 위하여 소설을 쓴다. 복잡다난하고 추상적인 세계는 작가의 직·간접적 체험과 내면의 성

---

3) 김석, 「육화된 코기토와 새로운 주체화 - 미셸 앙리의 몸의 철학과 정신분석의 몸 이론을 중심으로」, 『철학과 현상학 연구』 제41권, 한국현상학회, 2009, 61~62쪽 참고.
4) 정수남, 『아주 이상한 가출기』, 들꽃, 2023. 182쪽. 이하 작품의 인용은 이 소설집을 텍스트로 하여 해당 쪽수만 밝힌다.
5) 차봉희 편저, 『독자반응비평』, 고려원, 1993, 72쪽.

찰을 통해 소설로 형상화 된다. 독자들은 그 '소설의 눈'을 통하여 작가의 내면과 작가가 바라보는 세계의 모습을 파악한다. 소설「집」은 정수남의 자전적 서사이다. 회고록이나 자서전은 허구를 배제한다. 하지만 자전적 소설은 허구의 소설과 결합하여 픽션Fiction과 논픽션Nonfiction 두 갈래를 모두 아우른다. 이것은 자전적 소설에 '핍진성Verisimilitude'이 있어 가능하다. 마이클 툴란에 따르면 "핍진성이란 '확신의 수단'이다. 핍진성은 텍스트에 재현된 현실이 진실임을 독자들이 받아들이는 개연적 도구"[6]이다. 자전적 소설이 픽션에서 논픽션으로 넘어가는 경계이며 비로소 기록에서 소설로 넘어가는 분기점이기도 하다.

 소설「집」은 바로 이러한 경계 지점에서 진실적 허구의 세계를 펼치고 있다. 따라서 소설「집」을 올바로 이해하기 위해서는 소설 속 주인공 삼촌의 삶과 화자의 삶 그리고 작가 정수남의 삶을 겹쳐 동시에 바라볼 필요가 있다. "이 세상을 이루는 개별 인간 존재들은 저마다 어린 시절 집안에서의 경험들로 시작되는 심리학적 이력과 그러한 경험들의 결과로서 형성된 사춘기 및 성년기의 행동 양식을 지니고 있기"[7] 때문이며 그러한 기억에서 크게 벗어나지 못하기 때문이다. 또한 이 소설에서는 심리학적 이력과 경험의 결과로 '고향'이 제시된다. "고향이라는 완벽한 세계는 이미 훼손되었지만, 고향에서 가능했던 규범을 강조하고 실천하는 것은 개인에게 자기동일성을 확인시켜준다. 특히 역사적 상황으로 인해 고향의 회복이 좌

---

[6] 마이클 툴란 저, 김병욱·오연서 공역, 『서사론』, 형설출판사, 1995, 361쪽 참고.
[7] 로이스 타이슨 저, 윤동구 역, 「무의식의 기원」, 『비평이론의 모든 것』, 앨피출판사, 2012, 49쪽

절된 인물들에게 윤리적 가치의 실천을 통한 자기동일성 회복"[8]은 삶의 이유와 지속에 매우 커다란 영향 요소로 작동한다.

　한국전쟁에 대한 남한 내의 기억은 개인 간의 비균질적인 기억 재현에 관심을 갖기보다 반공 이데올로기가 양산한 균질화된 '집단의 기억'으로 조성되어 왔다.[9] 전쟁에 대한 기억은 개인에 따라 다르게 소환되고 구성됨에도 불구하고 황순원, 선우휘, 김이석 등의 월남 작가들이 생산한 작품들은 개개인 기억의 편차를 거세하여 반공 이데올로기로 제도화된 집단 기억을 만들어냈다. 그들은 자신들의 이산체험들을 기억, 서사화하기보다 반공 이데올로기를 수용한 영웅적 인물들을 내세워 남한사회의 갈등들을 축소·왜곡[10] 하고자 했다. 그러나 정수남의 「집」은 실향민 삶의 궤적을 통해 분단극복과 통일의 염원을 끝내 포기하지 않고 있다. 한 존재의 육체적 소멸 이후에도, 육화된 코키토의 전이를 통해 분단극복과 통일의 의지를 강하게 드러내고 있다.

2. 불변의 주체의지로부터 벗어나고 싶은 욕망의 신체적 발현

　소설은 2020년 남한의 어느 도시를 배경으로 하고 있다. 연로하고 병약한 삼촌은 거동을 제대로 하지 못한다. 게다가 정신 상태마저 정상과 비정상을 오가고 있다. 그러한 삼촌을 지극정성으로 돌

---

8) 우현주, 「이범선 소설의 상징 연구」, 『이화어문논집』 제20호, 이화어문학학회, 2002, 210쪽.
9) 이승원, 「전쟁-서사와 기억-서사 : 조은의 《침묵으로 지은 집》」, 『기억과 전쟁-미화와 추모 사이에서』, 휴머니스트, 2009, 477쪽.
10) 변화영, 「이범선의 〈오발탄〉에 나타난 월남인 연구」, 『건지인문학』, 전북대학교 인문학연구소, 2009, 124쪽.

보는 조카가 있다. 한국전쟁 당시 부모님, 삼촌, 고모 그리고 자신이 월남하던 기억과 이후의 기억 때문이다. 노환에 일상의 거동마저 제대로 하지 못하는 삼촌. 그러함에도 끝내 자신의 주체 의지를 포기하지 않는 삼촌을 바라보며 조카는 견딜 수 없는 '어금니 치통'을 느낀다.

> 어금니가 다시 욱씬거렸다. 며칠 전부터 쿡, 쿠욱, 쑤시던 왼쪽 어금니가 마치 바람이 든 무처럼 맥을 추지 못하고 있었다. 어쩌다 찬 것이 닿으면 그 고통은 더욱 심해서 온몸이 저리고 시었다. (중략) 어금니가 다시 욱씬거리기 시작했다. 이번엔 쿡, 쿠욱, 쿡, 쑤셨다. 내가 얼굴을 찡그리자 아내가 치과에 가라는데 안 가고, 생병을 앓는다고 눈꼬리를 사납게 치켜세웠다. (183~189)

어금니는 치아 중에서 가장 중요한 기능을 가지고있다. 음식을 씹고 삼키는 1차 소화기관이며 치아 중 가장 큰 힘을 받는 치아이다. 또한 어금니는 얼굴 대칭에 있어 균형을 잡아주며 얼굴 근육을 옆으로 움직이는 관절 역할도 한다. 소설의 서두에서 조카가 근래 발생한 어금니 치통을 호소하고 있다. 조카는 어금니를 발치함으로써 참을 수 없는 치통에서 벗어나고자 한다. 이러한 조카에게 있어 어금니 치통은 한편 과거의 트라우마와 데칼코마니décalcomanie이다.

한국전쟁 당시 월남하던 부모님과 삼촌과 고모와 조카였다. 연천의 임진강 부근 민가에서 하룻밤을 묵었다. 한밤중 어린 조카가 배탈이 났고 삼촌이 함께 화장실을 갔다. 두 사람이 화장실을 간 직후 곧바로 비행기 폭격이 있었다. 깊은 잠에 빠져있던 부모님과 고모가 졸지에 비명횡사했다. 이후 삼촌은 조카와 단 둘이 월남하였다.

이후 삼촌은 자기 자식을 키우듯 조카를 지극정성으로 돌보았다. 월남 이후 호구지책으로 페인트칠 일을 하며 조카를 대학까지 보냈고 결혼까지 시키었다. 그 과정에서 삼촌은 조카의 귀에 못이 박히도록 같은 말을 하고, 하고, 하고 또 하였다.

> 삼촌의 고향은 평안남도 평양시 남산리 43번지였다. 피난 내려와 삼촌과 단둘이 살면서 내가 한글을 배우기 전에 먼저 익힌 것은 그 지번이었다. 이걸 잊어버리믄 큰일나는 거, 알디? 그걸 가르치면서 삼촌은 으름장을 그치지 않았다.(188)

월남 이후 70 평생을 살아온 조카에게 삼촌은 어금니 같은 존재이다. 그러나 이제 조카는 그만 삼촌으로부터 벗어나고 싶다. 남북이 분단된 지 70여년이 되어가는데도 삼촌은 티끌만큼도 변하지 않았다. 남과 북이 이제는 도저히 어우러질 수 없는 적대국이자 타국이 되어버렸음에도 삼촌의 고향 회귀 의지는 오히려 더 생생해질 뿐이다. 북한에 정혼한 여자가 있다는 이유로 남한에서 끝내 독신으로 지내온 삼촌이다. 반면에 이제 그만 남한의 체제와 생활에 적응하며 살고 싶은 조카이다. 그러하기 조카는 이제 그만 삼촌으로부터 벗어나고자 한다. 그리고 그러한 조카의 욕망은 신체를 통하여 구체적인 '어금니 치통'으로 나타난다. 조카는 생각한다. 이러한 자신의 어금니 치통을 해소하는 길은 단 하나, 발치를 하는 것이다. 그렇게 조카는 어금니를 발치함으로써 고통에서 벗어나고자 한다.

3. 소설 속 인물들 간의 집과 냄새에 관하여

소설 「집」에는 주인공 삼촌과 서술자 '나', 나의 아내, 딸이 등장한다. 소설 속에서 이들의 표면적 주 갈등은 '집'이다. 삼촌에게 있어 집은 시종일관 '평양의 고향집'이다. 월남하여 평생을 남의 집 페인트칠 하는 것으로 호구를 충족하였지만 남한에서 그는 여전히 자신의 집을 가지지 않는다. 아니, 거부한다. 서술자와 아내의 부단한 설득에도 불구하고 삼촌은 13평 서민임대아파트에서 거처하며 산다. 그에게 있어 남한에서의 집이란 잠시 몸을 의탁하는 임시 건축물일 뿐이다.

> 삼촌이 유독 그곳만을 자신의 집이라고 여기는 이유를 나는 이해할 수가 없었다. 그래도 삼촌은 막무가내였다. 틈만 나면 연필로 종이에 약도까지 그려가면서 그 집에 대하여 열심히 가르치곤 하였다. 기 집이레 어캐 생겠는지 아네? 잘 보라우. 여게가 안방이야. 기리구 어게가 건너방이디. 마당 건너에 별채가 있는데, 거게가 니 아바지와 오마니가 너이들 데리고 살던 곳이야.(190)

> 삼촌이 가장 기뻐한 날은 아내가 아이를 출산했을 때였다. 이제야 우리 집이레 튼튼하게 세워져 가는구만 기래. 이걸 니 아바지가 보았으믄 얼마나 좋아하갔. 삼촌이 나에게 집짓기에 대한 공정을 자세히 들려준 것도 그 무렵이었다.(204)

그리하여 그는 다시 돌아갈 북녘 평양의 고향집을 항상 가슴에 품고 산다. 몸은 비록 남한에 있지만 그의 의식은 항상 북녘의 고향집에 생생하니 머물러 있다. 삼촌에게 있어 남한에서 집을 가지는 것이란 곧 분단의 수용이라는 의미와 같다. 삼촌에게 있어 집이란 대

대손손 인적 자원이 이어지는 곳이며 그것은 곧 원초적 본질의 뿌리가 이어지는 곳인 까닭이다. 이러한 의미에서 삼촌이 '평양의 고향집'을 그리워하는 것은 끊임없는 분단 현실의 각성이라 할 수 있다. 그리하여 삼촌에게 '집'이란 곧 통일의 메타포라 할 수 있다.

반면 소설 속에서 반동 인물로 등장하는 아내에게 집은 '투기 수단'이다. 분단 현실에 안주하며 속물자본주의에 철저히 젖은 아내에게 집은 좀 더 큰 집으로 옮겨가기 위한 하나의 물적 도구일 뿐이다.

> 아내는 집 없는 사람을 뿌리가 없는 사람으로 취급했다. 아마도 그것은 당시 이층집에 살면서 인근에 땅도 적잖게 소유하고 있던 장인으로부터 물려받은 유전인지도 알 수 없었다.(192)

> 대출을 얻어서라도 아내는 두 아들이 집을 소유하도록 밀어붙였다. (중략) 아내는 그것을 모두 자신의 치적으로 여겼다. 그런 까닭에 기회만 있으면 늘 자랑을 늘어놓곤 하였다. 전매면 어떻고 투기면 어때요. 그렇게 하지 않으면 걔들이 지금 집칸이나 장만할 수 있을 것 같아요? 어림도 없지. 안 그래요?(196)

아내에게 삼촌의 고향집 타령은 치매 노인의 넋두리일 뿐이다. 좋은 아파트를 마련해 준다 하여도 굳이 13평 서민임대아파트에서 사는 삼촌을 이해하지 못하는 것이다. 그리하면서 아내는 '불법'과 '투기'를 인지함에도 반드시 집을 소유해야 한다 말하고 있다. 아내의 비합법적인 행위는 자본주의사회인 남한에서 정상적인 방법으로 집을 소유하는 것이 그만큼 어렵다는 것을 반증하는 것이기도 하다. 이러한 점에서 아내는 분단을 수용하고 통일을 망각한 속물적 인물 유형의 상징이라 할 수 있다.

　한편 교회에서 만난 남편과 함께 기독교에 깊이 빠진 딸에게 '집'이란 속세의 한시적 공간일 뿐이다. 딸의 경우 엄마가 부동산 투기를 일삼으며 일 년에도 몇 번이나 이사를 다녔다. 그러한 기억으로 인하여 딸에게 집이란 부정적인 것으로 각인되었다. 그리고 그에 대한 반발로 종교에 철저히 빠져들었다.

　　우리의 장막은 아무리 튼튼하게 지었다 해도 결국은 일시적인 것에 지나지 않습니다. 영원하지 않습니다. 영원한 집은 오직 우리 주님이 우리를 위해 예비해 놓으신 천국밖에 없습니다. 그러나 그 천국엔 아무나 들어갈 수 없습니다. 예수님을 구주로 영접한 사람만이 들어갈 수 있습니다.(212)

　딸에게 진정한 집이란 '하느님의 집'이라는 인식이 각인되었다. 하느님의 집이야말로 영원무궁한 집이라는 것이 딸의 굳건한 신념이었다. 그러나 이러한 딸의 집에 대한 인식은 변질된 의미로서의 집일 뿐이다.

　한편 소설 속에는 '집'과 마찬가지 메타포로 '냄새'가 있다. 정수남 소설은 냄새의 감각적 묘사, 냄새의 다양한 제시, 냄새의 상황으로 소설의 환경과 인물의 심리 상태를 보여주는 경향이 있다.

　　며칠이 지나지 않았는데 방안에서는 벌써 썩은 냄새가 진동했다. 죽음의 냄새 같은 구리하고 퀴퀴한 그것은 집안 어딘가에 숨어있다가 사람이 들고날 때면 어김없이 달려들어 미간을 찡그리게 하고, 머리를 어지럽게 했다. 그렇지만 문을 열면 맵고 찬 바람이 사정없이 밀려드는 통에 환기

도 마음대로 시킬 수가 없어 그 냄새는 시간이 지날수록 더욱 더께가 쌓여갔다.(191)

조카에게 있어 삼촌은 이럴 수도 저럴 수도 없는 계륵鷄肋이다. 13평 서민임대아파트에서 간병인과 함께 삼촌을 돌보는 조카의 심리가 냄새를 빌어 묘사되고 있다. 조카의 눈에 삼촌의 육체는 죽어가고 있다. 희미한 의식만이 남아있을 뿐이다. 그런데 그 희미한 의식이 죽어가는 육체를 빌어 여전히 "날래, 집에 가자우!"라는 말을 되풀이하고 있다. 삼촌의 같은 말이 되풀이 될수록 냄새의 강도는 더 심해지고 있다. 조카의 생각에 삼촌의 희망과 바람은 이제 죽어가고 있다고 보기 때문이다. 그렇다고 해서 냄새를 없애기 위해 문을 열 수도 없다. 삼촌의 희망과 바람이 아무리 죽어가는 것일지라도 다른 방도가 없기 때문이다. 현실적인 생각과 달리 조카의 내면 깊숙이에서는 삼촌의 희망과 바람을 일면 이해하고 받아들이기 때문이다. 이러한 점에서 정수남 소설「집」의 냄새는 분단의 장기화 속에서 멀어져가는 민중의 통일에 대한 염원과 바람의 부패요 타락이라 할 수 있다. 이러한 부패와 타락을 조장하는 것은 다름 아닌 남과 북의 위정자요 정치모리배들이다. 이에 정수남은 남과 북의 타락하고 썩은 정치를 삼촌에게 전이하고 있다. 부패와 타락의 썩은 정치를 강제 받은 주인공은 죽어갈 수밖에 없다. 삼촌의 희망과 바람이 전이된 조카는 썩은 냄새에 진저리를 치고 있다. 이러지도 저러지도 못하는 상황 속에서 조카는 죽어가는 삼촌의 육체를 바라보며 그저 썩은 냄새 속에 머물 수밖에 없다.

4. 육화된 코키토의 분단극복과 통일 서사

문학에서 상징은 언어로 표현할 수 없는 상황과 한계를 넘어서는 기능과 효과를 가지고 있다. 추상적 현실이 표현이 벽에 부딪혔을 때 문학은 상징을 통하여 그 한계를 돌파한다. 또한 문학은 의식 내면의 반성과 성찰을 가시적 텍스트로 표현하고자 할 때 상징을 사용한다. 그리하여 정수남은 '분단극복과 통일의 염원'이라는 추상적 상황과 주제를 상징을 통해 돌파하고 있다. 그리하여 정수남은 소설의 관찰자인 조카의 '어금니 치통'을 소설의 서두에 배치하고 있다. 그리고 이러한 소설적 복선은 소설의 말미에 다시 등장한다.

> 어금니가 다시 쿡쿡 쑤셨다. 나를 여게 두구 갈라고 하는 거이가? 먼 길을 떠나던 삼촌이 당당 눈을 부라리며 되돌아와 그 거쿨진 손으로 내 목덜미를 잡고 야단을 칠 것 같아 나는 나도 모르게 목을 움츠렸다.(230)

마침내 치통의 근원인 어금니를 뽑으러 조카가 치과를 찾았다. 치료를 시작하려다 전화를 받았다. 삼촌의 임종 소식이었다. 조카는 그제야 삼촌에게 미안함과 죄송함의 감정을 표현한다. 조카의 치통은 소설 전반에 걸쳐 계속된다. 이는 삼촌의 분단극복과 통일 염원을 이해하면서도 전적으로 동조하지 못하는 조카의 갈등이다. 다시 말해 소설 전반에 걸친 조카의 치통은 자신의 '내적 윤리'를 지키는 것과 '외적 현실'에 굴복하는 그 틈새의 갈등이다.

> 집에 가자우, 집에……. 그러자 웬일일까. 이번엔 나도 모르게 내가 삼촌과 똑같이 외치고 있는 나를 발견했다. 아내와 딸이 뜨악한 표정으로 쳐다보고 있으나 나는 주체할 수가 없었다. 집에 들어가지 못한 채 구천

을 헤매고 있는 삼촌이 자꾸만 나를 떠미는 것 같았다. 집에 가자우, 날래.
집에, 가자우, 날래……. 나는 삼촌보다 더 큰소리로 외쳤다.(230~231)

어금니 치통이라는 양심의 메타포, 죄의식의 메타포가 극적 반전을 맞이하며 소설의 말미를 장식하고 있다. 정수남은 조카를 단지 양심과 죄의식 속에 머물게 하지 않았다. 그 자신 스스로 삼촌의 뒤를 이어 육화된 코키토의 주체 의지를 발현하게 하였다. 이러한 점에서 정수남은 인간의 존재 양상에 전망 부재를 거부하고 있다. 미해결 상태의 실의와 좌절 속에서 비극적 결말 구조를 거부하고 있다. 하나의 육화된 코키토가 소멸하면서 다른 하나의 육화된 코키토로 주체의지를 전이시키는 열린 결말을 이끌고 있다.

이 지점에서 정수남의 「집」은 이범선의 「오발탄」과 소설의 일부 소재(치통)와 얼핏 유사하나 분명 다른 점을 보이고 있다. 이범선 「오발탄」의 경우 작품 전반의 내용이 불합리한 현실 세계의 모순을 고발하고 있는 것은 주지의 사실이다. 그러나 "사상과 의식의 체계이기보다는 감정과 인정이 순박한 질량으로 메꾸어져 있기 때문에 독자에게 감동적인 호소력을 전달해 줄 수는 있을지언정 긍정적인 설득력을 발휘할 수는 없다."[11]라는 점을 지적하지 않을 수 없다.

반면 정수남의 「집」은 거대한 상황의 벽을 넘지 못하고 좌절되는 비극적 결말 속에서도 긍정의 열린 서사를 삽입하고 있다. 나아가 「오발탄」이 '고향 회복의 욕망과 좌절'을 보여주었다면, 정수남의 경우 육화된 코키토의 전이를 통해 긍정적 미래의 결과를 암시하

---

11) 천승준, 「서민의 문학」, 『현대한국문학전집6』, 신구문화사, 1967, 446쪽.

고 있다. 그러함으로 「집」의 주인공 조카를 통해 우리는 되살아나는 삼촌의 희망과 바람의 연속적 메시지를 보고 들을 수 있다. 또한 삼촌의 평생 소원이자 바람이었던 "집에 가자우, 날래."를 통하여, '집'이라는 상징을 통하여 주인공의 내면 성찰(치통)과 더불어 그 성찰의 결과적 의미를 환기시키고 있다. 아울러 그러한 상징과 언어의 힘을 독자들에게 각인시키고 있다. 그 결과 궁극적으로 독자들은 현상의 본질에 대한 상상적 접근이 가능하며 작품의 주제에 비로소 온전히 다가설 수 있다.

정수남이 「집」을 통하여 가장 경계하는 것은 '분단의 고착화'이다. 다시 말해 정치적 고착화 이전에 의식의 고착화를 그는 무엇보다 경계하고 있다. 1960년 이후 남한 사회에서는 경제 성장의 압도적 국면에 가려 통일의 필요성에 회의적인 계층이 점점 성장했다. 특히 1965년 한·일 국교 정상화 이후 일본을 비롯한 외래의 자본 및 기술 협력으로 '분단 상황 속에서의 고도성장'이 이루어졌으며 '분단을 전제'로 하는 이 같은 경제·정치적 구조 형성으로 이미 특권을 누리기 시작한 일부 계층에서는 남북통일을 점차 불필요한 것으로 경원시하는 경향까지 생기게 되었다. 정치·경제적으로 분단이 더욱 굳어진 것이다.[12] 그럼에도 불구하고 진보적 정권이 들어설 때면 조금씩 남과 북의 정서적 거리를 좁히며 동시에 물리적·폭력적 수단 또한 상호 제거해 나갔다. 하지만 2024년 들어 남과 북은 더 이상 돌이킬 수 없는 파국의 국면을 맞이하였다. 상호를 제1의 적국으로 규정하고 전쟁 즉발의 상황을 조성하고 있다. 이러한 분

---

12) 송건호, 「통일을 위한 민족주의의 르네상스」, 『민족이론』, 문학과지성사, 1988, 102~103쪽.

단 고착화 국면에서도 정수남은 끊임없이 상황을 헤쳐나가는 시도를 멈추지 않고 있다.

정수남은 문단 데뷔 이래 40여 년에 걸쳐 수많은 소설을 창작해왔다. 그 중 특히 소설 「집」은 작가의 삶과 문학에 총체적 정수라 할 수 있다. 소설 속에 삼촌처럼 실향민인 정수남 작가 역시 끝내 북녘 고향 땅을 밟지 못할 수 있다. 그러나 정수남은 말한다. "작가로서 분단이라는 주제는 태생적으로 이미 저에게 주어진 자산이라고 생각합니다. 그래서 그런지 통일에 관한 견해에 있어서는 양보할 생각이 별로 없습니다."라는 작가의 말은 곧 소설 「집」 속의 삼촌의 말과 동일하다. 그러므로 우리가 정수남의 「집」에서 읽어야 할 것은 단지 '염원'만이 아니다. 소설 행간 곳곳에 날카롭게 도사리고 있는 구체적인 실행을 또한 읽어야한다. 2007년 여름 '6·15남북공동선언'에서 제기된 '통일문학'의 정립이 필요하다.[13] 남과 북의 문화적 상대주의를 수용하고, 상호 문학적 미적 원리의 공통점에 기반한 남과 북의 '통일문학'으로 나아가야 한다. 이러한 시대 소명과 당위성의 실천 경계에 정수남의 소설, 육화된 코키토의 주체 의지에 문학적 산물인 「집」이 있다.

---

13) 이러한 실천적 시도가 2007년 남북정상회담 시기에 있었다. 남북 문학의 단순한 교류를 넘어 공존과 동거 다음 단계인 통합 프로세서 제안이 있었다. 그에 따라 남북한 지역문학의 '정책, 조직, 언어의 통일'이라는 1단계와 '사상, 이념, 정서의 통합'이라는 제2단계를 구분하여 중간에 여러 세부과정을 두고 그때 그때의 역동적 상황에 따라 유연하게 대처하자는 착상을 제안한 바 있다. 이와 관련한 내용은 백학순·이우영 외, 『남북 사회문화교류 중장기 로드맵 설정 및 추진 전략 연구』(정책보고서)

제 3 부

시

꽃불처럼 환하다

| 시 |

물망초 외 1편

곽애영

나를 잊지 마세요

소리가 되지 못한 말
닿지 못한 외침

핏기 잃은 얼굴
파랗게 지쳐 갑니다

다시 온 하루,
익숙한 땅에 혈관 꽂고
아침 햇살에 세수해요

주름진 얼굴 두드리며
낯선 표정 만들고 있어요

당신은 이제 나를 보지 않네요

목이 꺾이고 말을 잃어요
미이라 같이 움푹한 눈 그늘

노랗게 물이 고이네요

작아져요
작아지고 작아져 먼지가 되어
당신의 머리 위에 앉아보고
얼굴 쓰다듬고
잠시 어깨에 머물다
먼 길 떠납니다

소리가 되지 못한 말
닿지 못한 외침

시냇물에 띄웁니다

나를 잊지 마세요

작별 인사

겨우내 행복했니?

오른쪽 탁자의 두 사람이 웃는다
거품 같은 웃음이
커피잔 위에서 보글거린다

비눗방울이
둘 사이를 날아다니다
가라앉아 얼룩으로 남는다

뒤돌아 앉은 겨울
핏기 가신 그림자가 길다
바람에 흔들리는
야윈 얼굴이 뒤돌아본다

노랗게 반짝이는 카페
눈이 시리다
목마른 수선화는

차가운 아메리카노에 구근을 담근다

하얗게 웃어볼까
한 끼 밥값인 디저트를 먹어볼까

척하다 보면
행복해질지도 모를 일이야

반짝이는 분홍실로 뜨개질하는 여인
자몽쥬스 마시며
눈은 자꾸 핸드폰에 멎는다

알바생인가
생기 잃은 얼굴
주문을 받는다
노란 접시에 딸기 케이크 담아주며
어색하게 웃는다

괜찮아

웃다보면
척하다 보면
행복해질지도 모르잖아

창밖으로 기차가 지나간다

아무도 묶어둘 수 없는
겨울이 떠날 채비를 한다

겨우내 행복했니?

| 작가노트 |

늪 속에 가라앉아 날지 못한 새
털고 일어나 날개를 펴 볼 용기를 주신
정수남 교수님
글을 쓰는 삶이 어떤 것인지
몸소 보여주시고 이끌어 주심에
감사드립니다
혼자라면 엄두도 못낼 길이었습니다

함께 걸으며 지지대가 되어주신 문우님들
덕분에 비상을 꿈꾸며 파닥거려 본 일년이었습니다
모두 감사합니다

가면우울증 외 1편

김옥전

  무도회는 끝났다
  가면을 벗은 사람들은 집으로 돌아가고
  집이 없는 사람들은 뒤풀이를 위해 주점으로 향했다

  끝날 때까지 끝난 게 아니라고
  술집에서도 가면을 쓴 그는
  오늘부터 본격적으로 우스워지겠다고 했다

  할아버지 소주병에 든 술을 버리고 냉수를 담아 갖다드린 적이 있다 할아버지는 술잔을 마당에 던졌고, 아버지는 나를 마당에 던졌다 엄마는 던져진 것들을 찾다가 새벽이 되어서야 돌아오곤 했다 하회탈이 되어

  가면 속에 표정을 감춘 사람들은 언제 우는지 자신도 모른다 그들에겐 웃음이나 울음이나 거기서 거기, 모든 감정들이 가면 속에 모여 다음 표정을 의논하고 있을 때

  주점 바깥으로 웃음이 모였다 평생이 무대인 배우들은 춤을 추고 노래를 불렀다 내남없이 주인공인 사람들 속에서 누구도 준비된 대

사를 외우지 않았다 대사 대신 툭툭 던지는 농담을 받아 마시며, 웃
음을 담뱃재처럼 바닥에 털었다

 슬픔의 보호색은 웃음

 주제도 없이 즉흥극에 한창이던 그는 너무 우스워 죽을 것 같다고
했다 그가 던져버린 웃음은 가면 속으로 돌아오지 않을 거라 했다

 나는 그가 던진 웃음을 찾기 위해 술에 취한 가면을 쓰고
무도회를 시작한다

꽃불

겨울, 아슬아슬한 땅을 깨고
봄이 펑펑 터지면 숲은
파릇한 내음 치솟는 전쟁터
나무들이 가지마다 꽃을 장전하면
계엄령 선포된 하늘은 숨을 죽이고
밤에도 별들은 통행금지가 됩니다

양지뜸 최전방에도 봄나무들은
일렬횡대로 정렬 해 출동 준비 중인데요
따사로운 햇살은 졸음을 침투조로 보내고
탄약고에서는 겨울에서 봄으로
이동준비가 신속하게 이루어지는 중이지요

봄을 사열받는 나무들은 맨손으로
꽃이며 잎이며 받들어 들고
이 가지에서 저 가지로 봄을 나릅니다
안전핀이 빠지자 펑펑 터지는 봄
나른한 봄 나무 가지가 툭
적군이 쳐들어 온 건 아닌데
지뢰가 터지고 총알이 쏟아지고

봄꽃은 때도 안 됐는데
피자마자 낙화합니다

파편이 지천에 날리고
파릇한 화약 냄새에 숨이 막힙니다
팔이며 다리가 끊어진 나무는
몸뚱이만 땅 속에 처박힌 채,
지시 내린 계절은 있으나 책임질 지휘관은 없어

여름이 터지고 가을이 산속에서 폭발하고
곧이어 겨울이 참호를 파도
어차피 모든 건 전쟁이라며
꽃 피울 수 없는 봄을
아무도 책임지지 않는답니다

| 작가노트 |

　저는 스승님의 정식 제자가 아닙니다. 불손한 청강생이거나 입양아 혹은 어깨너머로 슬쩍슬쩍 인생을 배우는 이단아였습니다. 그런데 제가 스승님께 제자가 되게 해 달라고 떼를 썼습니다. 그 이유는 제자들을 향한 스승님의 각별한 사랑이 부러웠기 때문이었습니다.

　스승님은 제자들을 자랑스러워하시고 끔찍하게 귀히 여기셨습니다. 어디서든 제자들을 앞장세워 칭찬하셨고, 혹여 누가 제자들을 험담이라도 할라치면 마치 자식이 수모를 당하는 것처럼 진심을 다해 노여워 하셨고, 제자를 보호하셨습니다. 저는 스승님의 제자 사랑이 존경스러웠고 그 스승님의 제자들이 부러웠습니다.

 떼쓰는 저를 불러들이시고 가르치시고 제자로 여겨주셔서 저는 부모님을 얻은 듯 행복하고 스승님의 팔순 기념 문집에 제자로 합류할 수 있어 너무 기쁩니다.

 짧은 평론에 스승님의 시편들을 모두 담아내기는 역부족이었습니다. 언급하고 싶은 시편들이나 시어들에 표시를 했으나 그 표시들이 너무 빼곡하여 극히 일부만 거론하게 되었습니다. 더 중요하고 덜 중요한 시들은 없었습니다. 애당초 시로 승화된 삶들을 선별하겠다는 생각은 그만뒀습니다.

 팔순이라는 연세가 무색할 만큼 건강하신 선생님! 그리고 문학에 대한 열정, 가족에 대한 사랑, 제자에 대한 알뜰한 사랑을 존경하고 배웁니다. 팔순을 축하드리며 사모님과 함께 이대로 지금처럼 행복하시기를 기도드립니다.

토당리 황 씨·2 외 1편

문 창 길

취기와 타는 속의 외로움을 움켜쥔 황 씨
비 젖은 작업복에서 증발되는 찌린내는
그의 옛사랑을 피워 올렸다

스물다섯의 미쓰 한은 내 사랑이었어
핏줄 불거진 팔을 흔들며 한 번 잘 살아 보자던
나의 막일판을 마치는 시간이면
정나미 붙게시리 분칠하고
분홍 앞가슴 출렁이며 달려 와
내 성긴 턱수염을 간지르며 살을 붙였지
그러다 선정이는 태어났고
우리의 희망은 어깨와 어깨에 걸쳐진
무지개 일곱색을 세고 또 세며,
보고 또 보며 마음 붙였지
맛살 붙는 세상이었어
그러다 잘 살아 보자던 나의 당찬 꿈은
어느날 모래성처럼 부서지고
사랑의 화신은 끝내 토당리를 떠났어

토당리 황 씨·3

뭇사내놈들의 화전놀이에
살풀이 하듯 혼을 뺏긴 미쓰 한
사꾸라로 피고 말았어
우리말을 배우기 전 우리 혼을 심기도 전
코쟁이 양부모를 따라 암울한 하늘로
덴마크로, 날아가 버린 선정이
그림자마저 떠나 보낸 그 날도 오늘도
거세게 밀려드는 슬픔은
따라오는 발자국마다
몇 사발의 막걸리를 가득 채웠고
장맛비는 자책과 회한을 다루듯
쉬지 않고 잔등이를 후려치며
이렇게 흘러내리고 있어

| 작가노트 |

　토당리는 고양시 덕양구 경의선 능곡역 주변 동네 옛이름이다. 개발 되기 이전 5일 전통장이 서고, 배 과수원과 논농사가 주된 생업이었던 수도권 농촌 마을이었다. 이후 도농복합지역으로 한창 도시개발이 진행되고, 이곳에서 밀려난 소시민 계층이 늘어나면서 사회적 갈등이 생기고, 양극화가 심화되는 등의 지역사회 문제가 불거지기 시작했다. 이 과정에서 가족 해체라든가 농민공동체가 해산되는 문제가 드러나기도 했다. 도시화가 진행되면서 농업에 종사하는 인구가 줄고, 농지 또한 개발 목적으로 전환되었다. 이로 인해 지역의 자급자족 기반이 약화되고, 고양군 농업 생태계가 소멸되는 현상이 나타나기 시작했다.
　이에 따라 농촌 고유의 공동체 문화와 전통이 사라지고, 도시형 생활방식이 도입되면서 주민 간의 유대감이 약해지고, 특히 고령층은 이러한 변화에 적응하기 어려워 사회적 고립을 겪기도 했다. 이렇게 도시화를 위한 개발 과정에서 자연 환경이 훼손되거나 논밭이 아파트 단지나 산업단지로 변경되면서 자연농 생태계가 파괴되고, 수질 및 대기 오염 문제도 발생하게 되어 당연한 사회문제로 대두되었다. 또한 도시화로 인한 땅값과 주거비가 오르면서 기존 농촌 주민들이 경제적 부담을 느끼게 되고, 이로 인해 원주민이 삶의 터전을 잃어버리는 '농촌의 젠트리피케이션' 현상이 발생하게 되었다.

　이러한 시기에 고양시의 문화운동이 일어나기 시작했다. 지금 고양신문의 전신인 주간고양이 창간되고, 능곡역 건너편 있던 태양서점을 거점으로 태양독서회가 당시 몇몇 문인들에 의해 탄생되었다. 이들 독서회원들은 태양서점에서 빌린 책들을 독서하며 토론 활동을 이어가면서 문학공동체로서의 면모를 발전시켜 나갔다. 이렇게 몇 년 동안 독서회를 운영하다 고양문학회로 이름을 바꿔 전격적으로 문인으로서 활동을 하면서 지역 문인들을 영입하기 시작하였다. 이때 뜻이 맞는 작가들과 지역 젊은 동지들이 모여 <고양문화>라는 제호로 월간

문화잡지를 창간하면서 창간멤버가 되었다. 고양군 유일의 문화잡지로서 당시로서는 상당한 주목을 받기도 하였지만 재정난과 유사한 문화매체가 등장하면서 휴간 위기를 맞고 결국 폐간하게 된다. '고양문학회'는 나름대로 꾸준한 발전을 도모한 가운데 지금의 고양문인협회가 설립되는데 큰 역할을 하게 되었다.

목련꽃차 외 1편

박 인 숙

갓
피어 오른
여린 꽃봉오리로
만나서
제다의 고행을 통해 성숙된
너

너의 자태가
물속에서
다시 피어 올라
우리에게
행복을 선사한다

한 잔 술을 나누듯
우리는
네가 품어낸
색과, 향기와, 맛을 나눈다.

곱게 피어 난

꽃송이 되어
삶에 지친이가
말하고픈 사연을
흐르는 눈물과 웃음을
밤새 품고

다시 살며시 피어나는
너,
너

돌아가는 길

우리집 들어오는 입구에는
몇 개의 계단이 있다
손 잡고 돌아가는 길이 있다

아이를 안고 계단을 오르면서
왜 엄마는
늘 돌아갔을까?
이곳으로 가면 빠른데

그때는 잘 몰랐다
그냥 기다려 주었다
나도 쉬면서

내가
어느덧 엄마가 되어
그 돌아가는 길을
가게 되어서야 알게 되었다
엄마의 마음을

빠른 것보다는
아프지 않고 편한게
더 좋은 것이라는 것을

이젠 아이의 아이가 자랐다

할미가 되어
계단을 오르면
또 다른 아이가
달려간다

몇 개의 계단이 있다

| 작가노트 |

2024년에 선생님을 만나 시를 배우고
이제 시를 향해 걸음마를 하는 초보자입니다.

선생님의 팔순을 축하드립니다.

선생님의 열정을 존경구요 힘든 상황에도 지치지 않으시고
시로 글로 순화시키시는 모습이 부럽습니다.

그 열정을 배우고 싶습니다.

다시 한번 축하드립니다 더욱 건강하시고
좋은 글 많이 남겨주세요.

가족사진·1 외 1편

백 경 종

가족이 모이는 날
현관에 신발이 즐비하다

쿵쾅 소리에 이웃집 강아지가 반기고
보기만 해도 웃음이 나오는
아이들은
내 품으로 기어 오른다

키 큰 나무는 웃음으로 안고
키 작은 나무는 가슴으로 안는다
크고 작은 나무들
겨울에도 복사꽃을 피운다

방안은 학교 운동장이다
쉬는 시간같은,
그만 그만,
쉴 새없이 마침표를 찍어도 소용없다

식탁에는 생일 케이크 놓이고

아홉 개의 입들이 웃음을 먹는다

네모 속에
애들이 있고
아빠의 아빠가 있고
엄마가 있는 우리

나는 그 웃음들을 엮어
벽에 걸어둔다

가족사진 · 2

땅거미 지면
어둠을 등에 메고
시, 동아리 가족은
공작소 문지방을 넘는다

길고 어두운 추억
낯선 일들을 끄집어 내어
오목하게 파인 연못에
꽃씨를 뿌린다

꽃 피우는 법을 가르치는 아버지
자식들은 그 자양분을 먹고 자라지요?

싹이 트고
줄기를 뻗고
꽃 피울 준비를 하는 식구들

마침내
연못에 꽃이 핀다

분홍, 하얀 웃음꽃
시 향내가 만발하다

연꽃이 피면
아버지는 자식들을 시집 보내고
여왕은 대관식을 준비 한다지요?

아침 햇살 받고
눈을 뜬
연꽃이
하얗게 웃는다

| 작가노트 |

 늦게나마 글을 쓰고 싶어 허무맹랑하게 파주 문예 대학에 문을 두드리게 되었습니다. 설레면서 시를 배우게 된 게 무한한 행복이었고, 훌륭하신 정수남 선생님을 만나게 된 게 행운이라고 생각했습니다.

 먼저 선생님의 팔순을 맞이하여 제자들이 사모하는 깊은 마음으로 기념 문집을 발간하게 된 것을 진심으로 축하드립니다. 또한 발간을 위해 수고해 주시는 위원님들께도 감사드립니다.
 더불어 선생님의 시집 『희망사항』 출간을 축하드립니다. 눈시울 적시는 감동으로 읽었습니다. 아내에 대한 헌시라고 생각합니다. 나도 그렇게 할 수 있을까? 시편을 읽으면서 나를 스스로 뒤돌아보았습니다.

80년을 사시는 동안 가장으로써 가족을 위해 헌신하셨고, 문학에 열정을 다 하셨으며, 문인들을 배출하시고 사랑해 주신 선생님, 무엇보다도 문학의 저변 확대를 위해 2시간 동안 열정적으로 펼치신 강의는 자랑스럽고, 존경스러웠습니다. 열정적인 강의에 목이 타신 선생님, 시에 대한 갈증으로 목이 타는 나, 그래서 우리는 누가 먼저랄 것도 없이 교육 후 뒤풀이로 막걸리 한 잔씩 나눈 것은 희망의 비타민이 아닐 수 없었습니다.
　　비유와 묘사, 이미지 확장 시키라고 해도 도통 언어들은 생각이 나지 않고 문장은 늘지 않고 무력감으로 포기하고 싶을 때, 막걸리 한 잔은 정말 나에게는 힘이 되었으며, 밥상머리 교육이었습니다.
　　선생님께서는 시는 찾아온다고 했다.
　　빨리 쓰려고 하지 마라.
　　등단하려거든 서둘지 마라.
　　제 실력이 되겠습니까? 물어봐라.
　　이제 조금이나마 문학에 눈이 뜨는 것 같습니다.
　　선생님 앞으로는 정말 잘 써 보겠습니다.
　　오랜 시간 문학과 교육에 헌신하신 선생님, 저희에게 문학이 무엇인지 가르쳐 주셨던 모든 순간을 소중히 간직하겠습니다.

　　항상 존경스럽습니다. 사랑합니다.
　　오래 오래 저희와 함께 해주세요.
　　인생은 80부터라고 말씀드리고 싶습니다.
　　선생님의 건강과 가정에 행복을 기원드립니다.

늙는다 설워말고 외 1편

신 정 주

엎더지며 곱더지며
돌아보니, 80초
이제야 바라본 내 얼굴이
야속타 하나
주름살에 이송*들고
흰머리에 어폐*드니,
어디
세월이야, 가져간 만큼
되갚아주지 않던가

그래
그래
진달래꽃 지면
철쭉꽃 보며 살지.

*이송: 소송 또는 행정 절차상 사건 처리를 관청으로 옮기는 일.
*어폐: 말의 폐단이나 결점, 남의 오해를 받기 쉬운 말.

부부의 역할 그 상숫값

저는 夫婦 역할을 '100'이라는 상수로 놓고 싶네요
夫가 '50'이면 婦도 '50'이고
夫가 '100'이면 婦는 '0'이고
夫가 '70'이면 婦는 '30'이고
夫가 '35'이면 婦는 '65'이고
夫가 '20'이면 婦는 '80'이고.

그럼 저희 부부는 어떨까요.
夫가 '99'고 婦는 '1'입니다
그 '1'로 난 세상을 헤쳐 나아갑니다.
이렇게 거꾸로 뒤집어보면
우리 모두 부부는 그렇게 채워지면서
'100'으로 합쳐냅니다.
저는 욕심이 많아
그 '1'을 가지고 '1000'을 만들려니, 힘이 드네요

| 작가노트 |

산수傘壽를 맞이하신 정수남 교수님,

그 세월 동안 얼마나 굴곡진 삶을 사셨을까 짐작을 할 수 없지만 교수님의 수 많은 시와 소설을 통해 완성된 인격을 느낄 수 있었고 문학계와 사회와 나라에 큰 획을 그으신 오늘에, 제자로서 이처럼 기쁘고 좋은날을 맞아 큰 절을 올립니다.

작년에 선생님을 고양 문인협회에서 처음 만나 뵈었을 때 이야기를 나누다 1980년대 인사동 문인들의 만남의 장소에서 부터 그 옛날 예술가들이 모여들던 '귀천'과 '실비식당' 인사동 풍경 속에 교수님과 저희부부(박광호 화백)를 포함해 신경림시인, 천상병시인 등 이 시대를 대표하는 예술가들이 모여 격동의 시대를 맞아 그곳에 함께 있었다는 이야기를 통해 확인하고 너무나 반가웠습니다.

그때 인사동은 걸레스님 중광도 있었고 이외수 작가도 있었고 선생님과 그 시절을 이야기 하면서 곧 친해졌지요.

술과 예술 을 빠뜨릴 수 없었던 낭만의 그 시절이 교수님께서는 여즉 몸에 배이신 것 같아요.

건강하신 몸으로 막걸리를 즐기시는 요즘에 옛시절 생각에 교수님과 선술집에서 막걸리 잔을 부딪치며 노래를 불렀더니 몇몇 시인들이 자리를 함께 하고 있다가 깜짝 놀라하는 것을 보고 교수님과 저는 뻘쭘했지요 ㅎㅎ

그 옛날 인사동에서는 서로 돌아 가면서 가요 가곡 창을 부르며 흥에 겨웠었는데요.

교수님,
제가 그린 그림을 보여 드리겠습니다.
제목은 '칼라 눈물'입니다.

신정주

사모님께서 편찮으신 가운데 작가로 아버지로 팔순을 맞이하시느라고 그 눈물은 알록달록 예쁜 칼라 눈물이겠습니다. 그 눈물을 표현한 그림입니다.
　건강을 잃지마시고 100세 시대에 더 많은 빛나는 자취를 남겨 주시기를 기원드립니다.

푸른 꽃잎처럼 환하다 외 1편

이 인 희

어제 죽은 친구의 얼굴이 기억나지 않는다

불을 끄고 누우면
오래전 친구와 나눈 대화가 선명하다
이름을 부르지도 않았는데 와락 달려온다

모르는 얼굴들 속에서 얼굴 하나를
꺼내어 지운다 까맣게,
눈꺼풀이 깜박일 때마다 불빛을 잠그듯
누군가를 지우며
기억 속으로 흘러간다

상상을 신고 걷다 보면
기억하지 못했던 감각들이 삐끗거리며 질질 끌려온다

이를테면 어긋난 호흡으로 시험 답안지를 옮겨 적을 때
끝을 알리는 종소리와 함께 답안지의 모든 숫자가 밀려나 있고
길에서 이탈한 느낌에 집으로 돌아와 틀어박혀 있으면
- 길은 좀 돌아가도 괜찮지 않을까? - 라는 문자를 보내오거나

비가 오는 날, 카페에 앉아 유리창 밖으로
지나가는 사람들의 걷는 속도를 재다가 문득
-저 사람들은 지금 자신이 어디로 가고 있는지 알고 있겠지?-
-잘 모르겠어, 빠르게 걷다 보면 조금 일찍 도착할지도 몰라-

너와 나 사이에 벌어진 걸음을 따라 벽지 속으로 번지는 푸른세상

불을 끄면 조금 빠른 네가 웃으며
벽지에 튀어버린 라면 국물을 슬쩍 티셔츠로 닦고 있다
말라붙어 있던 웃음이 국물 자국을 따라 번지고

벽 속으로 빠르게 날아든 나비가
부딪혀서 얇게 만들어 낸 푸른 멍 자국

네가 하지 못한 말은 여기저기서 푸른 곰팡이로 피어나
지우도 지워지지 않는 얼굴은 푸른 꽃잎처럼 환하다

너의 이름을 부르지만 너는 대답하지 않는다

까맣게 열리는 단추

초가을 그녀와
한강을 걷다가 갈대를 보았다

그녀는 억새라고 말했고 나는 고개를 끄덕이며
흔들리는 것은 사람들의 손에 이리저리
끌려다니는 단추일지도 모른다는 생각을 한다

팔꿈치까지 접어 올린 소매 끝에는
지난날의 보푸라기가 가득하고,
마모된 채 덜렁이는 단추 가장자리에는
얼룩이 가득하다
따스한 봄날 여기저기서 배어든 붉은 얼룩
베인 시간을 힘들지 않은 척, 아프지 않은 척 살다가
어느 가을날
갈대밭으로 떨어진 단추

그 사이로
바람이 일렁이며
꽃들이 가볍게 피어오른다

작은 원피스 속 해바라기 밭에서
사람들이 걸어 나올 때마다 까맣게
열리는 단추가 있다

바람이 불자 세상의 둘레를
가늠하기 위해 새들은 날아오르고
노을은 여기저기로 붉게 흩어지는데
팽팽해진 단추 하나가 떨어져 내리고 있다

갈대들도 술렁이며 단춧구멍처럼 속을 비우고

우리는 모서리가 조금 부서진 의자에 앉아
갈대밭 사이로 떨어지는 해를 보고 있다

| 작가노트 |

-너는 푸른 꽃잎처럼-은 갑작스러운 친구의 죽음을 겪은 상태이다.
불을 끄고 누우면 어둠 속에서 오래전에 친구가 나에게 들려준 말이거나 친구와 내가 주고받은 말들이 떠오른다.
친구의 죽음을 현실로 받아들이기 어려운 순간이다.
일시적 기억장애처럼 친구의 얼굴이 생각나지 않는 상태가 된다.
그래서 아주 오래전에 나누었던 대화부터 떠오른다.
사소한 일상에서 웃으며 주고받았던 대화 속에서 친구를 그리워하지만 얇은 벽을 두고 안과 밖이 서로 다른 것처럼 느껴지는 세상이다.

그 세상은 어둠이 물들기 시작하는 것처럼 푸른색으로 번지고 나는 죽은 친구가 그 속에서 피어나기를 바라고 있다.

-까맣게 열리는 단추-는
마모되는 단추를 통해 상심한 자신을 그려내고 있다. 속이 까맣게 타들어 가는 줄도 모르고 바람이 부는 대로 자신을 흔들리게 내버려 두고 있다. 그렇게 살아가다가 친구와 한강을 걸으며 갈대처럼 자연의 일부가 되고 싶은 모습을 그려보았다.
그러나 그마저도 친구가 억새라고 하자 금세 억새일지도 모른다고 수긍해버리는 모습에서 속을 비우다가 끝내 떨어져 버린 단추처럼 자신을 여기게 된다.

사라진 나뭇가지 외 1편

장영호

나뭇가지를 잘라냈다

새들이 떠났다
선지자처럼 울부짖던 매미가 떠나고
귀뚜라미가 울다가 떠났다

흔들림이 떠나고
소리가 떠나고
외로워졌다
그리워졌다

하나님께서
그때, 왜
나무를 자르지 않았는지 알았다

삭막한 고요가 밀려오는 밤
혼자 계신 어머니로부터
전화가 왔다
"이눔아, 밥은 먹은 겨"

귀 · 뚫
귀 · 뚜 · 을
귀뚜라미가
잘라진 나뭇가지, 벽속에서 울었다

백마역 풍경

평양 대동강변
정미소집 손자 그 사내
눈 내리는 날 새벽
간이역이었다가 보통역이 된
백마역 마당을 쓸고 있습니다

할아버지 아버지가 쓸어내던
싸라기 같은 눈을
탈곡기와 정미기를 돌리듯
구부정하게 서서
통일을 부르짖고
민주화를 부르짖으며
높이 들어 올리던 투박한
굵은 손으로 빗자루를 움켜잡고
쌓인 눈을 허공으로 날립니다
삼팔선을 날립니다

삼대가 그곳으로 가려고
삼대에 걸쳐 기다리며

백마처럼 달려가고픈 마음에
백마역 근처에 자리 잡은
여든 살 사내는
이곳 지나는 사람들
넘어지지 말라고
눈을 쓸어내고 있습니다
휴전선을 쓸어내고 있습니다

| 작가노트 |

늘 목이 말랐습니다.
목마름은 저의 몫이었지만, 우물을 찾는 것은 어려웠습니다.
그때 정수남 선생님을 만났습니다. 우물을 비로소 찾아 허겁지겁 물을 마셨습니다.
맑은 웃음으로 물을 마시는 방법을 알려주시던 선생님의 목소리를 기억합니다.

귀가 없는 세계는 사람들의 말들로 풍성합니다.
평양사내가 눈 쓸어내리는 소리를 들으며, 귀를 좀 뚫어 살고 싶어졌습니다.
그러다
휴전선이 사라지는 어느 날, 저는 입을 열어 선생님께 전화를 드리려 합니다.

초록 용수철 외 1편

한 경 선

  물 묻은 빛을 튕기며 깡충 뛰어본다 흙투성이 자갈길을 마치 풀숲 인양, 앞다리를 길게 뻗어 본다 나는 이곳에서 허공을 향한 도약의 자세를 배우고 길을 만들었다 물비린내 나는 낮은 곳이 평생의 제 길이었음을 증명해 보이려는 올곧은 자세, 자세도 하나의 길이다 멈추는 법을 모르는 불안한 나의 미래는 볼록한 배를 얹을 풀잎을 찾아 튀어나온 눈이다

  공사장의 대형트럭이 먼지를 몰고 오면 길이 휜다 뽀얀 곡선을 따라 먼지는 금세 소리가 된다 그 소리는 내 몸을 공사장 옆 하수구로 재빨리 밀어 넣는다 이것도 일종의 기발한 상상력이다 그 곳에 저장된 내 기억들도 어느 땐가는 울창한 수풀 쪽으로 새로운 길을 만들 수 있을 것이다

  바닥이 내 울음소리보다 더 큰 천둥번개를 부를 때가 있다 그럴 때면 내 은둔법을 은유로 바꾸는 방법을 생각했지만 어디에도 안전한 소리의 집은 없었다 어디선가 울음이 지워진 곳에 바퀴자국이 새로 자세를 잡는다 그 위로 까만 울음이 만들어낸 수직의 길이 생겨난다

나는 그 수직을 애도하듯 뒷다리에 힘을 주고
깡충 뛰어본다

오랜 내 울음을 기억하는 바닥이 보도블럭 사이 틈을 비집고 여기저기 뾰족한 풀잎들을 밀어 올리고 있다

사각의 틀 사이에 갇혀있던 나의 곡선이 그곳에 새로운 언어로 태어난다
울음으로 시를 쓰던 내 작시법을 바닥은 아직도 기억하고 있다

네모의 기억

주판알을 튕기지 못하는 아버지
새벽마다 양복대신 연장통을 꾸려 뒷산으로 출근을 하고
종일 황토를 팠다
깎인 산기슭 황토 웅덩이는 아버지의 아랫목이다
붉은 흙을 나무지게로 종일 퍼 나르는 어깨에는
끈적끈적한 아카시아꽃 향기도 묻어 들썩였다

두레박으로 퍼 올린 우물을 비탈진 산동네로 퍼 올리느라
아버지도 물지게 따라 출렁거렸고
앞마당에 도착하면 빈 함지박만 가득했다

볏짚 잘게 썰어 넣은 황토 흙은 찰 지게 버무려져
네모난 나무 틀 안에서 벽돌로 태어나
그늘진 구석에서 달력처럼 수많은 네모를 만들었지만

구부러진 녹슨 못을 망치로 꽝꽝 내리치던 아버지
허리춤에 묶은 끈이 어느새 흘러내려
끝내 집이 되지 못했다

루핑을 얹은 검은 지붕에 별이 내려앉은 날

단단한 구들장의 아랫목
영원한 지붕
아버지는 토담집 바람벽에 녹슨 못 하나 깊이 박아놓고
네모가 되어 여태껏 출타중이다

| 작가노트 |

   차가운 빗속 보도블록 위를 손톱만한 풀잎이 폴짝폴짝 뛰는 것을 본 적이 있습니다. 자세히 보니 청개구리였습니다. 일정한 템포나 정해진 방향도 없이 발작하듯 거듭되는 무질서한 도약. 어디서 왔으며 갈 곳이 어디인지를 아는지 모르는지. 빗물을 튀기며 옆을 달리는 자동차 소리는 이 작은 연약함을 전혀 아랑곳하지 않았습니다.

   위대한 거인인 나는 그 연약한 작은 움직임이 당연히 나처럼 갈 곳을 모르리라 생각했습니다. 또한 나는 거인답게 갈 곳을 모름을 '아는 것'이 그와 나의 결정적 차이라고 여겼습니다. 또한 갈 곳을 모름을 아는고로 덩치가 무색하게 불안에 떨고 있는 더 연약한 거인인지도 모르겠습니다. 천지는 불인不仁한고로 자연은 청개구리에게나 거인에게나 공평하게 인정사정 봐주지 않습니다.

   곡선의 부드러움은 처음과 끝이 이어져 결국 처음과 끝을 알 수 없도록 무한반복됩니다. 영원한 것을 갈망하는 우리는 틀에 박힌 육체에서 벗어날 수 없어서 슬픕니다. 절망스럽습니다. 우리는 사방이 막힌 채 발버둥치다 멸하여진 후에야 영원과 결합되는지 모를 일입니다.

우리 모두 외 1편

홍 휴

살아온 것이
모두 틀리지 않았다

실들은 엉켜있다
뭉쳐져 있는 것도 있고
흐트러진 것도 있고
굵은 거, 가는 거
매듭진 거
끊어진 것도 있다

색도 사연도 많다

어느 것도
정답은 없다

우리 모두
다 맞다

아! 그렇구나
우리 모두

굽은 나무

굽은 나무가 좋다

곧은 나무들은 모두 떠나 버렸고
나뭇잎 사이 허리 굽힌 나무
거친 몸뚱이
삐딱하다

그래도
아파하지도 않는다
슬퍼하지도 않는다

너무 믿었을까
아무도 믿지 않았을까

손바닥 하늘로 펼친 나무가
바위사이
산 정상에 있다
기다림으로 목을 쭉 빼고
하늘만 본다

꿈을 갖는다고
꿈을 버린다고

굽은 나무는 바위사이에 있다
그곳이 제자리인 양
수천 년 동안
한 발짝도 움직이지 않는다

| 작가노트 |

글을 쓰고 싶었습니다.
마침, "파주 문예 대학"을 알게 되었고
강사이셨던 정수남 선생님 만나게 되었습니다.

1년이 지났지만
많이 배운 것 같은데?
아직 잘 모르겠습니다.
그래도 선생님덕분에 매일 매일 나아지고 있다고 믿습니다.

감사합니다 선생님
저희들 모른다 마시고
"인연의 끈"
백수까지 가셔야 합니다.

건강하세요.

제 4 부

수필, 동화

봄꽃이 피었어요

| 수필 |

아이는 어른의 스승 외 1편

김 정 옥

"건아, 잘 잤니?"

안방 문을 열고 나오는 건이는 칭얼거리지도 않고 의젓하다. 올해 유치원에 입학해서일까? 요즘은 형님이라는 말에 힘을 주며 자신이 아기가 아니라는 사실을 강조하듯 한껏 폼을 잡는 바람에 우리 가족은 터져 나오는 웃음을 참느라고 애를 쓰는 중이다.

어젯밤에는 엄마가 보고 싶다며 집에 간다고 했는데, 너무 피곤한 나머지 내 방에서 잠이 들었다. "할머니, 이불 속이 너무 따뜻해요"를 끝으로 건이는 깊은 잠에 빠졌다.

날마다 쑥쑥 자라는 옥수수처럼, 나는 건이의 생각도 하루가 다르게 자란다는 느낌을 받는다. 어떤 때는 어른처럼 얘기하는 바람에 아이가 벌써 애어른이 되었나 싶기도 하다. 어제저녁 밥상에서도 건이의 새로운 표현에 놀랐다. 건이를 위해 안동찜닭과 메추리알 장조림, 시금치나물을 만들었는데, 메추리알 장조림을 맛본 건이는 '이 메추리알은 노른자가 없나 봐요. 퍽퍽하지 않네요'라고 말하는 것이 아닌가? 그 말에 나는 놀라움을 감추면서, 달걀노른자는 커서 퍽퍽하게 느껴지겠지만 메추리알은 작아서 그런 것 같다고 얘기를 해주었다. 건이는 벌써 어른들이 쓰는 용어를 배운 것이었다.

언젠가 건이와 있을 때 청소기를 쓴 적이 있었는데, 그때도 나를 놀라게 했다. 우리집 청소기는 일자형 무선 청소기인데, 흡입력은 좋지만 조금 무거운 것이 흠이다. 내가 청소하는 모습을 본 건이는 자기가 도와준다고 하면서 거들었다. 청소를 끝내고 먼지를 털어내는 모습을 본 건이는 자기네 집에는 로봇 청소기가 있는데, 스스로 청소하는 좋은 것이라고 했다. 그리고 나에게 말했다. "할머니, 제가 크면 로봇 청소기를 사줄게요."

건이의 말 속에서 안타까움이 느껴진 것은, 내 착각이었을까? 착한 건이의 마음이 보이는 듯했다. 이렇듯 매일매일 커 가는 것은 비단 아이들만 그런 것은 아니다. 어른인 나도 하루하루 배움의 길에 있다고 생각한 적이 한두 번이 아니다. 다른 사람과의 대화 중에서 깨달음을 얻고, 뉴스를 통해서 새로운 것을 배우기도 한다. 문화재에서 엿볼 수 있는 옛 선조들의 생활에서도 지혜를 배울 수 있다. 못 하나 사용하지 않고도 멋진 한옥을 지은 옛사람들은 거의 천재나 다름이 없다고 생각한다. 특히 주변에서 쉽게 얻을 수 있는 자연 재료를 이용하여 만들어 사용했던 소쿠리, 목기 등은 친환경적인 주방용품으로 지금까지 쓰이고 있다는 점에서 많은 것을 생각하게 한다.

아이는 어른의 스승이라는 말이 있다. 아이를 통해서 어른이 배울 것이 많다는 얘기일 것이다. 나는 건이와 놀면서 이 말을 실감하고 있다. 건이가 아주 아기였을 때부터 지금까지 나는 여전히 건이에게서 무엇인가를 배우고 있다.

건이는 놀이의 천재다. 구둣주걱 하나만으로도 한참을 재미있게 놀 수 있다. 작년 여름에는 파리채가 최고의 장난감이었다. 아들은 더러운 파리채를 갖고 논다고 타박을 해댔지만, 건이는 아랑곳하지 않았다. 그 실랑이가 보기 싫어서 나는 매번 파리채를 닦아주기도 했다.

바깥 놀이를 할 때도 건이의 놀잇감은 무진장 많았다. 바닥을 기어다니는 이름 모를 벌레와 개미는 재밌는 놀이 친구가 돼 주었다. 특히 개미를 관찰할 때는 하루해가 짧았다. 제 집을 찾아가는 개미를 따라다니는 건이의 모습은 보는 사람마다 웃음을 자아내게 했다. 땅바닥에 버려져 있는 부러진 나뭇가지는 건이를 유혹하는 듯했고, 커다란 나무 밑의 열매는 건이의 손길을 기다리는 듯했다. 깔끔한 며느리에게는 건이가 밖에서 주워 오는 잡동사니가 쓰레기처럼 보였겠지만, 그것들은 재미있는 장난감이 되어 주었다. 건이는 지금도 파리채와 구둣주걱과 밥주걱을 찾는다. 이 세 가지는 건이에게는 없어서는 안 되는 소중한 물건이다.

나는 건이를 통해 소소한 것에 대해서도 만족하는 것을 배웠다. 주어진 것에 대하여 감사하는 법을 배웠다. 건이는 제 주위에 있는 것으로도 충분히 즐기는데, 어른인 내가 불평하는 것은 어른답지 못한 짓이다. 아이들은 자신이 놓인 환경에 대해 불만을 말하지 않는다. 왜 덥냐고, 왜 춥냐고, 왜 눈이 오냐고…….

아이들은 여름에는 옷을 벗거나 물에 들어가 놀면서 더위를 받아들이고, 겨울에는 얼음을 지치거나 두꺼운 외투를 입고 논다. 눈이 오면 눈사람을 만들고, 눈썰매를 타며 눈을 즐긴다. 그에 비해 어른들은 더우면 에어컨이 꼭 있어야 하고, 추우면 추워서 못 살겠다고 성화를 해댄다. 넘치도록 가졌지만 만족할 줄 모르는 어른들은 더 필요하다고 아우성을 친다. 이렇게 불평을 하기 시작하면 즐거움은 찾을 수 없고 불만만 쌓여가기 마련이다. 행복은 마음먹기에 달려있다고 한다. 아이들처럼 순수한 마음을 간직할 수 있다면…….

그래서 나는 오늘도 건이에게 배운다.

할머니 미용사

드디어 이 년여의 공부를 끝냈다. 선생님은 마침내 졸업이라고 했다. 공부를 마쳐서가 아니라 더 이상 미용 강좌를 진행하지 못하게 되어서 하는 졸업이다. 나는 더디게 배우는 학생이라서 더 배워야 하는데, 아쉽지만 어쩔 수 없었다. 나의 꿈은 손자 건이의 전담인 할머니 미용사가 되는 것이다. 건이는 앞으로 나의 미용 고객이 될 것이다.

미용은 내가 쳐다볼 수 없는 영역이었다. 그 쪽에 취미도 없을뿐더러 손재주가 별로 없는 내가 할 수 있다고 생각해 본 적도 없기 때문이다. 그런데 아들의 말을 듣고 컷트를 배우기로 결심하게 되었다. 손자 건이가 미용실에서 머리를 미는 동안 내내 울었다는 말에…….

문화센터에서는 선교를 위한 미용반을 운영하고 있었다. 나는 겁도 없이 배우기로 하고 강좌 등록을 했다. 그런데 미용 공부는 내가 생각한 것보다 어려웠다. 수학에서나 나오는 각도를 이해해야 했고, 사람의 둥근 머리에 적용을 시켜야 했다. 나와 같이 배우는 수강생들과 달리 나만 쳐지는 것 같아 불안한 마음이 들기도 했다. 처음에는 날카로운 미용가위에 검지 손가락을 베어서 피가 나기도 했다. 그래서 손가락이 나을 동안 덧나지 않기 위해 불편한 고무장갑을 끼고 주방일을 해야만 했다. 나처럼 둔한 학생을 가르치는 선생님은 또 얼마나 답답할지 미안하기도 했다. 그런데 내가 누구인가? 내가 선택한 일에는 포기란 없다. 그렇게 배우기 시작한 미용을 이 년 만에 끝내게 된 것이었다. 건이의 머리를 잘라주는 일은 드문 일이다. 건이는 머리카락이 빨리 자라지 않기 때문이다. 숱도 많지 않아서 컷트를 자주 하지 않아도 된다. 사람 머리를 자주 잘라야 기술이 는다고 하는데 나는 용기가 나지 않아서 앞에 나서는 것이 두렵다. 시작은 건이의 머리카락을 잘라주기 위해서였는데 지금은 여성 컷트는 어느 정도 할 수 있을 정도로 솜씨가 늘었다. 손재주가 없는 나로서는 상당한 발전이라고 할 수 있다.

  남편이 오늘 교회에서 머리를 자르고 왔다. 우리 교회는 지역사회의 어르신들을 위해 매달 첫째 주 토요일에 미용 봉사를 하고 있다. 남편도 만65세가 넘어서부터 교회에서 머리를 자른다. 그런데 오늘은 머리 모양이 마음에 들지 않는지 나에게 다시 정리를 해달라고 했다. 내가 봐도 이상해서 다듬어 주었다. 삐죽삐죽 나온 머리카락을 손질하면서 스스로 대견하다는 생각이 들었다. 둔한 내가 이 정도까지 할 수 있다니……. 선생님은 나에게 봉사를 시작하라고 했다. 하지만 덜컥 다른 사람의 머리를 자르는 것은 아직 자신이 없다. 남성 컷트는 더 그렇다. 남편의 머리카락을 두어 번 자르기도 했지만, 아직도 용기가 나지 않는다. 겨우 여성 컷트 정도만 할 수 있을 뿐이다. 나는 그것만으로도 큰 성과라고 생각한다. 포기하지 않고 했더니 이런 결과가 있어서 나 자신도 놀라울 뿐이다. 무언가를 꾸준하게 하면 언젠가는 이처럼 좋은 결과를 얻기도 한다.
  일주일에 두 번 수영강습을 받던 나는 작년부터 매일 수영장에 다니기로 했다. 아픈 허리의 통증 완화에는 수영이 최고라는 소문을 들었기 때문이다. 내 경우에는 병원의 물리치료보다 수영이 더 효과적이었다. 처음에는 1킬로미터를 목표로 했지만, 지금은 1.5킬로미터를 수영한다. 그래서 그런지 요즘은 허리 상태가 매우 좋다. 지구력을 키워야 한다는 생각에서 열심히 한다. 전에 나를 가르쳤던 수영 강사도 그렇게 말했기 때문에 그대로 따르고 있다. 그래서인지 수영장 상급 레인에서는 내 별명이 생겼다. '물개1'이 내 별명이다. '물개2'도 있는데, 그녀는 나보다 더 빠르다. 별명을 지어준 이는 '물개2'의 남편이다. 그에게 왜 내가 '물개1'이냐고 물었더니, 수영 자세가 더 좋아서 내가 1번이라나?

  처음 수영을 배우게 된 것은 정형외과 의사의 권유에 의한 것이었지만, 지금은 나의 또 다른 취미가 되었다. 내 나름대로 수영을 즐기면서 할 수 있는 여유도 생겼다. 수영에 들인 시간과 정성이 현재의 나를 만들었듯이 다른 영역에도 열의를 가지고 도전한다면 나의 미래는 아직도 푸른빛으로 남아 있다고 상상해도 좋으리라.

  오래전 내가 새내기 대학생이었을 때 선배의 권유로 기독교 모임반에 들어가서 활동한 적이 있다. 그때는 매주 목요일마다 강당에서 예배가 있었는데, 그날은 강단에 꽃을 놓는 것이 관례였다. 그 꽃은 우리 모임에서 준비하는 것이라고 했다. 내가 모임의 총무라서 하는 수 없이 꽃꽂이를 배우기로 했다. 처음에는 등 떠밀려서 배우게 되었지만, 예배실을 꽃으로 장식하고, 연말에는 꽃꽂이반에서 작품전시회를 준비하면서 꽃을 감상하고 즐기는 나 자신을 발견할 수 있었다. 주위 사람들의 칭찬도 기분 좋았지만, 시작이야 어쨌든 나는 내가 선택한 일에 최선을 다하고 싶었다.

  학창 시절에 들었던 송창식의 '고래사냥'은 나에게 희망과 용기를 준 노래인데, 그 이유는 바다로 고래를 잡으러 떠나자는 외침이 내 마음을 흔들었기 때문이다. 이 노래는 지금 들어도 새롭게 다가오는 매력이 있는데, 답답한 현실을 벗어나고 싶은 여정에 대한 열망을 표현한 까닭이 아닐까?

이제 나에게는 또 다른 꿈이 생겼다. 비록 재능은 없지만 꾸준히 해서 할머니 미용사가 되겠다는……. 운동에는 영 재능이 없는 내가 '물개1'이라는 별명을 얻었으니까 할머니 미용사도 불가능하지는 않으리라.

어떤 분야이든 자신이 좋아하거나 잘할 수 있는 것이 있다. 재능이 있어서 조금만 노력하면 잘할 수 있는 것도 있겠지만 그렇지 않은 경우에도 가능하다. 꾸준하게 노력한다면 어느 정도의 수준에는 도달할 수 있기 때문이다.

성경에 나오는 달란트의 비유에서도 알 수 있듯이 열 달란트, 다섯 달란트, 한 달란트 등, 우리의 달란트는 제각각이다. 하나님은 사람마다 각각의 달란트를 주셨다. 그 달란트를 어떻게 사용할 것인지는 자신에게 달려 있다고 생각한다. 자유롭게 쓰되 한 달란트를 가진 미련한 자처럼 땅에 묻어두지는 말아야겠다.

나는 꿈꾼다. 지금은 손자 건이의 전속 미용사에 불과하지만, 몇 년 후에는 할머니 미용사가 되기를…….

| 작가노트 |

　손자 건이를 돌보게 되면서 아이 돌보미 교사를 그만두게 되었다. 아쉬움은 남았지만 내게는 손자가 더 귀하게 여겨졌기에 후회는 없었다. 이 년여의 기간 동안 건이랑 놀면서 받은 감동은 차곡차곡 내 마음에 간직해 두었다.
　재작년 겨울 어느날 능곡교회 문화센터에 글쓰기 강좌가 개설되었다는 소식을 들었다. 일기조차 쓰지 않던 나는 손자 건이와의 소소한 일상이 귀하게 여겨지던 터라 글쓰기를 배우고자 하는 욕심이 생겼다. 건이와의 에피소드를 일기로 남겨놓고 싶어서였다.

　나의 선생님은 정수남.
　첫 수필을 지도받으면서 나는 깜짝 놀랐다. 수필 한 편으로 우리의 내면을 읽으시는 선생님의 혜안에…….
　겉으로 보이는 선생님은 늙수그레한 할아버지의 모습인데, 수업을 거듭할수록 젊은이의 기개가 뿜어져 나온다. 그래서 나는 선생님을 통해 지혜와 젊음을 배운다.

　나는 지금 선생님과 함께 울창한 숲을 거닐고 있다. 혼자라면 길을 헤맬 터이지만 선생님과 함께라서 오히려 즐겁다. 너무 거대해 보여서 두려웠던 문학의 숲에서 수필이라는 나무를 가꾸고 있는 느낌이다.
　지금은 아주 작은 묘목이지만…….

거짓말 외 1편

정현경

거짓말은 사채 빚보다 무섭다. 급한 마음에 끌어다 쓴 빚이 눈덩이처럼 커지듯이 거짓말도 하면 할수록 커진다. 이자가 이자를 낳듯이 거짓말이 거짓말을 낳는다. 30여 년 전, 상에 눈이 멀어 거짓 글을 썼다가 며칠 동안 마음고생을 했던 적이 있다.

초등학교 6학년 때였다. 나는 방바닥에 엎드려 원고지의 작은 네모 칸들을 바라보며 어떤 이야기를 써야 할지 고민하고 있었다. 그때, 텔레비전에 나오는 백구 한 마리가 눈에 들어왔다. 그 순간 머릿속 거짓말 전구가 번쩍 켜졌다.

'흰둥이'라는 제목의 글을 단숨에 써 내려갔다. 아빠가 집에 데려온 강아지의 이름을 외래어로 지으려다 반성 끝에 순우리말인 '흰둥이'로 지었다는 내용이었다. 한글날 기념 글짓기 대회에서 상을 받고 싶어 거짓 글을 썼다.

며칠 후, 나는 아침 조회 시간에 전교생들 앞에서 최우수상을 받았다. 세상을 다 가진 듯 기뻤다. 하지만 그때까지는 몰랐다, 그 뒤에 일어날 일들을.

쉬는 시간이었다. 복도에서 마주친 옆 반 친구가 말을 걸었다.

"너네 집 강아지 이름이 흰둥이라며?"

나는 대답 대신 놀란 눈으로 친구의 얼굴을 빤히 바라보았다. 우리 반 선생님과 옆 반 선생님은 교실 꾸미기부터 체육대회까지 선의의 경쟁을 했었다. 옆 반 선생님이 국어 시간에 우리 반도 글짓기 대회에서 최우수상을 받았으면 좋겠다는 말과 함께 내 글을 읽어 주었다는 사실을 알게 되었다. 친구에게 그 이야기를 듣고 처음에는 기분이 좋았지만, 거짓 글이 들통날까 봐 불안했다.

남자아이들은 나를 휜둥이라고 놀려댔다. 어린 마음에 옆 반 선생님이 원망스러웠다. 옆 반에는 서로의 집에 숟가락이 몇 개 있는 것까지 알 정도로 친한 동네 친구들이 있었다. 그 친구들이 우리 집에 강아지가 없다는 사실을 선생님에게 말했을까 봐 두려웠다.

아니나 다를까, 하굣길에 만난 동네 친구가 물었다.

"너네 집에 강아지가 있어?"

"아니… 아빠 가게에….''

순간 당황한 나머지 머릿속 거짓말 전구가 또 켜지고 말았다. 한번 시작된 거짓말이 점점 커지고 있었다. 나는 강아지를 보고 싶어 하는 친구의 눈빛을 바라볼 수 없었다. 친구는 내가 가게에 있다가 피아노 학원에 가는 걸 알고 있었다. 친구가 강아지를 보러 가자고 말하기 전에 내가 먼저 오늘은 학원 가방이 집에 있어서 가게에 안 간다고 둘러댔다.

나는 집에 가는 척하다가 되돌아 가게로 향했다. 친구에게 들킬까 봐 주변을 두리번거리며 빠른 걸음으로 걸었다. 평소 같았으면 가게에 들어서자마자 부모님에게 상을 받았다고 자랑했겠지만, 그날은 가방에서 상장을 꺼내지 못했다.

나는 집과 학교에서 거짓 글이 들통날까 봐 노심초사하며 며칠을 보냈다. 내 상상 속에서만 존재했던 휜둥이는 결국 시골 친척 집으로 보내졌다는 거짓말로 끝을 맺었다. 거짓말을 숨기려고 거짓말을 또 지어냈다.

그때 그 여름이 그립다

지금은 극장가와 방송가에서 납량 특집이 거의 사라졌지만, 30여 년 전만 해도 무서운 이야기로 가득한 여름을 보냈다.

동네 친구들과 함께 안방에 모여 강시 영화를 봤다. 불을 끈 다음 벽에 등을 기대고 앉아 다리를 뻗으면 안방은 우리만의 작은 극장이 되었다. 기대감에 부풀어 발가락을 꼼지락거리다 보면 텔레비전 화면에 검은 모자를 쓴 강시가 나타났다.

강시는 이마에 부적이 붙어 있을 때는 양팔을 앞으로 뻗은 채 가만히 서 있다가 부적이 떨어지면 사람을 공격했다. 주인공이 강시에게 잡힐까 봐 마음이 조마조마했다. 강시는 주인공이 숨을 참으면 바로 앞에 있어도 보지 못했다. 도망치던 주인공이 숨을 참으면 나도 그를 따라서 숨을 참았다.

영화가 끝나면 우리는 밖으로 나가 강시 놀이를 했다. 술래가 양팔을 앞으로 뻗고 콩콩 뛰며 강시 흉내를 냈고, 나머지는 술래에게 잡히지 않으려고 이리저리 뛰어다녔다. 한여름 뙤약볕 아래에서 비 오듯 땀을 흘리고 숨이 턱까지 차올라도 까르륵 웃음소리가 끊이지 않았다.

나와 친구들은 무서운 이야기도 좋아했다. 동네 어귀에 삼삼오오 모여 자신이 알고 있는 무서운 이야기를 주고받았다. 누가 더 무서운 이야기를 많이 알고 있는지 경쟁이 붙었다. 우리는 서로 돌아가며 이야기꾼이 되었다가 청중이 되었다가 심사위원이 되었다.

정현경

그때는 유명한 도시 괴담이 많았다. 한국은행 총재의 딸이 살인을 당해 그 흔적을 돈에 숨겨 놓았다는 김민지 괴담부터 입이 귀밑까지 찢어진 여자가 마스크를 쓰고 돌아다닌다는 빨간 마스크 괴담, 한밤중에 자유로를 달리다 보면 눈만 뚫린 여자가 나타난다는 자유로 귀신 괴담, 홍콩으로 가던 할머니가 비행기 사고로 귀신이 되었다는 홍콩 할매 괴담까지 다양했다.

무서운 이야기를 들은 날에는 세수를 하다가도 뭔지 모를 서늘한 느낌이 들어 뒤를 돌아보거나 집 외부에 있는 재래식 화장실을 혼자 못 갈 정도로 후유증에 시달렸다. 그럼에도 매운맛에 중독되면 더 매운 음식을 찾듯이 무서운 이야기에 중독되어 끊을 수가 없었다.

주말 저녁이면 예능 프로그램에서 폐가나 폐교 체험을 하는 납량특집을 했다. 아빠, 엄마, 오빠와 함께 둥그런 상에 둘러앉아 통닭을 먹으며 텔레비전을 봤다. 귀신 분장을 한 연기자가 어두운 곳에 숨어 있다가 갑자기 나타나면 혼비백산하여 줄행랑치는 연예인의 모습을 보며 우리는 키득키득 웃었다.

무서운 이야기보다 더 자극적인 것들이 넘쳐나는 세상이 되어서일까. 무서운 이야기로 가득했던 여름이 사라졌다. 무더운 여름날, 뙤약볕 아래에서 땀 흘리며 뛰놀던 친구들과 납량 특집 예능 프로그램을 함께 보던 아빠도 사라졌다. 재개발로 고향이 사라지면서 동네 친구들과 헤어졌고, 아빠는 2년 전에 돌아가셨다.

문득 무서운 이야기를 주고받던 친구들과 딸이 좋아하는 통닭 날개를 건네주던 아빠가 보고 싶다. 무서운 이야기가 가득했던 그때 그 여름, 그 공간과 추억들이 모두 그립다.

30여 년이 지났어도 그때의 거짓 글과 거짓말을 잊지 못할 정도로 거짓말은 사채 빚보다 무섭다. 빚은 돈으로 갚을 수 있지만 거짓말은 오랜 시간이 지나도 마음속에 계속 남아있으니 말이다, 양심의 빚을 갚지 못한 채.

| 작가노트 |

제 마음을 다 담기에는 '은인'이라는 단어는 부족합니다.
금인 정수남 선생님, 저의 선생님이 되어 주셔서 감사합니다.

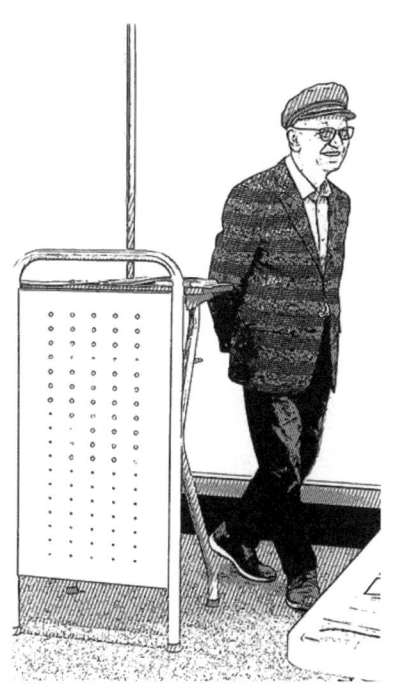

봄맞이 외 1편

조 수 행

　차마 발길을 떼지 못하고 있었다. 산산이 부서진 꽃잎들이 덮고 있는 호수공원과 수업 가는 길목. 사라지려는 봄이 일제히 비늘을 벗어둔 풍경을 벅찬 마음으로 바라보았다. 만개한 꽃들로 화사했던 벚나무들은 어느새 연둣빛 어린잎이 무성해지고 있었다. 긴 추위에 늦어진 봄이었다. 애타게 기다린 봄바람에 나무들은 한꺼번에 서둘러 꽃을 피우고 이내 꽃잎을 떨구느라 한창이었다. 동시다발로 꽃망울을 터트린 개화는 축제와 같았으나, 여느 해보다 짧은 나머지 그 기쁨도 미처 누리지 못하고 봄을 서둘러 보내야 했다. 느닷없이 사라지는 것은 그래서 쓸쓸한 걸까. 아름다운 낙화에 취하기도 전에 곧 떠나보내야 하는 임처럼 마음자리가 온통 아쉬움으로 가득하다. 조급해지는 마음은 천천히 추억하고 느껴보는 시간을 허락하지 않는다.
　벚꽃이 떨어질 때면, 나는 열다섯 살의 봄으로 훌쩍 돌아가서 낙화의 풍경이 있는 학교 운동장에 서 있게 된다. 그때 국어 선생님을 꼭 한 번만이라도 뵐 수 있다면 얼마나 좋을까. 처음으로 내가 시를 쓰도록 격려해 주신 분. 선생님이 불현듯 전화를 해서 내 안부를 물어왔다고 어머니에게 들었을 때, 나는 만나 뵐 엄두를 내지 못했다. 바쁜 대학 생활 탓으로 돌렸지만, 내심으론 좀 더 빛나는 얼굴로 만나고 싶었던 욕심이 있었다. 그 후로 벚꽃이 떨어지는 봄이면 선생님을 만나 뵙지 못한 것이 밀린 숙제처럼 느껴져서 낙화가 끝날 즈음에는 괜스레 가슴이 허전해졌다.

그해 봄, 운동장은 봄을 부화시키고 있는 것처럼 햇살이 따스했다. 며칠 동안 운동장 가득 명랑하게 끌어안고 있던 봄볕이 벚꽃망울을 건드리며 꽃잎들을 틔우고, 먼저 핀 꽃들은 안단테 혹은 아다지오의 속도로 흩날리었다. 열다섯 살 소녀의 눈에는 우주의 고결한 숨결 같은 것으로 느껴져서, 낙화! 하면 벌써 눈물이 글썽였다.

오늘도 꽃비가 나린다.

시는 이렇게 시작되었다. 한때는 줄줄 외다시피 했었는데, 사십 년이 지난 지금 전문을 다 외지 못하는 것이 한스럽다. 국어시간에 교정에 있는 벚나무 아래에서 쓴 시였다. 1학년 때 담임 선생님이기도 했던 국어 교과 선생님이 읽으시고는 어느 날 방송실로 나를 불러서는 시 낭송을 시키셨다. 담임 선생님을 따라서 여고에 있는 교장실을 찾아갔던 일도 있었다. 당시 남해여중 위쪽에 남해여고가 붙어 있었고 교장 선생님은 한 분이셨다. 시를 칭찬하시면서 머리를 쓰다듬어 주셨던 기억이 지금도 눈앞에 선하다.

그때만큼 눈부신 봄을 나는 아직 보지 못했다. 소녀의 감수성은 그로부터 점점 내리막길이었을까. 그때의 봄을 다시 볼 수 없다는 걸 일찍이 알았더라면 더 자주, 더 오래 볼 것을. 도시에서의 학창시절은 소녀의 낭만을 꽁꽁 묶어두어서 끄집어낼 엄두를 내지 못했다. '벚꽃', '아버지의 팔뚝'으로 시작한 시 쓰기가 도시로 이사를 하면서 계속되지 못했던 게 지금으로서도 못내 아쉽다. 고향에서 더 오래 살았더라면, 더 오래 선생님과 시를 쓰고 배웠더라면 나의 청춘과 꿈이 많이 달라졌을는지. 이후로 종종 시를 쓰거나 노랫말을 만들었지만 자족하는 수준에 그치고 말았다. 그나마 그때 일이 봄날처럼 내겐 희망의 싹이 되어주었다. 글쓰기에 대한 미련을 버리지 못하고 지금도 글을 쓰고 있는 걸 보면, 그때 일이 우연에 그친 것만은 아닌 듯하다.

꽃비를 재촉하는 빗방울이 듣는다. 봄을 재촉하는 비가 올 때마다 나는 얼마나 좋아했던가. 빗속에서 새 생명의 색들이 세상 속으로 선을 보이기 시작하면, 겨우내 내 마음속 꺼진 등불이 서서히 점화되는 것 같다. 그러나 봄비에 꽃잎들이 산산이 흩어져 흩날리는 모습은 해 지는 먼 산을 바라보는 것만큼이나 내 마음에 긴 그림자를 드리운다. 아이들과 수업을 하다가도 뜬금없이 꽃이 다 지고 있다고 말하거나 자주 창밖으로 눈길이 가는 것은 시를 쓰며 가장 아름다운 봄을 앓았던 소싯적 그때가 그리워지기 때문이다.

집 앞 뜰에는 놀이터를 둘러싼 여러 그루의 벚나무가 있다. 해마다 꽃잎을 열고 바람에 나부끼며 나비처럼 춤을 추는 공연을 선사한다. 빨간 버찌가 어느새 까맣게 익어서 떨어진 걸 못 보고 밟으면 땅에도 신발 바닥에도 검붉은 봉인 자국이 남았다. 피고 지는 벚꽃을 지켜보며 뛰어 노는 놀이터의 아이들은 지금의 봄을 어떤 그림으로 마음에 간직할까. 사라지는 아쉬움 같은 것이나 아득한 그리움 같은 것으로도 봉인되어 있을는지.

나무 아래에 쌓여가는 분홍색 꽃비늘에서 눈길을 떼지 못하며 걷다가 나는 주춤 멈춰 섰다. 새끼손톱보다도 작고 하얀 꽃들이 얼굴을 맞대고 모여서 비를 맞고 있었다. 봄마지꽃. 집에 와서 곧장 풀도감을 뒤적였다. 앵초과의 풀꽃, 봄맞이라고도 부른단다. 나는 봄마지꽃이란 이름이 더 좋다.

작디작은 하얀 꽃들이 둘레를 만들며 명랑하게 웃고 있었다. 하나의 봄이 사라지는 풍경 속에서 다른 봄의 생명이 빛나는 웃음으로 태어나는 것이 또 얼마나 다행스런 일인지. 화려한 풍경 안에서 눈길을 끌지 못했던 풀꽃들이 윤슬처럼 웃고 있는 걸 보니 그 곁에서 나도 웃고 싶어졌다. 무릎을 꿇어야 하나하나를 자세히 볼 수 있는 작디작은 꽃들. 함께 모여 있어야 그 존재를 드러내며 시선을 이끌 수 있는 힘이 생긴다. 그 힘에 이끌려 의기소침했던 마음이 생기를 얻었다.

  완연한 봄이 성큼 다가오고 있다. 사라지는 것에 우울해져서 봄꽃의 향연을, 이 좋은 봄날을 즐기지 못한다면, 나는 봄을 잃고야 말 것이다. 곁에는 민들레, 냉이, 꽃마리가 띄엄띄엄 빛나고 있다. 모두들 당당하게 꽃을 피웠다. 그러고 보면 봄맞이는 아직 끝나지 않았다. 어디에선가 제비꽃, 양지꽃, 얼레지, 할미꽃, 이른 씀바귀들도 봄비를 맞으며 해맑게 웃고 있을 것이다. 덩달아 나도 웃게 된다. 웃으니 봄이다.

시적인 것에 대하여

 둘러본다. 영원을 부러워하지 않는 찰나의 황홀이란 이를 두고 하는 말이리라. 온통 불타고 있는 산. 땅에서는 낙엽 냄새가 옅은 향내를 풍기며 올라온다. 북한산이 자아내는 빨강, 주황, 노랑, 갈색 향연에 취해 발길이 좀체 떨어지지 않는다. 나그네는 활짝 열린 가을을 걸으며 발견한 시적인 것들에 탄성을 지르고 그 비밀을 상상한다.
 몇 길 허공으로 올라가 내려다본다면, 산은 탈피하기 전 껍질이 들뜬 뱀처럼 보이지 않을까. 알비노 쌍두사가 스르르르릇 산을 타며 붉은 혀를 내밀곤 하며 늦은 오후 드리우는 산그늘 사이로 점점 사라지고 있는 모습이 그려진다. 동면에 들기 전 여름내 자란 몸의 마지막 허물을 벗어야 할 때다.

 진관동으로 가는 북한산 둘레길, 새 집들 사이에 한두 채 겨우 남은 옛집 앞을 지나게 되면 백화사가 나온다. 여느 여염집과 다를 게 없어 보이는 작은 집과 마당. 고향 옛집에 와 있는 느낌이다. 아이들을 데려와 마당에서 자치기를 하고 구슬을 굴리며 놀게 하고 싶다. 그때 눈에 들어오는 삼존불의 미소. 얼굴을 가닐거리는 햇살을 가린 소나무 그늘 안에서 부처는 나비처럼 웃고 있다. 연이어 들리는 맑은 소리. 고개를 돌린다. 빗물받이 두른 처마 끝자락에 걸려있는 풍경이 살짝 몸을 흔들고 있다. 그래, 절이었지. 비로소 기와 불사를 받고 있다는 안내문을 발견한다. 부처를 향한 사람들의 쌀 공양, 과일 공양, 기와 공양 등. 공양에 비하면 저 소나무와 풍경의 것은 얼마나 시적인가. 병을 낫게 해 달라, 우리 자식 합격하게 해 달라, 백년해로하게 해 달라, 저승길 편안하게 해 달라는 조건이 붙지 않는다.

 해우소에서 나온 남편을 따라 걷는다. 더 머물고 싶지만, 이울고 있는 해 그림자를 밟는 남편의 발걸음이 바쁘다. 뒤돌아본다. 절은 그것 자체만으로 좋다. 그리고 시가 있어서 기껍다. 보이고 들리는 것에 의미를 부여한답시고 언어를 접목시킴과 동시에 그 순수를 잃어버리는 것 같은 상실감이 뒤따른다. 관찰하고 해석하는 습관이 발동하곤 순수를 따르지 못하는 표현에서 오는 절망감 때문에 급히 발걸음을 떼는 일이 종종 있다. 겁나는 것이다. 시적인 것들과 맞붙어 그 비밀을 끄집어내는 게임에서 처절하게 나락으로 떨어지게 될까봐. 내 그릇에 차마 담을 수 없는 무력감을 느끼게 되면 모든 게 무의미해지므로. 산행을 시작도 하기 전에 나는 지친다. 두 개의 뇌가 내리는 명령을 하나의 몸이 감당하기 어려워 질척대는 쌍두사처럼 내 몸은 무겁게 산을 오른다.

 시가 되는 것, 시적인 것이란 무엇일까?

 내 마음의 그물에 걸리지 않고 그저 빠져나가는 일상은 시가 되지 못한다. 시적인 그물에 걸려 마음에 흔적을 만들고서야 시가 된다. 이를테면, 교복 치맛단이 올라간 딸의 무릎을 보고 완경에 가까운 나이가 된 나를 보게 되는 것 따위. 일학년 때까지만 해도 주는 대로 있는 대로 입고 다니던 딸이 한 뼘을 재며 치맛단을 올려달라고 했다. 나는 그 절반만 잘라달라고 수선집에 부탁했다. 그러나 딸은 한 뼘을 더 올려달라고 투덜거렸다. 다시 찾아간 수선집 아주머니가 다시 올 줄 알았수, 하고 말했다. 요즘 아이들은 본인들 원하는 만큼 해야 직성이 풀린다는 것이다. 이번에도 그 절반을 깎았다고 이실직고 했더니, 아주머니는 혀를 차며 딸이 원하는 만큼 치맛단을 올려 핀을 꽂아버렸다. 다음날, 다 드러난 무릎으로 등교하는 딸을 보면서 나는 한참을 쪼그려 앉아 있었다. 자라고 있구나. 키만 그런 것이 아니라 네 세계도 바뀌고 있구나. 넌, 봄이구나. 연둣빛 이파리 무성하고 아지랑이 피어오르는……. 난, 가을이구나. 갈빛 이파리 돌돌 말며 매달려서는 때가 되면 낙엽 되어 떨어질…….

어김없이 올해도 찾아온 가을은 언제나 그랬듯이 조금 다른 느낌으로 다가온다. 시적인 것들의 순수와 비밀이 다정하게 속삭인다. 그러면 나도 다감하게 귀 기울인다. 시인은 다정다감해야 해요. 강연에서 이기형 시인이 하신 말씀이다. 그렇다. 시인은 다정다감한 사람들이다. 세상 모든 것들과 사귈 수 있는 사람. 사람은 말할 것 없고, 개들과도 나비들과도 애벌레와도 나무들과도 이름 모르는 꽃과 풀과도 바람과도 바위와도 소나무 그늘과도 처마와 풍경과도 딸아이 무릎과도 통증과도 외로움과도 잠 못 이루는 밤과도. 그러고 보면 예외가 없다. 모든 시인이 그러하다. 그러고서야 시를 쓰게 되기 때문이다. 역으로 다정다감하게 사귀는 사람은 누구나 시를 쓰게 되고, 누구나 시인이 될 수 있다. 시적인 것의 실존을 몰라도 된다. 사귀면서 알게 된다. 다정다감할수록 더 많이 알게 되고, 더 많이 사랑하게 될 것이다. 나는 얼마나 다정다감하게 세상과 만나고 있었던 것일까. 고작 시적인 것들과 맞붙어 게임을 하며 승승장구하거나 또는 좌절하지 않았던가.

소설 알기를 세상 할 일 없는 사람이나 읽는 거짓부렁 정도로 생각했던 청춘이 있었다. 그런 내가 소설을 배우게 되면서 처음으로 아주 심각하게, 아주 진지하게 읽었던 것이 천운영의 소설집『그녀의 눈물 사용법』이었다. 일주일을 울며 다녔다. 햄스터 묻어둔 자리에 핀 손톱만한 꽃들을 보고도, 나뭇가지가 바람을 안고 흔들리는 것만 봐도, 저녁하늘 충혈 되는 하늘을 쳐다봐도, 누군가 부딪히며 미안하다고 말해도 몸 속 세포가 터지면서 눈물이 핑 돌았다. 글자와 이야기만으로 읽었던 이전의 것들과는 달랐다. 지금 생각해 보면, 그것이 시적인 것에 눈을 뜨기 시작한 게 아니었을까. 냉정하기 이를 데 없었던 내가 시적인 것들을 만나면서 느끼는 감흥, 기대하지도 의도하지도 않았던 만남에서 건져 올리는 순수와 비밀들에 가슴이 뜨거워지기라도 했던 것일까.

　효자리에 떨어지는 금빛 솔잎들, 바람의 까붐질에 흔들리는 갈빛 나뭇잎들, 아득히 들리는 사람들의 발자국 소리들, 말소리들. 흐르는 계곡물소리로 착각한 바람 소리, 서산 능선 위에 올라선 해, 산에 드리워지는 산 그림자. 쉼터에 이르기 전부터 들려온 여자 아이의 노랫소리, 그 아이 옆에서 지팡이를 깎는 아버지와 그것을 들여다보고 있는 사내아이의 풍경. 그것들이 내게로 와 시가 된다. 벤치에 앉아 손을 맞잡고 청송 사과를 먹고 있는 남편과 나의 모습도 누군가에겐 시가 되었을까. 둘러본다.

| 작가노트 |

얼마 전 돌아가신 시어머님의 49재가 아직 끝나지 않았고, 불과 며칠 전 친정아버지가 위급하게 응급실을 찾았던 올해 4월, 여느 해처럼 만개한 벚꽃이 눈부십니다.

생전 붙들렸던 시어머님에 대한 서운함이나 아쉬움에서 점점 벗어나는 시간을 가지면서 이별이 그리움으로 바뀌는 것이란 이런 것이겠구나 하는 생각을 해봅니다.

별안간 친정아버지마저 떠나보낼 뻔한 일을 겪으면서 아직 놓고 싶지 않은 저의 간절한 마음도 읽었습니다.

이런 와중에 정수남 선생님의 팔순 기념 헌정 문집 준비를 이어갑니다. 시어머님과 친정아버지의 중간쯤 되는 나이에 이르신 정수남 선생님의 팔순이 마냥 즐겁지 않은 어떤 마음이 있습니다. 쓸쓸하고도 애틋한 마음으로 선생님과 이어온 십칠 년 시간과 인연에 감사드립니다.

선생님이 저를 기억하심에 술 좀 그만 드시라며 잔소리하는 제자로 떠올릴 것 같습니다. 건강하셔서 지금껏 그래왔듯이 나이는 숫자에 불과하다는 걸 보여주시면서 많은 제자분들과 함께 하시길 바라봅니다.

이제는 없다 외 1편

최 미 경

  신발장 제일 높고 구석진 곳에 가지런히 놓여있던 내 트래킹화가 이제는 없다. 손이 잘 닿지 않고 시선이 가지 않던 그곳에 숨기기라도 하듯 아껴두었던 카키색 신발이 이제는 보이지 않는다.
  일회용 김이나 포장 견과류를 먹을 때마다 열심히 모아뒀던 제습제를 넣어두고 곰팡이가 슬지 않게 보살폈던 내 신발이다. 몽글몽글한 실리카겔 제습제처럼 내 추억도 그렇게 피어오르는 것 같아서 아끼는 마음이 각별했다. 그런데 이제는 우리 집 신발장에서 다시 볼 수가 없다.

  지난 2019년 새해가 되면서 새로 산 카키색 트래킹화가 꽤 마음에 들었다. 나는 잔뜩 설레었다. 3월에 800km를 걷는 '산티아고 순례길'이 예정되어 있어서였다.
  새 신발을 길들인다고 두어 달을 열심히 신고 다녔다. 야트막한 동네 뒷산이나 공원 갈 때는 물론이고 심지어는 마트에 갈 때도 신었다. 평소에 신던 운동화보다 두 사이즈나 컸고 좀 투박한 모양새였으니 예쁜 신발일 리가 없었다. 그런데도 내 카키색 트래킹화가 좋았다.

마침내 길을 나섰다. 스페인의 산티아고 순례길을 걷기 위해서 프랑스 파리를 거쳐 가야 했다. 거기서도 역시 카키색 트래킹화로 열심히 걸었다. 에펠탑과 세느강 가를 지나 노트르담대성당을 걸으면서 가졌던 도전과 긴장, 흥분과 즐거움을 내 카키색은 고스란히 느꼈을 것이다. 루브르 박물관을 누빌 때는 단단하게 묶은 신발 끈이 발의 피로를 덜어주었다. 또 뤽상부르 공원에서는 신발 두 짝을 벗어서 함께 햇빛샤워를 했다. 내 단짝이었다.
 떼제베를 타고 바욘이라는 작은 도시로 이동하면서 본 목가적 풍경에 취했을 때도 함께였다. 순례길의 시작점인 프랑스 생장 피에 드 포흐에서 스페인으로 넘어가는 국경에서도 마찬가지다. 늘 함께였다. 편안했다.

 순례에 나선 첫날, 많은 비가 왔다. 피레네산맥을 넘는 날이어서 걱정이 이만저만이 아니었다. 그뿐인가? 길을 잃지 않고 하룻밤 쉴 숙소까지 잘 찾아갈 수 있을지, 산길에서 미끄러져 다치지는 않을지 두려움이 가득했다.
 어스름한 새벽에 다른 순례자들과 함께 출발했다. 걸음 속도가 다르다 보니 피레네 산중에 들어섰을 때는 앞뒤로 그들이 보이지 않았다. 비가 내리니 길에서 쉴 수도 없었고, 등에 멘 8kg쯤 되는 배낭이 내 몸을 짓누르는 듯했다. 그렇게 지쳐서 고개를 떨군 내 눈에 카키색 트래킹화가 보였다. 마치 잘 걸으라고 응원하는 석 달 지기 친구 같아서 다시 힘을 내어 걷고 또 걸었다. 그렇게 순례자의 첫날, 발끝에 힘을 꽉 주고 걷게 해준 내 신발이 소중했다.
 알베르게라는 숙소에 도착해서 비옷과 배낭을 벗어놓자마자 가장 먼저 한 일이 진흙 가득한 신발을 닦는 거였다. 그런 다음 신문지를 돌돌 말아서 라디에이터 앞에 세워놓고 큰 숨을 몰아쉬면서 '잘했어.', '수고했어.'라고 나와 내 신발을 칭찬했다. 그렇게 투박한 모습으로 늘 곁에 있었던 내 카키색 트래킹화다.

　34일 동안 800km 순례길을 걸으면서 내 신발이 좋았던 것만은 아니다. 3, 4월이라도 한낮이면 뜨거워지는 스페인 열기에 물집이 생겨서 고통스러울 때가 종종 있었다. 그럴 때마다 내 카키색 트래킹화가 보기도 싫어서 저만치 던져놓았다가 주섬주섬 신기를 여러 번 했다. 그렇지 않으면 돌짝밭 길을 걸을 때 낭패를 볼 수 있었으니까. 사람의 마음이 이리도 간사하고 이기적일까? 　한 번은 이런 적도 있었다. 백여 명이 잘 수 있는 알베르게에 묵을 때였다. 신발장을 찾아갔는데 코를 찌르는 고약한 냄새보다 여러 켤레의 신발이 가득 놓인 모습에 놀랐다. 가끔 신발을 잃어버리게 된다고 했는데 나도 그렇게 되는 건 아닐까 걱정했다. 그래서 신경이 쓰였다. 일부러 여기저기 오가며 내 신발이 잘 놓였는지 확인을 했다. 하지만 신기하게도 많은 신발 틈에서 내 카키색 트래킹화가 아주 잘 보였다. 혹시 몰라서 나만의 표식으로 두 짝의 끈을 하나로 묶어두기도 했지만, 그 카키색 실루엣은 지나다닐 때마다 잘 보였다. 애착이 생겨서 그랬던 것 같다. 아니, 애정이었다고 말해도 될듯하다.
　800km나 되는 길을 내 신발과 함께 참 잘 걸었다. 순례자의 길을 걸어 낸 나를 칭찬했고, 그 길을 잘 걷게 도와준 카키색 트래킹화를 소중히 여기게 됐다.

순례의 여정을 마치고 귀국한 이후로도 나는 신발장을 열고 카키색 트래킹화를 종종 보아주었다. 그때마다 나에 대한 대견함과 순례자의 삶을 되새길 수 있어서 행복했다. 그리고 그 여운과 추억을 내 신발 한 켤레가 담고 있어서 순례길을 또 걸을 수 있었다.

2023년 9월!
지난번에는 프랑스에서 시작하는 순례길을 걸었지만, 이번에는 친구들과 포르투갈에서 출발해 걷기로 했다.
로마를 여행하고 포르투로 넘어가서 포르투게스라는 순례길을 걷는 300km의 긴 여정에서 우리 세 친구는 모두 트래킹화를 신었다. 자기 신발을 소중하게 여기는 행동이 어찌나 똑같던지 사람 마음은 모두 같구나, 라고 생각하니까 웃음이 나오기도 했다.

내 카키색 트래킹화는 포르투갈 순례길에 들어섰을 때도 오래된 벗들과 소중한 추억을 채우도록 도와주었다. 기차 시간을 놓치지 않게 열심히 뛰어주었고, 길을 잘못 들어섰던 풀숲에서 다치지 않게 나를 감쌌다. 포르투 해안길을 걸으며 만났던 폭풍우가 무서워서 종종걸음 할 때 넘어지지도 않게 했다.
그렇게 300km를 걸으면서 아름다운 길을 봤고, 자연보다 더 아름다운 사람을 많이 만났다. 우리는 그들을 천사라고 불렀다. 그 경험과 감동에 흥분하면서도 여전히 자기들 신발을 아끼고 닦고 소중하게 다루기를 소홀히 하지 않았다. 순례길에서 또 한번 인생을 보았다. 신발도 소중했고, 오래된 우리 친구들도 그랬다.

포르투갈 길을 다 걸었을 즈음 더위를 피해서 숲에 앉아있을 때였다. 내 신발을 유심히 보게 되었다. 먼저 800km, 다시 300km를 더해서 1,100km 이상을 걸었으니 좀 닳았고 낡았다. 짠한 감동이 밀려왔던 순간이다. 고락을 함께했기 때문이었을까?

순례 여정을 마치고 귀국하기 위해서 배낭의 부피를 줄여야 했을 때 낡은 내 신발은 버려야 할 첫 번째 물건이었다. 짠하고 아쉽더라도 결정을 해야만 했다. 그래야 기념품과 선물로 산 새 물건 몇 개를 넣어야 했으니까.

우리 삶과 신앙도 그런 것 같다. 때로는 결단이 필요한 순간에 포기해야 할 것들이 많지 않은가? 그래야만 새로운 시작을 할 수 있으니까 말이다.

귀국편 비행기를 타기 위해 우리는 마드리드로 이동했다. 그 시간까지도 나는 내 카키색 트래킹화를 버리지 못했다. 아쉬운 마음이 컸던 모양이다.

귀국을 하루 앞두고도 배낭을 정리하지 못한 채 우리 방 테이블 밑에 신발을 가지런히 놓아두었다. 허전했다. '그냥 신고 갈까?' 끝까지 고민하다가 잠이 들었다. 이튿날이 되어서 부랴부랴 짐을 싸게 되었다. 결국, 가방에 넣지 못한 신발을 들고 있는 나를 숙소 매니저가 쳐다보았다. 안 신을 거면 두고 가라고 말했다. 필요한 사람이 사용하겠다고 하면서 말이다. 잘 됐다 싶어서 흔쾌히 주고 왔다.

그렇게 해서 난, 나의 카키색 트래킹화를 마드리드에 두고 왔다. 버려졌을까? 아직은 신을 만한 것인데 필요한 사람이 더 신고 있을까? 지금도 궁금하다.

　나에게 그랬던 것처럼 누군가에게 쓸모 있는 것으로 남아있기를…….

　이제는 없다. 추억할 수 있는 카키색 트래킹화가 우리 집 신발장에, 그렇지만 내 추억 속 깊은 페이지에 자리하고 있어서 좋다. 그 페이지를 꺼내면 몽글하게 피어오르는 기억들이 감사와 행복으로 다가온다.

유화 한 점, 채색 중

어느새 봄이 지나고 여름도 갔다. 이제 가을이 나의 오감을 채우고 있다. 마치 유화 한 점을 그리기 위해서 걸쭉한 질감과 풍부한 색감으로 채우듯 내 마음에 이 계절을 메워 가는 중이다. 그 화폭에 계속 그려지는 것들이 있다. 노란 국화 한 줌, 은빛 물결을 이룬 억새, 따뜻한 국화빵이 그것들이다.

앞마당에 수북하게 피어오른 국화꽃이 아직도 한창이다. 양지바른 곳이지만 정오를 넘기면서 그늘이 지는 터라서 꽃이 오래 간다. 대문을 들어설 때마다 노란빛이 가족을 반긴다. 두 해 전에 데려온 아이들인데 마당에 옮겨 심었다. 그리고 엄마와 아버지가 정성껏 돌보고 있다. '곡물이나 채소는 주인의 발소리를 들으며 자란다.'라며 늘 얘기했던 엄마의 말처럼 관심과 사랑을 받는 국화는 그 빛으로 보답하고 있는 듯하다.

두 해 전 가을, 소담스러운 빛깔을 뽐내듯 작은 화분에 담겨서 우리 집에 왔을 때는 엄마가 척추 압박골절로 고생을 많이 하고 있었다. 지나간 봄에 넘어지면서 시작된 통증이 계속 이어졌고 고통스러워할 때였다. 그래서 우리 가족은 꽃을 돌볼 수 없었다. 결국은 시들어가는 꽃을 보아야 했다. 병색이 짙어가는 엄마를 보는 듯해서 서둘러서 꽃밭에 옮겨 심었다.

겨울이 지나 이듬해 늦봄이 될 때까지 마당의 꽃에 그 누구도 관심 가질 수 없었다. 아기자기한 꽃밭의 모습은 온데간데없이 잡초만 무성했다. 엄마가 그해 1월에 흉추 유합술이라는 수술을 했기 때문이다. 그렇게 3월까지 재활 치료를 마치고 퇴원을 했다. 가족 모두 엄마가 회복하는 것에만 온 관심이 쏠려 있었다.

엄마가 차츰 좋아지셨다. 볕이 따뜻해진 4월에는 마당에서 걷는 운동도 할 수 있었다. 5월에는 의자에 앉아서 꽃밭을 살피고 요리조리 매만지는 모습까지 보여서 우리를 기쁘게 했다. 물론 꽃과 나무를 가꾸는 것은, 온전히 아버지 도움을 받았지만 말이다. 가을 무렵에 국화는 새싹을 틔웠다. 연약하게나마 꽃을 피우기 시작했다. 한층 더 회복한 엄마는 아버지와 함께 그해 겨울맞이 꽃밭 정리를 하면서 국화 자리를 다시 옮겼다. 창가 아래가 좋겠다면서.

엄마 아버지의 정성을 알아서였을까? 올해는 국화꽃 송이가 알알이 무성하게도 맺히더니 함빡 피어나서 그 빛과 향기를 발하고 있다. 국화꽃이 사랑스럽다. 이것을 지켜보며 잘 지내시는 두 분이 고맙다.

수북한 데서 몇 송이 꺾어 작은 꽃다발을 만들었다. 국화꽃향도 좋다. 엄마에게 가져다드리니 우리 집에 예쁘게 갖다 놓으란다. 그래서 내 시선 닿는 곳에 놓았다. 지금도 그 노란빛을 발하고 있다. 회복과 희망을 담았다.

한편으로는 시리도록 아픈 생각이 스친다. 엄마나 아버지가 천국을 향하셨을 때 하얀빛으로 헌화 될 장면에 가슴이 덜컥 내려앉는다. 슬픈 채색이다.

이틀 전 명성산 억새밭에 다녀왔다. 정보나 기대 없이 혼자서 홀홀

다녀온 가을 산행이다. 등산로를 7~8킬로미터쯤 오르면 억새군락지가 펼쳐진다. 곳곳을 아우르며 전망할 수 있는 데크가 잘 깔려있다. '억새 바람길'이라고 부르는 이 길을 한참 올랐다. 또 능선을 따라서 흙길과 야자나무 매트가 깔렸는데 '억새 풍경길'이라고 한다.

 흙을 밟으면서 걷는 길에 마음을 뺏겨서 한참이나 둘러 보았다. 억새밭이 바람 따라서 물결처럼 흔들렸다. 나도 덩달아 흔들렸다. 나는 지금 잘 살고 있는가? 이런저런 생각으로 사부작사부작 걷다가 마음에 드는 사진 한 장을 찍었다. 다정한 두 사람을 향해 서 있는 억새꽃들이 따뜻하고 아름다웠다. 나에게도 넌 잘하고 있어, 라고 응원하는 듯해서 몇 번을 들여다본 사진 풍경은 이렇다.

 펼쳐진 억새밭 사이를 걷는 두 사람이 있다. 하얀색 상의를 똑같이 입었고 한 사람의 허리춤에 또 다른 빨간색 옷을 두른 뒷모습이 아련하게 보인다. 마치 그것을 흡족하게 바라보기라도 하듯 피어오른 억새꽃이 선명하게 서 있다. 오래도록 끈기를 가지고 그려낸 유화 한 점처럼 그 색감이 마음에 든다. 다 마르기도 전에 어떤 것이든 그리거나 덧칠할 수 있는 유화처럼, 억새꽃의 아름다움을 발하기 위해서 초록 위에 갈색, 그 위에 연보라색, 또 그 위에 흰색을 덧칠한 듯한 사진이 내 마음에 쏙 든다.

 산행을 마치고 집으로 오는 버스에 올랐다. 올 때 처음 앉았던 곳이 제자리인 듯 똑같은 좌석에 앉았다. 옆자리에 함께 앉았던 분이 기다렸다는 듯 나를 반겼다. 종이봉투에서 따뜻한 국화빵을 꺼내 건네면서 고마웠다고.

 사연은 이렇다. 이른 아침 출발하는 버스에 올라 둘러보니 빈자리가 눈에 들어왔다. 70대 초반으로 보이는 아주머니 한 분이 앉아

계셔서 인사를 하고는 그 옆에 앉았다. 얼마쯤 달리는데 주변에 앉은 지인들과 밤을 나누다가 아주머니 손에서 알밤 하나가 떨어지면서 또르르 굴렀다. 아주머니는 눈 깜짝할 사이에 자리에서 일어나 그 밤을 주우려고 엎드렸다. 순간 앞으로 퍽 넘어지는 것이 아닌가? 아주머니는 이마를 감싼 채 일어나 자리로 돌아왔다. 주변 사람들의 걱정에 민망했는지 한참 동안 아무 말씀을 하지 않았다. 신경이 쓰였다. 연세 있는 분이고, 우리 엄마가 넘어져서 다친 경험을 했던 터라 남의 일 같지 않았다. 그래서 아주머니 얼굴이나 이마, 손이나 허리, 무릎이 괜찮은지 살피게 되었다. 다행스럽게도 크게 다치지 않은 것을 확인한 뒤 다음날이라도 꼭 병원에 가시라고 했다.

얼마쯤 시간이 지나자 아주머니는 타박상 통증으로 힘들어했다. 이마가 부었다. 분명 며칠은 퍼렇게 멍들어 있을 것이다. 냉찜질로 붓기를 내리고 멍이 들지 않게 하면 좋을 텐데 버스에는 얼음이 있을 리가 없었다.

좀 가다가 작은 휴게소에 들렀다. 둘러보니까 마침 카페가 있었다. 유자차 한 잔 주문하면서 사정을 말하고 얼음을 여러 조각 얻었다. 그것을 비닐에 담아 아주머니께 갖다 드리며 찜질을 하시라고 했다. 차가운 얼음을 대니까 좀 덜 아프다고, 고맙다고 하면서 멋쩍게 웃었다. 유자차 한 잔 마시고 좋은 일을 했다 싶은 마음에 '양선'을 행할 수 있도록 이끄심에 감사했다.

그렇게 해서 받아 든 국화빵을 먹으면서 따뜻하고 맛있다 했더니 하나를 더 주시는 게 아닌가? 거기에 군밤까지. 버스를 타기 전에 간식을 먹은 터라서 배가 불렀음에도 불구하고 먹었다. 작은 배려를 고마워하시는 아주머니 덕분에 즐거워서인지 두 번째 국화빵도 맛이 좋았다. 그렇게 내 마음이라는 화폭에 국화빵을 그리면서 따뜻한 색을 덧입혔다.

시월 한복판에서 내 마음에 그리는 유화 한 점을 계속 채색 중이다. 감사와 긍정과 슬픔과 배려로 채운 그림에 끈기와 솔직함을 덧그려서 부끄럽지 않은 이 가을이 되기를 기도한다.

| 작가노트 |

관심도 없었고, 하고 싶지 않던 것들. 그것들을 요즘 하고 있습니다. 뜨개질과 탁구입니다.
손재주는 없지만 '논리적인 촘촘함'이라는 매력에 빠져 뜨개질을 하곤 합니다. 가끔은 바늘과 실에 집중하며 고요함에서 시름을 내려놓기도 합니다.
남편이 오래전부터 함께 하자고 했던 탁구를 늦게서야 시작했습니다. 받아내지 못할 것 같던 공을 잘 받아서 넘깁니다. 이제 회전을 배우려고 하는 초보입니다. 테이블 하나를 사이에 두고 사람과 사람을 잇는 것 같아서 그저 즐겁습니다.
이런 '나의 나 됨'을 세워갈 수 있어서 깊이 감사하고 있습니다.

또 다른 나를 찾아가고 있습니다.
글을 끄적거려 보기는 했지만 써 볼 생각은 하지도 못했습니다. 그런데 이제는 수필을 쓰고 있습니다. 정수남 선생님이 아니면 할 수 없었던 글쓰기와 출간의 경험을 했습니다.
다듬어지지 않아 모가 난 돌을 석수장이가 정으로 깎아 쓸만하게 만들어놓듯, 선생님의 열정과 가르침에 힘입어서 다듬어진 글을 쓰고 있습니다. 아직은 많이 부족합니다. 그렇기에 선생님께서 건강한 모습으로 오래 가르쳐주셔야 합니다.

선생님께 부지런함과 열정을 배워서 작가의 모습으로 서 있을 나를 희망하며 찾아가는 중입니다.

오백 원의 지혜 외 1편

최 태 랑

아들의 성장 과정은 어미를 많이 닮았다.
어느 날 문득 그렇게 된 것은 아니다.

우리 집 삼형제 중 막내로 태어난 재영이는 꼭 어미의 인성을 타고 났다. 그것은 절약의 습관이다.
아들은 아버지를 따라 강원도 양구 산골 팔랑초등학교를 다니다가 3학년 때 봉천동으로 전학을 왔다. 여름방학이 끝나고 이학기가 시작 될 때 반장선거에서 뽑혀 반장이 되었다. 학교에서 유별난 반장이었다. 청소도구를 분리수거장에서 주워오기를 하고 길가에 버려진 화분들을 가지고와 창문에서 길러 꽃을 피우게 하였다. 책가방 속에는 몽당연필을 볼펜에 꽂아 쓰기도 하는 절약이 몸소 박힌 아들이었다.
봄볕이 고즈넉하게 비치는 아침에 아내는 작은딸 사라를 시켜 콩나물을 사오라고 천 원을 주었다. 봉천동 언덕바지에 있는 청룡시장에서 천 원어치 콩나물을 사들고 언제나처럼 맑고 밝은 미소로 묶은 갈래머리 팔랑거리며 검은 봉지를 뱅글뱅글 돌리면서 사들고 왔다.
"그냥 사왔어?"
"그럼 어떻게 사와야 하는데?"

그 말에 재영이는 핀잔하듯이 말한다.

"그걸 말이야! 오백 원씩 나눠서 사면 양이 더 많은데," 하고 아쉬워한다. 나는 한참이나 아들을 쳐다보았다. 이것은 틀림없이 절약을 몸소 실천하는 어미에게서 배운 지혜일 것이다. 과연 이것이 옳은 것인가 아니면 쩨쩨하고 치사하게 아이들을 키운 것은 아닌지 하는 생각이 든다. 그 콩나물 장사도 남아야 할 것이다. 때론 팔지 못한 것은 버리기도 할 것이다. 이런 생각을 하면서 아쉽기는 하나 절약하고자 하는 아들의 생각을 나무랄 수 없었다.

절약의 지혜는 그 자체가 미덕이며 부를 위한 하나의 과정이다. 재화는 있을 때 잃을 수도 있는 것이다. 없으면 잃을 것도 없다. 재화를 잃을 조짐이 있을 때는 과감히 그것을 피해가는 지혜도 필요하다.

스펜서 존슨이 쓴 「누가 내 치즈를 옮겼을까」를 보면 창고에서 살던 생쥐들이 어느 날 가득 들어 있던 치즈가 사라지고 대신 건축자재가 채워졌을 때, 대다수의 생쥐들은 창고를 떠났으나 다시 치즈가 오기를 기다리는 생쥐도 있었다. 치즈를 찾아 나설 것이냐 아니면 치즈가 오기를 기다릴 것인가 하는 것은 그 생쥐가 선택할 지혜의 몫이다. 한편 생각하면 현실에 안주하지 않고 나서는 것이 옳을 것이다.

마치 오백 원의 지혜가 있을 지라도 그것이 부를 얻는 지름길이라고는 할 수 없다. 평시에 언제 찾아올지 모르는 위험요소를 사전 준비하고 이를 피해 가는 지혜도 필요하다. 그것은 바로 절약정신이 아닌가 싶다.

어느 궁궐에 큰 화재가 났다. 모든 생물은 대피해야 했다. 강아지도 고양이도 생쥐나 개미들도 모두 대피했다. 그러나 연못에 있는 잉어는 대피하는 것을 꺼려했다. 이동 중에 물이 없으면 죽을 것이요, 가더라도 그곳에 물이 적으면 죽을 것이기 때문이다. 잉어는 궁궐에 불이 났어도 이 연못은 물속이니 안전할거라 생각했다. 그러나 잉어만 죽고 말았다. 불을 끄느라고 연못에 물을 다 펐기 때문에 연못에 물이 없어 결국 잉어만 죽고만 것이다.

현실에 안주하고 앞일을 예측하지 못하면 화를 입는다는 교훈이다.

위기는 이렇게 우연찮게 찾아오며 그것이 언제 어떻게 누구에게 올 지는 아무도 모른다. 대비도 있을 때 해야 한다. 마치 지혜로운 농부는 풍년이 왔을 때 흉년이 올 것을 대비하듯이 해야 한다.

오백 원의 지혜처럼 대수롭지 않은 일로 치부해서는 안 될 일이다. 아낄 줄 모르는 사람은 기만幾萬 기억의 숫자를 만들어 주어도 그를 감당하는 지혜가 없으면 소멸되고 만다. 일억이란 숫자 속에는 일이란 아주 작은 것이 들어있어 존재하는 숫자이다.

작은 숫자를 귀히 여길 줄 모르는 사람은 더 큰 것을 얻을 수가 없다. 마치 아들이 생각하는 오백 원의 지혜처럼.

또 제아무리 절약한다 하더라도 창고 속에 생쥐나 연못 속에 잉어와 같이 현실에 안주하지 말고 적극적으로 찾아나서는 지혜도 필요할 것이다.

그 옛날 봉천 고개에서 가난하게 살던 시절이 생각나는 아침이다.
지금은 나가 살고 있는 아들도 대학 다니는 딸을 두었다. 그때 아비 나이보다 훨씬 지났다.

오늘 아침도 콩나물국이다.

봄날이 가고 있다

하늘이 수채화처럼 곱다.

호수공원 위로 새떼가 창공을 찢으며 날아오른다.

문득 잔치국수 생각이 난다. 젊어서 아내는 유난히 면식을 좋아했다. 오늘은 손수 내가 만들어 볼까 하고 딸에게 전화를 걸어 잔치국수 만드는 법을 물었다.

"아빠가 직접 하시게요? 먼저 육수를 내고 고명을 만든 다음 국수를 삶으세요." 한다.

딸이 시키는 대로 슈퍼에 가서 소면을 고르고 육수용 대파, 무를 샀다. 집에 돌아와 팔을 걷어붙이고 국수 만들기에 들어갔다. 냄비에 물을 부은 뒤 대파 한 대, 무 두 토막, 멸치 한 옴큼을 넣고 센 불로 끓이다 밑불로 10분간을 더 끓였다. 그리고 다음은 고명 만들기다. 냉장고에 있던 애호박과 곱게 간 소고기를 프라이팬에 볶았다. 그 다음은 양념장 만들기다. 간장에 파와 마늘을 다져 넣고 고춧가루와 깨소금을 섞고 종지에 담았다. 마지막 남은 일은 중요한 국수 삶기다. 냄비에 팔 부 정도 물을 끓이다가 소면을 부챗살처럼 펴서 넣었다. 잠깐 한눈파는 사이에 성미 급한 냄비는 버그르르 끓어 넘쳤다. 후다닥 불을 끄고 또 딸에게 전화를 걸었다.

"끓어 넘치기 직전에 찬물을 살짝 끼얹으세요. 그렇게 세 번 지나면 다 익은 거니까 소쿠리에 부어 찬물에 헹구세요." 한다. 전화하는 동안 국숫발이 퍼져 불었지만 어쨌든 그런대로 성공이다. 넓은 대접에 똬리처럼 튼 국수사리를 담고 육수를 부었다. 만들어둔 고명을 얹고 김과 깨를 뿌렸다. 텔레비전 앞에 우두커니 앉은 아내를 불렀다. 아내는 못 이기는 척 와 앉았다. 지난간 시간의 기억이 국숫발처럼 돌돌 말려 있는 아내는 그래도 어렴풋이 옛 기억이 나는지 육수를 떠먹더니, "맛있네." 한다. 불쑥 마음 한쪽이 저렸다. 마주 앉아 처음 만들어 본 잔치국수를 말없이 나눠 먹었다. 가끔 아내의 젓가락 위에 김치를 얹어 주었다. 젊은 날 건강했던 아내가 해주던 국수와는 비교도 할 수 없는 맛이지만 아내는 군말 없이 한 그릇을 비웠다. 나도 심심한 면에 김치를 얹어 간을 맞춰 가며 한 그릇을 모두 비웠다.

한 생을 살아온 것 같은 퍼진 국숫발이 늘어져 있어도 아내는 맛이 있다고 먹어준다. 나는 그 옛날 그러지 못했다. 한 번쯤 짜증도 나고 젊은 날의 힘든 내조가 내색도 나련만 아내는 묵묵히 참아 왔듯이 내가 끓여준 국수를 맛있게 먹어주었다. 창문너머에는 뉘엿이 아내와 나의 인생처럼 해가 시들어가고 있다. 지난날 내가 먹고 싶다 말만 하면 자동기계처럼 해주었던 아내, 아프고 나서야 느끼니 얼마나 나는 가부장처럼 군림했던가 싶다.

아내는 젊은 날의 내조를 묵묵히 참아 왔듯이 내가 끓여준 국수를 먹어주었다.

장장 두 시간이나 걸린 잔치국수가 이렇게도 복잡하고 손이 가는 음식일 줄이야. 여태껏 뭐든 편안하게 앉아 받아먹던 일에 익숙했지 내 손으로 뭘 해본 적 없이 살았다. 말만 하면 뚝딱 밥상이 차려지는 것이 당연한 줄 알았다.

이 봄날에 땀을 흘리며 국수 두 그릇을 만들어 먹고 나니 맥이 다

빠졌다. 이걸 어떻게 치우나 하고 있는데 아내가 자기가 먹은 그릇과 젓가락을 개수대에 얌전히 놓고 소파에 가 앉는다. 지난날에 내가 했던 것처럼 태연자약하다.

호수공원 하늘 위로 찢어진 천공을 기우듯 또 새떼가 날아오르고 있다. 해는 설핏하게 저물고 있다.

그렇게 봄날이 가고 있다.

| 작가노트 |

나이 든다는 것 그리 달갑지 않지만

누가 내 나이를 가져가고 젊음을 준다 해도 나는 바뀌지 않을 것이다

내 살아온 날이 귀하기 때문이다.

아마 그것은 선배님의 생각도 같을 것이다

술 먹는 것과 소설 쓰는 것 말고는 내가 앞선 것도 많다

혹 선배님이 내 삶을 넘나 보더라도 역시 내 것은 내 것이다

그 소녀는 아직도 거기에 살고 있을까? 외 1편

한 신 경

　당시에 나는 대학생이었다. 정확한 기억은 아니지만 어느 여름밤이었던 것 같다. 그날 나는 버스에서 내린 후 신호등이 녹색으로 바뀌길 기다리면서 좌우를 살폈다. 그때 중학생으로 보이는 한 소녀가 내게 다가와 질문을 했다. 교복을 입고 있는 그녀는 순진한 눈으로 나를 응시하면서 어눌한 말투로 말을 걸어왔다.
　"여기서 시청을 가려면 어떻게 가야 하나요?"
　"시청이요? 음…. 시청을 가려면 XX 번을 타야 해요."
　"XX 번요?"
　"네 XX 번요."
　"이상하네요. 그 번호가 아니고 OO 번을 타야 하는데요. 제가 조금 전에 OO 번에서 내렸거든요. 집으로 돌아가는 버스를 다시 타려고 하는데, 어디서 타는 줄 모르겠어요."
　소녀는 횡설수설했다. 나는 시계를 봤다. 시청으로 가는 버스가 곧 끊길 시간이었다. 어린 소녀가 버스를 타지 못하고 자정이 다 되어가는 시간에 거리를 헤맬 생각을 하자 걱정이 됐다. 지금도 그렇지만 나는 그때도 예민한 사람이었을 것이다. 그렇지 않고서야 내 평생에 처음 만난 소녀를 향한 근심 때문에 발걸음이 떨어지지 않았을 리가 없다. 나는 소녀에게 일단 우리 집에 가서 잠을 자고 다음날 집으로 가는 것이 낫지 않겠냐고 제안했다. 소녀는 내 말에 동의

했고 나를 따라 우리 집으로 갔다.

　요즘이야 휴대전화가 있어서, 길을 잃거나 문제가 생기면 가족에게 즉각적으로 연락할 텐데, 그때는 공중전화도 많지 않았던 시대였다. 지금 돌이켜 보니 소녀는 용감무쌍했다. 내가 누구인 줄 알고 나를 쫓아 왔단 말인가. 나 또한 오지랖이 넓은 대학생이 아니었던가 싶다.

　우리 집에 도착한 후에 나는 소녀에게 집에서 그녀를 기다리고 있을 부모님께 전화하라고 했다. 소녀는 어머니와의 짧은 통화를 마치고 내 방에서 같이 잠을 잤다. 나와 달리 소녀는 별로 걱정이 없어 보였다. 참 속이 편한 아이였다. 내 기억에 소녀는 남의 집인데도 잠을 잘 잤다. 하지만 정작 나는 잠을 설쳤다. 소녀에 대한 걱정 때문이었다.

　다음날 기상하자마자 나는 그녀를 어떻게 집으로 잘 돌려보낼지를 궁리했다. 소녀와 나는 다시 시청으로 가는 버스에 대해서 대화했다. 이상하게도 우리의 대화는 전날 밤과 달라진 것이 없었다. 내가 생각하는 버스 번호와 그녀가 말하는 버스 번호가 일치하지 않았다. 대화가 계속 어긋나기만 했다.

　나는 은근히 그녀를 의심하기 시작했다. 소녀가 가출 비행 청소년일지 모른다는 생각이 들었다. 한 번 의심이 들자, 소녀를 보는 나의 눈이 달라졌다. 소녀가 거짓말을 하거나 아니면 인지 장애를 가진 아이가 아닐까 하는 생각도 들었다. 나는 소녀를 추궁했다. "너 혹시 가출한 거 아니니?" 라고 했다. 소녀는 "아니에요. 내가 어제 엄마랑 통화하는 것 언니도 봤잖아요."라고 하면서 억울함을 호소했다. 그녀의 순진한 눈을 보면 거짓말하는 것 같지는 않았지만, 의심은 쉬이 가시지 않았다.

대화가 계속되면서 나는 한 가지 사실을 발견했다. 소녀와 나는 서로 다른 시청을 얘기하고 있었다. 내가 말했던 시청은 덕수궁 옆의 서울 시청이었고 그녀가 지속적으로 주장하던 시청은 성남 시청이었다. 당시에 나는 지하철 3호선 신사역 근처에 있는 잠원동에 살고 있었다. 요즘엔 그 동네에 7호선이 지나고 있다. 정확히 말하면 당시의 부모님 집이 현재의 논현역 사거리 근처에 있었다.

그런데 왜 요즘 그때 그 소녀가 자주 생각나는지 모르겠다. 아마도 내가 영어 강의를 하는 동네 때문이리라. (현재 내가 살고 있는 동네에서 잠원동까지는 자가용으로 15분이면 도착하는 거리다. 하지만 논혁역에 갈일이 별로 없다보니 잠원동이 멀게 느껴진다.)

나는 2년 전부터 야탑역과 서현역에서 강의하고 있다. 2년 전 처음 성남시에 강의하러 다닐 때만 해도 한숨이 나왔다. "어쩌자고 내가 이렇게 멀리까지 와서 강의한단 말인가?" 하고 푸념을 늘어놓곤 했다. 그런데 성남시에서 강의를 시작한 지 1년이 넘어가면서 점점 불평이 사라졌다. 남편과 함께 오페라 또는 음악회를 보러 다니고 있는데 우연히 이매역에 있는 성남 아트센터에서 하는 음악회를 다니다 보니, 내 입에서 나왔던 불평이 사라졌다. 그리고 어느 날 갑자기 불현듯 생각이 떠올랐다. 아 맞다. 그때 그 소녀가 말하던 시청이 성남 시청이었지.

35년 전쯤의 이야기이지만 아직도 그 소녀가 생각난다. 그녀가 너무 순진했고 또 어리숙했기 때문이리라. 하기야 내 작은 딸은 미국에서 고등학교 생활할 때, 기숙사가 달린 조그마한 학교 캠퍼스에서도 길을 잃었다고 하지 않던가. 중학생이라면 자기가 사는 동네밖에 모를 수도 있는 나이이고, 길이나 방향에 대해서 익숙하지 않은 나이이다 보니, 성인에게는 어리숙해 보일 수도 있을 것이다.

그날 나는 소녀와의 실랑이를 마치고 그녀의 어머니와 통화를 했다. 그리고 소녀가 말하던 그 OO 버스를 태워서 집으로 돌려보냈다. 다음날 소녀와 소녀의 어머니에게 다시 한번 고맙다는 감사 전화를 받았던 기억이 난다.

나보다 10살 정도 어렸던 그 소녀가 지금은 어디에 살고 있을까? 이제 40대 중후반인 그녀는 아직도 성남시에 살고 있을까? 그녀가 교실에 앉아서 내 영어 수업을 듣고 있을지도 모른다는 상상을 해 본다. 같이 찍은 사진 한 장 없으니, 그녀의 얼굴을 기억할 방법은 없다. 다만 그녀의 희미한 존재만이 내 기억의 언저리에 남아있을 뿐이다. 현재의 그 소녀는 그때처럼 순진하거나 어리숙하지 않은, 세상 때가 잔뜩 묻어서, 닳고 닳은 여편네가 되어 있을 수도 있다. 아니면 그때처럼 여전히 자기만의 순진한 눈으로 세상을 보는 중년여성이 되어 있을지도 모르겠다. 나는, 가끔 생각나는 그때 그 소녀가 지혜롭게 세상을 살아가면서, 길 잃은 사람을 바른길로 인도하는, 선한 영향력을 끼치는 여성이 되어있으리라고 믿고 싶다.

선생님의 반어법

소설 수업 시간이었다. 정수남 선생님이 이렇게 말씀하셨다.
그때 괜히 아내를 만났어. 괜히 남산에서 데이트를 하고, 괜히 결혼을 했어. 그때 결혼하지 말았어야 했는데.
선생님이 너무나 큰 소리로 말씀하시는 바람에 수업 분위기가 어색해졌다. 그래서 나는 이렇게 대답했다.
결혼한 사람들 대부분이 후회하죠. 그렇게 따지면 저도 마찬가지예요. 결혼을 후회하지 않는 사람이 몇 명이나 되겠어요?
그러나 선생님은 내 말에 별로 신경 쓰지 않는다는 듯 담담하게 다시 수업을 이어갔다. 그리고 2주가 지나서 나는 선생님의 신작 시집 『희망사항』을 선물로 받았다.
나는 강의를 하러 다니며 지하철에서 많은 시간을 보낸다. 그래서 항상 가방 안에 책을 가지고 다니며 틈틈이 읽으려 노력한다. 최근에는 정수남 선생님의 시집을 읽고 있다. 이 시집은 선생님이 사모님을 생각하며 쓴 시들로 가득 차 있는, 한마디로 아내에게 바치는 시집이다.
어느 날, 지하철에서 시를 읽던 나는 울컥하고 말았다. 사모님을 향한 선생님의 사랑이 절절히 묻어 있었기 때문이다. 그 시들은 살아서 움직이는 듯 내 마음에 잔잔한 감동을 일으켰다. 나는 시를 읽고 있을 뿐인데, 마치 주인공의 목소리를 들을 수 있는 영화를 보고 있는 듯한 착각이 들었다.

　부부에게 사랑 호르몬이 넘치던 시절이 있었다. 그들은 데이트 할 돈이 부족해 남산에서 사랑을 키웠다. 연인은 결혼하여 2남 1녀를 낳고 다복한 가정을 이루었다. 세월이 흘러 남편이 먼저 건강을 잃었고, 아내가 정성껏 남편을 간호했다. 그 후 아내가 건강을 잃었고, 이제 남편이 아내를 10년째 돌보고 있다.

　선생님의 아내는 내 친정엄마와 비슷한 병을 앓고 있다. 처음에 그녀가 뇌경색으로 쓰러졌다는 점만 다를 뿐, 이후 하체가 약해지면서 힘든 삶을 살아가는 과정은 내 친정엄마가 겪었던 것과 거의 비슷하다.

　돌이켜보면, 나의 친할머니도 다리 통증으로 20년을 신음 속에서 보냈다. 마지막 3년 동안은 다리를 아예 쓰지 못해 누워 지냈다. 할머니의 대소변을 받아내는 일은 친정엄마와 언니, 그리고 내 몫이었다.

　친정엄마 역시 지난 8년간 하체 불구로 지내고 있다. 2017년 8월, 엄마는 치매 3등급 판정을 받았다. 그해 가을 화장실에 가려다 문 앞에서 넘어지면서 고관절 골절을 당했고, 대학병원에서 수술을 받은 뒤 요양병원에서 3개월간 치료를 받았다. 이후 요양원에서 8년을 생활하다 최근 다시 요양병원으로 이사했다. 이제는 치매 말기에 접어들어 딸들도 잘 알아보지 못한다.

　지난 10여 년 동안 친정엄마를 지켜보며 나는 슬픔의 늪에 빠지곤 했다. 힘들고 아픈 시간이었지만, 소중한 시간이기도 했다. 나는 서서히 엄마와 작별하는 연습을 하고 있다.

　정수남 선생님의 시를 읽으며 아내를 향한 식을 줄 모르는 사랑을 느꼈다. 선생님 자신도 이미 노인의 세계에 들어와 있다. 곧 팔순이지 않은가? 그런데도 선생님의 삶은 내게 불가사의하기까지 하다. 선생님은 자신이 노인이라고 생각하지 않는 것 같다. 내가 보기에도 선생님은 열정이 넘치는 청년 같다.

하나님이 선생님에게 특별한 건강과 체력을 허락한 것이 틀림없다. 아내를 사랑하는 그 마음을 귀히 보시고 독수리 같은 힘과 청년 같은 열정을 계속 부어주시는 것일지도 모른다. 그렇지 않고서야 어떻게 그런 생활을 할 수 있겠는가. 또한 선생님의 쩌렁쩌렁한 목소리는 힘이 넘친다. 시력은 마치 매의 눈과 같다. 그뿐만이 아니다. 가방에 무거운 책을 넣어 다니는 모습조차 내게는 놀랍다. 자가 운전을 하지 않는 선생님은 학생들에게 나누어 줄 신작 책들을 대여섯 권씩 가방에 넣고 다닌다.

선생님의 일상은 변함없이 지속된다. 오전 8시면 문학 공작소에 출근해 글을 쓰고, 학생들을 가르치러 다닌다. 저녁에 퇴근해서는 아내를 위해 요리한다. 80세 노인이 어떻게 그런 일을 다 해낼 수 있을까? 나는 50대 후반의 불량 주부다. 25년 이상 강의를 해온 사람으로서, 퇴근 후 저녁을 요리하는 것이 얼마나 힘들고 귀찮은지 잘 안다. 그래서 주로 간단한 단품 요리를 한다. 하지만 선생님은 다르다. 시를 읽어보니 정성을 다해 된장찌개와 김치찌개를 끓인다. 그 요리는 자신을 위해서가 아니라, 오롯이 아내를 위한 것이다.

선생님은 요양보호사에게 요리를 맡기지 않는다고 한다. 직접 장을 보고, 저녁 시간 내내 앞치마를 두르고 요리를 한다. 그 정성을 어느 누가 따라갈 수 있을까. '아내 사랑 요리 대회'가 있다면 선생님이 단연 1등을 차지할 것이다.

시를 읽으며 알게 되었다. 수업 시간에 결혼을 괜히 했다고 후회하던 선생님의 말은 투정 섞인 반어법이었다는 것을. 요즘 젊은이들

말로 하면 선생님은 '앙탈'을 부렸던 것이다. 인생과 하나님께 응석을 부렸던 게 아닐까. 아내가 이런 고통을 당할 줄 몰랐다고. 아내를 돌보는 것도 힘들고, 그 고통을 지켜보는 것도 힘들다고.

  하지만 선생님은 이 모든 과정을 감사하다고 시에서 고백한다. 살아 있는 것도, 아내와 함께할 수 있는 것도, 건강하여 아내를 돌볼 수 있는 것도. 선생님의 고백에 나도 공감한다. 나도 친정엄마가 나를 알아볼 수 있는 것만으로도 감사했다. 이제는 숟가락질도 하지 못하지만, 치매가 악화되면 음식 씹는 것조차 잊게 될지도 모른다. 그래서 지금 이 순간이 가장 감사한 시간인지도 모르겠다.

  정수남 선생님이 '괜히 결혼했다'고 투정을 부렸던 그 반어법은, 아내를 자신의 생명보다 더 사랑한다는 고백이었다. 그 뜻을 몰랐던 나의 우매함이 부끄럽다.

  지난주에 내 소설을 수정해 주느라 오랜 시간 의자에 앉았다 일어나던 선생님에게서 다시 한번 문학과 제자 양성에 대한 열정을 보았다. 장시간 의자에 앉아 있다 일어나니 내 허리에서 우두둑 소리가 났다. 선생님도 마찬가지였다.

  선생님의 얼굴 표정에서 약간의 지친 모습을 읽을 수 있었다. 그리고 복도를 걸어가는 선생님의 뒷모습에서 나는 쓸쓸한 한 남자의 체취를 느꼈다. 80평생 가족을 부양하던 아버지의 쓸쓸함. 형님과 동생 그리고 아들을 먼저 하늘나라로 보낸 남은 자로서의 쓸쓸함. 병든 아내를 돌봐야 하는 쓸쓸함. 제자들의 글쓰기 실력을 향상시키려고 애쓰는 쓸쓸함. 그리고 작가로서 창작 혼을 불태우기 위해 혼자 끊임없이 노력하는 쓸쓸함. 그 쓸쓸함을 가방에 넣고 터벅터벅 걸어가던 선생님의 뒷모습에, 나는 "그동안 수고 많으셨습니다.

정말로 수고 많으셨습니다. 이제 선생님이 반어법을 쓰셔도 금방 알아듣고 웃음으로 답하겠습니다."라고 말씀드리고 싶었다.

| 작가노트 |

나는 10여 년 동안 혼자 글쓰기를 했다. 에세이도 쓰고 소설도 썼지만, 늘 제자리걸음이었다. 작년 여름, 글쓰기를 포기하려는 순간, 친구 이창경 권사가 능곡 교회 문화센터에서 정수남 선생님의 글쓰기 수업을 수강하라고 추천했다. 선생님과의 만남은 마치 사막에서 오아시스를 발견한 것과 같았다.

그동안 혼자서 글을 쓴다는 것은 끝없이 펼쳐진 모래 언덕을 걷는 것과 같았다. 방향도 목적도 없이 그저 발길 닿는 대로 써 내려간 글들은 바람에 흩날리는 모래처럼 갈피를 잡지 못했다. 정수남 선생님과의 만남은 메마른 내 글쓰기의 여정에 단비와 같았다.

선생님은 내 글의 문제점을 정확히 짚어주셨고, 막막했던 글쓰기의 방향을 잡아주셨다. 무엇보다 중요한 것은 글쓰기에 대한 나의 태도였다. 내 글은 감정 기복이 심했다. 선생님을 만난 이후 조금씩 감정을 조절하는 법을 배우면서 천천히 앞으로 나아가려고 노력하고 있다. 그리고 선생님의 문학에 대한 열정을 배우고 있다.

선생님과의 만남이 최근에 만난 어떤 만남보다 가장 멋지고 의미 있는 시간이었음을 고백한다. 이 과정에 함께한 이창경 권사와 주님께 감사드린다.

| 동화 |

주차장에 봄꽃이 피었어요!

김 애 련

"부르릉, 부릉, 부르릉."
 양지뜸 마을에 큰 차들이 까만 흙을 가득 싣고 왔어요.
 앞에 큰 롤러를 달고 오는 다짐이 차도 있고, 넓적 바퀴로 꾹꾹 눌러주는 누름이 차도 왔어요.
 오늘은 우리 마을 흙길 도로가 새 옷을 입는 날이에요.
 그동안 차가 다닐 적마다 흙먼지 때문에 눈을 뜰 수 없었고, 비가 오는 날이면 신발이 온통 흙으로 뭉쳐져 걷기가 힘들었어요.

"휘잉, 부릉, 부릉."
 다짐이 차가 조심하라고 큰 소리로 말하며 달려 나가더니, 곧이어서 아스콘 트럭이 김이 모락모락 나는 검은깨 찰떡을 쏟아 부었어요. 갈고리 삽을 손에 든 아저씨들이 찰떡을 휘저으니 다짐이 차가 롤러로 지그재그 롤러스케이트를 탔어요.
 오르락, 내리락, 이리 젓고, 저리 젓고 리듬에 맞추어 바퀴들이 굴러다녀요. 얼마나 재미있어 보이던지 나도 모르게 몸이 들썩들썩 춤을 추네요.
 어제까지 먼지 묻어 노래진 옷을 입고 있던 길이 금방 까만 새 옷으로 갈아입었어요. 겹겹이 쌓은 검은 시루떡을 다짐이 차가 꾹꾹 눌러주니까, 쭉 뻗은 멋있는 길이 꼭 바닷길처럼 보였어요.

"와, 대단하다."

앞집에 사는 네 살 지민이가 손뼉을 치며 좋아서 목소리를 높였어요.

"엄마, 엄마! 울퉁불퉁한 길이 예뻐졌어요. 나처럼 머리를 빗었나 봐요. 가지런해졌어요."

지민이는 한 손에 싱싱카를 끌고 빨리 나와보라며 엄마를 재촉했어요.

"오, 정말이네, 감사합니다."

지민이 엄마는 양손에 아저씨 드릴 차를 들고 오시며 감탄했어요.

"지민이는 좋겠네. 싱싱카를 타고 집 마당까지 쑥 들어 올 수 있어서."

맞아요. 지민이는 자전거를 타다가도 힘들다며 길가에 종종 버려두고 집으로 들어갔어요. 오늘 지민이는 기분이 좋아서 이미 하늘을 날고 있었답니다.

우리 동네 양지뜸 집들은 산언덕에 있어서 앞집보다 뒷집들이 조금씩 높아요. 큰 도로에서 이어지는 논밭 사이의 길은 평지이지만, 첫 집부터 마지막 집까지는 경사진 언덕이지요. 우리 집 주차장은 길보다는 조금 낮게 비스듬히 누워있어요.

땅바닥과 아스콘을 붙여주는 유화제가 우리 집 주차장으로 흘러들어와 까맣게 새로운 강길을 만들었어요.

저녁이 되어 으스름 달빛이 비치자 꾸불꾸불한 새까만 줄이 또렷이 보였어요. 살아서 움직이는 커다란 뱀 같아서 무서웠어요.

다음날 우리는 칠감과 물감을 가지고 주차장 꽃동산을 만들기로 했어요. 이미 나무줄기는 만들어져 있어서 꽃잎과 꽃들만 그려 주기로 했지요. 분홍 진달래와 노란 개나리꽃으로요.
 모두 바닥에 웅크리고 앉아있는 모습이 궁금했는지 앞집 지민이와 뒷집 호두가 찾아왔어요.
 "오빠, 뭐해요?"
 지민이가 호기심 가득한 모습으로 다가와 물었어요.
 "응 여기에 꽃을 그리려고 해."
 나는 손가락으로 주차장에 누워있는 까만 줄기를 가리키며 말했어요.
 "지민아, 호두야, 여기 붓 있어. 같이 꽃 그리자."
 우리는 모두 한 줄기씩 부여잡고 진달래와 개나리꽃을 그려 넣었어요.
 온통 물감을 묻혀가며 찍고, 바르고 체험 놀이 시간이 되었어요.

 "안돼!"
 지민이가 물감을 한곳에만 잔뜩 칠하고 있었어요.
 "괜찮아, 활짝 핀 꽃도 있지만 봉우리 진 꽃도 있으니 걱정하지 말아요. 잘했어요."
 할머니 말씀에 모두 안심하고 마저 꽃들을 그렸어요.
 "조금 있으면 앞산에 아카시아꽃도 필 텐데 빈 곳에 더 그려 넣어볼까?"
 할머니께서 흰색 물감을 주면서 말씀하셨어요.
 "네, 좋아요."
 시간 가는 줄도 모르고 꼬막손으로 그려내는 꽃들이 몽우리 지더니 손바닥 힘을 빌려서 만발했어요. 어느덧 우리 집 주차장에는 진달래꽃과 개나리꽃, 하얀 아카시아꽃들이 피었어요.

엄마들은 우리가 그려 놓은 꽃밭에 이름을 새기며 축하해 주었어요.

"얘들아! 간식 먹자."
배가 조금 고플 때쯤이었는데 반가운 소리였어요.
뒷집 사시는 권사님께서 보리빵을 구워 오셨어요
"네, 감사히 잘 먹겠습니다."

권사님은 양지뜸 마을에 아이들이 있어서 감사하다며 우리 엉덩이를 또닥거려 주셨어요.
"시골 마을엔 어린이들이 없다는 말을 듣고 어떻게 하나 걱정했는데, 우리 동네에는 같이 놀 수 있는 친구들이 있어서 좋아요."
늦둥이를 둔 지민 엄마가 이곳으로 이사와 주어서 고맙다고 말했어요.

"얘들아, 우리 숨바꼭질할까?"
"그래, 그래."
"가위, 바위. 보."
술래가 된 나는 힘주어 숫자를 셌어요.
"찾는다. 다 숨었니?"
"네, 네!"
지민이가 대답했어요.
"큭, 큭."
지민이는 쉽게 찾을 것 같아요. 소리가 들렸던 쪽으로 가보니 엉덩이를 하늘로 올리고 얼굴만 가린 채 숨어 있었어요.

술래가 된 지민이는 벽에 두 손을 가지런히 대고 노래를 불렀어요.
"꼭, 꼭 숨어라. 머리카락 보인다."
"하나, 둘, 셋, 다섯……, 찾는다!"
"찾는다!"
손을 놓고 뒤돌아선 지민이는 황소 같은 눈을 끔뻑끔뻑하더니 고개를 꺄우뚱거렸어요.
"왜 대답을 안 하지?"
"찾는다!"
여기저기를 둘러보았는데도 오빠들 찾기가 쉽지 않았어요.
할머니는 지민이 손을 잡고, "못 찾겠다 꾀꼬리."하며 나오라는 사인을 보냈어요.
장독대 뒤에서, 소나무 뒤에서, 흔들의자 밑에서 오빠들은 머리를 쏙 내밀며 달려 나왔어요.
모두 한바탕 웃으며 재미있는 숨바꼭질을 하였답니다.

오늘도 달빛이 비치는 우리 집 주차장에는 예쁜 봄꽃들이 활짝 피었답니다.

| 작가노트 |

    임진각 너머로 길 떠나는 햇님이 뿌려놓은 붉은 노을을 마주하면, 탄성과 묵상이 저절로 되고 바삐 달려온 나의 인생길을 마주 보는 것 같다.
    친구 권유가 있었음에도 흘려들었던 수필 공부가 어느 순간 가슴에 들어와 자리를 잡았다. 적극적인 선생님의 격려 덕분에 이 나이에 상상도 못 했던 동화씨를 만나 사랑에 빠졌다. 동화와 중매를 해주신 것이다. 이끌어 주시는 선생님을 따라 한껏 날개를 펴 보려 한다. 용기와 열정을 주신 주례 선생님께 감사드리며 중매 잘해 주셨으니 옷 한 벌 해드려야겠다.

    사랑 가득한 포근한 옷으로…….

제 5 부

소설

불을 찾아서

| 소설 |

불을 찾아서

김 나 영

　빌라가 많은 좁은 골목은 진입하기가 쉽지 않다. 나는 속도도 제대로 내지 못하는 차 안에서 발만 동동 구른다. 차는 불법으로 주차된 차량 사이를 한 뼘 정도의 공간만을 남겨둔 채 아슬아슬하게 지나가기를 반복한다. 내가 탄 구조공작차 뒤로 펌프차가 바짝 달라붙어 따라온다. 골목 끝에 다다랐을 때, 하늘로 치솟는 검은 연기가 눈에 들어온다. 화재가 발생한 빌라임을 단번에 알 수 있다. 나는 차에서 내리자마자 그곳으로 달려간다. 안방 창문으로 벌건 불길이 일렁이는 게 보인다. 안방에서 시작된 불은 꼭 그때와 같다. 가슴이 철렁 내려앉는다. 대원 한 명이 쇠지레를 문틈 사이에 집어넣고 좌우로 비튼다. 그 사이 해머로 손잡이를 내리친다. 문이 불편한 소리를 내며 열리자, 내가 실내로 진입한다. 구조대상자를 찾기 위해서이다. 뜨거운 열기와 연기로 시야는 전혀 확보되지 않았지만, 나는 생각할 새도 없다. 불길이 번지던 안방으로 진입한다. 불길의 한가운데 누군가 쓰러져 있다. 그 장면을 다시 보는 것만으로도 가슴이 마구 뛴다. 쓰러진 사람에게 다가간다. 체격이 제법 크다. 남자인 듯 보이지만, 굳이 그 사람의 얼굴을 한 번 더 확인한다. 다행히도 소연은 아니다. 나는 쓰러진 사람의 의식을 확인한다. 의식이 없어 보조호흡기조차 씌울 수 없다. 나는 곧장 구조대상자를 들추어 업은 채, 아가리를 벌리고 잡아먹을 듯 노려보는 불길을 피해 밖으로 나온다. 그의 몸은 불붙은 연탄처럼 뜨겁다. 그것마저 꼭 그녀와 닮았다. 내가 구조자를 데리고 나온 것을 확인한 동료들이 5벌짜리 아코디언말이 수관을 펼쳐 방수를 시작한다. 벌건 불길 가운데서도 선명하게 보인다. 그가 쓰러져 있던 자리에 펼쳐진 검은 그을음을……. 화재 현장을 빠져나온 남자는 그대로 들것에 실려 병원으로 이송된다. 나는 떠나는 구조자를 보며 그녀가 아니라는 사실에 다시 한번 안도했고, 동시에 그녀가 미치도록 보고 싶었다.

그날은 비가 곧 쏟아질 듯 하늘이 흐렸다. 공기는 수분을 가득 머금어 눅눅했는데, 무거운 공기가 어깨에 내려앉아 무기력해지는 날씨였다. 통상적으로 이런 날씨에 화재가 발생하는 경우는 많지 않았다. 나는 오전에 주택가 처마 밑에 자리한 말벌집 제거를 위해 한 번 출동한 것을 제외하고는 비교적 여유로운 시간을 보내고 있었다. 벌써 16시간째 근무하고 있었고, 정신이 몽롱한 상태였다. 출동 벨이 요란하게 울렸다. 주택가 화재신고였다. 나는 특전사 경력 때문에 소방대원 중에서도 인명구조대 업무를 맡고 있었다. 그래서 화재 현장에 사람이 있다는 신고가 들어올 때면 신경이 더 곤두섰다. 현장에 도착해 빌라의 3층을 바깥에서 올려다보았다. 안방 창문으로 벌건 불길이 보였다. 아마도 불은 안방에서 시작한 모양이었다. 다행히 화재 현장에 막 도착했을 때는 빗방울이 떨어지고 있어, 큰불로 번지지는 않을 것 같았다. 내가 화재 현장에서 구조대상자를 먼저 구출하면 그때부터 본격적인 진화 작업은 시작이 된다. 섣불리 진화하다가는 불이 사그라지면서 발생하는 유독가스와 연기에 질식할 수 있기 때문이었다.

집안으로 진입했다. 뜨거운 열기에 온몸이 타버릴 것 같은 고통이 느껴졌는데, 다른 날보다 유독 더 뜨거웠다. 당장이라도 뒤돌아 도망가고 싶었다. 소방관이 되겠다고 결심했을 때, 이런 위험을 늘 감수해야 한다는 것을 나는 제대로 인지하고 있었을까? 한낱 밥벌이의 수단일 뿐인 일에 목숨을 걸어야 하는 것일까? 불길 속에서도 그런 생각을 했다.

 잔뜩 긴장한 채 뜨겁게 달아오른 안방의 문손잡이를 부수고 들어갔을 때였다. 지금껏 한 번도 본 적이 없었던 광경을 마주했다. 안방은 시뻘건 불꽃이 천장과 벽을 모조리 잠식했다. 도저히 사람이 생존할 수 없는 상태였다. 그런데 그 불길의 한가운데 한 여자가 엎드려 있었다. 나는 여자에게 다가가기를 주저했다. 그녀를 둘러싼 기이한 모습 때문이었다. 불꽃은 이미 안방 전체에 번져 모두 태워 없앨 듯 기세등등했는데, 그 여자의 주위에서만 약한 주황빛으로 일렁거리고 있었다. 그야말로 그녀의 몸은 커다란 촛불의 심지 같았고, 방안 전체는 거대한 불꽃 그 자체였다. 그녀에게 다가가 등을 만졌을 때였다. 그녀의 몸은 사람의 체온이라고 하기에는 고통스러울 정도로 뜨거웠다. 나는 방화복을 입었으나 흠칫 놀라 손을 뗐다. 그녀와 약간의 거리를 둔 채 그녀에게 말을 걸었다.

 저 보이세요? 여기서 나가야죠.

 그녀가 말없이 고개를 들었는데, 그녀의 눈빛은 어찌 되든 상관없다는 것 같았다. 그렇다고 해서 돌아갈 수도, 그녀에게 손을 댈 수도 없었다. 좀 전에 느꼈던 불보다 더한 뜨거움 때문이었다. 내가 머뭇거리는 것을 눈치챈 것일까? 그녀가 스스로 자리에서 일어났다. 나는 곧바로 그녀에게 보조호흡기를 착용시키고 부축하며 방을 나섰다. 그녀는 화마 속에 있던 사람치고는 너무나 멀쩡했다. 그리고 방을 벗어나는 순간 똑똑히 보았다. 새카맣게 타버린 책 한 권과 그 여자가 앉아 있던 자리에 거멓게 그을린 자국을. 마치 SF영화 속 능력자가 몸에서 불을 일으키기라도 한 것 같은, 결코 잊지 못할 광경을…….

목숨을 위협하는 불길을 경험한다는 것은, 일과가 끝났다고 잊히는 게 아니었다. 2교대 근무를 끝낸 터라 피곤이 어깨를 짓누르는데도 잠이 오지 않았다. 현장에서 겪는 공포스러운 경험들이 차곡차곡 내 안에 쌓여갔고, 특히 전날의 기이한 광경은 고스란히 남아 나를 괴롭히고 있었다. 불길 속에 있던 그 여자의 모습이 떠나지 않았다. 운이 좋게도 친구 명수가 술이나 한잔하자며 연락을 해왔다. 명수는 며칠 전 오래 사귄 여자친구와 이별했다. 그를 위해서도, 나를 위해서도 기분 전환이 필요했다. 명수는 유명하다는 맥주펍의 주소를 SNS로 보내주었다. 손님들의 후기가 빽빽이 달린 집이었다. 요즘 유행하는 인더스트리얼 인테리어로 꾸며진 맥주펍은 빈 테이블이 하나도 없을 만큼 사람들로 꽉 차 있었다. 내가 맥주펍에 도착했을 때, 명수는 이미 자리를 잡고 앉아 있었다. 핸드폰에 머리를 묻고 있던 명수는 고개 한 번 들지 않고 있었는데, 내가 가까이 다가가 그의 어깨를 친 후에야 고개를 들었다.

괜찮냐?

명수를 보자마자 내가 건넨 첫마디였다. 명수에게는 위로가 필요할 것 같았으니까.

뭐가?

너 헤어진 거 말이야.

아, 그거. 이렇게 쉽게 잊을 수 있는 일인가 싶을 정도다.

이별을 힘들어할 것이라는 내 예상은 빗나갔다. 감정이 고장 난 것이 아니고서야 이렇게 태연할 수가 있을까?

 예정된 수순같은 거였어. 걸핏하면 결혼하고 직장을 그만두겠다고 말했거든. 이름도 들어본 적 없는 작은 중소기업에 다니는 내가 혼자 벌어서 안정적인 가정을 꾸릴 수 있겠어? 오래된 중고차를 바꾸지도 못할 테고, 전셋집을 찾아 전전하다 결국엔 서울에서 점점 멀어질 것이고, 자녀의 학원비 때문에 마이너스통장을 만들지도 모를 일이지. 그런 삶은 생각만 해도 숨통이 조일 것만 같거든. 아마 나랑 생각이 같았던 모양이야. 공무원이랑 선을 본다고 하더니, 그 사람과 결혼하겠다더라고.

 남의 얘기하듯 말을 하던 명수는 주문을 받으러 온 직원에게 농담을 던지며 맛있는 맥주를 추천해달라고 했다. 그때였다. 명수의 핸드폰에 알림음이 울렸다. 핸드폰을 한참이나 응시하던 명수가 말했다.

 우리 커플통장 해지하고 남은 금액을 보냈네. 생각보다 꽤 많은 돈을 보낸 걸 보니 우리가 오래 만나긴 했나 보다.

 명수는 그 말을 끝으로 더 이상 자신의 이별에 대해서는 입을 열지 않았다.

 넌 그 일 할 만하냐?

 명수가 목울대를 꿀렁이며 시원하게 맥주를 마시고는 테이블에 내려놓으며 내게 물었다.

 솔직히 힘들어. 그 이유가 이교대 근무 때문도, 위험한 현장 때문도 아니야. 난 단순하게 공무원이 되는 거라고 생각했는데, 내게서 일 이상의 사명감 같은 걸 요구하는 거. 내 목숨을 거는 게 당연한 것처럼 생각해야 하는 거. 내가 꼭 그런 마음을 가져야 하는 거야?

 뭐, 소방관이라고 하면 뭔가 숭고한 느낌이랄까? 그런 게 있긴 하지.

숭고? 내가 무슨 성인군자라도 되려고 했겠냐? 그냥 수많은 직업 중에 하나를 선택한 것뿐이야.

내 말에 고개를 끄덕이던 명수가 말을 이었다.

사랑도 똑같아. 상대와 적당히 마음을 주고받다가 서로의 미래계획이 일치하면 뭐 결혼으로 이어질 수도 있고, 아니면 헤어지는 거지. 목숨 바치는 사랑 따위도 존재하지 않는데, 하물며 목숨까지 바쳐가며 일을 하라고? 난 그렇게 못해.

그래도 사랑은 다르겠지. 목숨도 바칠 수 있는 게 사랑 아니야?

그러니까 네가 모쏠인거야. 사랑? 별거 없어. 인간의 욕망을 충족시키기 위한 다양한 선택 중에 하나일 뿐이야.

명수와 헤어지고 집으로 돌아오는데, 경찰로부터 전화를 받았다. 주택가 화재 관련해서 물어볼 것이 있다는 것이었다. 화재 원인에 난항을 겪고 있다며 경찰서에 잠깐 들러줄 수 있냐는 부탁이었다. 다음 날 나는 연가를 내고 경찰서로 향했다. 그리고 그곳에서 소연을 다시 만났다.

소연은 경찰서 앞마당의 벤치에 앉아 있었다. 나는 사람을 잘 기억하지 못하는 편이었으나, 이상하게도 그녀만큼은 단번에 알아봤다. 불구덩이에서 살아서 나온 사람치고는 너무나 멀쩡해 보였다. 나는 경찰서로 향하며 그녀를 보았는데, 면담을 마치고 돌아왔을 때도 여전히 그곳에서 미동도 하지 않은 채 앉아 있는 것을 발견했다. 경찰도 도무지 모르겠다고 할 만큼 기이했던 화재 현장과, 대단한 사연이라도 있을 것 같은 그녀의 표정은 나로 하여금 그녀에게 말을 걸 수밖에 없도록 만들었다.

화재 현장에 있던 소방관입니다. 심하게 다치지는 않으셨어요?

그녀가 고개를 들어 나를 쳐다봤다.

구해주셔서 감사합니다.

구해줬다는 표현은 그날 머뭇거리던 나를 생각나게 해서 민망했지만, 허공을 응시하고 있는 그녀의 눈빛이 인사치레일 뿐인 것 같아 도리어 다행이다 싶었다. 그녀는 여전히 나와 눈을 맞추지 않은 채 말을 이었다.

죽어도 상관없다고 생각했어요. 살아있을 이유가 없었어요. 그런데도 따라 나갔어요. 당황스러워하는 것 같아 보였거든요.

죽으려고 했다는 말과 대수롭지 않은 듯 행동하는 괴리감이 오히려 관심을 끌었을까? 궁금한 마음에 쉽게 자리를 떠나지 못하고 있는데, 대뜸 그녀가 술이나 한잔할 것을 제안했다. 모르는 여자의 제안을 거절할 법도 했지만, 나는 이끌린 듯 그녀를 따라나섰다.

우리는 경찰서에서 삼백 미터 정도의 거리에 있는 실내포차에 마주 앉았다. 그녀는 안주가 나오기도 전에 소주잔에 술부터 채웠다. 몇 잔을 연거푸 마시는가 싶더니, 턱을 괴고 나를 지긋이 쳐다보며 지귀 설화에 대해 들어본 적 있냐고 물었다. 나는 분위기와 어울리지 않는 옛날이야기에 대답할 말을 잃고 있었다.

제가 지귀인 것 같아요. 작자 미상의 지귀설화 속 그 지귀.

술주정조차 참신하다고 생각하고 있는 사이, 그녀가 마른 땅콩을 만지작거리며 말했다.

지귀는 선덕여왕을 보고 첫눈에 반해 사랑에 빠져요. 자신과 같이 미천한 신분을 가진 이가 감히 여왕을 보고 사랑에 빠지다니요. 그래서 지귀는 어떤 보답도 받지 않았어요. 그냥 가까이서 그녀의 모습을 보는 것만으로도 행복했어요. 그런데 선덕여왕은 잠든 지귀에게 자신의 팔찌를 벗어 줘요. 그것뿐이었어요. 자신의 사랑에 대한 보답을 받은 것뿐인데, 그 사랑이 감당할 수 없을 정도로 커진 거죠. 그 사랑이 가슴에서 불길을 만들어낼 정도로…….

그래서 당신도 가슴에서 불이라도 피어올랐나요?

대꾸할 말이 생각나지 않아 무심코 건넨 말이었다.

그렇다면요?

그녀는 이내 말을 돌렸고, 그때의 나는 엉뚱한 소리를 하는 모습이 제법 매력적이라고 생각했다. 그녀는 자신의 이름이 소연이라는 것과, 제 이름은 거꾸로 연소가 더 잘 어울린다며 농담 같지도 않은 말을 농담이라며 건넸다. 그녀는 나이에 어울리지 않는 순수함이 묻어나는 여자였다. 시시껄렁한 농담에도 자지러지게 웃다가, 슬픈 얘기에는 금세 눈에 눈물이 맺혔다. 그녀는 제 감정을 숨기려고 하지 않았는데, 그 솔직함이 나에게는 생소했다. 그래서인지 그녀가 내뱉는 모든 언어들이 감정에 흠뻑 젖어 있었고, 그런 그녀와 이야기를 나누다 보면 나마저도 이성적 사고가 멈춘 듯했다. 마치 거대한 불길을 향해 발을 내딛는 것만 같았다. 그때였다. 넘치는 술잔으로 실랑이를 벌이며 그녀의 팔을 붙잡은 순간, 온몸에 소름이 돋았다. 마치 감전이라도 된 것처럼 뜨겁고 짜릿했다. 문득 그녀와 보내는 밤도 이처럼 뜨거울지 궁금했다. 내 마음을 눈치챈 것일까? 그녀가 내게 하룻밤을 제안했다. 나는 거부할 생각을 할 수도 없을 만큼 들떠 있었기 때문에 자연스럽게 그녀를 따라 모텔로 향했다. 우리는 입을 맞추고, 숨결을 나누며, 서로 몸을 섞기 시작했다. 생전 처음 경험해 보는 흥분감 때문에 나는 정신을 차릴 수 없었다. 그리고 우리의 밤이 절정을 향해 달려갈 때였다. 그녀의 몸이 조금씩 뜨거워지기 시작하는 것을 느꼈다. 뜨거운 숨을 연신 뱉어내며 점점 달아오르던 그녀가 불덩이처럼 변해갔다. 나는 그녀의 열기에 화들짝 놀랐지만, 나 또한 들끓는 본능에 혼미해져 있었기 때문에 행위를 멈출 수는 없었다. 얼마나 시간이 흘렀을까? 어느새 우리는 비라도 맞은 듯 흠뻑 젖은 채 나란히 누워있었다. 나는 모텔의 검자주색 암막커튼을 조금 젖히고 창문을 열었다. 새벽녘의 찬 공기가 흐른 땀을 천천히 식혀주었다. 그녀는 옆으로 비스듬히 누워 나를 보며 말했다.

전 걷잡을 수 없이 빠져드는 사랑이 좋아요. 첫눈에 반한 지귀처럼.

어떻게 첫눈에 사랑에 빠져요? 그건 그냥 선덕여왕을 찬양하기 위해 만들어낸 것뿐이에요.

그걸 운명적이라고 말하는 거예요. 사랑은 이유가 있어서 하는 게 아니거든요. 자신조차 사랑에 빠진 이유를 알지 못하는 게 사랑이거든요.

그런 사랑을 해봤어요?

그럼요, 제가 이렇게 뜨겁게 타오르고 있는 게 사랑의 증거니까요.

소연은 병원에서 그를 만났다고 했다. 그는 암 환자였는데, 그때 그녀는 자식이 없는 고모의 간병을 위해 그곳에 머무르고 있었다. 그의 병상은 창가 쪽에 있어서 늘 햇볕을 등지고 있었다. 그녀는 그의 뒤에 후광이 비치는 것 같았다고 표현했다. 그래서 그가 마치 숭고한 사명을 지닌 성직자이거나 순교자 같은 느낌이 들었다는 것이다. 게다가 그는 검사나 치료를 위해 병상을 비울 때를 제외하고는 침대 헤드를 45도 세우고, 이불은 딱 무릎까지 덮은 상태로 책을 읽으며 대부분의 시간을 보냈다. 그녀는 비쩍 마른 몸에 하얀 비니를 쓴 채 늘 꼿꼿하게 책을 읽는 그 모습에 반했다고 했지만, 나는 그녀의 설명 어디에도 그녀가 그에게 반할 만한 지점을 찾을 수 없었다. 나중에 그녀는 그의 직업이 소설가라는 것을 알게 되었다. 생각만큼 고상하지 않은 그저 그런 싸구려 로맨스 소설, 그러니까 절정 부분에 주인공 남녀의 섹스 장면이 꼭 등장하는 그런 소설의 작가였다. 하지만 그것이 그와 사랑에 빠지는 데 결격사유가 되지는 않았던 모양이었다.

그는 지금 다른 사랑을 하며 행복하게 살고 있어요.
당신의 사랑은 끝나지 않았다면서요. 괴롭지 않아요?
그녀는 못 들은 척 말을 이었다.
지귀의 결말이 어떻게 되는 줄 알아요? 홀로 바다에 뛰어들어요. 다른 이에게 불길이 옮겨가지 않도록. 결국 그렇게 되는 거예요. 사랑을 끝낼 수는 없으니까요.

화재신고가 들어온다. 도시 외곽의 야적장이다. 울타리처럼 둘러놓은 샌드위치 판넬 안에서 시커먼 연기가 용솟음친다. 할머니 한 분이 나를 붙잡으며, 안에 사람이 있으니 살려달라고 애원했다. 나는 패널을 넘어 안으로 진입한다. 눈앞은 시커먼 연기로 가득 차 도저히 구조자를 찾지 못하겠다고 생각할 즈음이다. 왼쪽에서 개 짖는 소리가 들려온다. 나는 본능적으로 소리가 들리는 방향을 향해 나아간다. 매고 있는 공기통엔 300bar의 공기가 채워져 있고, 공기의 소모를 최소화하기 위해서 절대 뛰어서는 안된다. 하지만 자꾸만 마음이 조급해지고 걸음이 빨라진다.

그녀를 만난 이후부터였을까? 매일같이 화재 현장에 그녀가 있지 않을까 하는 상상을 한다. 내가 조금이라도 머뭇거리는 사이에, 나의 출동이 늦어진 사이에, 그녀가 자신을 다 태워버린 채 영원히 사라질까 봐 두렵다. 언젠가 그녀가 말했다. 다음번에는 자신까지 다

김나영 ┃251

태울 수 있을 것 같다고 했다. 차갑게 식어버리느니 뜨겁게 불타다 홀연히 사라지는 게 더 나을 것 같다고. 그리고 그렇게 그녀가 이 세상에서 영원히 사라진다는 상상을 하는 날에는 내 가슴에서도 불길이 일어나는 듯 뜨겁고 고통스러웠다.

 연기를 뚫고 향한 곳에는 쓰러진 노인과 개 한 마리가 있다. 나는 노인을 업고 화재 현장을 빠져나왔다. 아마도 그 개가 아니었다면 나는 매캐한 유독가스와 검은 연기 속에서 구조자를 그렇게 빨리 찾지는 못했을 것이다. 의식을 잃은 구조자를 실은 구급차가 막 출발하려는 찰나였다. 털이 시커멓게 그을린 채 구조자의 위치를 알리던 그 개가 꼬리를 흔들며 나타났다. 뒤이어 가고 있는 구급차를 향해 전력질주하며 달려간다. 더 이상 따라갈 수 없을 때까지 구급차 뒤를 쫓아가는 개를 보며, 무엇이 저리도 맹목적으로 만드는 것일까 궁금하다.

 그녀와 보낸 밤은 내게 꽤 강렬한 기억을 남겼다. 내 손안에서 불덩이처럼 달아오르던 그녀의 모습이 자꾸만 떠올랐다. 마치 처음 불장난을 경험한 어린아이가 된 것 같았다. 평범한 안부를 묻는 척 그녀에게 전화를 걸었고, 이후로 그녀와의 만남을 계속 이어갔다. 그렇게 나는 샤워를 해도 지워지지 않는 화재 현장의 탄내를 그녀의 체향으로 덮고, 뜨거운 그녀의 품 안에서 노곤한 몸을 뉘었다.

 우리는 의외로 말이 잘 통했다. 특히 새벽 운동을 즐긴다는 공통점이 있었다. 같은 시간 공원에서 만나 산책보다는 조금 빠른 걸음으로 공원을 한 바퀴 돌았다. 새벽공기 특유의 습함도, 서로를 힐긋거리며 속도를 맞추는 것도, 테이크아웃 커피차 앞에 서서 마시는 아메리카노 한 잔도, 그 모든 순간이 설렜다. 변함없이 공원 벤치에서 그녀를 기다리고 있을 때였다. 소연이 느닷없이 개 한 마리를 데리고 나타났다. 집에서 키운다고 하기에는 너무도 볼품없는, 시골집 마당에 종일 묶여있는 개와도 같은 진돗개 믹스견이었다. 그녀는 퇴근하고 집에 돌아가는 골목에서 떠도는 개 한 마리를 발견했다고 했다. 개는 갈비뼈가 고스란히 드러나 보일 정도로 야위었는데, 아마도 빌라 골목 위쪽 재개발지역의 어느 집에서 기르다가 집주인이 버리고 나간 것 같았다. 허물어진 집터를 떠도는 개를 잡아달라는 것은 119의 단골 신고 내용이기도 했는데, 그런 개를 포획하는 게 여간 힘든 일이 아니다. 그런데 골목을 떠돌아다닌 지 제법 오래된 그 개가 어느 날부터 소연을 따라다녔다는 것이다. 그녀는 이를 두고 인연이고 운명이라고 말했다. 그녀 덕분에 그 개는 쉽게 포획이 되었고, 그녀는 안락사될 게 뻔한 개를 보호소에 맡길 수 없어 키우게 되었다. 그녀는 개를 가리키며 몇 번이나 운명이란 말을 했는데, 생각해보면 그녀는 그런 표현을 곧잘 쓰곤 했다. 만날 수 밖에 없는 운명이라든가 사랑하게 될 수밖에 없는 운명, 심지어 어떤 음식을 고를 때조차 운명적으로 만났다는 표현을 썼다. 그녀가 말하는 운명으로 표현한다면, 그 개는 운명적으로 나를 싫어했다. 나만 보면 이를 드러내며 으르렁거렸다. 그런 개를 보며 나는, 개보다는 요염한 고양이 한 마리를 키우는 게 낫지 않느냐고 했다. 나는 주인에게 매달리지 않는 고양이의 당당함이 매력적이라고 생각했다. 반면 그녀는 개가 좋다고 했다. 무모할 정도로 주인을 사랑해서 제 목숨조차 아무렇지 않게 던지는, 해외토픽에 심심찮게 들리는 감동적인 사연의 주인공은 늘 개라고 했다. 그날은 운동은 접어두고 함께 벤치에 앉아 그런 시시콜콜한 대화를 나누며 시간을 보냈다. 그 와중에도 그 개는 귀를 축 늘어뜨린 채 차가운 코를 벌렁거리며 그녀만 쳐다보고 있었다. 소연은 애정을 듬뿍 담아 개의 목덜미를 쓰다듬어 주었는데, 그 장면이 묘하게 불쾌했다. 그리고 그녀가 홀연히 사라진 지금, 가끔 그 개의 생사가 문득 궁금해지곤 했다.

  낮잠도 오지 않는 휴무일이다. 요즈음 나는 원인을 알 수 없는 공허감에 사로잡힐 때가 많이 있다. 오늘같은 날이 그렇다. 사람들은 소방관이라면 누구나 한 번쯤 겪는 우울감이라고 하지만, 그것과는 결이 다른 느낌이다. 무엇이라도 하기 위해 구실을 마련하고 밖으로 나온다. 핸드폰 요금제를 바꾸고, 잘 쓰지도 않는 종이 통장을 정리하고, 자동차 정비를 맡겼다. 그리고 차량 정비가 끝날 때까지 인근 거리를 걷는다. 거리두기가 완화되자 한동안 보이지 않던 소규모 연극 포스터들이 하나둘 보이기 시작했다. 그중 한 포스터에 시선을 뺏긴다.
  「지귀, 미친 사랑을 꿈꾸다.」
  평소의 나라면 눈길조차 돌리지 않을 연극이다. 사랑 타령보다는 블랙코미디가 더 내 취향이었으니까. 그런데 지귀라는 단어 하나 때문에 그런 연극에 관심을 가지다니, 사라진 지 반년이 넘은 그녀가 나에게 이 정도로 영향력이 있는 존재였을까. 나는 이끌리듯 연극 티켓을 끊었다. 연극은 등장인물이라고는 고작 세 명 밖에 나오지 않는다. 대부분 지귀라는 남자의 독백으로 이루어졌는데, 그녀가 언젠가 말했던 지귀설화를 담고 있지는 않다. 한 여자를 미친 듯이 사랑해서 모든 걸 내어주다 끝내 비참한 결말을 맞이하는 남자의 이야기다. 나는 주인공 남자의 행동에 공감할 수 없었다. 그야말로 제목처럼 미친 짓이라고 결론을 내렸다. 그리고 세 등장인물이 나란히 손을 잡고 관객에게 인사를 하는 사이 조용히 자리에서 일어난다. 쓸데없이 시간만 버렸구나, 차라리 운동이라도 하러 갈 걸 후회하면서 지하에 자리한 공연장을 나와 계단을 올라가고 있을 때였다. 웬일인지 갑자기 코끝이 찌릿하며 심장이 쿵, 떨어지는 느낌이 든다. 그리고 뒤이어 내 눈에서 눈물이 주르륵 흘러내린다.

명수가 내 앞에 차를 세운다. 그가 다니던 직장을 그만둔 탓도 있겠지만, 둘 다 하릴없을 때 찾는 것은 조건반사 같은 행동이다.
빨리 타. 여기 주차 금지 구역이거든.
지난번에 본 차가 아니다. 명수는 그새 차를 바꾼 모양이다.
차 좋지? 내 새 애인.
명수는 다시 연애를 시작했다고 한다. 물론 그 연애의 대상이 자동차라는 것만 다를뿐, 연애를 하며 얻는 쾌감은 똑같다는 말과 함께. 명수가 투자한 코인이 제법 많은 수익을 거두었는데, 그렇게 번 돈으로 차를 바꾼 것이다.
네가 이렇게 갑자기 연락할 줄은 몰랐어. 요즘 내 연락도 잘 안 받았잖아.
내가 그랬나?
나는 그제야 내가 요즈음 연락을 하지 않았다는 사실을 깨달았다. 언제부터였을까? 요즈음 내 생활의 변화라곤 소연이 사라진 것밖에 없다. 그것이 내가 명수와의 연락조차 뜸했던 이유가 될까? 그리고 내 기분이 종잡을 수 없이 널뛰는 것도 그 이유 때문일까? 이성의 회로를 아무리 돌려보아도 그럴 만큼 그녀가 내게 영향력이 있었던 걸까? 언제부터인가 나는 휴대폰만 뚫어져라 쳐다보며 무기력하게 시간을 보내는 일상을 반복하고 있었다.
명수는 알 수 없는 내 감정 상태가 직장인에게 오는 그런 무기력감 같은 것이라고 장담하듯 말했다. 이전에 내가 말했던 것을 기억하며, 소방관이라는 직업이 가지는 무게감도 한몫했을 것이라고 의사처럼 진단한다. 그런 무게감에 짓눌릴 필요 없다고, 결국 직업이라는 것은 생계를 위한 수단에 불과하다고 그가 말한다. 그리고 그 종착역은 자신의 욕망이고 쾌락의 충족이라는 것이다.

 이럴 땐 유흥만 한 게 없어. 내가 돈을 가져보니까 그렇더라고. 장담하건대 돈만 있으면 돼. 아름다운 차가 언제든 나를 반기는 것처럼 돈만 있으면 아름다운 여자들이 나를 위해 문을 열지. 그것도 활짝.

 명수는 제 말이 진리라도 되는 듯 어깨를 으쓱이며 나를 태우고 요즘 뜨고 있는 클럽에 데리고 가 주겠다고 말한다. 나는 명수의 말 가운데 어떤 것에도 동의할 수 없었는데, 다만 그 가운데 '아름다운'이란 단어를 듣자마자 자연스레 소연을 떠올리고 있다. 그녀는 무언가에 열중할 때면 저도 모르게 엄지발가락을 까딱거리곤 했다. 그 흔한 페디큐어도 하지 않은 그녀의 평범한 엄지발가락이 아름답다는 생각이 들었다. 그리고 일이 잘 풀리지 않는다 싶을 때는 제 머리를 마구 헝클어트리곤 했는데, 마구 헝클어진 머리 스타일이 아름답다고 생각했다. 또 그녀는 뜬금없이 고개를 한껏 뒤로 젖히고 하늘을 올려다보곤 했다. 그리고 이렇게 올려다보고 있으면 마치 물속에 가라앉아 있는 느낌이 든다고 말하곤 했는데, 그 말을 할 때의 입술이 마치 물기를 가득 머금은 것처럼 촉촉해서 아름다웠다.

 명수의 차가 클럽가에 도착하기도 전에 피곤함이 몰려온다. 지금 당장이라도 침대에 들어가 잠을 자고 싶다는 생각을 한다. 어지럽게 돌아가는 천장 조명과 여러 사람의 목소리가 뒤섞인 소음을 생각하니 벌써부터 피곤해지는 것 같다. 명수에게 마음이 바뀌었다는 말을 어떻게 전할까 고민하고 있던 찰나였다. 소방서에서 전화가 온다. 인근 물류창고에서 불이 났는데, 근무 인력으로는 턱없이 부족하다는 것이다. 나는 갑자기 정신이 또렷해지며 당장 달려가겠다고 하며 전화를 끊는다. 좀전의 피곤함은 사라지고, 심장이 빨리 뛰기 시작한다. 몸의 모든 감각은 이미 그곳으로 달려가고 있다. 명수는 나를 보며 부질없다며 혀를 끌끌 찬다.

  나를 실은 구조공작차가 출발한다. 현장에 도착해보니 블록 판넬조 건물 1동이 연소 중이고, 건물의 우측으로 연소가 확대되고 있다. 붕괴의 위험이 있어 공장 주위에 여러 대의 소방차가 포위한 채로 방수포를 사용하여 소화를 시도하고 있다. 그때였다. 사람들이 연소 중인 건물을 가리키며 안에 사람이 있다고 소리친다. 더 기다릴 수가 없다. 급히 면체를 쓰고 있는 나를 선임이 붙잡는다.

  안돼. 폭발할 수 있어. 기다려봐.

  하지만 안에 사람이 있다고 하잖아요. 지금 아니면 늦어서 시도도 못해요.

  혼자 먼저 출발하면 안 되는 거 알잖아. 그러다가는 네 목숨이 위험하다니까.

  나는 선임의 말을 끝까지 듣지 못한다. 몸이 이미 불길을 향해 나아가고 있었기 때문이다. 멀리서 나의 신변을 확인하기 위한 선임의 목소리가 어렴풋이 들린다. 주위는 깜깜하고, 연기가 자욱하다. 천장에서는 전선이 타면서 쉴 새 없이 스파크가 튄다. 나는 열화상 카메라에 의지해 희미하게 들리는 사람의 신음소리를 향해 나아간다. 곧이어 구조대상자를 발견한다. 의식이 없는 그의 손을 내 목덜미에 감게 한 후, 제법 덩치가 있는 사람을 무거운 줄도 모르고 번쩍 안아서 밖으로 나온다. 이럴 때면 내가 알지 못하는 힘이 나오는 것 같다. 내가 건물을 나오자마자 안에서 폭발음과 함께 붉은 불꽃이 튀어 오른다. 묵직한 것이 나의 등을 때리는 것 같았는데, 이내 정신을 잃는다.

사람들은 제 마음속을 잘 몰라요. 남의 마음을 이해하기 힘든 것보다 더 힘든 건, 제 마음을 알아채는 거죠.
처음에는 그에 대한 단순한 흥미일 뿐이었다고 소연이 말했다. 흥미는 가족조차 잘 찾아오지 않는 외로운 남자에 대한 연민으로 이어졌고, 단순한 선의로 그를 조금씩 도와주기 시작했다. 빈 물통에 물을 채워주거나, 다 먹은 식판을 가져다 놓는 일 따위였다. 그러다가 그가 통증에 힘들어하면 손을 잡아주고, 아픈 그의 모습을 보며 함께 눈물을 흘렸다. 그리고 또 얼마간의 시간이 지나자 불이 꺼진 병실에서 그와 입을 맞추고, 그의 손이 그녀의 옷 속을 거침없이 헤집고 다닐 수 있는, 그런 사이가 되어 있었다. 그리고 그녀는 고모의 치료가 다 끝난 후에도 당연한 듯 그의 곁에 남았다. 그와 24시간을 붙어 지내며, 그의 고통을 함께하고, 그가 읽던 책을 함께 보며, 그렇게 햇볕을 등지고 붙어 있는 두 사람이자 한 그림자가 되었다. 그녀는 그의 곁에 남은 순간에조차 그를 사랑하는 것인지 구분할 수 없었다고 했다. 불어나는 자신의 감정을 부정했다. 자신이 아니면 아무것도 할 수 없는 사람에 대한 연민을 뿌리칠 수 없었던 것뿐이라고 생각했다. 그리고 제 마음의 방향을 알지 못해 혼란스러워하고 있는데, 아무도 찾아오지 않던 병실에 손님이 찾아왔다.
병실에 찾아온 손님은 그의 아내라고 했다. 아내는 딸의 유학생활을 위해 미국에서 지낸 지 오 년이 넘었다. 그는 소연을 간병인이라고 소개했다.

간병인을 쓸 돈도 있나 봐.
그의 아내는 팔짱을 낀 채 서서 침대에 앉아 있는 그를 내려다보며 미간을 찌푸렸다.
웬일이야?
돈이 있어야 학교를 다니지. 중도에 포기하고 같이 돌아왔어.
곧 소설을 다시 쓸 거야. 그러면…….
이 몸으로?
그래도 명색이 아내인데, 한 번쯤 들러야 할 것 같아서 왔다는 말만 남기고 그의 아내는 돌아갔다. 한국에서 직장을 다니게 되어 앞으로도 들르기 쉽지 않을 것이라는 말을 덧붙이며. 소연은 그가 그런 대우를 받을 사람이 아니라는 생각이 들었고, 그래서 화가 치밀어 올라 미칠 것 같았다고 말했다. 그의 아내는 그가 쓰는 삼류 연애소설로 벌어들이는 수익 덕에 많은 것을 누리고 살았다. 하지만 명문대 문예창작과 출신인 그의 아내는 그가 쓰는 소설을 부끄러워했고, 그의 존재를 남들에게 알리려고 하지 않았다고 했다. 그런 취급을 받는 그를 보며 소연은 생각했다. 그의 진정성과, 문학을 향한 열정과, 돈을 벌기 위해 원치 않는 글을 써야만 하는 현실과, 아픈 몸과 마음을 위로해 줄 수 있는 것은 자신밖에 없다고. 그러나 소연의 사랑은 그의 로맨스 소설처럼 해피엔딩으로 끝나지 못했다. 그의 병은 지극정성으로 간호한 소연 덕분에 깨끗하게 완치되었다. 그리고 얼마 지나지 않아 그는 아내와 딸이 미국으로 출국한 지 딱 한 달이 되던 날, 미국으로 떠났다.
소연은 그의 사랑을 위해 자신의 사랑을 고집하지 않았다. 심지어 공항까지 그를 배웅하며, 그의 건강과 행복을 빌었다. 그렇다고 해서 그녀의 감정이 괜찮은 것은 아니었다. 그를 떠올리는 것만으로도 가슴이 찢어질 듯 아프고, 숨을 쉴 수 없었다고 했다. 그러던 어느 날이었다. 미국에 있는 그에게서 우편물이 도착했다. 그것은 「영원한 사랑」이라는, 유치한 제목을 가진 삼류소설 한 권이었다. 그 속에는 소연과 그의 이야기가 고스란히 담겨 있었다. 열정적으로 사랑을 나누던 순간도, 헤어지면서도 잡은 손을 놓지 못하던 그 순간까지 모두. 그녀는 책장을 한 장씩 넘길 때마다 감정이 조금씩 들끓기 시작했다. 감정은 점점 열기로 변해갔다. 그녀는 아무렇지 않다고, 진정해야 한다고 스스로를 다독여 보았지만 소용이 없었다고 했다. 그녀는 자신의 사랑을 한낱 삼류소설의 소재로 전락시켜 버린 것에 화를 내는 대신, 자신의 사랑에 대한 그의 화답이라고 여겼다. 순간 꼭꼭 덮어두었던 그를 향한 감정이 폭발했다. 그녀의 가슴 속에서 시작된 통증이 점점 커졌고, 발산하지 못한 감정이 작은 불덩이로 변해가는 것 같은 느낌이 들었다. 그리고 그 느낌은 곧 불씨가 되었다. 그녀는 용광로 한가운데 들어간 것처럼 벌겋게 달아오르기 시작했다. 자신이 짚고 있던 방바닥 장판이 순식간에 까맣게 그을렸고, 불이 번져나가는 게 느껴졌다. 그리고 어느 순간 정신을 잃었다. 그녀가 눈을 떴을 때는 자신의 주위로 일렁이는 불길을 보았고, 제 몸에서 번져나간 불길임을 본능적으로 알 수 있었다고 했다. 그리고 화마에 휩싸인 집에서 나는 그녀를 처음 만났다.

    그녀는 동물이든 사람이든 불쌍한 것을 그냥 지나치지 못한다. 그녀가 유일한 사랑이라고 생각하는 그 또한 그녀의 연민을 자극하지 않았을까? 그렇다면 이렇게 병원에 누워있는 나를 보면 그녀의 마음도 달라지지 않을까? 남의 도움 없이는 움직이지도 못하는 신세를 안타깝게 여긴 그녀가 나를 돌봐주지 않을까 생각한다. 나는 진

통제에 취해 까무룩 잠이 들며 상상한다. 병실에 있던 그에게 다가왔던 것처럼 내가 눈을 떴을 때 그녀가 나타나기를, 그녀가 사라진 그때처럼 홀연히…….

슬프게도 내 상상은 실현되지 않는다. 그녀 대신 소방관 동료가 곁에 있다. 나는 지독한 허리의 통증을 느끼며 눈을 떴다. 화재현장의 폭발음과 동시에 나를 향해 철문이 날아왔던 것이다. 나는 철문에 맞아 정신을 잃었고, 척추에 철심을 박아 넣는 대수술을 했다. 수술은 잘 끝났지만, 제법 오랜 시간 재활치료를 해야 한다고 한다. 구조자는 다행히 불에 그을린 것 말고는 멀쩡하다고 동료가 알려줬다. 나조차도 믿어지지 않지만, 나는 내가 무사하다는 것보다 누군가의 생명을 구했다는 사실을 더 기뻐하고 있다. 그리고 또다시 그 현장을 마주했더라도 불길 속으로 달려갔을 것이라고 생각한다.

요즈음 나는 어떤 상상에 사로잡힐 때가 많이 있다. 그것은 화재현장에서 그녀를 발견하는 것이다. 아마도 그녀는 지금도 여전히 사랑 때문에 힘들어 하고 있을 것이다. 그것이 지난 사랑이든, 새로운 다른 사랑이든, 그 대상이 내가 아님은 어렴풋이 알 수 있다. 어쩌면 그녀는 소설의 제목이 예언이라도 된 것처럼 영원히 사랑 때문에 고통스러울지도 모를 것이다. 그녀의 마음이 쉽게 변하지 않으리라는 것을 잘 알고 있기 때문이다. 그래서 과거의 그 남자가 불쑥 연락을 해 온다거나, 또 다른 삼류 소설을 선물이랍시고 보낸다면, 그것이 또 그녀에게 촉매제가 되어 불길을 일으킬지도 모른다. 그리고 불길 속에서 사랑에 고통스러워하며 결국 자신마저 다 태워버리고 사라진다면, 그녀가 이 세상에 존재하지 않게 되는 순간이 온다면, 나는 견딜 수 있을까? 화재현장이든, 거리의 대로변이든, 그녀를 만날 수 있을 것이라는 기대조차 할 수 없게 된다면 나는 어떻게 될까?

그녀의 개는 숨을 할딱이며 달리는 것을 좋아했다. 그것은 날씨와 무관했는데, 바람 한 점 없이 뜨거운 해가 내리쬐는 날조차 달려야 했다. 처음에는 나도 그들과 함께 달렸다. 그런데 그놈의 개는 마치 내가 자신의 경쟁자라도 된 듯 굴었다. 가까이 다가가기만 하면 으르렁거리고, 반대 방향으로 내빼기 일쑤였다. 그래서 그녀와 달리기를 포기하고, 출발지점에서 그녀를 기다렸다. 그렇게 그녀가 공원을 한 바퀴 돌아올 때쯤이면, 나는 자판기에서 차가운 음료를 뽑아 기다렸다. 그러면 그녀는 숨을 헐떡이며 파란 핏줄이 도드라진 작은 손으로 내가 건네준 음료를 받아 마셨다. 상기되었던 그녀의 볼이 천천히 식어가는 것을 보며 그녀의 곁을 지키며 그녀의 열기를 식혀주고 싶다는 생각을 했다.

음료수를 마시는 그녀의 곁에 서 있다 보면, 바람에 실려 그녀의 땀 냄새가 훅 내게 다가오곤 했는데, 그녀의 땀 냄새조차 나는 아름답다고 생각했다. 그리고 나도 모르게 그녀와 결혼을 하는 상상을 하고 있었다. 그녀는 나보다 나이도 많고, 모아둔 돈도 없는, 계약직 디자이너였다. 심지어 불쌍한 사람을 지나치지 못해서 수십 군데의 봉사단체에 기부금을 내고 있었다. 미래에 대한 구체적인 대책도, 현실을 보는 냉철한 시선도 없었다. 그런데 이성이 작동하지 않았다. 그냥 저 모습을 계속 보고 싶다는 생각밖에 들지 않았다. 매일 밤 불덩이처럼 달아오르는 그녀를 안고서, 그녀의 살냄새를 맡으며 잠들고 싶다고 생각했다. 그래서 결혼이라는 게 하고 싶어졌다.

자판기에 탄산음료가 다 떨어진 날이었다. 생수를 뽑아 그녀를 기다리고 있었다. 그녀가 흐르는 땀을 소매로 닦으며 내게서 생수를 받아 들고 말했다.

　그거 알아요? 당신은 이 물과 같아요. 아주 잠깐 목을 축일 수는 있지만, 그것뿐이죠. 전 차갑게 식지 못할 것이라면 차라리 뜨겁게 불타오르다 사라지는 게 좋아요.

　나는 그 말의 의미를 찾기 위해 고민해 보았지만, 결국 어떤 의미인지 찾지 못했다.

　서로의 시간을 공유하는 날이 그렇지 않은 날보다 많아지고, 혼자 있는 것보다 함께 있는 게 더 편하다고 여겨지던 어느 날이었다. 이렇게 지내다가 결혼해도 괜찮겠다고 생각하고 있을 때였다. 그녀가 갑자기 내게 이별을 통보했다. 그녀는 여전히 그 사람을 잊지 못한다고 했다. 나로 인해 새로운 사랑을 할 수 있을 것이라고 기대했지만 그렇지 못했다고, 나와의 사랑은 습기가 가득 배어 절대 타오를 수 없는 젖은 장작 같다는 말을 남긴 채 홀연히 사라졌다. 그녀를 찾아볼 수 있는 어떤 힌트도 남겨놓지 않은 채.

　그녀가 사라진 후, 처음에는 황당하고 어이가 없었다. 그리고 또 시간이 지나자 그녀가 보고 싶다는 생각이 들었고, 이제는 그녀가 미치도록 보고 싶어져 버렸다. 불행하게도 나는 그녀만큼 민감하지 못했다. 그녀가 떠난 이후 한참 지나서야 내 마음을 알아차렸다. 슬프게도 내 사랑은 진화를 끝낸 산에 남아있던 숨은 불씨 같았다. 그녀가 떠난 후에야 불꽃이 일고, 조금씩 타오르고 번져가다 이제는 끌 엄두도 내지 못할 만큼 활활 타오르게 된.

　내가 퇴원할 때까지도 내 상상은 현실이 되지 못했고, 나는 현장으로 복귀했다.

출동벨이 울린다. 나는 신속하게 소방복으로 갈아입고 차에 오른다. 차는 요란한 사이렌을 울리며 도로 외곽을 향해 달린다. 이번에는 산불이다. 나를 삼켜버릴 듯 일렁이는 불길을 두려워하면서도 나는 불길 속으로 달려간다. 그것은 운명이다. 자신의 사랑에 고통스러워하며 걷잡을 수 없이 타들어 가고 있을 그녀를 찾아야 하는 것처럼. 그래서 그녀가 선덕여왕을 사랑했던 지귀처럼 제 몸을 다 태워버리지도, 끝내 외로이 바닷속으로 뛰어들지 못하도록.

그녀를 꼭 찾아야 한다.

| 작가노트 |

소설을 쓰고 싶다는 열망만 품은 채 방법을 몰라 안절부절못하던 시절이 있었다. 쌍둥이를 낳으면서 나는 줄곧 친정어머니와 함께 살았는데, 볕 좋은 어느 봄날 친정어머니는 산책 중 또래의 할머니를 만나 이런저런 얘기를 나누셨고, 그분의 남편이 소설가라는 사실을 알게 되었다. 소설을 쓰고 싶어 하던 나를 떠올린 어머니는 그의 연락처를 받아오셨는데, 그분이 바로 정수남 선생님이었고, 산책길의 그 할머니는 사모님이었던 것이다.

나는 연락처를 받고도 한참을 망설이다가 학교 동아리 수업을 핑계로 먼저 연락을 드렸고, 몇 번 뵌 뒤에야 비로소 소설을 배우고 싶다고 고백할 수 있었다.

그렇게 기적적으로 선생님께 소설을 배우는 기회를 얻었음에도 불구하고, 나는 그다지 성실한 제자가 아니었다. 만성신부전증을 앓는 까닭에 늘 피곤했고, 준비물을 빠뜨리기 일쑤였다. 어떤 날은 책을, 어떤 날은 볼펜을, 또 어떤 날은 숙제를 안 해갔다. 학교에서는 교과서를 안 가지고 온 아이들에게 '군인이 총도 없이 전쟁터에 오면 되겠냐?'는 구전처럼 내려오는 잔소리를 하면서도, 정작 나는 매일 까먹고 다녔으니……. 그럼에도 선생님은 말없이 웃으시며 한마디만 하셨다.
"그래도 소설은 꾸준히 쓰니까 봐 준다."
 내 소설은 늘 투병과 함께했고, 투병 탓에 번번이 포기하려고 했던 나를 끝까지 붙잡아주신 건 선생님이었다. 아마도 나는 선생님께 '소설을 쓰는 것'보다 '포기하지 않는 법'을 배운 날이 더 많지 않았을까?
 볕이 좋았던 봄날, 친정어머니가 산책을 나서지 않았다면 어땠을까? 아마도 영원히 '소설'이라는 단어는 내게 이룰 수 없는 꿈이 아니었을까? 정수남 선생님과의 만남은 내 삶에서 가장 따뜻한 우연이자 기적이다.

 기념 작품집에 실을 만한 작품을 고르며 정수남 선생님을 떠올렸다. 그리고 어렵지 않게 '불을 찾아서'를 골랐다. 이 작품은 나의 작품 가운데 거의 유일하다시피 한 사랑을 다룬 작품이다. 황혼의 선생님이 '불같은 사랑'과 잘 어울린다고 생각했다면 선생님은 화를 내실까? 내가 만난 선생님은 언제나 가슴 속에 열정의 불덩이를 안고 있는 분이다. 소년 같은 순수함과 패기, 그리고 지고지순한 사랑의 감정까지 모두 가지고 있는. 아마도 그 변함없는 뜨거움이야말로 지금도 여전히 활발하게 작품 활동을 하시는 선생님의 원동력이 아닐까? 소설이라는 그릇에 담긴 인생과 문학을 향한 열정을, 아니, 선생님을 이루는 모든 것을 존경한다.

세계를 상실하는 법

김성문

1

 스물아홉이라는 한창나이에 신체와 정신이 모두 건강한 어떤 남자가 있다고 하자. 그 남자에게 사랑했던 한 여자가 있었는데, 어찌어찌하다 둘이 그만 이별하게 되었다. 그런데 그 남자가 1년쯤 후에 우연히 친구와의 술자리에서 과거의 연인을 거머리에 비유한다면, 그 친구는 그녀를 과연 어떻게 생각할까? 이별을 받아들이지 못하고 구차하게 남자에게 매달리거나, 끊임없이 전화나 문자로 상대를 질리게 만드는 타입의 여자를 상상하지 않을까. 미안하지만 그 상상은 둘 다 틀렸다. 먼저 이별을 고하고 관계를 청산한 쪽은 남자가 아니라 여자였으며, 그녀는 그 결심이 진심임을 증명이라도 하듯 미련 없이 먼 곳으로 떠났기 때문이다. 혹시 사랑이라는 말이 귀에 거슬린다면, 그 단어를 남자가 여자에게 애정을 담아 퍼부은 스킨십이나, 데이트하면서 둘이 공유했던 수많은 장소와 시간에 대한 추억, 혹은 늦은 밤 그녀를 집까지 차로 데려다주느라 소비한 휘발유의 양이라고 하자. 그런데도 내가 그녀를 거머리에 비유한 이유는 이별할 당시에는 몰랐다가 한참 시간이 지난 후 내가 피를 흘리고 있다는 것을 깨달았기 때문이다.
 거머리한테 물린 자리가 대개 그렇듯 통증은 거의 없었다. 갑자기 그녀가 떠나버리는 바람에 때때로 허탈감이 밀려오긴 했지만, 일상생활에 금이 갈 정도는 아니었다. 술을 마시거나 약을 먹어야 할 정도로 불면증에 시달린 적도 없었다. 그녀 이전에도 이미 여러 번 연애 경험이 있던 터라 나 자신도 모르는 사이에 감정에 두툼한 굳은살이 생겼기 때문인지도 모른다. 굳이 후유증이라고 부를만한 증상을 한 가지 얘기하자면, 가끔 혼자 있을 때 아무 이유 없이 가슴부위가 저려오곤 했다. 단지 심리적인 증상인지 아니면 실제로 몸에 이상이 생긴 건지 구분하기가 애매했던 그 증상은 그녀가 떠나고 난 후 서너 달쯤 뒤에 슬며시 시작되었다. 그렇다, 슬며시. 재래식 화장실에 오래 쪼그려 앉아 있으면 서서히 다리가 저리는 것처럼.

내가 이렇게까지 말해도 친구의 머릿속에 각인된 그녀에 대한 선입견이 쉽게 지워지지 않을 거란 걸 알고 있다. 그래서 나는 조금 다른 각도로 그녀를 설명해야 할 필요성을 느낀다. 우리가 직장동료였고, 연봉 역시 비슷한 수준이었다는 일반적인 사항은 그녀에 대해 아무것도 설명하지 못한다. 그렇다면 그녀를 어떤 식으로 묘사해야 할까? 그래, 어쩌면 몇 해 전 우연한 기회에 내가 그녀에게 했던 말이 도움이 될지도 모르겠다. 당시의 표현을 그대로 옮기자면, 그녀는 나한테 '파울볼' 같은 존재였다.

어렸을 때부터 롯데 자이언츠의 열렬한 팬이었던 나는 지금도 사직구장에서 홈경기가 열리는 주말이면 부산까지 차를 몰고 가는 걸 마다하지 않는데, 그냥 경기만 관람하는 정도가 아니라 선수들의 사인 볼을 수집하는 취미까지 있었다. 프로야구를 좋아하는 사람이라면 누구나 알고 있을 것이다. 어린이와 여성 팬한테 너그러운 스타플레이어들이 정작 자신들을 위해 시즌 티켓을 구매하는 남성 팬들을 얼마나 홀대하는지. 덕분에 나는 자이언츠 1군 선수들의 사인 볼을 수집하기 위해, 그동안 내가 만났던 여자들과 그녀들이 데리고 나온 막냇동생이나 조카의 티켓 값을 숱하게 지불해야 했다.

　여자들이 야구장에 가는 이유는 현재 만나고 있는 남자친구가 열성 야구팬인 경우가 대부분이다. 물론 그런 식으로 시작해서 야구의 매력에 빠져드는 경우도 간혹 있겠지만 대개는 야구라는 종목의 복잡하고 난해한 룰에 질려 금세 흥미를 잃기 마련이다. 전에 내가 만난 여자들도 대부분 그런 이유로 나를 떠났다. 하지만 그녀만은 극히 드문 경우에 속했다고 단언할 수 있다. 우리는 특별한 일이 없는 주말이면 1루 더그아웃 뒤쪽에 자리를 잡고, 맥주에 치킨을 곁들이며 경기를 관람했다. 그녀는 내가 설명해 주는 경기 룰에 열심히 귀를 기울였고 1년쯤 지나자, 투수들이 던지는 공의 궤적을 보고 커브와 슬라이더를 구분할 수 있는 수준까지 발전했다. 그즈음이었다. 그녀가 나한테 자신이 어떤 존재인지 물었던 때가.

　그날은 롯데의 4번 타자인 이대호 선수가 일본 프로야구 진출을 앞두고 국내에서 마지막으로 홈경기를 치른 날이었다. 시즌 초반, 한때 꼴찌까지 떨어졌다가 기적적으로, 2위로 정규시즌을 마감한 롯데는 한국시리즈로 가는 플레이오프 무대에서 난적 SK를 만났다. 4차전까지 2승 2패로 호각을 이룬 상태에서 사직구장에서 벌어진 마지막 5차전. 이번만큼은 SK를 꺾고 한국시리즈에 진출하기를 염원하는 홈팬들의 열기로 사직구장의 분위기는 경기 내내 뜨겁게 타올랐다. 그러나 경기가 거듭될수록 최근 4년간 3차례나 한국시리즈를 우승한 SK의 저력이 차츰 빛을 발했다. 결국 롯데가 2:4로 뒤진 9회 말 원아웃 상황에서 4번 타자인 이대호가 타석에 들어서고 있었다.

　그때 나는 그녀에게 해줄 만한 그럴싸한 대답을 고심하던 중이었다. 어쩌면 작년에 이대호가 9경기 연속 홈런으로 세계신기록을 작성했을 때의 그 홈런 볼 같은 존재? 세상에 야구공은 많지만, 신기록을 작성한 공은 딱 하나밖에 없잖아. 만약 내가 그 공을 주웠다면 여분의 지구 하나를 수집한 것 같은 기분이었을 거야. 하지만 나는 줄곧 내야 관중석만 고집해 온 터라 그때까지 홈런 볼을 한 번도 주워본 적이 없는 데다 그렇게 낯간지러운 말을 하는 자체가 성격상 맞지 않았다. 이런저런 말을 생각하던 차에 캉, 하는 날카로운 타구음이 귓전에 울렸다. 그때 내가 어떻게 그 공을 받았는지는 지금도 잘 모르겠다. 주변의 박수 소리에 정신을 차리고 보니 내가 끼고 있던 글러브 속에 거짓말처럼 공이 들어가 있고, 외야의 대형 전광판에 글러브로 공을 낚아채는 내 모습이 재생되고 있었다. 나는 멋쩍게 머리를 긁적이고는 공을 그녀에게 건넸다. 이대호가 다음 공에 무기력하게 삼진으로 물러나는 걸 보면서 나는 이렇게 말했다.

"이 순간 이후로 아무도 이 공을 기억하지 못할 거야. 보다시피 이건 외야 담장을 넘어간 홈런볼이 아니라 흔하디흔한 파울볼에 불과하니까. 하지만 우린 기억하겠지. 한국 최고의 타자가 국내에서 마지막으로 때린 공이라는 걸. 나한테 너는 이 공과 비슷해."

이 말이 당시로선 내가 그녀에게 해줄 수 있는 최고의 찬사였고 다시 똑같은 상황이 반복된다고 해도 그 이상의 표현을 생각해 낼 수 있을 것 같지는 않다.

2

"비유치고는 둘 다 괴상하긴 하지만, 뭐…… 거머리보다는 파울볼이 훨씬 낫네."

연탄불에 달궈진 불판 위에 두툼한 삼겹살을 올려놓으며 친구가 말했다.
"그런가?"
나는 중얼거리며 마주 앉은 친구의 어깨 너머를 쳐다보았다. <추억의 연탄갈비>라는 상호가 새겨진 식당 유리창을 통해 골목 풍경이 눈에 들어왔다. 입구에 주차해 놓은 내 차 위로 느지막한 오후의 햇살이 쏟아지고 있었다. 과연 지금이 5월이 맞나 싶을 정도로 더위가 일찍 찾아온 날이었다. 저녁을 먹기엔 다소 이른 시간이라 식당에 손님이라곤 친구와 나, 둘 뿐이었다. 친구는 여기서 두 블록만 걸어가면 바다가 있고 그 주변에 널린 게 횟집인데, 꼭 이런 우중충한 곳으로 약속 장소를 잡아야 했느냐고 볼멘소리했다. 친구의 말을 들었는지 고기를 손질하고 있던 식당 주인이 슬그머니 주방에서 나와 에어컨을 켰다. 그뿐만 아니라 내가 주머니를 뒤적거리며 담배를 찾는 걸 눈치채고 얼른 종이컵에 물을 담아 가져왔다. 실내 금연이 정착된 요즘엔 어딜 가도 이런 호사를 누리기가 쉽지 않다. 내가 이 가게의 오랜 단골이라는 증거는 재떨이 대용으로 쓰일 종이컵 외에 또 있다. 이곳에 오면 성가시게 메뉴를 고르고 주문할 필요 없이 주인이 알아서 내가 즐겨 먹는 고기 부위와 식초를 빼고 무친 파절임을 내온다. 사소한 부분이지만 단골식당의 좋은 점이 바로 이런 것이다.

날도 더운데 생선회나 먹자는 친구의 제안에도 굳이 연탄불에 삼겹살을 굽는 이곳을 고집한 이유는 담배 말고도 한 가지가 더 있는데, 이쯤에서 그 얘기를 먼저 꺼내야겠다. 사람마다 헤어진 연인을 잊는 방식이 각자 다르겠지만, 내 경우엔 둘만의 추억이 깃든 장소를 되도록 피하는 편이다. 레스토랑 커피숍 영화관 공원의 산책로

등 그녀와 자주 갔던 장소는 반드시 기억에 플래시백flash back 효과를 일으키기 마련이고, 그럴 때 거머리한테 물린 곳이 또다시 저릿해지면서 피가 흐를 것이기 때문이다. 물론 요즘도 나는 롯데의 주말 홈경기가 있는 날이면 차를 몰고 사직구장으로 달려가지만 그건 그녀를 만나기 전부터 몸에 배어있던 습관 같은 거라 예외다. 어쨌거나 지금 친구와 함께 앉아 있는 이곳 역시 그녀와 헤어진 후 처음이다. 오래된 연인에겐 대개 둘만의 아지트가 있기 마련이듯이 우리한테는 이곳이 그랬다. 주메뉴인 삼겹살과 된장찌개가 일품인 데다 손님을 대하는 주인의 마음 씀씀이도 넉넉해서 연애 초기부터 자연스럽게 단골이 되었다. 직장에서 스트레스가 쌓이거나 데이트 도중에 배가 출출할 때, 이곳은 그녀와 내가 제일 먼저 떠올리는 장소였고 언젠가부터 우리는 이곳을 '추억의 연탄갈비'라는 상호 대신 '거기'라는 통칭으로 부르기 시작했다. 그리고 1년 전 바로 이 장소에서 그녀는 나에게 이별을 통보했다. 소주를 마시고 싶다는 친구의 전화를 받자마자 이곳이 떠오른 것은 그래서 어쩌면 당연한지도 모른다. 그동안 다른 곳은 몰라도 이 식당만큼은 다시 꼭 와 보고 싶었다.

처음에 "헤어지자"라는 말을 들었을 때 나는 그녀가 농담하는 줄 알았다. 삼겹살 3인분과 된장찌개에 공깃밥까지 기분 좋게 비우고 난 직후라 마치 그녀의 말이 식당 주인에게 계산서를 요구하는 투로 들렸다. 결국 우리는 바다가 보이는 카페에서 후식을 먹으려던 계획을 포기하고 이 자리에서 심하게 다퉜다. 하지만 그날 우리 사이에 있었던 말다툼에 대해서는 자세히 언급하고 싶지 않다. 어차피 연애란 시작할 때는 양쪽의 동의가 필요하지만, 끝날 때는 어느 한쪽의 일방적인 통보만으로도 충분하니까. 다만 한 가지 짚고 넘어가야 할 것이 있다면, 그날 내가 입은 상처에 관한 것이다. 1년여가 지난 지금까지도 피가 멈추지 않는, 그래서 멀쩡한 한 여자를 거머리에 비유하게 만든 바로 그 상처 말이다.

앞에서도 말했지만, 그 일이 있고 난 뒤 나는 한동안 별다른 이상을 느끼지 못했다. 그녀와 나는 둘 다 연구원으로 근무했는데 우리가 각자 속해있는 3실험실과 5실험실은 수백 미터가 떨어져 있는 데다가 점심시간에 이용하는 식당도 서로 달라 평소에는 거의 마주칠 일이 없었다. 이따금 공장 굴뚝에 올라가 배출가스 시료를 채취하다가 공장 전체에 거대한 파이프 오르간처럼 뻗어있는 배관 사이를 돌며 유량계를 점검 중인 그녀를 발견하곤 했지만, 이전에도 몇 번 이별을 경험한 적이 있기에 그런 상황 자체는 문제가 되지 않았다. 하지만 언젠가부터 현장에서 일을 마치고 실험실로 돌아온 날이면 동료로부터 '밖에서 안 좋은 일이라도 있었냐?'는 질문을 가끔 듣게 되었다. 팀장한테까지 따로 술자리에 불려 나가, '요즘 들어 부쩍 감정 기복이 심해진 것 같다'는 지적을 받자, 나는 진지하게 원인을 생각해 보았다. 콕 집어 말할 수는 없지만 그날 그녀가 내 속의 뭔가를 건드린 것만은 분명했다. 자존심보다 더 깊숙한 곳에 자리 잡고 있으며, 예민하고 상처 입기 쉬운 무언가를.

친구는 팔에 깁스를 감은 채 약속 시간보다 5분 늦게 도착했다. 어제 퇴근 후 스크린 골프장에서 아이언을 휘두르다가 뼈에 실금이 갔다고 했다. 그게 운동이 되냐는 내 질문에 그는 실실 웃었다.

"마라톤처럼 심장을 튼튼하게 해주진 않지만, 뱃살 빼는덴 확실히 효과가 있어."

그러면서 그는 뜬금없이 자신의 직속상관 얘기를 꺼냈다.

"우리 회사 총무과 박부장, 너도 알지? 그 사람 마라톤에 미쳐서 매일 5킬로미터가 넘는 거리를 조깅으로 출퇴근하잖아. 휘발윳값을 아끼면서 동시에 건강관리도 하겠다는 건데, 한마디로 피곤하게 사는 인간의 표본이지 뭐. 그런 사람들의 단점이 뭔 줄 알아? 매사에 지나치게 진지하고 열심이라 주변 사람들까지 피곤하게 만든다는 거야. 어제 너희 회사에 납품하기로 했던 유량계, 그것도 박부장이 연기시켰어. 입고 품목에 스페어 필터가 포함되어 있는데 공장에서 출고할 때 몇 개를 빠뜨렸나 봐. 어차피 유량계가 고장 나면 우리가 직접 니네 회사로 가서 고쳐야 하는데, 그까짓 필터 몇 개 빠뜨렸다고 그 난리를 치더라고. 덕분에 입사 후 처음으로 시말서까지 써봤다."

"내일 아침에 출근하자마자 산재신청 해버려. 직장상사의 면상을 떠올리며 골프채 휘두르다가 팔이 부러졌다고."

농담처럼 대꾸했지만, 친구의 기분을 이해할 것도 같았다. 마라톤이든 골프든 나한테는 둘 다 별로지만, 그래도 하나를 고르라면 아마 골프를 선택할 것이다. 몸을 혹사하는 걸 싫어하는 점 외에도 그와 나 사이에는 통하는 바가 많다. 퇴근 시간을 칼같이 지키고, 연애를 즐기지만, 결혼은 흥미가 없으며, 타인에게 적당히 무관심하다는 점에서. 두 회사가 서로 갑을관계에 있는데도 우리가 친구가 될 수 있었던 건 아마 그런 점 덕분일 것이다. 한마디로 그와 나는 비슷한 부류의 인간인 것이다.

그럼, 그녀는 마라톤을 좋아하는 부류인 셈인가? 문득 그런 생각이 머리를 스쳤다. 그녀가 운동이라면 종목을 불문하고 젬병이란 걸 알고 있으면서도 어쩐지 그 생각엔 묘한 설득력이 있었다. 무슨 일이든 일단 목표가 생기면 뇌에서 엔도르핀이 분비될 때까지 자신을 몰아붙이고, 그런 과정 자체에 보람을 느끼는 부류라는 점에서. 그런 면에서 보자면 그녀와 나는 확실히 상반된 카테고리에 속하는 부류인 셈이다.
"그나저나 제수씨는 요즘 잘 있냐?"
친구는 박부장 이야기를 꺼냈을 때처럼 이번에도 느닷없이 물었다. 내가 딴청을 부리자, 그의 눈이 의미심장한 빛을 띠었다. 어차피 언젠가는 알게 될 일이라 나는 솔직하게 털어놓았다. 누가 봐도 멀쩡하고 평범한 한 여자를 거머리와 야구공에 비유하게 된 경위가 대충 이렇다.

3

"근데 이유가 뭐래? 젊은 여자가 사랑하는 애인과 직장까지 버리고 아프리카로 갔을 땐 그만한 이유가 있을 거 아냐."
육즙이 배어 나오기 시작한 고기를 가위로 자르며 친구가 물었다. 나는 그 질문에 대답하지 않고 의자에서 몸을 일으켰다.
"차에 담배를 두고 왔나 봐."
해 질 무렵이 가까워졌는데도 밖은 여전히 더웠다. 안에서 친구가 굽고 있는 삼겹살을 가져와 보닛에 올려놓으면 순식간에 지글거리며 익을만한 그런 날씨였다. 담배는 기어박스와 운전석 사이에 끼어 있었다. 손을 넣어 봤더니, 담뱃갑 모서리 부분이 아슬아슬하게 스치기만 할 뿐 쉽게 잡히지 않았다. 시트를 뒤로 밀고 등받이까지 젖힌 뒤 다시 시도해 봤지만 그럴수록 담뱃갑은 점점 깊숙이 웅크리고 숨었다. 그렇게 불편한 자세로 한참을 끙끙대고 있자니 까닭 모르게 눈시울이 뜨거워졌다. 편의점이 바로 코앞에 있고, 몇 개비 남지도 않은 담배는 새로 사면 되는데, 나란 놈이 원래 집착이란 걸 모르고 포기도 빠른 놈인데, 이게 대체 뭐 하는 짓인지……. 뺨을 타고 흘러내리는 것이 땀인지 눈물인지 가늠이 안 될 즈음 갑자기 날카로운 클랙슨 소리가 심장을 내려앉게 했다. 고개를 들어보니 놀란 행인들이 눈살을 찌푸리며 내 차를 쳐다보았다.

"고기 때문이래."

편의점에서 담배를 사서 테이블로 돌아오자마자 나는 친구에게 말했다. 불판 위의 고기를 열심히 뒤집던 친구는 상추쌈을 입에 문 채 눈을 끔뻑이며 나를 쳐다보았다. 나는 담배에 불을 붙여 한 모금을 길게 빨았다.

"그어 무스 마이야?"

"세계의 한쪽은 기아와 내전으로 까맣게 타들어 가는데, 반대쪽은 노릇노릇 먹음직스럽게 익는 게 화가 난다나. 다 같이 지구라는 불판 위에 올라선 이상 익는 것도 전 세계가 공평해야 한다는 거지."

"마하자므 그어니까……."

친구는 말을 멈추고 급하게 턱을 놀리기 시작했다. 입안에 들어있던 상추, 고기, 마늘, 된장, 풋고추를 열심히 갈고 분쇄하더니 꿀꺽, 하는 소리와 함께 그의 목울대가 한차례 크게 요동쳤다. 그런 뒤에 그는 앞에 놓인 소주잔을 단숨에 비웠다.

"말하자면 그러니까, 아프리카로 직접 가서 고기가 타지 않도록 뒤집겠다는 건가?"

"말을 꺼낸 건 그때가 처음이었지만 생각은 훨씬 전부터 해왔을 거야. 그전까지 난 까맣게 몰랐던 거고."

내 말을 듣던 친구는 셔츠 단추를 풀기 시작하더니 덥다며 투덜대기 시작했다. 테이블 아궁이에 연탄불이 피워져 있기는 했지만, 에어컨 덕분에 사실 그렇게까지 더운 편은 아니었다. 하지만 친구의 불평을 들은 주인이 이번에도 주방에서 나오려고 했다. 나는 손을 들어 그를 제지한 다음, 근처에 있는 선풍기를 우리 테이블 쪽으로 가져왔다. 에어컨 온도를 낮추는 대신 선풍기를 트는 내 행동이 못마땅했는지 친구가 혀를 찼다.

"쯧쯧, 이 가게 전기요금 네가 내냐?"

나는 피식 웃으며 연탄불이 날리지 않도록 선풍기 머리를 벽 쪽으로 돌려놓았다. 그리고 친구와 나 사이에 놓인, 등받이가 없는 둥근 플라스틱 의자를 쳐다보았다. 등받이 없는 의자에 앉는 것이 척추 건강에 좋다며, 그녀는 이곳에 오면 늘 그 의자를 고집했었다. 어깨에서부터 허리를 거쳐 골반으로 흘러내리는 곡선이 콜라병을 연상시키던 그녀의 몸이 눈앞에 환등처럼 떠올랐다. 벽을 거쳐 불어오는 선풍기 바람에서 그녀의 체취가 풍겨올 것만 같았다. 나는 앞에 놓인 술을 들이켜고 나서 다시 잔을 채웠다. 아무래도 오늘은 제법 취하게 될 것 같은 예감이 들었다.

"이 식당 단골 삼은 지 얼마나 됐냐?"

소주병이 빈 것을 확인한 친구가 냉장고로 가서 직접 새 병을 꺼내 돌아오더니 느닷없이 물었다.

"글쎄…… 한 3년 정도?"

"꽤 재미있는 곳이네. 타임머신 타고 삼겹살 구워 먹는 기분이랄까."

내가 어리둥절한 표정을 짓자, 그는 아직 마개를 따지 않은 소주병으로 우리 주변의 벽을 가리켰다.

"잘 봐. 칠팔십년대 현대사의 주인공들이 사방에서 우릴 쳐다보고 있잖아."

나는 친구의 말을 듣고서야 신문지가 겹겹이 발라져 있는 식당 내

벽을 새삼스레 둘러보았다. 하지만 자세히 보면 그건 신문이 아니라 일간지를 통째로 복사한 벽지였다. 지금까지 수없이 이곳을 들락거리면서도 나는 그게 모두 진짜 신문이라고 착각하고 있었을 만큼 벽에 무관심했다.

"이야, 이 사진은 나도 여러 번 봤다. 대략 40대 중반쯤인 걸 보니 쿠데타가 성공한 직후인 것 같고…… 그리고 이쪽은 목에 주름이 쭈글쭈글한 걸 보니 암살당하기 직전일 걸."

친구는 코를 벽에 바짝 붙인 채, 부하에게 암살당한 전직 대통령의 사진을 쳐다보며 중얼거렸다. 그가 쿠데타 직후에 찍은 것 같다고 지적한 사진 속의 대통령은 태극기를 든 다수의 젊은 남녀에게 둘러싸여 있었다. 사진 하단에 깨알 같은 글씨로 '함보른 탄광회사 강당'이라는 설명이 붙어있었다. 대통령을 둘러싼 남녀들은 60년대 초에 독일로 파견된 광부와 간호사들인 듯했다. 그 옆의 다른 벽지에는 한일 협정 반대 시위 도중에 경찰이 쏜 최루탄을 얼굴에 맞은 어느 대학생과 1964년 당시 세간을 뜨겁게 달궜던 신성일과 엄앵란의 결혼식 사진도 실려 있었다. 건물이 낡다 보니 천장과 벽의 이음매 사이 곳곳에 비가 샌 흔적이 얼룩덜룩했는데 그곳에는 당시에 태어나지 않았어도 누구나 알만한 사진이 덧발라져 있었다. 결혼식 피로연에서 찰스 황태자와 춤을 추는 다이애너 황태자비의 고혹스러운 미소, 죽어가는 환자의 머리를 쓰다듬고 있는 마더 테레사의 주름이 쭈글쭈글한 얼굴, 닐 암스트롱이 달 표면에 남겨놓은 족적, 화성 연쇄살인사건의 용의자 몽타주……. 친구의 말마따나, 과거를 여행 중인 타임머신 안에서 삼겹살을 구워 먹는 기분이라고 해도 하나도 이상할 것 없는 그런 분위기였다.

친구는 곧 벽에서 흥미를 잃고 의자에 털썩 주저앉았다. 나도 딱히 할 말이 없어서 술잔을 비우거나 불판 위의 고기를 뒤집는 행위를 되새김질하는 소처럼 묵묵히 반복했다. 취기로 인해 얼굴이 불쾌해진 친구가 이번에도 뜬금없이 입을 열었다.

"너한테 말은 안했지만, 나도 작년에 만나던 여자가 있었어."

"그래?"

친구는 내가 까맣게 탄 고기를 불판 모서리 쪽으로 밀어놓는 걸 물끄러미 쳐다보며 말을 이었다.

"웃는 모습이 참 인상적이었는데, 특히 미소를 지을 때 입술 사이로 드러나는 치아가 참 희고 가지런한 애였지."

허공을 쳐다보며 의미를 알 수 없는 웃음을 짓는 친구의 머리 부근에서 익숙한 풍경의 사진 한 장이 눈에 띄었다. 술기운이 오른 그가 메트로놈처럼 계속 머리를 흔드는 바람에 '포항제철 준공식'이란 큼지막한 세로활자가 보였다 가렸다 했다. 그 옆에는 제철소 정문을 배경으로 테이프를 커팅하는 장면과 용광로에서 쇳물이 쏟아지는 사진이 나란히 걸려있었다. 1973년 7월 4일자 조선일보를 복사한 벽지였는데, 내가 근무하는 연구소 건물이 들어서기 전의 사진이었다. 지금은 고인이 된 초대회장의 얼굴도 기사 중간쯤에 실려 있었다. '제철소를 완공하지 못했으면 전 직원이 우향우해서 영일만 바다에 뛰어들려고 했다.'는 소제목 활자가 얼핏 눈에 띄었다. 그걸 보는 순간 나도 모르게 피식 웃음이 나왔다. 지금도 불합리한 지시를 강요하는 상사와 은퇴를 코앞에 둔 선배들이 지겹도록 입에 올리는 말이었다.

"정치에 관심 있냐? 뭘 그렇게 열심히 쳐다봐."

내가 아직도 암살당한 대통령 사진에 정신이 팔려있다고 생각했는지 친구가 고기 집게를 들어, 내 얼굴 앞에서 휘저었다. 나는 짐짓, 모욕을 당했다는 듯 그의 손에서 집게를 빼앗았다.
"난 초등학교 때부터 설문지에 장래 희망이 대통령이라고 적는 애들을 제일 경멸했어. 그리고 지금도 정치인 비리나 공무원 뇌물수수, 이딴 것보다 담뱃값 인상에 더 분개하는 사람이야, 알아?"
"아니면 그만이지. 꼬리 밟힌 고양이처럼 발끈하기는……."
친구는 어깨를 으쓱하고는 하던 말을 계속 이어갔다.
"어느 날인가 함께 밥을 먹다가 내가 농담을 좀 했는데, 그게 좀 많이 웃겼나 봐. 갑자기 웃음이 제어가 안 되는 거야. 제길, 결국 봐서는 안 되는 걸 보고 말았지, 뭐냐. 윗입술이 뒤집어져 잇몸이 훤히 드러나는 그 애의 진짜 웃음을……. 이마와 콧잔등에 잡힌 주름은 그나마 봐줄 만했는데, 목젖까지 드러내고 컥컥거리는 소리는 도저히 못 참겠더라고."
"흉했겠군."
"말도 마라. '처키'가 눈앞에서 웃는 것 같았다."
친구는 집게를 집어 위협적으로 쳐들고는, 오래전 삼류 영화에 등장했던 심술 맞은 인형의 표정을 익살스럽게 흉내 냈다. 나는 피식 웃으면서, 한편으로는 내 기억 속에 남아있는 그녀의 미소를 떠올렸다. 물론 그녀가 웃는 모습이 다이애너 황태자비의 미소처럼 전 세계의 이목을 끌 정도로 우아했다는 뜻은 아니다. 왼쪽 덧니가 드러나는 것을 제외하면 그녀의 웃음은 비교적 평범한 편이었다. 하지만 그건 어떻게 봐도 '처키'의 미소와는 하늘과 땅만큼의 차이가 있었다. 마치 보는 순간 연못에 던져 넣고 싶은, 적당한 크기와 질량을 가진 돌멩이 같았다고나 할까. 내 앞에서 그녀가 미소를 지을 때면 퐁당, 하는 환청과 함께 우리 사이의 공간이 출렁이면서 동심원의 파문이 퍼져나가는 것 같았다. 이쯤 되면 어쩔 수 없이 사실을 인정해야겠다. 그녀에 대한 기억이 아직도 내 뇌리에 거머리처럼 붙어있는 것은 그녀 잘못이 아니라는 걸. 물론 그것은 내 잘못도 아니다. 나는 나름대로 최선을 다했다고 자신할 수 있다. 단지 내가 아무리 멀리 날려 보내도 그녀에 관한 기억이 부메랑처럼 다시 내게로 되돌아왔을 뿐이다.

"그때 알게 됐어. 예전에 내가 봤던 그 애의 미소가 얼마나 치열한 연습 끝에 만들어진 건지. 그런 생각을 하니까 갑자기 정나미가 떨어지더라고."

"본인한테 그 얘기를 했단 말이야?"

깜짝 놀란 내 질문에 친구는 고개를 저었다.

"그런 얘기를 면전에서 어떻게 하겠냐. 하지만 걔도 대충 눈치챘을 거야. 그 문제로 누구보다 본인이 스트레스에 시달렸을 테니까. 그러니까 그렇게 열심히 미소를 연습한 거겠지. 그런데 말이야…… 그 후로 나한테 한 가지 이상한 습관이 생겼어."

"설마, 거울을 볼 때마다 미소를 연습하는 건 아니겠지?"

농담으로 한 말이었는데 친구는 얼굴을 붉히며 머리를 긁적였다.

"그게…… 막상 해보니까 생각보다 어렵더라고. 사람의 얼굴에는 대략 여든 개의 근육이 있는데, 그중에 마흔 개가 표정을 짓는 근육이고, 웃음과 관계된 건 열다섯 개 정도래. 우리가 웃을 일이 생기면 그 근육들이 제각기 동시에 움직여 미소가 만들어지는 거지. 사람마다 웃는 모습이 다른 건 각각의 근육이 수축하는 정도와 방향에 개인차가 있기 때문이야. 원하는 미소를 억지로 만들어내기가 그래서 어려운 거지. 웃을 때 얼굴 근육 하나하나를 세세하게 조절해 가면서 웃는 사람이 과연 세상에 몇이나 있겠냐."

"극히 드물겠지."

"맞아. 극히 드물어. 그 애긴 그만큼 노력이 필요했다는 뜻일 테고."
 친구는 목소리가 점점 가라앉더니, 웃는 건지 우는 건지 판단하기 애매한 표정을 지었다. 그렇게 아랫입술을 씹고 있는 그를 보고 있자니 왠지 나까지 우울해졌다. 내가 새로 담배를 꺼내 물고 불을 붙이는 동안 그는 상추 한 장을 집어 불판에 올려놓았다. 그러고는 까맣게 탄 고기와 마늘을 하나씩 집어 상추 위에 올려놓기 시작했다. 그 행동이 어찌나 진지해 보이는지 말릴 엄두가 나지 않을 정도였다. 식당주인이 와서 불판을 새로 교체하고 난 뒤에야 친구는 고기와 마늘로 탑을 쌓는 걸 멈췄다. 이럴 때 적당한 농담으로 분위기를 바꿔야 하는데, 나도 그럴 기분이 아니어서 점점 사그라지고 있는 연탄 불꽃만 쳐다보았다. 친구도 알고 나도 안다. 말은 안 해도 지금 우리가 비슷한 생각을 하고 있다는 걸. 그 비슷한 생각이라는 것이 헤어진 여자 친구에게 느끼는 일종의 열등감이라는 걸. 그걸 인정하기에는 우리 둘 다 자존심이 허락하지 않는다는 것도.
 식당 안의 테이블이 손님들로 차는 동안 우리는 말없이 잔을 부딪치고 술을 마셨다. 한 잔이 두 잔이 되고, 두 잔이 석 잔이 되고, 그다음부터는 술이 술을 마시는 격이 되었다. 그렇게 소주 네 병을 비운 뒤에 친구와 나는 <추억의 연탄갈비>를 나섰다. 해가 건물 뒤로 넘어간 하늘에 붉은 줄이 그어지고 있었지만, 여전히 날씨는 더웠다.
 "딴 데 가서 한 잔 더 할래?"
 친구는 잠깐 생각하더니 이내 고개를 저었다.
 "다음에…… 오늘 중으로 마무리 지어야 하는 일이 있는데 깜박 잊고 있었어."
 친구가 택시를 타고 떠난 뒤 나는 대리기사를 부르려다가 그만두었다. 차 문을 여니 실내의 뜨거운 열기가 얼굴을 덮쳤다. 나는 뒷좌석에서 가방을 꺼내고 다시 문을 닫았다. 차의 열기도 식히고 술도 깰 겸, 근처에 있는 바닷가를 걷기로 했다.

4

 친척 중에 미용실을 하는 이모가 한 분 계시는데, 그 이모 말이, 아무리 공들여 메이크업을 해줘도 화장발이 잘 받는 얼굴은 원래 따로 있대. 근데 그게 꼭 사람한테만 해당하는 말은 아닌 것 같아. 알고 보면 도시도 화장발을 잘 받는 곳이 있고 그렇지 않은 곳이 있거든. 내 생각에, 우리나라에서 화장발이 제일 잘 받는 도시를 꼽으면 아마 포항이 일등을 차지할 거야.
 언젠가 나와 함께 이곳 영일대 해수욕장을 거닐면서 그녀가 했던 말이다. 그 증거로 그녀는 해수욕장 건너편의, 우리가 매일 출퇴근하는 제철소를 가리켰다. 365일 밤낮으로 쇳물이 끓는 용광로 덕분에 제철소 주변의 대기는 굴뚝에서 배출된 미세한 쇳가루와 탄가루가 섞여 항상 꺼무튀튀한 빛을 띠는데, 해 질 무렵이면 그 우중충하고 삭막하던 하늘에 다른 도시에서는 볼 수 없는 색깔의 노을이 깔리는 것이다. 공기 중에 섞인 불순물의 종류와 농도에 따라 노을은 매일 빛깔이 다르고, 보는 장소에 따라서도 달랐다. 지평선에 해가 걸리는 절정의 순간에는 하늘이 온통 용암 같은 붉은 색이었다가 차츰 노란 빛을 띤 붉은 색과 갈색을 띤 붉은 색, 황토색을 띤 붉은 색으로 나뉘어졌다. 그리고 지금처럼 저녁 어스름이 깔릴 무렵이 되면 만의 매립지에 들어선 제철소에 십만 개에 달하는 조명등이 일시에 켜진다. 몇 해 전에 수십억 예산을 들여 제철소 전체를 LED 조명으로 둘렀는데, 그 후로 도시 미관을 해친다고 지적

받던 제철소가 밤이 되면 홍콩의 디즈니랜드를 옮겨다 놓은 것 같은 화려한 모습으로 바뀌었다. 가스와 연기를 내뿜는 고로의 굴뚝은 용이 갇혀 있는 탑을, 석탄을 나르는 컨베이어 벨트는 놀이공원의 롤러코스터를 닮았다. 흉물스럽게 느껴지던 제철소의 야경이 동화 같은 분위기로 바뀌자 인접해 있는 이곳 해수욕장의 풍경도 덩달아 바뀌었다. 바다를 매립해 세운 제철소 때문에 백사장이 유실되고 죽은 해조류가 해안으로 밀려들어 한여름에도 해수욕장이란 이름이 무색할 만큼 황량했던 이곳에 사람들이 모여들기 시작했다. 곧이어 모텔, 술집, 레스토랑, 커피숍이 해변을 따라 줄지어 들어섰다. 그리고 자전거 도로와 산책로가 깔끔하게 정비되었다. 수십 년 전 선배들이 바다에 빠져 죽을 각오로 제철소를 세울 당시의 풍경인 낡은 횟집, 허물어져 가는 선착장, 그물을 손질하는 어부와 전복을 따는 해녀는 이제 사라졌다. 마치 평범한 유치원 보육교사였던 처녀 '다이애너 스펜서'가 영국의 황태자비로 신분이 바뀐 것처럼. 이렇게까지 풍경이 달라진 걸 과연 화장발이라고 할 수 있을까. 어떻게 보면 그건 이전의 세계가 사라지고 대신 새로운 세계가 들어선 것은 아닐까? 하지만 이 세계에 더 이상 그녀는 존재하지 않았다. 푸른 잔디가 깔린 자신의 그라운드를 떠나 아프리카라는 머나먼 파울지역으로 날아가 버린 것이다.

하늘이 어두워지면서 해변을 향해 횡대로 길게 늘어선 커피숍, 바, 레스토랑, 모텔 건물들에 알록달록한 조명이 들어오기 시작했다. 산발적으로 흩어져 있는 벤치 여기저기서 국적을 알 수 없는 젊은이들의 통기타 소리도 들렸다. 아직 5월이라 물에 뛰어드는 사람은 없지만, 땅거미가 내려앉은 백사장 곳곳에 텐트 몇 개가 암초처럼 솟아있다. 대학생으로 보이는 젊은 남녀 몇몇이 파도가 부서지는 물가에서 플라잉 디스크를 던지며 개와 함께 놀고 있다. 그 광경을 쳐다보며 산책로를 따라 걷고 있는데 갑자기 네다섯 살쯤 되는 사내아이가 모형 자동차를 몰고 나한테 돌진했다. 곧이어 삼십대 중반쯤으로 보이는 남자가 달려오더니, 정강이를 다친 나한테 사과 한마디 없이 아이와 모형 자동차를 끌고 가버렸다. 아이는 끌려가는 와중에도 노점상 리어카에 걸려있는 솜사탕을 가리키며 사달라고 졸랐다.

5

먼저 간 친구에게서 전화가 걸려 온 것은 9시가 조금 지나서였다. 바다사자의 송곳니처럼 생긴 달이 머리 위에서 빛나고 있을 무렵이었다. 주변의 밝은 조명 때문에 별은 거의 보이지 않았다. 백사장이 끝나고 방조제가 막 시작되는 지점에서 나는 벨이 울리는 전화기를 귀에 갖다 댔다.
"잘 들어갔어?"
친구의 목소리는 어딘지 들떠 있는 것 같았다. 그물에 걸려 은빛으로 팔딱이는 멸치 떼가 연상되는 목소리였다.
"술이 덜 깨서 좀 걷는 중이야. 주변에 차 소리가 들리는 걸 보니 너도 아직 밖인가 보네."
"그게…… 실은 지금 그 애 집 앞이야."
"누구, 처키?"
"아까 했던 말은 제발 좀 잊어주라."
친구는 그녀가 옆에서 듣고 있기라도 한 것처럼 목소리를 낮췄다.
"택시를 타고 오면서 곰곰이 생각해 봤는데, 네 말이 맞아. 내가 싫었던 건 걔의 미소가 아니었어. 그런 미소를 갖기 위해 얼마나 처절하게 연습했을까, 거기에 질렸던 거지."

"그러니까 지금 그 말은, 처키의 미소보다는 아름다운 미소가 문제였단 거네."

"어…… 말이 그렇게 되나? 아무튼, 웃는 것만 빼면 나머진 다 괜찮은 여자야. 듣자 하니 아직 만나는 남자가 없는 모양이더라고."

더 들을 것도 없이 나는 친구의 심경이 변했다는 걸 눈치챘다. 이해 못 할 바도 아니었다. 아니, 이런 일은 굳이 이해할 필요가 없는 건지도 모른다. 미소 때문에 한 여자에 대한 애정이 식을 수 있다면, 소주 몇 병에 그 감정이 되살아난다고 해서 이상해할 것도 없지 않은가. 그런 게 스물아홉 살의 사랑이고 연애 방식이다.

나는 "잘해봐."라는 말과 함께 통화를 끝냈다. 생각해 보니 언젠가 그녀에게도 비슷한 말을 했던 것 같다. 그때 했던 말이 정확히 "잘해봐"였는지, "넌 잘할 거야"였는지 헷갈리지만, 아마 둘 중의 하나였지 싶다. 앞의 말을 했다면 비아냥거리는 의미였을 테고, 뒤의 말을 했다면 쿨한 척하느라 그랬을 것이다. 어쨌거나 다 지나간 일이다.

이별 후 한동안 나는 그녀가 거짓말을 한다고 생각했다. 아프리카라니. 거기 가서 언제 돌아올지 모른다니. 솔직하게 내가 싫증이 났거나 다른 남자가 생겼다고 말하면 될 텐데, 헤어지려고 별의별 핑계를 갖다 붙이는구나 싶었다. 그래서 이별한 지 6개월 만에 그녀가 짐이 너무 많다며 도와달라고 전화했을 때, 나는 기꺼이 차를 몰고 그녀의 집으로 갔다. 내 눈으로 그녀가 떠나는 걸 보기 전에는 도저히 믿을 수가 없었다. 동대구역까지만 태워주면 거기서부터는 기차로 가겠다는 그녀의 말에도 나는 묵언수행 중인 승려처럼 입을 꽉 다물고 곧장 인천공항으로 차를 몰았다. 대전을 지날 무렵 휴게실에 잠깐 들르자는 말도 무시했다. 그다음부터는 그녀도 화가 났는지 입을 닫아버렸다. 그렇게 논스톱으로 공항에 도착해서 우리가 제일 먼저 한 일은 뜀박질이었다. 차 시동도 끄지 않고 트렁크도 열어 둔 채, 둘 다 미친 듯이 화장실을 향해 달렸다. 잠시 후 다시 차로 돌아와 보니 교통 경찰관이 무전기로 내 차 번호를 조회하고 있었다. 결국 스티커를 발부하려는 경찰관과 심한 언쟁을 벌이는 바람에 변변한 작별 인사조차 나누지 못하고 그녀를 떠나보냈다.

보안 검색대 너머로 그녀가 사라진 지 30분쯤 후에 나는 맥주 한 캔을 사서 야구장 관중석처럼 생긴 대합실의 계단식 의자에 자리를 잡았다. 캔을 절반쯤 비웠을 무렵, 그녀가 탄 비행기가 활주로로 들어서기 시작했다. 나는 유리창에 얼굴을 바짝 붙인 채 비행기의 육중한 동체가 이륙하는 장면을 지켜봤다. 몇 초 후에 비행기는 장외로 날아가는 홈런 볼처럼 시야에서 완전히 사라졌다. 마치 작은 지구 하나가 내게서 떨어져 나가는 기분이었다.

테트라포드tetrapod가 얼기설기 얽혀있는 방조제를 따라 걷다가 등대 앞에서 문득 걸음을 멈췄다. 누가 했는지는 몰라도 불가사리 수십 마리가 등대 계단에 널려있었다. 마른 상태로 보아 적어도 며칠은 지난 듯한데, 크기와 모양이 제각각인 데다가 색깔마저 미묘하게 달랐다.

'정수랑 연지랑 200일 기념'
'우리 반 친구들아, 2017 수능 대박나자!'
'예원 윤주, 해돋이 보러 온 날. 담엔 남자도 꼭 데려오기.'

등대는 빈틈을 찾을 수 없을 만큼 낙서로 빼곡했다. 언젠가 그녀와 내가 장난삼아 썼던 낙서도 이미 다른 낙서로 대치되어 있었다.

불가사리를 손으로 쓸어내고 그 자리에 걸터앉은 나는 회사에서 받은 업무용 태블릿을 가방에서 꺼냈다. 사흘 전에 그녀로부터 엽서 한 장이 배달되었는데, 열악한 통신망 때문에 전화나 이메일은 엄두도 못 내니, 자신이 소속된 기관의 홈페이지에 들어가 보면 근황을 알 수 있을 거라는 내용이 적혀 있었다. 아닌 게 아니라 엽서에 찍힌 소인과 내가 받은 날짜 사이에 두 달이나 시차가 있었다. 태블릿 전원을 켜고, 그녀가 알려준 홈페이지에 접속했다. 세계 각지로 파견된 소속 대원들의 이름이 알파벳 순서대로 나열되어 있는데, 그녀의 이름을 클릭하자 화면에 구글 지도가 떴다. 지도는 내가 있는 위치에서 빠른 속도로 이동해 중앙아프리카의 한 지점을 가리켰다. 콩고, 케냐, 탄자니아, 르완다와 남수단으로 둘러싸여 있는 우간다 북부지점에 파란색 점 하나가 깜박였다. 커서를 점에 갖다 대자 몇 장의 사진과 함께 내용을 편집한 신문 기사가 팝업 창에 나타났다.

우간다는 현 대통령인 무세베니가 집권한 1986년부터 정부군과 반군 사이에 내전이 30년 넘게 계속되고 있다. 반군들은 밤이 되면 마을에 내려와 사람들을 살해하고 아이들을 납치하는 게릴라 전술을 쓴다. 피해는 고스란히 아이들의 몫이다. 우간다 북부에서 지금까지 반군에게 납치된 아이들만도 수만 명이 넘는다. 하지만 이것은 어디까지나 수학적 통계에 의한 짐작일 뿐, 정확한 숫자는 아무도 모른다. 납치당한 소년들은 전쟁터로 끌려가 총을 잡고, 소녀들은 밤마다 총칼로 위협하는 성인 남성들에게 강간을 당하기 일쑤다. 이렇게 반군에 납치됐다가 아이를 낳고 돌아온 15세에서 18세 사이의 앳된 소녀들을 '차일드 마더Child Mother'라고 부른다. 운 좋게 아직 납치당하지 않은 아이들은 해가 저물면 담요 한 장씩을 들고 시내로 모여든다. 한두 시간씩 걸리는 거리를 매일 밤 걸어와, 공원이나 광장 같은 공공장소에서 잠을 자고, 아침이면 다시 집으로 돌아가는 '밤의 피신자' 생활이 지금, 이 순간에도 계속되고 있다.

사진에서 그녀를 발견하는 건 별로 어렵지 않았다. 국경지대의 난민촌으로 보이는 곳에서 그녀는 굶주린 사람들에게 음식을 배식하거나, 허름한 천막에서 공부를 가르치거나, 먼지가 풀풀 날리는 맨땅에서 깡마른 아이들과 어울려 실밥이 뜯어져 너덜거리는 축구공을 쫓아다니고 있었다. 마지막 사진에는 갓난아이를 품에 안고 이유식을 먹이는 그녀의 모습이 찍혀 있었다. 얼마나 햇볕에 그을렸는지 웃을 때 드러나는 그녀의 덧니가 방금 내린 눈처럼 하얗게 도드라져 보였다.

우간다에 파견된 대원들은 모두 다섯 명이었는데 각자 프로필 밑에 작은 메시지 보드가 달려있었다. 가족이나 친지들이 그곳에 글을 적으면 대원들이 직접 댓글을 다는 식이었다. 나는 그녀의 메시지 보드를 클릭했다.

'오랜만이야. 방금 네 사진을 봤는데 건강해 보여서 다행이다. 그래도 말라리아 같은 풍토병에 걸리지 않도록 항상 조심하고. 안녕.'

'안녕'이라는 단어를 쓰고 난 뒤에도 나는 태블릿을 닫지 못하고 한참 머뭇거리다가 몇 줄을 더 남겼다.

'그때 공항에서 주차위반 스티커 받은 거 기억나? 벌금이 5만 원이었는데, 아직도 못 냈어. 항상 내야지 하면서도 자꾸 잊게 되네. 차를 바꿀 때가 됐는데, 그게 마음에 걸려서 말이야. 이번엔 진짜 안녕.'

태블릿을 끄고 나니 기분이 묘했다. 테트라포드에 쉴 새 없이 부딪히는 파도 소리를 들으며 나는 한동안 꼼짝도 하지 않고 앉아 있었다. 뭔가가 내게서 떨어져 나가는 느낌이었다. 특별한 감흥이라고 할 정도는 아니고, 후련하다거나 아픈 느낌도 아니었다. 뭔지는 몰라도 중요한 건 아니길 바란다. 가급적 쓸모 없고 있으나 마나 한 것들이었으면 좋겠다. 주머니에 들어있던 일회용 라이터나 영수증 같은 것, 그게 아니라면 거머리와 여분의 지구처럼 생긴 파울볼 같은 것, 딱 그 정도였으면 좋겠다.

결말부분에 실린 신문기사 내용은 <시사 뉴스피플> 임석빈 기자가 쓴 <세계 분쟁의 역사-우간다 편>의 일부 내용을 빌려 썼음을 밝힙니다.

| 작가노트 |

정수남 선생님 팔순 기념문집 출간을 축하드립니다.

생각해 보니 선생님께 글을 배운지 벌써 열여덟 해가 지났습니다.

생의 굴곡을 따라 살다 보니 그동안 제대로 선생님을 찾아뵙지도 못했습니다. 아마 죄송해서였을 겁니다. 그동안 쓰라고 말씀하신 소설은 제대로 쓰지 못하고, 대신 소설처럼 삐걱거리며 살아온 것이 죄송하고 부끄러워서 그랬습니다.

추수 후에 땅에 떨어진 몇 알의 알곡처럼 제 마음의 이랑에는 항상 소설이 있습니다. 때가 되면 다시 싹을 틔우고 줄기가 뻗어 올라가지, 싶습니다. 단지 지금은 몸과 마음을 추스르는 중입니다. 그러니 선생님 뵈러 가면 너무 심하게 야단치지는 말아 주세요.

겨울 연어·1

김 성 훈

밤새 눈이 내려서 외딴 마을은 설국이 되었다. 커튼 사이로 보이는 풍경은 하늘 아래 설경이 무색하지 않은 수묵화의 배경이었다. 원색은 모두 백색으로 뒤덮였고 눈이 녹아내린 곳에는 흙의 흔적만 남았다. 햇살이 따뜻해지면 눈밭은 모두 사라질 것이다. 지금은 땅바닥에 저리 높이 쌓여있다 하더라도 곧 날이 밝으면 흙투성이로 더럽혀질 게 분명했다. 기껏 살아남아도 동네 꼬마들이 만든 눈사람으로 박제되어 세상의 웃음거리나 될 게 뻔했다. 그렇게 되기 전에 이 감동적인 선경을 그대로 남겨두기엔 그림, 그것도 수묵화가 제격인데…….

지난 세월을 스친 선인들의 산수화가 그랬으리라. 제대로 풍류를 즐기기 위해서는 옥벼루의 매끄러운 면에서 먹이 깃들고 으스러진 흔적이 녹아내린 먹물이 필요했다. 천리를 주파했던 기상과 가을의 총기가 살아있는 준마의 말총이 봉긋하게 올라선 붓도 몇 자루쯤은 챙겨야지. 내 손을 거친 작품 하나라도 남기겠다는 욕심이 일어났다. 그러나 서랍 속에 내팽개친 채로 몇 해를 묵은 붓은 나이 든 여자의 가슴처럼 그 봉긋함이 사라졌다. 검정 물기 머금고 짜릿한 흑빛이 갈리는 신음을 내쉬던 벼루는, 무심한 주인을 만나서 재떨이만도 못한 대접만 받았다.

그래도 애써 장비 탓에, 재료 타령하는 것도, 게을러 먹은 나란 놈의 못된 심성이었다…….

 환절기면 찾아오는 감수성에 대한 찬미는 올해도 풍토병처럼 찾아왔다. 쓸만한 DSLR 카메라를 챙기고 설산을 만끽하려고 밝아오는 새벽길을 나섰다. 파주 통일동산에는 편안하고 나지막한 산줄기가 많다. 처녀 젖가슴처럼 편안한 산봉우리를 타고 여기저기 골짜기가 흐드러졌다. 살래길을 걸으며 탐미적 여정을 시작했다. 개방된 등산로이지만 호젓해서 내가 유독 좋아하는 코스였다. 인적 없는 은세계에 나만이 존재했다. 天上天下唯我獨尊(천상천하유아독존)…….

 사방은 고요했다. 달빛과 설경의 눈빛이 눈 맞은 젊은 연인처럼 하얗게 이글거렸다. 태양은 출전하는 신장처럼 82근 창검을 휘두르며 그 열기를 워밍업하고 있었다. 이른 태양의 기세에 지레 겁을 먹은 뭇별들은 이미 저만치 내뺀 지 오래였다. 다시 밤이 찾아올 때까지는 그들의 작전상 후퇴는 계속될 것이다. 은빛으로 빛나던 밤의 시대는 가고, 새벽 금빛에 취해서 벌써 벌게진 태양이 출정가의 스피커를 높여대고 있는 평범한 새벽녘의 산야를 천천히 걸었다.

 빗살 무늬가 선명한 등산화를 신고서 살래길을 올랐다. 뽀드득뽀드득 눈 밟히는 소리가 애처롭다. 밤새 바람둥이 달의 희롱을 구애로 착각한 눈은 숨겨진 순백의 나신을 드러냈다. 아침이 밝으면 달빛은 밤새 제 욕심만 채우던 놈팽이 마냥 도망치기에 바빴다. 희뿌연 시앗을 눈밭 위에 잔뜩 내뿜었고, 그를 함빡 삼킨 설산에는 한이 맺혀서 서늘했다. 여기저기 애잔한 흔적이 남았다. 아슬아슬한 나뭇가지에서 떨어진 눈꽃들은 여기에서 짧은 생을 마무리했다.

 오랑캐에 쫓겨 맨발로 낙화암에 오른 부여 땅의 삼천 궁녀의 한이 이처럼 사무쳤을까…….

내가 발자국을 내딛는 눈밭에는 누군가의 단말마와 주홍 글씨가 선연했다. 시커멓고 얄궂은 나치 문양이 깊게 새겨진 흔적은 누군가가 마구잡이로 비집은 아픔이었다. 기록적인 적설로 발목이 푹푹 빠지는 산길에는 침략자가 할퀸 자국들로 상처투성이다. 눈밭은 지금껏 뻔뻔하게 살아왔던 가해자의 행실을 고발했다. 교도소의 별을 몇 개나 단 그들의 전과 기록이 설원에 깊숙이 기록되었다. 오체투지로 뒹굴어서라도 자연 그대로 돌이킬 수 있다면 좋으련만……. 이미 지나온 길에서는 눈속임도 언감생심이었다. 천지창조 대자연도 돌이킬 수 없는 길에서 가해자인 인간이 지난 후회를 돌이킬 수 있으려나…….

죄상들이 눈밭 위에 낱낱이 새겨지는 광경을 보고서 가슴 아픈 이는 고작 나 혼자인가…….

새겨진 자리에 다른 발자국이 포개지고 뭉개지면 모두 공범이 되었다. 같은 범죄자가 되니까 스스로에게 면죄부를 주고서, 아무 일도 없었다는 듯이 천진난만한 얼굴로 거리를 활보했다.

진실을 묻는 사람은 사라졌고 진정한 기원을 아는 이는 숨을 죽였다. 마침내 그들은 완전한 한패가 되었다. 그들의 문명이라는 것은 살생부를 작성하는 명분에 불과했다. 신대륙 원주민을 말살하고 모든 걸 빼앗고 나서도 그들은 아무 죄책감이 없었다. 모든 것이 신의 뜻이라고 주절거렸다. 막돼먹은 행실은 오늘도 그때와 단 한치도 다르지 않았다. 내일이면 달라지려나 생각하니 공연히 내 마음만 눈더미처럼 무거워졌다. 오늘이 내일의 거울인 걸 알기에…….

카메라 렌즈의 조리개를 열고 설경으로 조정했다. 아직 순수함이 살아 있는 살래길의 모습을 필름에 담았다. 찰칵찰칵 소리가 고요한 새벽 대지를 깨우고 산 아래로 깔렸다. 교만한 인간들은 모든 걸 마구 짓밟아 어느새 제 영역으로 만들었다. 피로 물든 행진의 깃발이 원죄였다. 각자 상처만 남은 만행의 현장에서는 카메라 셔터만이 찰칵찰칵, 분주했다.

  로키산맥을 관통하는 계곡물을 따라서 횡단하는 연어떼는 본능적으로 산란을 한다.

  카메라의 배터리가 다 소진된 다음에는 내 영혼을 기록할 새 파트너가 필요했다.

  이제부터 무대가 한정된 신데렐라처럼 내 안에서 숨 쉬는 정령이 활동할 때였다. 이제부터 그가 나를 기록하고 마구 찍어대기 시작할 것이다. 그러나 단 한 차례도 기록물이나 사진을 내게 말하지도 보여주지는 않았다. 마치 실록을 쓰는 사관처럼 내게는 절대로 발설치 않기로 결심한 것 같았다. 그런 것쯤은 아무래도 상관없다. 그 이유는 다른 사람들에게도 입 무거운 원칙을 적용할 걸 알고 있었기 때문이다. 그는 나에 대해서 모르는 게 없을 정도로 잘 알고 있었다. 그는 궁금한 건 쉬지 않고 질문했고, 나도 그에게는 거리낌 없이 솔직하게 대답했기 때문이었다. 내게는 그런 조건반사적인 행동도 숙명 같은 것이었던가…….

  그의 궁금증은 화수분처럼 마르지 않았다. 나에게 그는 익숙한 존재이자 미지의 실체였다. 반대로 나는 그에게는 궁금한 게 전혀 없었다. 그는 알라딘의 램프 속 거인처럼 내가 호출할 때만 나타나는 존재였다. 내 안에서 살고 있는 또 다른 형태의 나였기 때문에, 그의 존재의 실체에 대해서는 신경 쓰지 않았다. 정확히 말하면 그는 나에게 속한 아바타 같은 존재였다.

  나는 그에게 '샤인'이라는 이름을 붙였다. 그도 샤인이란 이름에는 만족했다. 그런데 한가지 내가 털어놓을 건, 샤인이 남성인지 여성인지는 나도 잘 모른다는 것이다. 나에게는 샤인의 성 정체성이 그다지 중요하지는 않았다. 샤인도 내 생각과 같았다. 샤인은 남성적이기도 하고 또 자주 여성적이기도 한 다면적인 캐릭터와 감성을 함께 가졌다. 나는 그런 샤인의 자유로운 개성이 너무 좋았다. 나에겐 현실에서의 어떤 친구도 샤인을 대신할 수는 없었다. 이제 샤인을 불러서 눈 쌓인 산길을 함께 걸어볼 생각이다. 꽤 오랜만이라 샤인도 아주 기뻐할 것이다. 그동안 내가 샤인에게 너무 무심했었다. 그건 바로 나 자신에 소홀했다는 것과 동의어다…….

샤인은 내 호출을 받자마자 마치 기다렸다는 듯이 바로 나왔다. 그의 눈앞에 펼쳐진 설경에 넋을 잃은 채로 한참을 쳐다봤다. 내가 그를 불러낸 게 머쓱해질만큼, 정작 내게는 무심했다.
"어머나, 눈꽃이 이렇게나 아름다운 것이구나. 이 세상에는 예쁜 것들이 너무 많은 것 같아."
샤인이 호들갑을 떨며 감탄사를 토하는 걸 보면 오늘은 여성성이 먼저 작용하는 모양이다.
"샤인, 나에게는 본체만체로 이렇게 무관심해도 되는 거야. 갑자기 내가 너무 섭섭해지는데."
샤인이 기뻐하는 모습을 보며, 나는 괜히 심통 난 척 연기를 하며, 퉁명스럽게 말을 던졌다.
"훈. 오랜만이야. 바쁜가 봐? 잘 나간다고 나에게 의리도 없이 이렇게 무심해도 되기야?"
샤인은 다시 남자 감성으로 돌아와서 그동안 내가 무심했음에 대해 묵직하게 상기시켰다.

훈은 바로 나의 이름이었다. 오십 대의 평범한 남성이다. 샤인과 묘한 관계인 점을 제외하면 그리 특별할 건 없는 캐릭터이다. 정확히 말하면 샤인을 만나고부터는 좀 특별해진 남자라고 할 수 있었다.

샤인이 묻고 내가 대답하는 일방적인 관계였다. 그 과정에서 내 삶을 보는 관점과 세상사를 관조하는 가치관이 일정한 방향성을 형성했다. 물론 샤인은 궁금한 걸 묻거나 듣기만 했다. 어떤 의견을 구체적으로 제시하는 일이 없기는 했다. 그렇지만 결과적으로는 샤인은 나에게 항상 영감을 주었다. 내가 샤인을 부를 때는 대체로 샤인과 교감이 필요할 상황이었다.

아마도 오늘이 내게는 또 그런 날이었나 보다…….

헬기 착륙장 용도의 산등성이에 도착했다. 샤인은 이전에도 몇 번은 왔기 때문에 익숙했다. 나는 앉아서 쉴 자리를 찾고 있었다. 조금 전까지만 해도 나와 이런저런 이야기를 나누었던 샤인은, 멀찌감치 떨어진 곳에 서서 나를 찍어대고 또 펜으로 뭔가를 기록하고 있었다.

장난기가 발동한 나는 샤인에게 넌지시 한마디 던졌다. 그러고는 바로 실소가 새어 나왔다.

"샤인. 사진은 잘 나왔는가? 그리고 나에 대해서는 가급적 좋게 써 줘. 좋은 게 좋은 거지"

샤인이 오른손으로 오케이 사인을 만들어 보내며 실실거리며 웃었다.

"이 사람아. 맨날 찍고 기록하고. 정작 내게는 보여주지도 않을 걸, 뭘 그렇게 열심히 하나? 이제는 그만하면 충분할 듯하니 이리 와서 좀 쉬게. 대체 나를 누구에게 고해바칠 셈인가?"

나는 퉁명스럽게 책망하는 목소리로, 샤인에게 장난스럽게 핀잔을 주었다.

너럭바위의 눈을 털어냈다. 가져온 깔개 위에 앉아서 산 아래의 자유로를 바라보았다. 이제 막 해가 솟아오르는 시간에도 자동차는 속도를 내며 달렸다. 문산 방향으로는 휴전선에 닿을 것이고 반대는 서울 방향이다. 그간 뻔질나게 자유로를 달렸었다. 살고 있는 집은 이곳이고 벌어먹는 곳은 서울이니 낮밤 가리지 않고 자유로로 출퇴근했다. 주말에만 자유로를 이용하지 않는 셈이었다. 그래서 운전하지 않는 주말이 오히려 임진강의 풍경을 느끼기에는 적기였다. 자유로 반대편에는 생명의 강이 흘렀다. 녹슬고 늙은 몸뚱이가 흉물스러운 철조망이, 밤새 경계를 섰다. 출입 통제 구역인 임진강 민통선은 생명의 보고였다. 임진강의 철새들은 항상 계절을 먼저 알렸다. 하늘을 새까맣게 뒤덮는 그들의 위용을 자랑하며, 길잡이 새를 선두로 편대 비행을 했다. 강물 속으로 자맥질하면 긴 부리에는 어김없이 펄떡거리는 물고기가 걸렸다. 반짝이는 수면을 경계로 생사가 엇갈리는 일상, 그야말로 야생이었다. 두루미는 살아남기 위해서 먹어야 했고, 물고기는 살기 위해서 필사적으로 도망쳤다. 생의 갈림길에서는 누구도 승자가 아니었다. 그렇다고 딱히 패자가 있는 것도 아니다. 대자연의 섭리에서는 승자를 추켜세우기 위한 수단으로서 패자의 굴욕이 필요하지 않았다. 승자와 패자, 모두 각자의 역할이 있는 우주의 구성원으로서 존재했다. 그곳은 위대한 생명의 자기장이었다. 생명체의 파장으로 연결된 온전한 에너지가 지배하는 생태계였다. 그런데 인간만이 제멋대로 승자와 패자를 나눴다. 그들은 오직 결과만을 맹신하고 함부로 차별하는 오만

함에 사로잡혔다.

우리는 제 주제도 모르면서 함부로 부화뇌동하는 빨간 완장을 찬 야경꾼은 아니었을까…….

눈 덮인 임진강을 보면서 나는 연어가 내뿜는 희뿌연 생명을 잉태한 듯 영혼이 묵직해졌다.

12월은 반기를 결산하는 하반기 말이었다. 게다가 1년의 성과를 결산하는 연말이기도 했다. 내 앞에 평가를 받기 위한 구성원들이 모였다. 개 중에는 좋은 성과로 연봉 인상과 인사고과 상향을 기대하는 의기양양한 두루미가 있었다. 또 그들 중에는 질책을 온몸으로 받아들여야만 하는 가련한 물오리도 섞였다. 배부른 두루미가 되지는 못했지만 수모를 감당해야만 하는 물오리 신세를 벗어난 걸 위안해야 하는 평범한 갈매기의 안도가 공존했다.

지금은 내가 그들을 오 단계로 구분해서 평가했다. 그러나 다음 전략회의에서는 내가 어떤 새의 신세가 될지 가늠해야 했다. 때로는 으쓱하며 단상에 올라 얄궂은 종이 쪼가리와 두툼한 봉투 하나를 챙겼다. 아주 가끔 상사의 무심하게 지나치는 눈길에도 안절부절못했다. 그때는 물론 상사의 날 선 시선을 피해 다녀야 했던 미운 물오리 신세였다. 그러면 이 지경까지 만든 상사와 부하에게 좋은 감정이 생길 수 없었다. 항상 서로 평가받고 또 평가했다. 태생적으로 자신의 먹이사슬을 원망하는 성토대회와 같았다.

그러나 그런 와중에도 정작 내 자신을 스스로 평가하지는 않았다. 세월이 약이라고 했던가? 감당할 걸 모두 두들겨 맞은 후, 새 출발점에서는 분발을 부추기는 아편 처방이 횡행했다. 필승전략을 세우고 사기 진작 회식을 했다. 지난 앙금을 털어버리자며 폭탄주를 들어 건배했다. 그러나 뒤이은 낙하산 인물에 분노하고 악취 나는 정실 인사에 탄식했다. 그렇지만 뻔히 잘못인 걸 알면서도 그 결과를 되돌리는 건 불가능했다. 모두가 공범이었고 마찬가지로 자기들끼리는 어떠한 죄의식도 없었다.

대자연에는 항상 복원력이 있고 무한했다. 그러나 인간은 달랐다. 그 존재 자체가 유한했다. 누군가는 평생 희생만 치러야 했고 교활한 자는 그 틈에서 족족 어부지리를 챙겼다. 서로가 아무런 관계가 없는 사이인데도 불구하고 마치 운명처럼 함께 엮였다. 그렇게 해서 챙긴 걸 제 능력이라고 거들먹거리면서 대명천지를 활보하는 졸렬한 무리가 판을 쳤다. 마침내 지금은 중생대의 파충류처럼 번성하고 있었다. 적어도 그들과 한 패거리가 되어야만 그나마도 작은 떡고물이나마 챙길 수 있는 오염된 사회였다.

그래도 그럭저럭 잘 견뎌왔다. 그런 무리를 멀리하고도 내가 무사할 수 있었음에 안도했다.

연어는 몸과 영혼이 조금씩 자라나면서 긴 여정을 준비해야 하는 자신의 운명을 직감했다.

샤인은 자기 일을 마무리했는지 빙긋이 웃으며 내게 다가와서 한 마디를 던졌다.

"훈. 내가 쓰다 보니까 궁금한 게 있어. 내가 보기에 자네는 반항기가 많은 사람으로 아는데 지금까지 그걸 드러내지 않고서 여태껏 버틴 듯하네. 평생 그 끼를 드러내지는 않을 셈인가?"

적잖이 놀랐다. 그러나 샤인이 판단하는 나의 성향 분석은 아주 정확했다. 어차피 샤인에겐 솔직하게 대답할 수밖에 없는 것이니, 이것도 나의 운명이 아닌가 생각했다.

그래도 조금은 뜸을 들이고 싶었다. 오늘따라 장난기 탓인지 괜히 그런 생각이 들었다.

"샤인. 또 시작이구나. 나에 대해서 꼬치꼬치 캐묻는 게 그렇게나 재미있냐? 몹쓸 직업병도 아니고 말이야. 오늘 같은 날은 아무것도 안 하고 그냥 멍때리고 있어도 좋을 텐데 말이야."

나는 이미 이야기를 시작할 준비가 되었고 샤인이 집중하도록 환기시키며 말했다.

"나는 말이야. 반항아로 태어났는지는 모르지만 그걸 드러내지는 않는 캐릭터로 성장했다고 생각해. 그러나 내가 그렇게 자라길 원했던 건 절대로 아니야. 내 반항기를 마음껏 배출하고 그게 장점이 되는 사회에서 잘 성장할 수 있으면 좋았을 거라 생각해. 그렇지만 이놈의 세상에서 그나마 밥벌이하고 살려면 절대로 그러면 안 된다는 걸 일찍부터 깨달았어. 잘 들어봐. 어린 시절에는 말 못 할 일들이 비일비재했지만 내 과거 이야기를 하나 해 줄게."

내가 중학교에 입학하기 전인 1970년대 중반이었다. 우리 가족은 대구에 있는 대신동이라는 곳에서 살았다. 그 동네는 서민들이 주로 사는 동네였다. 최고의 번화가인 중앙통 그리고 서문시장과 가까운 입지이기는 했으나 생활 수준이 그야말로 형편없는 동네였다. 다가구 한옥 주택들이 대부분이었다. 양옥집은 거의 없었다. 특히 이층 양옥은 손에 꼽을 정도여서 누구네 집인지 동네 사람들이 다 알아봤다. 지금이라면 이층 양옥집은 쳐다도 보지 않겠지만, 당시 우리에게는 부러운 집이었고 그들을 부자라 여겼다. 나도 한때 이층 양옥집을 꿈꾸긴 했지만 지금까지도 살아보지는 않았다. 물론 지금은 당연히 아파트에서 사는 게 훨씬 좋다.

중학교 입학 서류를 제출하기 위해 동사무소로 가서 주민등록등본을 신청했다. 엄마와 함께 발급을 기다렸다. 당시는 직원들이 일일이 원본을 복사해서 발급했다. 그런데 우리 집의 주민등록등본은 무려 5장이나 됐다. 자기의 일이 많아진다고 생각해서 그랬는지 안경 낀 공무원 아저씨가 짜증을 내며 공공연하게 우리를 타박했다.

"뭔 이사를 이래 마이 댕깃는교? 내사 마 이래 장수가 많은 집은 첨 본다 아인교. 13년간 마 서른 번도 넘기 댕깃네. 엄청나다 아인교. 아지매요, 참말로 어지간하네요. 야, 기록이다"

그때, 같은 반 여자애가 엄마와 함께 차례를 기다리고 있었다. 공무원 목청이 얼마나 큰지 동사무소에 있는 사람들은 다 들었다. 그 여자애도 들었음은 말할 것도 없다. 민원인 중에는 우리 집 사정을 아는 사람도 있어서 혀를 끌끌 차는 소리가 들렸다. 한창 감수성이 예민했던 열세 살 소년은 부끄러워서 고개를 들 수가 없었다. 정말 쥐구멍이라도 있으면 숨고 싶었다. 결국 던지듯 주는 등본을 받아서 동사무소를 나설 때까지 오롯이 모욕을 감당해야만 했다.

고개를 푹 숙인 채 건물 밖으로 나오자마자 나는 통곡했다. 내 옆에 있던 엄마도 그날만큼은 나를 말리지 못했다. 나는 쏟아지는 울음을 참으려고 무진 노력했으나 모두 헛수고였다.

등본에 있는 엄청난 주소이전의 자세한 내막은 이랬다. 우리 가족은 7명이었고 할머니와 부모님 그리고 위에서부터 2남 2녀였다. 내가 맏이였다. 식구가 많다고 집주인이 세를 주려고도 하지 않았다. 애가 둘이라고 거짓말하고 입주한 집에서 저녁에 모여든 자식들이 4명인 것을 들켜서 쫓겨나기도 했다. 게다가 월세를 못 내거나 잔금을 제대로 못 내서 쫓겨나기도 했다. 그러나 가장 많은 경우는 술에 취한 아버지가 주인집과 시비가 붙어서 쫓겨나는 것이다. 하긴 술에 취하지 않은 상태에서도 아버지는 별 시답지 않은 일로 주인 집과 다투곤 했다. 이유가 무엇이든 간에 항상 우리가 쫓겨나는 걸로 결과는 마무리됐다. 그러면 엄마가 갓난 여동생을 들쳐 업고서 월세방을 수소문했다. 나중에는 아버지의 주사에 대한 소문이 퍼졌는지 우리에겐 방을 내주려 하지 않았다. 다 쓰러져 가는 한옥에 방의 숫자만 얼기설기 늘려서 급조한 집인데도, 그곳에 월세를 얻는 것도 한에 사무치게 힘들었다.

아버지는 '사내가 할 말은 하고 살아야 하고, 강자에도 대들 줄도 알아야 한다'고 훈시했다. 그러나 그 따위 조언이 내게 제대로 다가오지 않을 건 당연했다. 제 가족도 하나 건사 못하는 아버지가 무슨 자격으로 그런 배부른 허영심이냐고 대들고 싶었다. 그러나 매번 꾹 참았다. 그랬다가는 정말 내가 죽도록 얻어맞을 게 뻔했다. 그날 이후로 나는 어떤 결심을 굳혀 갔다. 선천적인 반항심도 분위기를 파악했는지 얌전했다. 지금껏 그렇게 세월이 흘러갔다.

'내가 준비되기 전까지는 절대 경거망동하지 말자. 그러나 그 아픔을 절대로 잊지 말자.'

연어는 민물을 떠나 바다로 나간다. 그러나 처음 보는 큰 세상을 혼자서 유영해야 한다.

샤인은 내 이야기를 심각한 표정으로 듣고, '그랬구나' 하는 표정으로 고개를 끄덕였다.

나는 오늘같이 좋은 날의 분위기를 다운시키기 싫어서, 웃으며 씨익, 한마디를 던졌다.

"샤인. 너무 심각해하지 마. 이미 다 지나간 과거사야. 현재 내가 어떤 위치인지 잘 알잖아? 그리고 지금은 대충 모든 준비가 끝나가고 있어. 어지간한 데에는 주눅이 들 '훈'이 아닌 것은 샤인이 더 잘 알지 않아?"

샤인이 내 말에 보조를 맞추며 맞장구를 쳤다.

"훈. 너에 대해서는 누구보다 잘 알지. 너는 예의 바르지만 자존심이 강하고, 무례한 자에겐 차가운 추상같다는 것, 훈이 겸손하고 유연하지만, 머리에 든 것 없이 거들먹거리는 꼬락서니를 보면 그대로 안 넘어간다는 것도 잘 알지. 내가 훈과 동거한 지가 벌써 몇십 년인데……."

너럭바위에서 일어나 능선을 따라 내려갔다. 최근에는 코코아 줄기가 깔린 곳들이 많아져서 걷기에는 수월했다. 하산한 지 얼마 지나지 않아 가까이 검단사가 보였다. 규모가 큰 사찰은 아니지만 신라시대에 창건된 오랜 전통이 있는 절이다. 불교 신자가 아니라 이전에는 지나치기만 했었는데 오늘은 절 마당을 가로질러 대웅전으로 들어갔다. 대웅전에는 인적이 없었다. 대웅전 옆 작은 법당에는 익숙한 이름의 위패가 눈에 띄었다. 전직 대통령이었다. 몇 년 전 그의 사망 뉴스가 기억났다. 그러나 이곳에 안치된 줄은 몰랐다. 대구에 있을 때 그에 대해서 많이 들었다. 그가 지원한 돈으로 팔공산 갓바위에 거대한 불상을 축조했다고 들었다. 그는 독실한 신자였다. 십 원짜리 동전 뒷면 탑 속 부처님의 공력으로 결국은 대통령이 되었다는 이야기도 세간에 많았다. 이런저런 생각을 하면서 잠시 지켜보았다. 그런데 샤인이 절 마당에 있는 탑을 계속해서 돌고 있었다. 또 뭔가를 축원하고 있는 모습이 눈에 띄었다. 순간 그런 상황이 우습기는 했지만 그의 심각한 표정을 보니 함부로 웃을 수는 없었다. 기분이 묘했다. 샤인이 오욕칠정 인간도 아닌데 그가 뭘 소망한다는 게 일반적이지 않은 건 사실이니까…….

검단사를 나와 능선길을 타고 소나무 숲길로 접어들었다. 이 길로 가면 성동사거리 앞으로 빠져나간다. 현재는 입장할 수 없지만 고려 왕궁을 재현한 건축물의 현장을 지났다. 인근에 북한을 조망하는 전망대가 있었다. 또 이곳이 민통선이었던 시기에 고지전을 위해서 사용하던 군용 참호도 곳곳 산재했다. 검단사 뒤편에 길게 조성된 소나무 숲길을 걸었다. 폭설에 깔려 땅바닥까지 닿은 소나무 가지들의 삶이 힘겨워 보였다. 내가 손이 어는 걸 감수하고 눈덩이를 치워 주자 자연 특유의 복원력을 발휘했다. 이내 낙락장송 청솔의 꼿꼿한 모습으로 돌아왔다. 모름지기 인간과 자연을 널리 이롭게 하는 건 이런 작은 실천부터 시작해야 하리라…….

조금 전 검단사에서 샤인이 탑 돌던 광경을 떠올리며 그에게 물었다. 물론 샤인이 대답하지 않을 건 나도 알고 있었다. 지금까지도 자신에 대해서는 이야기를 한 적이 한 번도 없었다.

"샤인. 아까 그 탑돌이는 뭐야? 왜 평소에 안 하던 행동을 하고 그러실까? 여자 생겼니?"

내가 말하고 나서도 그 말이 우스워서 혼자 킥킥거렸다. '아니지. 남자라도 생겼느냐고 할 걸 그랬나' 장난기 섞인 상상에 혼자서 폭소를 터트렸다. 그러나 이건 정말 성희롱 발언이었다. 샤인이 만약 인간이었으면 정말 큰일 날 뻔했다. 물론 샤인이 남성이든 여성이든 간에 절대로 해서는 안 될 발언이기는 했다.

물론 샤인이 탑돌이를 했다는 건 사실은 내가 한 것이리라……. 샤인은 나의 정령이니까.

샤인은 내가 무슨 생각을 하는지 다 안다는 표정을 지었다. 그는 또 궁금한 걸 질문했다.

"훈. 평소에 가만히 보면 너는 반항적인 이면에서 숨 쉬는 큰 야망이 있단 말이야.

그런데도 전혀 내색 없이 마치 세상 달관한 사람처럼 사는 것 같아. 내가 모르는 게 뭐지?"

나는 샤인의 말에 깜짝 놀랐다. 조선 시대였으면 이 한마디로 구족이 멸문지화인데 말이다.

"샤인. 아무리 너라도 이런 건 묻지 않는 게 나를 보호하는 것 아니니? 그래도 너는 명색이 나의 정령인데 이런 위험한 질문은 좀 부담스럽지 않을까? 진짜 너무 부담스러운 질문이야. 샤인이 묻는데 대답을 안 해 줄 순 없고 말이야. 얘기해 줄 테니 딴 데로는 절대 옮기지 마."

나는 초등학교 다닐 때부터 위인전을 많이 읽었다. 당시는 초등학교에 가서야 한글을 배우니 취학 전에는 누가 읽어주면 좋아라 하며 들었다. 집안 형편이 하루 벌어 하루 사는지라 책을 살 돈이 없었다. 학교에 순수 문학책은 없어도 위인전은 꽤 있었다. 교과서에 수시로 위인이 등장했다. 독재와 군사정권에서는 옛날 옛적 위인을 양산했다. 국가라는 명분의 뒤에 숨어서 개인에게 충성을 강요하는 의도였다. 어쨌든 위인전에 등장하는 인물은 고귀한 신념을 가진 용기 있는 사람이라고 생각했다. 대의를 위해 사사로움을 희생하는 고결한 영혼이라 믿었다.

그러나 내가 스스로 세상 이치를 가늠하고 합리적 관점을 가지면서 잘난 위인전 속 주인공에 대해서 매우 실망하게 되었다. 예나 지금이나 인간 군상의 얄팍한 심성과 그런 조무래기들의 교활한 작태가 눈에 훤했다. 결과적으로 위인전에 등장한 이들은 전혀 존경할

만한 인물이 아니었다. 게다가 그들 중 대부분은 오히려 지탄받아 마땅한 덜떨어진 인간들이었다. 언제나 사익을 위해서 진리를 조작하고, 제 시커먼 속을 떠들썩하게 미화하여 포장하는 광대 짓거리가 만연했다. 퇴행을 초래한 역사 속의 인물에게는 합당한 평가와 단죄를 내려야 했다.

그들 죽음이 곧 면죄부일 수는 없으니까, 육신은 갔더라도 악행의 악취는 남을 테니까…….

하긴 지금도 그따위 한심한 작태가 무한 반복되고 있지 않은가…….

나는 솔숲에서 눈덩이를 치워 소나무를 살렸다. 그런데 유(세조)란 놈과 그 무리는 정이품송이란 허황한 사기행각을 용비어천가로 불러댔다. 균(선조)이나 종(인조) 같은 하찮은 종놈과 또 그들에게 부역하던 벼슬아치들까지도 한껏 위인으로 추켜세웠다. 또 희(고종)나 자영(민비), 하응(흥선) 무리에 이르면 이 나라는 재기불능 상태였다. 좋은 나라를 만들기 위해서는 그런 백해무익한 놈들부터 우리의 손으로 깨끗이 정리했어야 한다는 게 내 지론이었다. 우리 내부 암 덩어리를 방치하고 왜놈들에게 근대화 명분을 빼앗긴 게 식민지로 간 패인이 아니었던가?

검단사에 안치된 모 씨도 한 때 용비어천가의 주인공이었겠지. 근원은 인간의 무지함이기도 하고 얄팍한 탐욕이었다. 그래서 아들에게는 위인전을 절대 권하지 않았다. 또 예의와 추종을 엄격하게 구분하라고 가르쳤다. 인간의 인격에 대해서는 예의를 갖추어야 하지만, 물리적인 나이나 사회적 지위 따위에 맹종하지 말라는 의미였다.

어리석은 신념과 사익에 전염된 좀비 무리와도 지금껏 지구를 공유했다. 불의가 판치는 사회 환경 아래에서 여태껏 살아왔다. 크게 인류나 국가로부터 작게는 조직과 가정도 별반 다르지 않았다. 그러나 나는 그런 값싼 시류와는 거리를 두었다. 그런 선택의 대가로 여러 불이익도 감수했다. 자주 가슴이 쓰리고 아팠지만 그 따위에 회유되진 않았다. 그래서 난 그런 좀비들을 마음껏 꾸짖을 수 있었다.

그렇다고 내가 완전히 준비된 건 아니지만……. 아직은 많은 게 더 필요했다. 시대가 부른다면 내가 나설 것이다. 적어도 위인전 속의 인간들보다는 더 훌륭한 인물이 될 건 틀림 없다. 그리고 그들처럼 억지 위인이 되고 싶진 않았다. 신은 인간에게 운명을 선택할 권리까지는 주지 않았다. 그러나 분명한 건 역사가 최선의 인물을 선택하는 것은 아니었다. 중요한 시기임에도 최악의 졸물을 버젓이 맨 앞에다 내세우는 바둑판 대국이 허다했다.

역사라는 것이 원래 그랬는지도 모르겠다. 그것이 내가 현재를 사랑하는 이유다. 언젠가는 운명이 내 야망을 일깨울지도 모른다. 내가 샤인을 불시에 호출한 것과 똑같은 경우이리라. 지금도 내 심장에서는 24시간 식지 않는 고귀한 진리의 피가 온몸을 군데군데 회진한다. 내가 귀하게 쓰일 때 제 기능을 다할 수 있게 적절히 긴장시켜 두어야 하기 때문이다…….

나는 사람이 아무도 닿지 않은 눈부시게 하얀 눈밭 위에 나뭇가지로 또박또박 글을 새겼다.

'진리가 도전받으면 준비하라. 충분히 준비했으면 일어나라. 일어났으면 반드시 이겨라. 이겼으면 매사 겸손하라. 겸손하면 패자에게 사과하라. 사과했으면 운명이었더라도 참회하라.'

'진인사대천명盡人事待天命' 내가 가장 좋아하는 문장입니다.
샤인에게 한 내 답변이었다.
겨울 연어가 빙산 아래에서 헤엄친다. 얼음 위에서 보이지 않는 다고 없는 것이 아니다.

샤인이 이 상황을 부추긴 건 아니었지만 나는 꽤 과격한 언어로 내 생각을 충분히 표현했다. 샤인은 내 이야기를 다 듣고 나서 잠시 멈칫하다가 나에게 오른손 엄지손가락을 들어 보였다. 생각보다 내 성향이 훨씬 과격한 데 대해 그도 좀 놀랐을 것이다. 평소에 나타내진 않았지만 내 가치관은 오래전부터 그랬다. 그리고 애매한 신념 따위에도 집착하지도 않았다. 졸물들은 신념이라고 그럴듯하게 포장했다. 그러나 대부분 무지한 자들이 가진 신념이라는 게 결국은 코 묻은 이권 따위에 오염된 돈키호테식 똥고집 수준에 불과한 걸 내가 왜 모르겠는가?
샤인이 한마디 툭 던졌다. 그런데 샤인이 무슨 뜻으로 그런 예상치 못한 대답을 하는지는 잘 모르겠다. 평소 샤인의 조심스러운 행동만을 지켜봤던 나에게 그 말이 적잖이 의아하긴 했다.
"훈, 이런 말 알아? 내 운명이 신의 뜻인지는 모르겠지만 지금 나에게는 내가 곧 신이다."
조금 그 해석이 아전인수격이긴 하지만 그의 말 그대로 지금은 내가 주인공이라고 생각했다.
그래서 분위기를 좀 진정시키려고 어설픈 농담을 섞어가며 샤인에게 선공을 취했다.
"샤인. 그런 말도 할 줄 알아? 뻔한 의미인데도 왠지 정곡을 찌르는 냉철함이 살아 있는데, 역시 나랑 어울리니까 얻는 게 많지? 이래서 옛날부터 말하기를 좋은 벗과 어울려야 한다는 거야. '근주자적 근묵자흑(近朱者赤 近墨者黑)'이란 말도 있지 않은가? 나도 자네와 교류할 때 비로소 심신이 맑아지는 느낌이야. 샤인과 대화를 한다는 건 보통 친구들과의 경박한 대화와 차별화되지. 공식적인 자리에서 청중이 좋아할 말만 그럴듯하게 떠드는 위선도 아니야. 뭐랄까? 말하자면 솔직담백하면서도 격조 있는 영혼의 떨림을 그대로 언어로 전달할 수 있는 유일한 나의 소통 창구야. 그래서 자네는 역시 나의 샤인이야. 뭐, 노래에도 있지 않은가?

you are my shine. 자네는 항상 나에게 낮에는 sunshine, 밤에는 moonshine이야."

내가 껄껄 웃으며 눈송이를 뭉쳐 샤인에게 던지는 시늉을 하자 놀란 그가 내 뒤로 들어왔다. 내 팔이 뒤로는 닿지 않아서 이번 눈싸움에서의 자웅은 다음에 겨루기로 하고 한발 물러났다.

펼쳐진 눈밭에는 노랗게 이글거리는 태양이 이미 자리를 잡았다. 그늘진 곳에 쌓인 눈덩이는 견고한 성전처럼 여러 모양으로 위용을 뽐냈다. 소나무의 펼쳐진 가지에 걸린 눈덩이는 이제 위세를 잃고 아래로 떨어지거나 녹아내리거나, 둘 중 하나를 운명으로 받아들였다. 녹기 전에 햇살에 반짝이는 눈밭이 가장 아름답게 빛난다는 걸 느꼈다. 눈덩이로 살기 위해서는 따뜻한 햇살을 거부하는 것이 자연의 이치에는 맞다. 그러나…….

녹아내릴 걸 알면서도 치명적인 햇빛에 매혹당하는 본능은 생물이나 무생물이나 다름없었다. 물론 인간도 같은 존재였다. 항상 욕망은 파멸을 망각했을 때 가장 달콤했다. 클라이맥스는 멸망이 닥치기 전까지만 유효했다. 막상 현실이 되면 강렬했던 욕망마저 속절없이 약해졌다. 마치 눈송이가 햇살 아래에서 사라지는 것과 같았다. 세상의 정해진 이치였다. 그러나 인간은 닥치기 전까지는 사실을 인정하지 않으려고 버둥거렸다. 제 몸이 다 드러났는데도 허접한 풀숲으로 숨어들었다. 자기 눈을 가린 채로 피했다고 안도하는 어리석은 사슴의 꼬락서니였다.

종착지인 성동사거리에 거의 도착하고 있었다. 관광지답게 무인모텔이 검정 커튼으로 자신을 가린 채 하얀 눈밭을 배경으로 반짝였다. 간혹 피곤한 걸음으로 출입문을 빠져나오는 남녀 커플이 종종 눈에 띄었다. 그들 중 일부는 아예 하얀 눈밭에 퍼지르고 눈싸움이 한창이었다.

샤인이 그들을 빤히 쳐다보았다. 그러고 나서는 나에게 단도직입적으로 물었다.

"훈. 남녀의 애정에 대해서는 할 말 없어? 인간의 기본 욕구에서 실질적으론 제일 강하잖아. 욕구 중에선 그래도 사랑이라는 감정과 연결시켜 가장 미화된 욕구이기도 하고 말이야. 다른 건 먹고 자고 혼자만의 일방적 욕구이지만 성욕이라는 것은 남녀 간 매개로 한 상호적 욕구니 말이야. 훈. 당신이 나에게 말하고 싶은 경험이나 의견이 꽤 있을 듯한데……."

샤인이 실수였는지 나에게 당신이라는 호칭을 쓰자, 순간 나는 샤인을 여자로 착각했다. 나는 샤인의 성 정체성에 대해서 잠시 고민하고 나서야 안심했고, 그때야 비로소 입을 열었다.

"샤인 말이 맞아. 인간 아니 동물의 기본 욕구 중에 혼자서 해결할 수 없는 것이 성욕이지. 사랑을 매개로 해야 하는 것이라지만 현실이 꼭 그런 것만은 아니야. 가끔은 섹스가 사랑이란 감정도 없이 단순한 욕구면 좋겠다고 생각을 하기도 해. 실제로 사랑 없이 섹스하는 경우가 비일비재하지. 사랑이라고 착각하는 섹스는 더욱 흔하지. 지금은 섹스가 사랑이라는 감정을 동반한다는 게 더 어려운 것 같아. 하긴 과거에도 마찬가지였어. 사랑이란 것도 누군가에게는 의무가 되고 또 기득권에게는 권리가 되는 시대였으니까. 그런데 나는 가끔 생각해. 과연 그들이 정말 사랑했을까? 사랑한다고 믿는 감정이 정말 사랑이긴 했을까? 사회적 가스라이팅과 종족 번식이라는 의무감에서 비롯된 강요된 감정 덩어리는 아니었을까? 물론 해답은 없어. 사실 사랑이라는 감정도 오래되면 순도가 약해지고 그저 무미건조해지니까 말이야. 굳이 궤변을 널어놓자면 원래부터 사랑이라는 감정이 없었던 건지, 또는 사랑이라고 착각했던 건지, 아니면 그 감정 자체가 원래 유효기간이 짧고 일시적 속성이었는지도 모르잖아. 그렇지만 불변의 진리인 것은 있어. 사랑이든 섹스든, 상대가 서로 추구하는 바가 왜곡되면 그들에게서 태어날 새 생명에는 치명적인 원죄가 되지. 그건 생태계 선순환에도 큰 죄를 짓는 것이 아닐까. 사실 생명의 탄생마저도 남녀의 물리·화학적 작용만으로 가능하다는 게 팩트잖아. 그래서 인간이란 존재는 그 처신에 대해서 신중하고 겸손해야 한다는 걸 자각시키는 또 하나의 증거겠지."

내가 그녀를 처음 만난 때는 전역하고 복학했을 때였다. 나이는 내가 한 살이 많지만 그녀는 4학년 졸업반이었고 나는 3학년이었다. 그녀는 공무원으로 임용을 앞두고 있었다. 우리 집의 형편으론 내 학비도 감당할 수 없었다. 나는 새벽부터 도서관에 틀어박혀 밤 늦게까지 시험 공부와 취업 준비를 했다. 전액 장학금을 놓치면 휴학하고 학비를 벌어야 할 판이니 절박했다. 방학 내내 알바로 다음 학기 생활비를 모아야 했다. 전역 때 입고 나온 야전상의가 일상복이었다. 국방색이라 세탁을 자주 안 해도 되고 아무 데나 드러누워도 전혀 부담이 없었으니까.

그녀가 도서관에서 나를 지켜본 듯했다. 사실 나는 책을 보는 것 외에는 다른 데 신경 쓸 상황이 아니었다. 그나마 여유로울 때는 로비에 전시된 신문을 읽을 때였다. 입사 시험과목에 상식이 있던 시절이라 일간지, 경제신문과 영자 신문까지 정독한 후 자리로 돌아왔다. 책상엔 시원한 캔커피가 놓여있었다. 동아리 친구의 호의라고 짐작하고 생각 없이 마셨다. 그러나 사흘 계속해서 커피가 놓여 있는 걸 보고는 조금 의아했다.

그래서 삼 일째는 커피를 마시지 않았다. 내가 신문을 보고 있는데 그녀가 다가와 말했다.

'제가 둔 커피니 그냥 드세요' 순간적으로 당황해서 커피값을 계산해 드리겠다고 실언했다. 그녀에게 고마운 마음보다는 먼저 내 자존심이 상했다. 그녀는 나를 빤히 쳐다보더니 아무 말 없이 가버렸다. 그때 나는 벌게진 얼굴로 어쩔 줄 몰랐다. 다음 날에 그녀에게 사과했다. 그때부터 우여곡절 끝에 우리는 연애라는 걸 시작했다.

기껏 데이트란 게 구내식당에서 밥 먹은 후 캠퍼스 산책이 전부였다. 당시엔 공무원 합격하고 나서도 임용 대기가 1년 이상이 되기도 했다. 내가 4학년일 때도 그녀는 임용 후보생 신분이었다. 당시에는 11월경 대기업과 금융단이 동시에 공채를 진행했다. 중복 지원을 막으려는 의도였다. 열심히 준비한 덕에 학점도 최상위였고 필기시험도 어디든 자신 있었다. 취업하면 그녀와 본격적으로 그동안 못해 본 달콤한 연애도 마음껏 해볼 생각이었다.

7월에 그녀는 임용이 되었다. 다행히 시내에 있는 한 행정기관으로 배치받았다. 그녀가 첫 월급을 탄 날 우리는 돈까스를 먹었다. 당시에는 그것도 고기랍시고 나에겐 호사였다. 직장이 원거리라 주로 주말에 만났다. 혈기왕성한 남녀라 쳐다만 봐도 불꽃이 튀었고 사랑을 나눴다. 여자와 섹스를 하면 사랑해야 하고, 결혼해야 한다고 믿은 첫 번째 연애였다. 재래식 주택 자취방이었지만 그녀는 불평하지 않았다. 취업만 하면 그녀에게 꼭 보답하리라 마음먹었다. 매번 얻어먹는 외식비도, 그녀에게서 받은 선물도 몇 배로 돌려주리라 결심했다. 나는 자존심이 강해서 도움받는 건 마뜩잖았지만 내가 취업할 때까지만 참자고 생각했다.

  그러나 그녀와의 인연은 거기까지였다. 결혼 적령기에 이르니 그녀의 부모와 주위에서 먼저 호들갑을 떨었다. 나 같은 가난한 고학생은 현실에서는 장애물이었다. 10월, 나는 당시 인기 있었던 모 공사의 필기시험에 합격했다. 당연히 면접도 합격했다. 그러나 결국 나는 입사하지 못했다. 입사 전형에서 요구하는 신원보증인을 구하지 못했다. 지금은 보증보험 처리가 당연하지만 그땐 그런 제도가 없었다. 나는 그런 장벽이 있을 거라곤 생각지도 못했다. 기껏해야 재산세 몇만 원 내는 사람이면 보증인 자격이 충분했다. 그러나 막상 신원 보증을 해 줄 만한 사람을 못 찾았다. 부모님 주위에는 형편이 지지리 궁상맞은 사람들만 있었다. 나를 도와줄 사람이 아무도 없었다. 그러다 제출 시한을 넘기고 결국 합격이 취소 처리됐다. 나는 새벽녘에 갈대숲에 숨어서 통곡했다. 나에게 이런 현실은 한사코 숨겼지만, 아니 공공연한 아킬레스건이었다. 참 못났지만 내가 그녀에게 자주 감정적으로 화풀이를 했던 것 같다. 처음에는 묵묵히 받아주던 그녀가 차츰 지쳐가는 걸 느꼈다. 나는 그녀가 변했다고 생각했다. 그러나 사실은 내가 그렇게 만들었다. 그녀와 함께 미래를 설계할 자격도 없는 자신이 너무 미웠다. 그녀에게는 너무 미안하고 내가 염치없다고 생각했다.

그러던 중 그녀 부모님에게서 이젠 그녀를 놔주라는 최종 선고를 받았다. 그녀는 반발했지만 나는 받아들였다. 내가 그녀에게 해 줄 수 있는 마지막 호의라고 생각했다. 그땐 그 감정이 진실이었다. 내가 그런 마음을 먹자, 태도와 행동도 이내 알아서 복종했다. 그 후 그녀가 다른 사람을 만난다는 소식을 들었다. 당연히 그래야겠지만 나보다 훨씬 나은 사람이기를 진심으로 빌었다. 그래야만 내가 그녀에게 조금은 덜 미안했을 거니까……. 그리고 그녀를 조금씩 조금씩 지워나갔다.

그러나 눈밭의 눈이 녹았다고, 추억에 새겨진 기억까지 사라지는 것은 아니었다.

지금도 가끔 그때를 생각해 본다. 그러면 기다린 듯이 사색이 꼬리에 꼬리를 물고 이어졌다.

'그때 내가 정말 그녀를 사랑했을까? 사랑이라는 감정이 원래 그런 걸까? 남녀의 사랑이라는 감정은 단순한 호르몬 작용을 과대평가한 게 아닐까? 사회관습에 의하여 사랑이라는 수식어가 의무화된 것은 아닐까? 내 핏줄을 잉태한 여자에게 보내는 사랑의 전이 현상은 아니었을까? 사랑하는 가족이 없어질 때 혼자 남아서 느끼는 절박함을 회피하려는 방어기제는 아닐까?'

그 후 자의 반 타의 반으로 여러 여자를 만났다. 물론 그때보단 형편이 훨씬 나아진 위치에서 시작한 것은 당연했다. 그러나 사랑이라는 감정의 실체에 대한 의문을 해소하진 못했다. 지금도 마찬가지이긴 하다. 또 내가 납득할 만큼 명쾌한 답변을 지금까지도 듣지 못했다.

나는 자의적으로 사랑이란 감정을 규정했다. 일반화할 수는 없지만 적어도 내게는 그랬다.

'그 실체는 복합적이고 유효기간이 존재하는 감정이다. 그리고 다른 감정으로 대체된다.'

겨울 연어가 수면 위로 솟구친다. 그게 운명인진 모르겠지만 아무튼 지금이 참 아름답구나.

내 이야기를 다 듣고 난 샤인은 장난치듯 실실거리며 말했다.

"훈. 연애소설치고는 너무 밋밋한걸. 남녀 간의 사랑을 그렇게 학문적으로 만들면 되겠냐고? 요즘 잘나가는 작가들이 쓴 애틋하고 가슴이 먹먹한 그런 지고지순한 감정이 있어야지. 이건 논문을 쓴 것도 아니고 말이야. 마치 수학자가 쓴 연애소설처럼 좀 생뚱맞은 느낌이 나는데."

나는 샤인의 지적에 동감하며 고개를 끄덕였다.

"샤인 말이 맞아. 그렇다고 내가 못 느낀 감정을 거짓으로 읊을 수는 없으니까. 다른 작가는 그 감정이 거짓이고 착각이었다 해도 잠시 존재하기는 했으니까 쓴 것 아닐까? 그리고 내가 정의했었지. 복합적이라는 것, 사실 이런저런 감정이 모두 섞였는데 그냥 사랑이라 퉁치는 걸 수도 있잖아. 유효기간이 존재한다는 것, 겪어 본 부부들이 모두 그러지. 그땐 그랬는데 지금은 절대 아니라고 한탄하곤 해. 그 말이 답이잖아. 아니면 처음부터 사랑으로 착각했던 게지. 다른 감정으로 대체된다는 것, 사랑이 아니라 정 때문에 산다. 또 애들 부모라서 같이 산다. 남 부끄러워 산다는 등 그런 얘기들 많잖아? 그게 결국 대체된 감정이라 볼 수 있지 않을까? 아니면 처음부터 그런 류의 감정일 뿐이었는데 사랑이라고 부화뇌동한 걸 수도 있고 말이야. 아무튼 그게 어려운 감정이었고, 현재도 그렇고, 미래도 그럴 거라는 거, 큰 숙제이긴 하지."

이제 샤인이 떠날 시간이다. 조금 전부터 배터리 떨어져 가는 로봇처럼 기운을 잃어 갔다. 눈앞 농경지 위로 눈밭이 펼쳐졌다. 샤인의 손을 잡고 누구의 발자국도 없는 곳으로 뛰었다. 러브스토리의 연인 흉내를 내며 낙법으로 넘어지기도 했다. 자리에는 겹쳐 누운 흔적이 새겨졌다. 샤인이 내 몸을 덮었을 때, 우리의 흔적은 얼음으로 된 석고판처럼 꾹꾹 눌려 새겨졌다. 서로 마주 보는 네 발자국도 선명했다. 우리가 짚은 곳에는 앙증맞은 네 손자국이 나란했다.
널찍한 겨울 캔버스는 두 마리 꽃사슴이 어질러 놓은 것처럼 이리저리 쓸리고 뭉쳐진 설국이었다. 지난밤에 달빛이 눈밭 위로 하얀 씨앗을 뿌려냈다. 지금 나는 감정의 원초적 본능을 꼬아서 방사선처럼 방출하고 있었다. 눈밭은 숫기만 가득한 달빛의 무책임한 농락도 운명으로 감수해야 했다. 그때 이 세상 가장 아름다운 사의 찬미처럼, 잠시 잠깐 황홀한 빛이 반짝였다.
샤인은 이미 자신의 운명을 잘 알고 있었다. 이제는 내가 샤인의 영혼에 밤꽃 향내가 물씬 풍기는 걸쭉한 하얀 덩어리를 잔뜩 분출할 발정기라는 걸 알았다. 그곳은 탄생 신화를 간직한 우리들의 성지였다. 희뿌연 생명의 기원을 분사하는 눈 덮인 로키산맥이었다.
그때 이 계곡을 찾아온 건 생존의 회귀본능을 실천한 연어떼였다. 그들의 운명이었다.

기진맥진한 샤인이 내 몸속으로 들어왔다. 이제부터 한동안 샤인은 내 안에서 쉬어야 한다.

　이제 내가 그를 대신해서 알래스카를 거슬러 오르는 연어의 창대한 역사를 유영해야 한다.

　샤인은 나에 대해서 어떤 기록을 남길까?

| 작가노트 |

　제가 정수남 선생님을 처음 만난 곳은 '파주문예대학' 강좌였습니다.

　나이 들어 다시 시작한 문학 공부이다 보니 걱정이 많았던 것도 사실이었습니다.

　그러나 팔십이 다 되신 정수남 선생님의 열정 넘치는 강의를 들으며, 나이를 탓하는 저의 핑계가 부끄럽다는 걸 느끼게 되었습니다. 그래서 용기를 내게 되었나 봅니다. 그동안 선생님의 지도와 권유로 처음 습작을 시작했던 단계를 회상해 봅니다.

　처음에는, 그동안 혼자서 끄적거렸던 시를 체계적으로 다시 시작했습니다.

　다음에는, 선생님의 격려에 찬 권유로 제대로 된 수필을 쓰게 되었습니다.

　지금은, 그동안 전혀 생각지도 못했던 소설까지 입문하게 되었습니다.

　마침내 앞으로 평생 소설가로서 활동하고 싶다는 개인적인 희망을 가졌습니다. 비록 길지 않은 시간이지만 제 스스로 꽤 많은 소설을 쓰는 기쁨을 가졌습니다.

모든 건 저의 짧은 재능을 키울 수 있게 도와주신 정수남 선생님의 격려 덕분입니다.

정수남 선생님의 팔순을 기념하는 사제간 문집에 참여할 수 있어서 매우 기쁩니다. 저도 제자로서 선생님 팔순 축하 문집 발간을 위한 소설을 제출하고자 합니다. 제가 원하는 것이기도 하지만 스승이신 정수남 선생님이 원하는 것이기도 하니까요.

앞으로 작가정신을 가지고 열심히 노력하는 문인이 되도록 전력을 다하겠습니다.

정수남 선생님의 팔순을 축하 드립니다.
아울러 이 문집에 선생님의 70년 넘은 문학 인생을 담을 수 있어서 기쁩니다.
그리고 이번 문집에 참여한 선생님의 제자분들에게도 감사와 사랑을 보냅니다.
선생님 작가정신을 이어받아 문단에서 인정받는 제자가 되도록 최선을 다하겠습니다.

밥 한 번 먹자

김지윤

 늦은 오후, 문방구에 가기 위해 옷을 갈아입었다. 가을하늘은 아메리카노 커피처럼 젖어 있었다. 문득, 커피를 마시고 싶어 가던 길을 멈췄다. 사거리를 건너가야 하는데 건너지 못했다. 왼쪽으로 발길을 돌렸다. 50m쯤 걸어 2층에 있는 카페에 들어갔다. 커피를 주문하고 바깥을 쳐다봤다. 사람들 발길이 여유롭다. 오후 4시가 넘었다. 저녁을 준비하기엔 이른 시간이었다. 그래서일까, 중년 여자들이 삼삼오오 수다를 떨며 걸어갔다. 중고등학생들은 학교가 끝나면 아이들이 학원으로 가야 할 시간인데도 여유가 있어 보였다. 저녁 후의 시간에 조율이 되었는지 알 수는 없지만 믹스커피처럼 달달한 오후를 만끽하는 분위기였다.
 커피가 나오자, 테이크아웃 컵을 들고 1층으로 내려와 문방구 사거리에 멈춰 섰다. 신호등이 초록불로 바뀌자 횡단보도를 건넜다. 좀 전보다 사람들이 덜 지나갔다. 오른손에 든 커피 한 모금이 마음을 안정시켜 주었다.
 문방구에서 A4용지와 커트 칼을 손에 들고 계산을 하려는데 뭔가가 허전했다. '앗' 지갑이 없었다. 집었던 물건을 제자리로 갖다 놓고 문방구점을 뛰쳐나왔다. 다급한 마음에 신호등을 무시하고 건널까 생각하고 있었는데 반대편 쪽에서 신호를 기다리는 한 사람이 눈에 들어왔다. 내가 알고 있던 것보다 조금 야윈 듯했지만, 아는 사람이 분명했다.

　나는 횡단보도 중앙에 멈춰서서 그를 아는 체했다.

　"혹시, 영아 아니야?"

　그의 동공이 커졌다. 긴가민가 생각했는지 잠시 멈칫했지만 그도 나를 알아봤다.

　"너, 진숙이잖아, 어쩜 이렇게 하나도 안 변했니, 넌 학교 다닐 땐 항상 짧은 컷을 했잖아, 얼굴은 낯익은데 머리 스타일이 아니어서 설마했어."

　"헤헤, 머리? 돈도 못 버는데 미용실 가는 거라도 좀 줄여야지, 그래야 울 신랑이 미워하지 않지? 야, 여기서 이러지 말고 커피 한잔 하고 가자 야."

　나는 손으로 카페를 가리키며 영아의 팔을 잡았다. 약간은 붐비긴 했지만, 영아와 내가 앉을 곳은 있었다. 나는 조금 전 놓고 간 지갑을 잘 챙겨두어서 고맙다고 인사를 하고 커피를 주문했다. 그사이 영아는 빈 테이블에 앉아 있었다.

　"어떻게 여기서 보니? 집이 어딘데? 언제 올라왔어?"

　반가워서일까 궁금해서일까 나는 묻고 싶은 게 많았다.

　"숨넘어간다. 한가지씩만 묻고 답하기 하자."

　또박또박 간결하게 말하는 영아는 학창시절 공부벌레였다는 걸 생각나게 했다.

　1교시 수업이 끝나면 영아는 꼼짝하지 않고 볼펜을 들고 책에다 뭔가를 적고 있었다. 영아는 2, 3교시가 끝나고서야 화장실에 가곤 했다. 내가 알고 있는 영아는 책과 친구가 되어 떨어지지 않았다.

　우리동네는 아파트에 있는 상가만 있을 뿐 다른 건물은 없다. 유일하게 우뚝 서 있는 도서관이 있을 뿐이었다. 영아는 도서관을 가기 위해 일주일에 두세 번은 들른다고 했다. 옆 동네에 사는 영아의 동네엔 도서관이 없었다. 그래서 걸어서 우리 동네 도서관에 온다고 했다.

커피가 테이블 위에 놓이자 영아와 나는 '감사합니다' 인사를 했다. 서로 얼굴을 마주 보고 웃었다. 서먹하기는 했지만, 낯선 땅에서 고향 사람을, 그것도 고등학교 동창을 만났다는 것은 보통 인연이 아니었다. 조금 더 일찍 만났더라면 하는 아쉬움도 있었지만 그래도 좋았다.

나는 남편만 믿고 서울로 올라왔다. 아는 사람이라곤 삼촌 두 분이 전부였다. 남편이 회사에 가고 나면 늘 혼자였던 나는 서울 한가운데 덩그러니 던져진 기분이었다. 서울 생활은 적응이 쉽지 않았다. 삼촌들 덕분에 직업을 구했지만 내 길이 아니라 생각하고 그만둔 적이 한두 번이 아니었다. 이런 나를 구제해 준 남편이 고마웠다. 지금도 그 생각엔 변함이 없었다.

영아와 나는 2, 3일에 한 번씩 만났다. 영아가 도서관에 올 때 마다 전화했다. 우리는 커피 마시는 일이 일과가 된 것처럼 자연스러워졌다. 적당한 시간대에 적당한 거리에서 만나곤 했다. 그러나 많은 시간을 탐하지 않았다. 우리는 서로의 시간을 존중하고 있었다. 가벼운 커피는 우리에게 방해가 되지 않았다. 내가 살아가는 이야기와 영아가 하는 일들이 궁금했지만 먼저 이야기하지 않으면 묻지도 않았다. 오후 4시가 넘어서고 있었다. 저녁을 먹기에는 이른 시간이었다. 다음엔 저녁을 함께 먹자 하고 헤어졌다. 그러기를 1년이 다 되어 가도록 식사 한 번 해본 적 없이 해를 넘기고 말았다.

새학기가 시작된 3월에 영아한테서 전화가 왔다.
"진숙아! 오늘 저녁 어때? 뭘 좋아하니?"
"난, 뭐든 다 좋아하지, 너랑 같이 먹기만 한다면야."
나는 남편과 아이들이 먹을 저녁 준비를 서둘렀다. 동태찌개를 끓이고 시금치나물을 무쳤다. 딸아이가 좋아하는 고등어구이를 노릇하게 구워 긴 접시에 담아 랩을 씌웠다. 전자레인지에 데워서 먹기만 하면 되었다. 약속 시간이 되었다. 가족 단톡방에다 약속이 있어서 나간다는 말과 함께 저녁 준비 완료라고 덧붙여서 보냈다.
부랴부랴 신발을 신었다. 대문을 열고 나가는데 알림톡이 왔다.
"진숙아 미안해, 머리가 아파서 나갈 수가 없어, 오늘은 토하기도 했어. 정말 미안해."
다른 말은 없었다. 서운함이 일어났으나 걱정이 먼저 앞섰다. 어쩔 수 없었다. 몸조리 잘하고 괜찮아지면 다시 약속을 잡자는 말을 남긴 채 집으로 들어왔다.

며칠 후, 나는 영아에게 전화를 했다. 하지만 근무시간이라 끝나는 대로 연락한다는 말을 남기고 끊었다. 연락을 기다렸지만, 영아한테서 전화는 오지 않았다. 무슨 일이 있는 건 아니겠지? 내심 걱정이 되었다. 그리고 며칠이 지났으나 전화도 문자도 없었다. 매일 문자를 주고받던 사람이 연락이 없으니 궁금했다. 그래서 내가 먼저 전화를 했다.
"진숙아 미안해, 학기 초라서 바빴어, 고학년을 맡아서 더 할 일이 많아, 퇴근 시간도 늦어지네."
"학교 선생이었어? 참, 나도 너도 우리가 뭐하는 사람인지 물어보지도 않고 일 년을 만났다 야, 무심하다. 그치?"

영아와 나는 허탈했다.

"뭐 그게 중요하니? 그날그날 행복하게 살면 되는 거지."

영아는 왜소한 탓에 맞는 옷이 없는지 몸집보다 늘 옷이 더 커 보였다. 아마도 입던 옷이 살이 빠져서 그렇게 입고 다니나 생각했다. 허름한 옷은 아니었지만 대충 걸치고 나온 듯한 느낌이랄까? 외모에 신경 쓸 줄 모르고 가정적으로 헌신하는 사람 같았다. 집안일을 한 후, 남은 시간에 부식비라도 벌어볼 요량으로 아르바이트를 하는 줄 알았다. 샐러리맨들처럼 오후 5시가 되어야 퇴근을 하는 줄만 알았다. 여러 종류의 직업이 있는 것인데 내 시야가 좁았다. 아는 만큼만 사용할 수 있는 것, 내 용량이 부족한 듯하여 화가 날 지경이었다. 영아가 학교 선생님이라는 것을 꿈에도 생각하지 못했다.

"오늘은 어제보다 수업이 일찍 끝나나 보네."

"응, 이제 안정이 되는 것 같아, 학기 초는 분주하긴 하지만 아이들도 그렇고 적응하는 기간이라 말썽 피우는 아이도 없고, 학교 전체 방침과 반 교칙을 잘 따라주는 편이야."

"그럼 점심은 학교에서 먹고 온 거지? 오늘은 늦게까지 나랑 있다가 저녁 먹자. 맛있는 거 쏠게. 우리 우정이 깊어지기를 기원하는 뜻에서."

나는 야무지게 영아에게 밥을 먹자고 말했다.

"미안. 오늘은 우리 아들 생일이라 가족들과 함께 삼겹살 먹기로 했어."

"그래? 서운하지만 다행이다, 너 좀 잘 먹고 다녀야겠다. 바람불면 날아가 버리겠어. 학생 땐 오히려 통통해서 보기 좋았는데. 설마 다이어트하는 건 아니지?"

"너도 만만치 않아, 알잖아, 나이 드니까 뱃살은 늘어나고 얼굴 살만 빠지니 흉해지네. 그리고 먹는 양도 많이 줄긴 줄었어. 잘 체하기도 하고……."

영아는 말을 하면서 약간은 힘들어하는 모습이 보였다. 어딘가 석연치 않다는 생각이 들었다. 나는 '아닐거야' 하면서 고개를 흔들었다. 학생들에게 부대껴서 힘들것이라 생각했다.

영아와 나는 카페에서 나왔다. 봄 햇살만큼 행복하다는 생각이 들었다. 우연히 친구를 만나 함께 차도 마시고 학창시절로 돌아가 이야기꽃을 펼쳐 놓는 것은 예사롭지 않은 인연이라 생각했다. 나는 오랫동안 영아와 잘 지내자고 말했다. 영아는 미소로 답을 했다.

"영아야, 학교도 가까운데 다음에는 점심 나랑 먹자. 매번 저녁은 먹기 힘들 거 같으니깐 말이야. 점심때 나오면 되잖아. 알았지?"

오늘은 영아를 빨리 보내줘야 할 거 같았다. 아들 생일이라 준비할 것도 있고 힘들어하는 기색이 보였기 때문이다. 50대가 되면 잘 먹고 스트레스받지 않는 게 제일이라 다시 한번 상기시켜 주었다.

"가족들과 저녁 맛나게 먹고 좋은 추억도 만들고……."

영아를 집으로 보냈다. 걸어가는 영아의 뒷모습이 숨은 그림을 찾아 헤매는 사람 같아 보였다. 그렇다고 신중하게 찾지도 급하지도 않은 듯, 그래도 찾아 나서야 하는 것처럼 바닥만 내려 보고 걸어갔다.

학창시절, 영아는 쉬는 시간에도 책과 씨름하고 있을 때, 나는 놀기에 바빴다. 공부를 못한 것은 맞지만 미움받을 만큼 못한 것은 아니었다. 옛날 생각이 주마등처럼 스쳤다. 첫째 수업 시간이 끝나고, 둘째 시간은 체육 시간이었다. 체육복으로 갈아입어야 할 시간에도 영아는 책만 보고 있었다. 영아 뒤에 앉은 친구가 말했다.
"영아, 너 오늘도 체육복을 치마 안에 입고 왔지?"
"……."
영아는 누가 뭐라고 하든지 안중에 없었다. 자기가 하고 싶은 대로 했다. 운동장으로 나갈 시간에 영아는 의자에서 일어났다. 그러자 돌돌 말려 올라온 바지를 펴서 내렸다. 교복 치마에 달린 지퍼를 내리고 치마는 책상 위에 올려놓고 운동장으로 뛰어갔다.
지금도 늦지 않았다고 생각했다.
나도 뭔가를 해보겠다는 결심이 들었다. 남편이 벌어다 주는 돈으로 놀고 있을 수만 없었다. 아니 그보다 이대로 살아간다면 안 된다고 생각했다. 나이 들어 근육운동을 하지 않으면 몸의 근육이 서서히 빠져나가듯 머리에 저장된 기억과 지식도 퇴화될 게 뻔했다. 무서웠다. 왜 이제야 일을 해야겠다는 생각을 한 걸까. 영아의 출현으로 나에게도 변화가 생기고 있다는 것을 느꼈다.
남편과 아이들이 하나둘 비밀번호 누르는 소리가 들렸다. 밥을 짓고 있는 나는 예전 같으면 입으로 '어서 와' 했을 것이었다. 그건 의무적인 인사였다. 인사법이 달라야 한다고 생각했다. 비밀번호를 누르면 출입문 쪽으로 달려갔다.
"어서오세요! 오늘도 수고하셨습니다."
오늘은 아들 지수가 먼저 왔다. 퇴근하여 돌아오는 아들이 겸연쩍은지 웃었다. 밝게 웃어서 덤으로 엉덩이까지 살짝 두드려줬다.
"어머니! 오늘은 기분이 좋으신가 봅니다."
지수는 기분이 좋을 때도 좋지 않을 때도 어머니라고 할 때가 종종 있었다. 오늘은 기분이 좋은 것 같았다. 나는 그 소리가 듣기 좋았다.

김지윤 | 325

"그럼, 열심히 일하고 들어 온 사람한테 이게 기본 아니니?"

엉덩이에 손을 떼면서 나는 아들의 얼굴을 쳐다보며 웃었다. 욕실로 들어간 아들은 음악을 크게 틀어놓고 샤워하는 동안 나는 식탁 위에 반찬을 차려놓았다. 오늘 메뉴는 갈치 조림이었다. 남편이 좋아하는 것이기는 했지만 한동안 값이 많이 올라 먹지 못했다. 남편이 좋아하는 것이기도 했지만 아이들은 생선을 좋아하지 않기에 오늘은 뼈를 발라주는 것도 해보고 싶었다.

"자, 이거 아들 거, 밥 퍼."

숟가락으로 밥을 푼 아들은 내가 올려 준 밥과 갈치를 입을 크게 벌리고 날름 삼켰다.

"음…. 맛있어요."

아들은 연신 맛있다는 표정이었다. 내가 발라준 갈치를 맛있게 먹는 것을 보던 나는 나도 모르게 왈칵 눈물을 쏟을 뻔했다. 자기 일은 스스로 해야 한다고 가르쳐 온 터라, 스스로 알아서 먹지 않으면 그냥 내버려두었다.

"당신, 오늘 웬일이야? 안 하던 것을 이제야 서서히 해보고 싶은 건가?"

남편도 좋아하면서도 의아해했다.

식사를 끝내고 거실 소파에 나란히 앉아 있는 아들과 남편이 붕어빵 같다는 생각이 들었다. 소파에 기대어 오른쪽 다리를 왼 다리에 걸쳐놓은 것까지 영락없는 부전자전이었다. 딸은 엇비슷하게 누워 있었다.

"은수는 왜 누워있어? 밥 먹고 바로 누우면 소화도 안 되고 살쪄. 커피 타야 하는데 도와줄래?"

은수는 꿈쩍도 하지 않았다.

"은수."
"네…."
은수는 대답만 할 뿐 일어설 기색이 없자 남편이 누워있는 은수 허벅지를 쿡쿡 찔렀다. 마지못해 일어나 식탁 위에 놓여 있는 커피잔에 커피를 반쯤 채울 때쯤 남편이 한마디 했다.
"커피향이 좋은데, 우리가 먹던 거하고 다른데, 커피 바꾼 거야?"
나는 과일을 깎다 멈추고 남편 앞으로 쪼르륵 달려가 앉았다.
"여보, 여보, 나도 일을 한 번 해볼까 해. 어떻게 생각해요?"
"에이, 자기가 일 놓은 지 얼마나 오래됐는데 다시 하겠다고 그래. 그냥 가만히 집안일 하면서 있어."
"아무 일도 안하고 있으니 스트레스를 받는 것 같아. 이제 나가서 나도 일을 해야겠어요. 얼마 전에 고교 동창을 만났는데 열심히 사는 거 같아서 보기 좋던데요."
심각할 정도는 아니었지만, 반허락은 할 것 같았다. 남편이 시청에 근무하기 때문에 일 년에 한 번 기간제 직원을 뽑는다고 말했다. 그래서 시청 홈페이지에 들어가 검색을 했는데 마음에 드는 곳이 없었다.
일 다니는 걸 포기 할까 생각하고 있었다. 우연히 옆집에 사는 아주머니를 만났다. 손에는 책 2권을 들고 있었다.
"어디 가세요?"
나는 머리를 숙이면서 물었다. 도서관에 책 반납하러 간다고 했다. 잘됐다 싶었다. 이참에 책이나 읽어 볼까 했다.
"저도 같이 가요."
"은수 엄마는 어떤 책을 좋아하시려나."
"전, 소설과 수필 같은 문학을 좋아해요. 너무 무거운 책은 읽기가 힘들어서요."

도서관은 집에서 가까운 곳이라 금방 도착했다. 그런데 월요일은 휴관이라 문이 잠겨 있었다.

"어머, 나 좀 봐. 월요일은 휴관인 걸 알면서 아무 생각 없이 나왔네요. 어쩌죠? 미안해서……."

"아니에요. 저도 이제 월요일은 휴관인 걸 알았으니 월요일 말고 다른 날 오면 되죠. 오히려 고맙죠."

"어…, 우리 커피, 한잔하고 갈까요? 내가 살게요."

"네. 가요."

나는 도서관 옆에 있는 카페를 손으로 가리켰다.

"전, 책을 빌리고 여기에 와서 커피 한잔하고 가는 게 일상이에요."

"어~누구랑 똑같네요. 내 친구가 옆 동네 사는데 여기 도서관에서 책을 빌리고 간다고 하더라구요. 그 친구 덕분에 나도 일을 한 번 해보려고 마음먹었죠. 그 친구는 열심히 사는 친구거든요."

"어머, 그래요? 잘됐다. 여기 도서관 사서 직원을 뽑는 기간이라고 하던데, 원서 한 번 넣어보지 그래요?"

나는 잘 되었다고 생각했다. 서둘러 이력서를 제출했다. 10월의 마지막 날이 마감이었다. 이력서를 접수하고 이틀 후 연락이 왔다. 내년 1월부터 근무라 했다. 가을의 커피향기처럼 달콤하고 부드러운 향기가 거실까지 타고 왔다. 기쁜 소식을 가족에게 알렸다. 남편은 축하한다는 말은 했지만 석연치 않은 눈치였다. 그래도 기분은 나쁘지 않았다.

영아에게도 연락했다. 영아 때문에 나도 일을 할 수 있게 되었던 것을 꼭 말해 주고 싶었다. 어떤 반응이 나올까. 기뻐해 줄 거라는 생각에 나는 들떠 있었다. 그러나 영아는 감감무소식이었다. 처음 카톡에다 '영아야?' 하고 불렀다. 대답하면 깜짝 놀라게 해 줄 작정이었다. 시간이 지났는데도 답이 없다. 바쁘겠지 생각하고 있었다. 퇴근 무렵에 다시 카톡을 했다. '톡 보게 되면 연락 바란다'고 썼다. 답신은 오지 않았다. 핸드폰 데이터가 이상 있을지도 모른다고 생각하고 문자로 보냈다. 역시 무소식이었다.

나는 왠지 영아에게 좋지 못한 일이 생긴 것만 같았다. 오후 3시쯤 도서관에서 책을 보다가 커피 한 잔을 하고 집으로 들어갈 생각이었으나 그날이 마침 월요일이라는 것을 깨닫고는 돌아섰다. 책은 내일 보기로 하고 카페로 들어갔다.

"어서오세요. 오늘은 두 분이 안 오시고 따로따로 오시네요. 친구분도 조금 전에 왔다 가셨는데."

"내 친구가 왔었다구요?"

"네, 두 분이서 항상 앉는 자리에 앉아서 커피 주문은 했는데 한 모금도 안 마시고 그냥 나가시던데요. 어디가 좀 아픈 거 같기도……."

나는 카페주인의 말도 채 끝나기 전에 밖으로 뛰쳐나갔다. 좀 전이라고 했는데, 두리번거렸다. 이럴 줄 알았으면 영아의 집이라도 알아 뒀어야 했는데, 왜 그런 생각을 못 했을까 하고 주먹으로 이마를 때렸다.

일주일 후에 영아의 가족에게서 보낸 듯한 문자가 왔다.

"영아가 먼 길을 떠났습니다. 자주 카톡을 주고받은 듯하여 이렇게 글을 보냅니다."

커피를 마시고 있던 나는 커피 향이 독한 파스 냄새 같아서 잠시

어지러웠다. 아프다는 말 한마디 남기지 않았던 영아가 미웠다. 눈에선 눈물이 굴러떨어졌다. 세상이 텅 빈 것만 같았다. 짧은 만남은 아니었다. 일 년 만이었다. 학교 다닐 땐 친하진 않았지만, 사회에 튕겨 나와 초로의 나이에 만나 우리는 끝까지 우정을 이어갈 줄 알았는데……. 친구여서 행복했고, 친구가 되어준 영아가 같은 하늘 아래에 없다고 생각하니 내 가슴이 텅 빈 것만 같았다. 영아가 있어서 사실 나는 살아가는 재미가 쏠쏠했었다. 부지런하게 빈틈없는 영아를 볼 때면 답답한 구석도 없지 않았지만 그래도 나에게 일할 수 있는 용기를 준 영아였다. 닮고 싶지 않지만 닮아가는 중이었다.

 나는 남편에게 영아 이야기를 꺼냈다. 남편은 안타깝다고 말할 뿐, 아무 말도 하지 못했다. 여기서 무슨 위로의 말이 필요할까. 아직 살아갈 날이 많이 남았다. 그렇게 보면 나를 떠난 영아는 나쁜 사람인 셈이었다.

 다음날, 장례식장으로 향했다. 영안실로 들어서는 내내 온몸이 떨렸다. 영아의 죽음이 사실 아니기를 바랐기 때문인지도 모를 일이었다. 꿈이기를. 그러나, 생 단발머리에 고등학생처럼 보인 영정 속에서 영아는 태연스럽게 웃고 있었다. 나는 영아의 영정사진을 보면서 차마 오랫동안 쳐다볼 수가 없었다. 두 번의 절을 하고 나서야 나는 실신한 사람처럼 울먹이다가 헛웃음을 흘렸.

 안내하는 대로 주문을 끝낸 나는 식탁에 앉았다. 식탁 위에 소주와 맥주 그리고 물이 놓여 있었다. 물병을 따서 마셨다. 이내 소주잔에 소주를 따르다 멈추고 병째 마시기 시작했다. 반병을 들이마시고서야 밥상 위에 소주병을 내려놨다. 눈물을 감출 수가 없었다. 부모님이 돌아가셨을 때 말고 이렇게 울어 본 적이 없었다. 아직 해야 할 일과 하고 싶은 일들도 많을 텐데…….

학생들이 몰려왔다. 영아의 반 학생들이었다. 우는 아이도 있었고, '선생님, 불쌍해서 어떡해.' 수군대는 학생들 때문에 주위가 어수선했다.
 "선생님은 항상 기운 없는 아픈 사람 같았어, 너희들은 그런 거 못 느꼈니?"
 학생 한 명이 말했다.
 "학기초에는 멀쩡하셨잖아, 여름방학 끝나고 한 번씩 소화가 잘 안된다고 교실에 남으셔서 점심도 안 드셨잖아."
 다른 여학생이 말했다. 이어서 다시 처음 말했던 여학생이 말을 했다.
 "내가 전번에는 어디 아프시냐고 했더니, 왼쪽 배를 움켜잡으시더라, 그러면서도 아프지 않다고 괜찮다고 웃으시는 거 있지."
 "야, 그럼 선생님이 아프시다고 하겠어? 선생님 성격 몰라서 그래?"
 다른 여학생이 참다못해 큰소리를 질렀다.

 '나랑 같이 밥 한번 먹기가 그렇게 힘들더니, 끝내는 밥을 먹여주기 위해 불렀니? 이런 밥은 목구멍으로 넘어가다 체하겠다. 좀 더 있다가 먼 훗날에 이런 밥 먹고 가라고 부르지, 영아야!' 식탁 위에 머리를 떨구었다. 그리고는 아무 말도 아무 움직임도 없었다.
 "죄송합니다. 조금 전에 전화 받고 온……."
 "아. 저기 계십니다."
 영아의 남편이 내가 있는 곳으로 함께 왔다.
 "여보, 은수 엄마, 일어나."
 남편은 미안해 어쩔 줄 몰라 했다. 그러면서 영아의 남편에게 내가 영아를 만나서 좋아했던 거, 다시 일할 수 있게 해줘서 고마운 친구라고 말했다. 영아의 남편은 살짝 웃는 모습만 지을 뿐 아무 말도 하지 않았다.

"은수 엄마, 밥 먹어야지. 친구가 밥 먹자고 불렀는데 이렇게 자면 안 되지."

"아. 맞아, 영아랑 밥 먹어야지."

나는 벌떡 일어났다. 그러나 다시 주저앉고 말았다. 손에 쥐고 있던 모래가 빠져나가듯 힘이 빠지고 말았다.

영아에게 마지막 인사를 하고 돌아온 날, 우리가 자주 갔던 카페에 자리를 잡고 앉았다. 나는 아메리카노 커피 두 잔을 주문했다. 오늘따라 주문한 커피가 빨리 나왔다.

카페 주인은 두 잔의 커피를 주문했지만, 친구가 오지 않을 거란 걸 알고 있는 듯했다. 아무 말 없이 커피만 놓고 갔다. 나는 한동안 멍하니 커피잔만 쳐다보고 있었다. 또 눈물이 흘러내렸다. 커피잔을 들 힘조차 없었다. 두 손으로 커피잔을 집어 들었지만 끝내 마시지 못하고 카페를 나왔다.

휘청이는 몸이 어디로 가야할 지 분간이 서지 않았다. 딱히 갈 곳이 없었다. 내가 넋놓고 서 있는 맞은편에서 손짓하는 사람이 있었다. 카페를 함께 가자고 고집부리던 사람, 떼어 놓고 기꺼이 혼자만 가고 싶었다. 자상하게도 남편은 내가 카페에서 나올 때까지 기다려 주었다. 카페 주변에서 나오기만을 기다려 준 남편이 웃고 있었다. 나는 건너편 남편에게 달려가 안겼다.

영아와 처음 만나던 날, 시든 배춧잎처럼 보였던 영아의 모습이 떠올랐다. 삶의 무게를 짊어지고 힘들어하는 사람처럼 보였다. 한창 재미있을 나이지 않은가. 자식들이 성장하여 홀로서기를 하고 있을 나이, 경제적으로 안정된 가정이 더 많을 나이, 자기계발을 위해 또 다른 인생을 준비할 수 있는 나이였다. 그런데 어찌할 수 없다는, 병원의 통고를 들었을 때 영아의 마음은 어땠을까. 어찌 보면 영아는 더는 손 쓸 수 없다는 것을 알게 되자 다시 살겠다는 마음으로 도서관을 찾았을지도 몰랐다. 도서관에서 책을 빌려 읽으며 조용히 죽음을 맞이할 채비를 했을지도 알 수 없었다.

그렇게 밥 한번 먹자고 하더니……. 가벼운 만남은 아니었지만, 나는 쉽게 떠난 인연인 탓에 원망조차 할 수 없었다.

회색 구름이 모든 거리를 둘러쌌다. 카페에서 퍼져 나오는 커피향기는 쓰디쓴 한약같은 냄새를 풍겼다. 남편이 손으로 내 어깨를 감쌌다. 나는 말없이 걸었다.

| 작가노트 |

　우연히 알게 되었습니다. 소설을 써야겠다는 생각보다는 소설이 무엇일까를 먼저 공부하고 싶었습니다. 정수남선생님을 만나고부터 소설이 무엇인지 알게 되었고, 저도 쓰고 싶다는 생각이 꿈틀거리기 시작했습니다.

　정수남선생님은 잔잔한 미소와 함께 이야기를 잘 이끌어내는 힘이 장사였습니다. 조그마한 체구에 무엇을 충전했을까 하는 의혹이 들 정도였습니다.

　저에게 정수남선생님의 만남은 큰 행운이었습니다. 말하지 못한 것을 저는 소설을 통해 맘껏 토해내고 싶은 그런 욕구가 생겨났습니다. 오래도록 함께 하여 저의 소설에 힘을 불어 넣어주셨으면 좋겠습니다.

　팔순기념이라 했지만 십년 후, 이십 년후에도 기념할 수 있는, 저도 함께 했으면 좋겠습니다.

감기

미 진

　신호등이 차례로 점멸했다. 호루라기를 불며 수신호를 하는 주차 안내요원의 지시에 따라 택시들이 꼬리를 물며 전용 승차장에 진입했고, 만석인 지상 주차장을 지나 지하로 향하는 차들로 주위는 혼잡했다. 버스에서 내린 사람들이 횡단보도를 건너 병원 회전문 안으로 사라졌다. 무성한 잎으로 가려졌던 약국들이 며칠 새 앙상해진 가지 사이로 모습을 드러냈다. 온누리약국, 희망약국, 정문약국, 건강한약국, 종로약국, 메디팜약국, 바로약국……. 비슷한 모양, 비슷한 크기의 약국들이 대로변 양쪽과 이면 도로에 줄지어 있다. 약국과 약국 사이로 혈당측정기와 혈압기, 장루용품, 인조유방, 간병용품 등을 파는 의료기점과 국산 재료로만 요리한다는 죽 전문점 간판이 겹쳐 보였다.
　거리는 간밤에 내린 비와 세찬 바람에 나뭇잎이 후드득 떨어졌다. 습기를 잔뜩 머금은 낙엽들로 거리는 딛는 곳마다 푹신했고, 출근 시간에 맞추어 발걸음을 재촉하는 직장인들의 구두 소리를 흡수했다. 형우는 정류장 앞 의자에 달라붙은 낙엽 몇 개를 손에 든 브로슈어 끝으로 떼어낸 후 걸터앉았다.
　가방에서 회사 로고 스티커가 붙은 태블릿 pc를 꺼냈다. 폴더를 열어 판매할 제품에 대한 설명과 약리작용을 눈으로 훑었다. 화면을 넘기는 손 위로 누런 와이셔츠 소맷부리가 눈에 들어왔다. 셔츠는 하루만 입어도 목과 소맷부리에 누런 때가 꼈다. 공기 중 떠도는 오염물질, 건조한 공기에서 발생한 정전기가 끌어당긴 먼지, 몸에서 분출한 땀의 지방산과 젖산이 촘촘하게 엉겼다. 노출된 옷의 각 부분이 조금씩 다른 색으로 변해갔다.

 판매량과 고객 만족지수를 고려해 구매한 찌든 때 전용 표백제로 부분 세탁을 했지만 기대만큼의 효과는 없었다. 아는 사람은 다 아는 기업에서 만든 제품이었다. 대를 이어 세제, 비누, 치약 같은 제품만을 만드는 뚝심 있는 기업이라는 이미지를 가진 곳이었다.

 세제 양과 바르는 강도, 수온 등이 찌든 때의 정도에 적정했다고 자신할 수는 없었다. 전용세제를 바른 후 세탁기에 돌리기만 하면 찌든 때가 사라진다는 매체 광고와 와이셔츠 찌든 때에 효과만점이라는 블로그 후기, 아이 교복 셔츠에 묻은 찌든 때에서 마침내 해방됐다는 맘카페 입소문에 현혹되지 않았다고도 말할 수 없었다. 지난 세탁 과정을 복기했다. 급할 건 없다고, 섣부르지 말자고 되뇌었다. 사용 양과 바르는 강도를 조절하고 물 온도를 달리해서 다시 세탁해 볼 생각이었다. 흐릿한 얼룩이 남은 셔츠 위로 감색 양복 소맷부리를 팽팽하게 당겼다.

 시계를 확인하고 벌떡 일어났다. 엉덩이에 붙었을지 모를 낙엽을 털고, 바지춤을 추어올렸다. 넥타이의 매듭은 셔츠 양쪽 깃이 맞닿은 삼각 부분에 정확히 맞췄다.

 '죽은 사람 소원도 들어준다는데, 너는 애미 말은 귓등으로 듣니. 젊은 애가 어쩜 그리 구부정해. 등 쭉 펴, 쭉. 어디 가서 기죽지 말고, 일단 웃어. 웃는 얼굴에 침 못 뱉는다, 웃어야 복이 들어와. 들어올 복이 딴 데 가지 않고 제 자리를 찾아온다고.'

 엄마는 무엇엔가 심각하고 못 마땅해 찌푸려진 형우의 주름진 미간을 손가락으로 짚으며 말했다.
'알았어요, 아침부터 잔소리라니까.'
달라붙은 무엇인가를 떨구듯 형우는 고개를 휘저었다. 엄마의 손끝이 미간과 이마 어디에서 툭 떨어졌다. 안으로 말린 어깨를 밖으로 젖히고 새우처럼 굽은 등을 폈다. 자식인 도리로 죽은 엄마의 소원은 들어 줘야할 것 같았다. 번호를 매기듯 척추를 차례로 폈다. 입꼬리를 한껏 올리고 축축한 거리를 걸었다.

한마음 약국 앞이었다. 약국장 한 명에 근무 약사 두 명, 전산 직원 한 명이 말없이 앉아 있다. 알바생으로 보이는 직원 1명이 상자에서 약을 꺼내 약장에 진열 중이었고 손님은 없었다.
"안녕하십니까."
유리문 맞은편에 앉은 근무 약사와 눈이 마주쳤다. 그녀는 무표정한 얼굴로 호루라기 소리가 신경질적으로 울리는, 지체된 차량들로 혼잡한 사거리를 쳐다봤다. 손님이 아니니 미소 지을 타이밍 역시 아니었다. 약을 진열하던 알바생이 주차장과 이어진 뒷문 옆에 배달된 물통을 들고 약국 입구에 놓인 정수기를 향해 오고 있다. 형우는 들고 있던 가방을 의자 위에 던지고 재빨리 다가가 물통을 번쩍 들어 정수기에 꽂았다.
"제가 해도 되는데……."
"아니에요. 이거 은근 무거워요."
형우는 정수기에 꽂힌 가득 찬 물, 넉넉하게 담긴 납작한 종이컵을 눈으로 흐뭇하게 훑었다. 정수기 앞에 얇게 고인 물을 가방에 있는 물티슈를 꺼내 꾹꾹 눌러 닦았다. 다시 한 번 양복 상의를 툭툭 털고 가방에서 신약에 대한 정보가 실린 브로슈어와 한방 모발재생 샴푸와 린스 샘플을 꺼냈다. 사람이 뜸한 틈을 타서 처방전과 약이 오고 가는 투명 칸막이 아래로 밀어 넣었다. 근무 약사는 귀찮은 듯 멍하니 형우가 내민 꾸러미를 내려 봤다.

"안심제약에서 새로 출시한 액상형 종합감기약입니다. 한방 감기약에 대한 반응이 좋아지면서 기존의 완쌍탕을 업그레이드해서 만든 바로 그 철권탕입니다."

일단 물꼬를 트고 나면, 제품에 대한 디테일도, 적절한 큐레이션도 어느 정도 할만 했다. 무엇보다 끝까지 밀고 가는 힘이 중요했다. 밀리지 않음을 감지해도 멈칫해서는 안 되었다. 마음에서는 명백한 백기가 휘날려도 그건 아무도 모르는 포기여야 했다. 반응 따위는 알아도 몰라야 했다. 성공과 실패는 처음부터 없었다.

잠긴 목에서 날카로운 목소리가 찢어질 듯 나왔다. 헛기침 몇 번을 하고 침을 삼키며 솟아오른 편도를 뭉근히 눌렀다. 다시 목소리를 높였다. 형우는 시장의 약장수가 아닌, 약국에서 약을 파는, 아니 정확히는 약국에서 약을 팔도록 약을 파는 사람이었다. 환자의 건강을 진심으로 걱정하고, 그들이 복용할 약에 관해 올바른 정보를 제공하며, 이름만 바꾸고 몸값만 부풀린 약이 아닌, 가격 대비 효능이 나아진, 세상에 알려 마땅한 약을 파는 사람이었다. 더군다나 한여름 자동차 보닛 위의 눈발처럼 금세 사라질 예정이니 조금은 시끄러워도 괜찮다고 생각했다.

약의 이름과 맞물려 등 뒤에서 딸랑딸랑 종소리가 들렸다. 병원에서 나온 한 무리의 손님이 약국 안으로 들어왔다. 그들은 손에 든 하얀 처방전을 직원에게 앞 다퉈 내밀었다. 형우는 몸을 옆으로 비키며 뒷걸음질 쳤다. 말은 끊기고 목소리는 흔적 없이 부서졌다.

식사하고 하루 세 번 드세요. 여기 소화제 들었는지 한 번 봐줘요.

소화제 들었어요. 근데 왜 그렇게 소화가 안 돼요. 진료 받을 때 의사선생님에게 말씀하셔야지요. 칸막이를 사이에 두고 분주한 대화가 오갔다.

형우는 의자에 놓인 가방을 주섬주섬 챙겼다. 칸막이 안에서는 처방전이 입력되고, 제조실에서는 약이 자동 분배되어 개수에 맞춰 담겨 밀봉 되는 소리가 들렸다. 그들의 신속한 분업을 바라보다 말없이 돌아섰다. 아무도 보지 않는 뒤통수가 저릿했다. 형우가 통과한 첫 번째 약국이었다.

다음 약국으로 가는 대로변, 건물과 건물 사이 좁은 골목에 양복을 입은 남자 둘이 어깨가 닿을 듯 어긋나게 마주 서서 맞은편 담벼락을 향해 뿌연 담배 연기를 내뿜었다. 지금 이 순간 자신과 같은 감정을 지닌, 자신과 닮은 사람들이었다. 형우는 길을 잃고 헤매다 동족을 만난 심정이었다. 그들은 실패의 축축한 기분을 담배 불에 지피고 한창 푸닥거리 중이었다.

그들 틈에 슬며시 끼고 싶었다. 그들과 함께 무능한 팀장을 까고, 수금일 따위는 가볍게 무시하는 약국장을 욕하고, 다른 사람이 오래 공들인 업체를 부정적인 방법으로 가로챈 경쟁업체 직원을 도마 위에 올리고, 도시의 비싼 주차비, 오르지 않는 연봉과 기대할 수 없는 성과금에 대해 성토하고 싶었다. 그러고는 같은 서러움을 말하는 누군가의 등짝을 두드리며 힘내라고, 솟아날 구멍은 있지 않겠냐고 말하며 웃어 보이고 싶었다.

하지만 그렇게 하지 않았다. 건물과 건물 사이 좁은 골목을 못 본 척 지나갔다. 달라지는 건 없고 다시 시작하는 일은 훨씬 더 어렵기 때문이었다.

C 병원 앞 서른한 개 약국이 형우의 담당 구역이다. 선배들은 갓 입사한 후배들에게 말했다. 버티는 놈이 장땡이라고. 이 바닥에서 뭉개다 보면 잘 나가는 의사 약사와 형님 동생 하는 날이 온다고 했다. 사회에서 의사, 약사 같은 사람들과 고급 인맥을 맺을 수 있는 기회는 흔치 않다고 자랑처럼 말했다. 얼마나 오래 버티느냐가 관건이라고 일단 버티라고 했다.

안심제약은 합숙기간 내내 매일 업무 관련 테스트를 하고 성적 미달자를 탈락시켰다. 시험에 통과하지 못한 후보자는 숙소에서 짐을 쌌다. 후보자들은 다음날 교육장에서 자신이 살아남았음을 알았다. 아무도 사라진 사람의 이름을 입에 올리지 않았다. 텅 빈 자리를 못 본 체 했다. 남은 사람들은 약리학과 각종 질병, 약 성분명과 효능효과, 제품군, 경쟁사 제품에 대해 밤잠을 설치며 공부했다. 새벽하늘을 올려다보며 끝까지 함께 가자고 의기투합했다.

형우가 안심제약의 스파르타 과정에서 살아남으리라고는 누구도 상상하지 못했다. 그 즈음 발현되기 마련인 성장형 인재라는 자아상이 암시적으로 만들어낸 도전의식 따위는 형우에게 없었다. 취업 준비할 때 배울 법한 건강한 미소와 긍정적인 태도 역시 없었다. 무기력한 눈빛으로 교육장을 서성이고 매사에 시큰둥하게 반응했을 뿐이었다. 드넓은 벌판에서 어슬렁거리다 야생의 포식자에게 무차별적으로 잡아먹혀도 어색하지 않은 모습이었다.

형우는 5주간의 교육과정을 수료하고 마침내 제약회사 영업사원이 되었다. 주변에서는 제약회사 영업사원이 된 형우를 도무지 상상할 수 없다고 했다. 대신 불가능을 가능으로 만든 회사의 교육 프로그램을 칭찬했다.

여러 번의 취업 실패로 갈 곳이 마땅치 않아 차선책으로 선택한 길이었다. 보험, 자동차에 이은 3D 영업에 해당되었다. 형우는 그 길이 험준하지 만은 않을 거라고 생각했다. 어릴 적 병치레가 잦았던 형우에게 약국은 따뜻한 곳이었다. 병원 의사 선생님은 늘 바빴다. 열기를 머금은 형우의 조그만 입 속을 슬쩍 들여다보고 서둘러 처방전을 입력했다. 질문은 엄마가 했고 의사 선생님도 엄마에게 대답했다. 정작 환자인 형우가 한 일은 없었다. 오도카니 앉아 있다가 고개를 들어 의사 선생님 얼굴을 쳐다볼 때쯤이면 쫓기듯 진료실에서 나왔다. 아파서 우는 아이, 칭얼거리는 아이, 바닥에서 떼쓰는 아이로 소아과 대기실은 북새통이었다.

약국은 달랐다. 통유리 가득 쏟아지는 햇살이 긴 나무 의자를 지나 약국 가운데까지 들어왔다. 한쪽 버티컬을 내리면 햇빛으로 가득 찬 약국이 반으로 갈라졌다. 형우는 빛과 그늘의 경계를 오가며 놀았다. 약사님은 잘 다려진 하얀 가운을 입고 좁은 공간에서 날렵하게 움직였다. 계산대에는 색색깔의 사탕이 담긴 바구니가 단정하게 놓여 있었다. 형우는 자두 맛 사탕 한 개를 골랐다.

건강을 우선해야 할 약국에서 아이들에게 치아에 안 좋은 사탕을 주는 것이 옳으냐, 하는 논의가 어린 아이를 자녀로 둔 부모들 사이에서 일었다. 사람들은 그걸 약사의 개념 문제라고 했다. 얼마 후 약국에서 사탕 바구니가 사라졌다. 대신 약사님은 성장발육에 좋다는, 공룡 그림이 그려진 영양제를 약국에 온 아이들에게 하나씩 건네주었다.

약사님이 제조해 준 약을 먹으면 열이 내리고 콧물이 멈추고 기침이 잦아들었다. 형우가 제약회사 신입사원들이 선호하는 종합병원, 의원 영업이 아닌 약국 영업을 선택한 이유가 약국 바구니에서 꺼내 먹은 자두 맛 사탕의 기억 때문인지도 모르겠다.

다음 약국을 향해 발걸음을 재촉했다. 남들이 열 곳을 돌 때 열한 곳을 돌겠다는 정신 자세가 중요하다는 흔해 빠진 교육 담당자의 말을 떠올렸다.

병원 사원증을 목에 건 직원들이 병원에서 우르르 몰려나왔다. 점심시간이었다. 그들은 밑반찬이 세팅된 식당으로 줄지어 들어갔다. 메뉴를 고르고 밥을 먹고, 식당 골목에서 담배를 피우고, 카페 앞에 줄을 서서 끝없는 수다를 이었다. 커피를 한 잔씩 들고 병원을 향해 느리게 걸어갔다.

형우는 국산 재료 사용, 원산지 표기라는 안내문이 정면에 붙어 있는 식당으로 들어갔다. 참치김밥 한 줄을 시켰다. 핑크색 물이 든 무피클 몇 개가 따라 나왔다. 나무젓가락을 둘로 가르자 맞은편 자리에 앉은 엄마가 한숨을 내쉬었다.

'오래 살고 볼 일이다. 네가 제 시간에 밥을 챙겨먹고, 생전 먹고 싶은 것도, 하고 싶은 것도 없더니. 그나저나 국물 있는 것 좀 먹지, 일하는 애가 겨우 김밥 한 줄이 뭐니. 퇴근하려면 한참이나 남았는데. 순두부찌개나 된장찌개 같은 거 얼마나 좋아, 든든하지.'

"오래 살아서 뭘 보고나 그런 말을 하든지, 일찍 죽었으면서……. 국물 있는 거 귀찮아. 괜히 와이셔츠에 튀기면 지워지지도 않고, 골치 아파."

엄마는 가끔은 뒤통수에 대고, 가끔은 눈앞에서, 가끔은 눈에 안 보이는 어딘가에서 잔소리를 했다. 지겹고 짜증스러웠지만 줄곧 혼자라는 생각은 들지 않았다.

건물 공동화장실에서 양치질을 하고 오후 일정을 시작했다. 긴 생머리를 치켜 묶은 약사가 혼자 책을 읽고 있었다. 작은 규모의 약국이었다. 문에 달린 풍경소리에 미소를 지으며 고개를 들던 약사가 형우를 보자 다시 책으로 눈을 돌렸다. 그리고 책에서 눈을 떼지 않은 채 말했다.
"놓고 가세요."
"네, 감사합니다."
형우는 순간 움직임을 멈췄다. 약사가 자신을 봐주기를 바라며 기다린 건 아니었다. 집중하는 그녀를 방해할 생각은 없었다. 무슨 책을 읽는지, 이야기가 흥미로운지, 그저 그런 게 궁금했다.
"하실 말씀 있으세요?"
"아니, 그건 아니고……."
그녀가 고개를 들었다. 멈춰 선 형우가 떨리는 목소리로 말했다.
"안심제약에서 오랜 연구 끝에 개발에 성공했습니다. 감기약으로 인정받은 기존의 완쌍탕을 업그레이드한 신약 철권탕입니다."
해가 사라졌다. 짙게 그늘이 드리워진 병원 응급실 앞에 응급차가 차례로 멈췄다. 먼저 내린 응급요원이 들것에 누운 환자를 대기 중인 이동침대에 옮기고 병원 안으로 들어갔다. 응급실 광경이 없다면 병원 건너편에서 바라본 그곳은 차라리 적막에 가까웠다. 혼잡하던 거리에 바람이 낮게 불었다. 병원에서의 긴 기다림에 지쳐 더 이상 기다릴 수 없게 된 환자들은 보이지 않았다. 주변 약국들이 하나, 둘 문을 닫았다. 마감하는 직원들의 손길이 분주했다.
형우는 양복 상의를 벗어 의자 위에 올려놓았다. 약국 밖에 세워진 입간판을 접어 안에 들여놓고, 노란 국화가 잔뜩 심겨진 대형화분을 번쩍 들어 매장 안으로 옮겼다. 복도에 길게 펼쳐놓은 붉은색 카펫을 돌돌 말아 우산대 옆에 세웠다. 콧등에 맺힌 땀을 닦으며 신약에 대한 정보가 실린 팜플릿과 모발재생 샴푸와 린스 샘플을 꺼내 투명 칸막이 안에 밀어 넣었다.

"오늘도 수고 많으셨습니다. 안심제약에서 오랜 연구 끝에 개발에 성공한 제품입니다. 감기약으로 인정받은 기존의 완쌍탕을 업그레이드한 신약 철권탕입니다."

형우는 계획했던 코스를 다 완수하지 못했다. 내일은 더 부지런히, 더 발 빠르게 움직일 예정이다. 동종 업체 누구보다 한 곳이라도 더 방문해서 필요한 정보를 드리고, 사람 대 사람으로 마음을 나눌 것이다.

일일보고서를 작성했다. 현장으로 출근하고, 현장에서 퇴근하면서 서류 업무가 많아졌다. 눈에 보이지 않을 때 믿을 수 있는 건 눈에 보이는 서류뿐이었다. 재량은 불필요한 서류를 낳았다. 보고서를 작성하며 알고 모르고 했을 과오를 점검했다. 오늘도 내일 코스를 머릿속으로 그리며 긴 밤을 보낼 듯했다.

대학가 원룸 생활을 청산하고 서울 외곽의 다세대 주택 삼층에 전세방을 얻었다. 퇴근 길, 마트 반찬가게에서 만원에 세 팩씩 파는 반찬을 떨이로 다섯 팩이나 샀다. 운이 좋았다. 탄수화물 섭취가 많은 편이지만 아직 별다른 대안은 찾지 못했다.

밥을 먹고 나면 걸어서 5분 거리에 있는 초등학교로 갔다. 철봉이 있는 학교였다. 운동장에는 줄넘기를 하는 사람, 가쁜 숨을 몰아쉬며 운동장 트랙을 달리는 사람, 네트가 사라진 농구대에 들어가지 않는 공을 계속 던지는 사람, 가로등 아래서 배드민턴을 치는 부부가 있었다.

영업인에게 체력은 절대적이었다. 체력이 떨어지면 마음 역시 떨어졌다. 형우는 단순하고 단단한 철봉을 향해 달려갔다. 서서히 속도를 높여 힘껏 발돋움을 했다. 전신을 펴고 복근의 힘으로 중심을 잡고 몸을 위 아래로 움직였다. 철봉 높이에 따라 할 수 있는 동작은 달랐다. 한 단계를 마치면 다음 단계로, 그 다음 단계로 이동했다. 형우의 몸은 흠뻑 젖었다. 양팔을 펼친 듯 긴 학교 건물이 은색 모래 위로 검은 그림자를 드리웠다. 키다리가 된 형우가 운동장을 빠져나왔다.

 판매율 1위 와이셔츠 전용 세제가 현관문 앞에 배달되어 있었다. 샤워를 하기 전, 빨래 바구니에서 구겨진 와이셔츠를 꺼냈다. 결전의 날이었다. 와이셔츠의 찌든 때를 제거하겠다고 결심한 이후, 형우의 노트북 검색창에는 와이셔츠 찌든 때 표백하는 법, 표백제 후기 등이 반복해서 입력됐다. 결과는 다양했다. 한 블로거는 먹다 남은 식빵으로 찌든 부분을 문지르면 찌든 때가 빵에 흡수되면서 옷이 깨끗해진다고 했다. 손쉽고 다분히 환경 친화적인 방법이었다. 과탄산소다, 베이킹소다, 구연산을 이용한 표백은 많은 사람에게 알려진 방법이었다. 고민 끝에 형우는 수십 번의 테스트를 거친 검증된 결과물을 선택했다. 기업의 이유 있는 투자이고 근거 있는 광고일 거라고 생각했다.

 몸이나 마음이 아픈 사람들은 지푸라기라도 잡는 심정으로 주변 사람들이 전하는 치료법을 수용했다. 아는 사람의 아는 사람들 중의 한 명은 대개 병에 걸렸고 자신만의 비법으로 그 병을 이겨냈다. 한겨울 산에서 피는 귀한 약초 뿌리를 푹 고아 마셨더니 통증이 사라지고, 체질에 맞는 음식 섭취만으로 질병에서 벗어나고, 시골 흙집으로 이사하고 잠이 잘 오더니 몸이 개운해지고, 마침내 완치 판정을 받았다고 했다. 산과 들, 바다에서 얻을 수 있는 기이한 약초와 맑은 공기는 흔들리는 민초들을 일으켜 세웠다. 그들은 자신을 일으킨 각각의 효능을 찬양하고 뜨겁게 간증했다. 귀한 비법들이었다. 누구도 약의 효과라고 말하지 않았다.

형우는 흔들리지 않기로 했다. 수십만 구독자가 있는 세탁의 달인과 살림고수 유튜버가 알려준 방법은 잊기로 했다. 손에 든 와이셔츠 전용세제에 집중했다. 오염 부분에 1~2회 바르세요, 각종 성분과 함께 세제 뒷면에 빼곡히 적힌 설명은 불친절했다. 어느 정도 세기로 발라야 하지. 세게, 적당히 아니면 약하게. 형우는 최상의 결과를 위한 최상의 조건을 알아가는 중이었다.

와이셔츠를 욕실 바닥에 반듯하게 폈다. 목 부분과 소매 부분에 지난번과 다른 강도로 세제를 발랐다. 세제 구멍에서 희뿌연 세제가 비질비질 나왔다. 잠시 멈췄다가 비슷한 강도로 다시 한 번. 칼라와 소맷부리가 축축하게 젖어들었다. 세제를 바른 후 세탁으로 이어지는데 걸리는 시간 역시 알 수 없었다. 세탁의 효과에 영향을 미치지 않는, 아무래도 상관없어 설명조차 필요 없는 사소한 것인지 몰랐다. 말하자면 그 정도는 알아서 하라는 뜻이었다. 형우는 옷감에 세제가 침투할 시간을 주었다. 와이셔츠 한 장에 오 분이면 애벌빨래 시간으로 적당해 보였다. 오 분 후, 찬물과 더운 물을 섞은 미온수로 손빨래를 했다. 젖은 와이셔츠를 탁탁 털어 베란다 빨래건조대에 널었다.

하루 종일 닫혀 있던 베란다 창문을 활짝 열었다. 오래된 새시에서 쇠가 긁히는 마찰음이 났다. 북한산 자락이 먹색 하늘에 잠겨 보이지 않았다. 길 건너 다세대 주택에서 비치는 전등 빛과 군데군데 켜놓은 가로등 빛으로 골목은 낮처럼 환했다. 귀가 잘 들리지 않는 누군가와 통화를 이어가는 아래층 김 씨의 목소리, 앞집 지하 음악실에서 새어 나오는 드럼 소리, 어느 집 주방에서 들리는 칼질 소리가 넘실댔다. 창문이 닫히고 방한 비닐마저 씌워지면 못 들을 소리였다.

출근길 지하철에 앉아 오늘 방문해야 할 코스를 확인하고, 제품 디테일을 숙지했다. 핸드폰 앱으로 업계 경향을 살피며 최신 정보를 습득했다. 매달 업로드 되는 웹진 <해피 안심 라이프>를 클릭했다. 하반기 영업왕 박해순 과장에 대한 인터뷰 기사가 실렸다. 제약 회사 영업은 나의 천직, 소제목 밑에 지난 달 인센티브 천만 원 대, 이제 시작일 뿐, 이라고 쓰여 있었다. 구체적인 금액을 말해줄 수 있느냐는 기자의 질문에 박해순 과장은 손사래를 치며 함박웃음을 지었다고. 그의 얼굴이 화면을 가득 채웠다. 마지막으로 후배들에게 한마디 해달라는 기자의 요청에 박해순 과장은 신입 시절 일화를 들려주었다.

"저도 입사 초기에는 약국 문턱도 넘지 못해 땀을 뻘뻘 흘렸어요. 그러나 포기하는 건 자존심이 허락하지 않았습니다. 끈기로 밀어 붙였지요. 오 년간 공을 들인 약국에서 마침내 주문을 받아냈을 때가 가장 기뻤습니다. 후배님들, 절대 포기하지 마세요. 버티십시오."

형우는 영업왕의 말에 고개를 끄덕였다. 그의 웃음 뒤에 자리한 절망과 오랜 어둠이 떠올랐지만 보지 않았다. 화면 속 웃음만 보고 또 봤다.

똑같은 포뮬러라도, 복용하는 사람마다 약효는 달랐다. 수시로 본사에 들어가 출시될 신제품 정보를 익히고 줄어든 부작용을 공부했다. 개선된 약 성분이 몸에 흡수되면 이전보다 긍정적인 결과를 가져올 터였다. 형우는 약의 고유함을 믿었다.

출근 체크를 하고 어제 방문하지 못한 약국부터 방문했다. 약국

유리문 위에 '미시오'라고 적힌 스티커를 볼 때마다 멀찍이 밀어내고 싶은 마음을 힘껏 밀었다. 약국 안으로 자신을 밀었다.

직원을 도와서 배달된 박스에서 박카스 상자, 마시는 비타700 상자를 꺼내 쌓고 냉장고 안에 줄지어 세웠다. 몸을 쓰는 일은 어색한 말보다 유용했다. 밀어둔 일을 대신하겠다는데 마다할 사람은 없었다. 내적 친분이 쌓이고 마음의 문턱이 낮아지면 어느새 사적인 이야기까지 오가곤 했다. 그쯤 되면 자사 제품을 써달라는 말도, 밀린 약값을 입금해 달라고 말도 자연스럽게 나왔다.

세상 모든 약사는 약국 운영이 어렵다고 했다. 몸만 힘들고 팔수록 손해 보는 구조라고, 창살 없는 감옥살이 신세라고 한탄했다. 종합병원 환자들의 처방 일수나 쌓이는 처방전 수를 보면 그리 어려울 것 같지 않지만 엄살 좀 부리지 말라고, 아는 척 할 수는 없었다. 그저 그들의 말에 공감하고 가능한 해결책을 모색하는 진심을 내보였다. 약국이 손님을 더 많이 유치하고, 보다 많은 이익을 낼 수 있는 방법을 자신의 일처럼 고민했다.

눈에 보이는 일들을 해치우며 약국 전체를 한눈에 스캔했다. 약사님의 기분이 감지되는 데 걸리는 시간이 점점 짧아졌다.

"좋은 아침입니다."

그 순간, 말문이 막혔다. 목구멍을 빈틈없이 채운 콜크가 들어가지도 나오지도 않았다. 숨을 쉴 수 없었다. 물속 깊이 가라앉은 듯 주변 소리가 아득히 멀어졌다.

너희들, 약 없이 약 팔 수 있어? 그러니 내 말 좀 들어봐. 나는 너희 영업장에 깽판 치러 온 사람이 아니라고, 피차 환자들에게 도움을 주고 싶은 거 아니야. 파동이 입 주위에 하얀 물결을 일으켰다. 물결은 상처 난 마음을 무통하게 마비시켰다. 잦아든 목소리가 부풀어 두툼한 막을 뚫고 나갔다.

"소개해 드릴 약은 감기약으로 인정받은 기존의 완쌍탕을 업그레이드한 신약 철권탕입니다."

자신의 목소리가 천둥처럼 귀에 박혔다. 깜짝 놀라 주변을 둘러봤다. 정적이 흘렀다. 약사, 알바직원 그리고 약 처방을 기다리는 손님들이 형우를 쳐다봤다.

"죄송해요. 제가 그만……."

"안심에서 교육 제대로 받으셨나 봐요."

강장제를 정리하던 직원이 터지는 웃음을 참으며 배달 상자를 포장했고, 전산직원은 별 일이 다 있다는 표정으로 처방전을 입력했다. 약사는 가로 막힌 유리 너머로 복용법을 같은 톤으로 설명했다. 손님들은 무슨 영문인지 몰라 고개를 갸웃했다. 형우의 얼굴이 터질 듯 붉었다. 도망치려는 발걸음을 간신히 붙잡았다. 무심하게 안내 책자를 건네고, 유리문을 느리게 당겼다.

- 8시 명성화로

단톡방에서 온 확인 문자였다. 핸드폰을 가방 깊숙이 넣고 거리를 쏘다녔다. 늦가을 차가운 바람이 열에 들뜬 형우의 얼굴을 식혔다. 수치심은 아니었다. 신입의 열정쯤으로 내일이면 잊힐 사소한 해프닝이었다. 차가워진 손으로 열기가 사라져 버석대는 얼굴을 비볐다.

"죄송합니다. 제가 좀 늦었습니다."

"여기가 형우 씨 담당구역 아닌가. 가까운 데 사는 애들이 꼭 지각한다니까."

"열심히 뛰느라 시간 가는 줄 몰랐겠지."

팀장과 팀원들이 일찌감치 자리를 잡고 앉아 술잔을 주고받았다. 본사 미팅을 마치고 온 팀장은 지난달보다 더 늙고 작아보였다. 팀장이 되고 처음으로 배정 받은 구역의 실적 부진에 시달리는 중이었다.

"오늘 코스에 변수가 좀 있어서……."

"한 달에 한 번 있는 회식인데 알아서 조정했어야지. 융통성이 없어. 숲을 보라고 숲을. 큰 그림을 그려야지. 여기 안 바쁜 사람 있어?"

과거 영업왕에 빛나는 김세황이 형우를 나무랐다.

"이 양반, 큰 일 날 사람이네. 업무 시간도 아닌 회식 시간에 늦었다고 뭐라고 하면 꼰대 소리 들어. 사정이 있어서 늦었구나, 오느라 고생했다, 하고 넘어가야지."

김세황의 입사 동기인 박헌영이 분위기를 수습했다.

"맞아. 내가 이렇게 분위기 파악을 못한다니까, 난 옛날이 좋아. 요즘은 무슨 말을 못 해. 다 틀렸대. 다 변했대."

테이블 중앙에 앉은 팀장이 말문을 열었다. 혼잡했던 테이블이 일순 조용해졌다.

"여러분들 한 달 동안 고생이 많았습니다. 실적이란 게 내가 열심히 한다고 올라가는 게 아니에요. 전년 대비, 전달 대비, 전임자 대비, 타 지점 대비, 경쟁사 대비해서 올라야 오른 거라, 이게 어렵습니다."

팀장이 둥근 철판 위 숨죽은 야채에 뒤섞인 채 빨갛게 익은 닭갈비 한 조각을 입에 넣으며 말했다.

"다들 열심히 일하는 거 알지요. 잘 버텨줘서 내가 참 고마워요.

이번 신제품만 자리 잡으면 숨통이 좀 트이겠는데, 반응이……. 약 좋은 건 알겠는데, 그게 끝이야. 사람들이 찾지를 않아. 쳐다를 안 봐. 회사는 빚 얻어 투자하고 결과는 참담하고, 현장 사람들만 죽어 나가는 거지."

팀장이 소주를 입 안에 털어 넣었다. 흘러가는 분위기를 예상하고 왔지만 상황은 더 심각해보였다.

"분발하겠습니다. 팀장님"

박헌영이 분위기를 띄우며 팀장의 빈 소주잔을 채웠다.

"힘내세요. 팀장님, 제가 기름칠 제대로 하고 바짝 조이겠습니다."

김세황이 상추에 닭갈비를 올리며 말했다.

"그동안 새 팀장님 오시고 저희가 좀 나태했습니다. 인정? 다들 인정하지?"

박헌영이 앉아 있는 직원들 얼굴을 훑으며 동의를 강요하는 고갯짓을 했다. 퇴직한 전 팀장에게서 개돼지 취급을 받았다고 생각한 직원들이 고개를 끄덕였다. 지난 해 동부1지점은 실적 압박에 줄 퇴사가 이어졌다. 뿌리 깊은 불법 리베이트 관행을 끊겠다는 사주의 표명에 이어 실적부진으로 지방을 돌던 안영광 팀장을 서울 동부1지점에 팀장으로 배정했다. 양심적이며 사람 좋은 것으로 알려진 안 팀장이 수장이 된 이후, 직원들은 이제 살만하다고, 버티기를 잘 했다고, 새 시대가 왔다고 말하곤 했다. 하지만 영업실적은 처참했다. 하향곡선을 타더니 바닥으로 곤두박질친 지 오래였다.

"어때, 다들 할 수 있지?"

"할 수 있지가 뭐야 무조건 해야지."

"목표액 다시 잡아, 동부1지점 이렇게 무너지지 않아. 우리 팀장님 우리가 살려야지. 안 그래? 팀장님이 무시당하는 거 그냥 눈 뜨고 보고만 있을 거야. 다 우리 책임이라고…….”

이 바닥 베테랑들은 팀장을 어르고 달래며 불편한 상황을 덮었다. 신입 직원들은 그것이 어떤 의미인지 모른 채 신념을 공고히 하고 물러진 의지를 다졌다.

“철권탕, 그 녀석 때문이야. 발에 땀이 나도록 뛰어다녀도 반응이 없어. 나 입사하고 이렇게 힘든 적이 없었다니까. 본사에서 비상대책이라도 세워야 하는 거 아닙니까.”

“사람들이 약은 안 바꿔. 옷이나 전자제품은 트랜드니 뭐니 유행이라도 타지. 약이 어디 그래. 무조건 박카스고, 무조건 타이레놀이야. 이게 진리야. 더 좋은 약은 나와도 안 돼, 그건 반역이야. 반역.”

“잘 나가는 모델 내세워 수십억씩 광고에 때려 박아도 안 돼.”

“현실적으로 약국에 신약 심는 방법은 딱 하나야.”

“영업사원 발품이지.”

“땀, 눈물, 그거?”

“그렇지. 땀, 눈물, 정성. 그리고 사랑이 붙으면 더 좋고. 아무튼 다 갈아 바쳐야지.”

“약사님이 감화 감동 역사하셔서 너 애쓴다. 제품 좀 갖다 놔라, 할 때까지 조아려야지.”

“다 아는데 그게 왜 그렇게 어려운지 모르겠어요. 일단 말문이 트이면 할 만한데 매일 새로 시작하는 기분이에요. 버티신 선배님들 정말 대단하세요.”

신입들이 입을 모아 칭송했다. 선배들은 나는 아니라고, 겨우 목숨 부지하고 있다며 고개를 저었다. 그들은 소맥을 마시며 영업의 팍팍함을 말했고, 자식 학원비에 매달 갚아야 할 융자금을 생각하면 그만 둘 수도 없다며 허허롭게 웃었다.

집에 돌아온 형우는 베란다에 걸린 바짝 마른 와이셔츠를 들고 방으로 왔다. 와이셔츠의 목깃과 소맷부리를 펼쳤다. 천장에 매달린 LED 전등 빛에 셔츠의 찌들었던 부위를 비췄다. 와이셔츠는 하얗고 눈부시게 빛날까. 강렬한 불빛에 감긴 눈을 떴다. 찌든 때가 미세하게 옅어졌다. 광고처럼 새하얗게 표백되지는 않았다. 하지만 이전과는 분명 달랐다. 다리미판 다리를 펴고 전기 코드를 꽂았다. 분무기로 물을 고루 분사했다. 뜨겁게 김을 내뿜는 다리미에 힘을 주어 와이셔츠에 진 주름을 폈다. 목과 소매부리에 옅게 남은 자국이 신경 쓰였지만 그 정도면 괜찮다고 생각했다.

광고는 광고일 뿐이었다. 빨랫줄에 하얗게 나부끼는 눈부신 와이셔츠는 분명 연출된 이미지이고, 실제와 다를 수 있다는 안내 문구는 면죄의 근거이자 양심을 지키려는 자의 최소한의 고백이었다.

기업의 오랜 역사와 축적된 기술력을 바탕으로 그들이 보여준 이미지가 내 손에서 재현되리라고 기대하지 않았다. 다만 회사가 내 맡긴 환상을 현실로 구현하기 위해 애쓴 개발자의 성실한 고군분투와 시행착오, 궁극의 진보를 기대했다. 기술은 날로 발전하고 속도는 빨랐다. 형우는 지금 다른 차원의 미래형 셔츠 전용 표백제가 필요했다.

형우가 목청껏 외치는 수많은 약도 사실과 다를지 모른다. 약은 막힌 코를 한방에 뚫지도, 상처 난 위벽을 포근히 감싸지도, 두통이 사라져 하늘을 날 듯 가벼워지지도, 관절 통증이 사라져 육상선수처럼 계단을 뛰어 오르게도 하지 않았다. 수십 년간 하루 세 번 정해진 시간에 혈압약, 당뇨약, 관절염약을 복용한 엄마는 밤새 앓다 동트는 새벽을 맞았다. 식전, 식후복용이라는 지시사항을 지키기 위해 꾸역꾸역 밥을 먹고 시간 맞춰 약을 털어 넣었다. 내 집 드나들 듯 다닌 병원이 아닌 집에서 엄마는 저 세상으로 갔다. 엄마의 머리맡에는 약봉지가 수북이 쌓여 있었다.

 내일이 다가오고 있다. 형우는 약국 문을 열고 들어가 약효가 실제와 다를 수 있음을 말할 수 있을까, 눈을 똑바로 뜨고 신념에 차서. 형우를 변화시킨 교육은 재교육을 통해 그 효과를 지속시킬 수 있을까. 죽은 엄마의 잔소리는 언제까지 살아나 형우의 구부정한 어깨를 펴게 하고 제때 밥을 먹게 할까. 약국 진열대에 있는 수천 개가 넘는 약은 사람 몸속에 들어가 통증을 감소하고 상처를 치유하고 상태를 진정시켜줄까.

 와이셔츠를 말리느라 열어 놓은 창문에서 서늘한 바람이 불어왔다. 온몸에 한기가 스몄다. 형태도 무게도 없는 무색의 바람이 한 일이었다.

 손에 만져지는 제 성분을 지닌 약이 몸속에 들어간다면, 분명 자신의 존재를 나타낼 것이다. 형우가 휘어진 새시에 낀 창문을 힘껏 닫았다. 하루를 소진한 몸이 휘청거렸다. 이마에서 열이 나고 숨 쉴 때마다 입안에서 신열이 뿜어져 나왔다. 온몸이 으슬으슬했다. 형우는 방으로 들어가 책상 위에 놓인 가방을 뒤적였다. 안심 제약에서 오랜 연구 끝에 개발에 성공한 제품, 국민 감기약으로 인정받은 기존의 완쌍탕을 업그레이드했다는 신약 철권탕을 꺼내 마셨다. 쌉싸름한 액체가 식도를 타고 흘러내렸다.

| 작가노트 |

글 쓰는 일은커녕, 사는 일에 자신이 없어질 때면 J선생님을 생각한다.

새벽을 깨우며 일어나 쓰고, 또 쓰는 그를, 운동화를 신고 걷고 또 걷는 그를. 그토록 오랜 시간, 이토록 많은 양의 작품을 써내는 그의 성실을. 할 말이 있는가. 없다.

머리를 조아리고 쓰자.

드디어 카톡

박 시 연

양자 씨의 손이 수전증 환자처럼 떨고 있다. 자리에 앉아서도 화이트보드 앞에 서 있는 것처럼 떨리는지 가슴을 쓸어내린다. 옥분 씨의 손에서 자음과 모음이 그려지는 것을 응시한다. 두 손은 가슴에 포개져 있다. 그려놓은 네모 칸 안에 '김 옥 분'이 완성되었다. 이름을 다 쓴 옥분 씨의 입에서 긴 숨이 터져 나왔다. 양자 씨는 고개를 내려서 공책에 이름을 쓴다. 박, 양, 자.

"휴우… 손이… 응, 너무 떨려. 무거운 프라이팬도 번쩍번쩍 들어 올리던 손이 연필만 잡으면 떨린다니까."

옥분 씨의 말에 교실이 들썩거렸다. 옥분 씨는 까만색 보드 마커펜 뚜껑을 맞추느라 미간을 찌푸렸다. 나는 손을 뻗어 마커펜을 받았다. 우리 반 학습자들의 흔한 모습이었다. 나는 뒤돌아서 자리로 돌아가는 옥분 씨의 어깨를 톡톡 쓰다듬었다. 양자 씨의 눈이 옥분 씨를 따라가는 것이 보였다. 네모 칸을 이해한 옥분 씨를 부러워하는 눈길이었다.

"네, 정말, 잘하셨어요."

펜 뚜껑을 닫고 나는 박수를 쳤다. 옥분 씨가 자리에 앉을 때까지 학습자들은 스스로에게 위로하듯이 박수를 쳐주었다. 양자 씨는 박수를 제일 잘 치는 사람이 되겠다는 듯이 온몸을 흔들며 박수에 열중했다. 네모 칸 안에 자음과 모음을 분리해서 이름을 완성하는 것은 그냥 이름을 쓰는 것과 다른 학습이었다. 글자의 원리를 이해하는 과정이었다. '이준숙' 글자에 맞는 네모 칸을 만들면서 이름을 불렀다. 준숙 씨가 보드 앞까지 나오는 시간에 나는 빨간색 네모를 충분히 만들 수 있었다. 우리 반에서 한글 수준이 제일 높은 준숙 씨도 첫 수업을 듣고 나서 바로 이해하지 못했다. 두 번째 수업에서 전날 숙제를 검사할 때 나는 알았다. 뭐, 중요한 문제는 아니었다. '요즘은 통화보다 카톡이죠?' 글자를 만드는 원리를 알면 문자를 보낼 때 편리하다는 설명을 이어갔다. '그래서 이 수업 내용을 꼭 이해해야 하는 거죠.' '꼭'에 힘을 주며 웃었다. 양자 씨와 눈이 마주쳤다. 말수가 적은 양자 씨가 고개를 끄덕였다. 헐겁게 묶은 분홍 꽃무늬 스카프가 얼굴을 환하게 해주었다. 양자 씨는 두 명 앉는 책상에 혼자 앉아 있어도 필통이나 교재는 책상에 금을 그어 놓은 것처럼 제자리만 사용했다. 양자 씨까지 네모에 이름 쓰기 복습을 마치면 본 수업에 들어갈 예정이었다.

"네모 칸 공부가 어렵다고 때려 치시면 안 됩니다. 집에 혼자 있으면 괜히 우울해지잖아요. 내일도 꼭 오시는 겁니다."

'안 때려요~', '이런 것도 못하면 공부하지 말아야지요.', '때려치기는요.' 한 마디씩 던지며 웃었다. 내가 챗GPT를 어려워하는 마음으로 한글이 어렵다는 학습자들을 나는 이해했다.

복지관 한글 교실은 등록 대상자의 요구로 운영되었다. 복지관은 독거 어르신의 생활을 조사하고 관심이 필요한 분들은 생활지원사의 보호 대상자로 관리했다. '고독사'라는 단어가 뉴스에 나올 때마다 지켜보는 노인들의 불안감이 높아진다는 통계는 오래전부터 오르내렸다. 복지관의 업무가 소외계층의 내밀한 안방까지 확장되고 있었다. 내가 복지관에서 일주일에 세 번, 도시락 배달 봉사를 하던 때였다. 일 년 전에 문해교육사 자격증을 취득한 후 담당자에게 자랑삼아 말했고, 마침 한글 선생이 필요했다는 복지관의 요청으로 바로 진행되었다.

여섯 명의 학습자가 모집되었다. 나는 수업을 결정하고 한글 교습법을 찾아 익혔다. 한글을 모르는 어르신들은 배우고 싶은 마음보다 부끄러움에 대한 걱정이 더 컸다. 수업을 시작하는 날, 학습자 한 명이 포기한 것을 알았다. 거기에 가르치는 선생이 '초짜'라서 분위기를 끌고 가는 힘이 약했는지 적응하지 못한 두 명이 그만두었다. 그 뒤로 학기가 바뀔 때마다 한두 명씩 새로 왔지만 핑계를 대며 포기하곤 했다. 이미 친해진 학습자들 속으로 스며드는 과정을 힘들어했다는 후일담이 들려왔다. '어떻게 신입생만 봐줘요, 참…, 늙으면 죽어야혀.' 준숙 씨는 아무 때나 중얼거렸다. 서로 다른 수준의 학습자를 동시에 가르치는 것은 쉽지 않았다. 이 교실에서 나이의 조건은 학습의 문제가 아니었다.

가장 나이가 많은 준숙 씨는 체구가 작았다. 작은 얼굴은 색색의 화장과 까만색으로 머리 염색을 해서 나이보다 훨씬 젊어 보였다. 손톱을 다듬고 색칠하고 스카프와 모자로 멋을 냈다. 준숙 씨는 혼자 살게 된 후로 하고 싶었던 일에 도전하면서 노년을 즐기는 중이라고 자기 소개를 했었다. 준숙 씨는 살면서 가장 큰 약점이라 생각했던 한글 공부에 진심이었다. 양자 씨는 공부 잘하는 준숙 씨를 제일 부러워했다.

2인 책상에 혼자 앉은 양자 씨는 통통한 체구였다. 자신은 뚱뚱하다고 부끄러워했지만 교실에 올 때는 갖춰 입은 흔적이 역력했다. 재킷을 챙겨 입었고, 바지나 치마도 정장 분위기였다. 옥분 씨의 옷

차림과 비교하면 더 그런 느낌이 들었다. 일요일에 교회에 가는 사람들의 차림새처럼 단정했다. 좋은 말씀과 함께 천국으로 가는 길을 인도할 것 같았다. 앞섶에 장식처럼 카드 지갑 두 개가 매달린 것은 언제나 똑같았다.

 겨울 방학을 하던 12월 두 번째 금요일에 회식을 했다. 옥분 씨의 제안이었다. 소화가 잘 되는 청국장을 먹었다. 복지관 근처에 지하철역과 동행정복지센터가 있어서 한식당이 많았다. 준숙 씨가 모두의 밥값을 미리 계산했다. 들뜬 마음으로 학습자들과 우리는 다음을 약속하며 이런저런 이야기를 나눴다. 그런데
 -난 빚지는 거 싫어요. 나도 돈 있는데 왜, 언니가 다 내요!
 양자 씨의 목소리는 화가 들어 있었다. 화가 난 이유를 모르는 나머지 사람들은 계산대 앞에서 숨을 죽였다. 준숙 씨는 다음에 밥을 사면 되지 않느냐는 말을 몇 번씩 혼잣말처럼 말했다. 각자 계산을 하기로 한 약속을 지키지 않은 건 준숙 씨였다. 양자 씨는 준숙 씨에게 빚을 진 거라고 화를 냈다. 나중에 양자 씨 집에서 대화를 나눌 때, 양자 씨 마음에 남아 있던 말을 들었다. 양자 씨는 얻어먹는 것이 싫다고 했다. 내 자식이라도 '공짜밥'은 없더라고 했다.

 양자 씨는 한글을 공부해서 무시당하지 않으면서 살겠다고 했다. 나는 양자 씨의 손을 잡았다. 같이 소망을 이뤄보자고 말했다. 열정이 커 보였지만 제자리를 맴도는 양자 씨의 한글 공부는 지지부진했다. 한 교실에서 다 같이 공부하기에는 무리가 있었다. 동화책을 읽고 싶어 하는 양자 씨에게 필요한 동력을 찾아야 했다.
 내가 뒤늦게 한글 선생이 된 것은 오래된 소망이었다. 국어 선생이 꿈이었지만 집안 형편 때문에 나는 대학에 가지 못했다. 내 아

아이들이 중학생이 되었을 때 사이버대학에 들어갔다. 국어 선생이든 한글 선생이든 나는 선생이 되었다. 간절한 소망을 놓지 않았던 오래된 기도가 이루어진 것처럼 양자 씨의 작은 소망을 내가 도와줄 수 있기를 바랐다.

한글 교실을 시작하고 한 달쯤 지났을 때였다. 수업을 마치고 버스 정거장에서 양자 씨를 만났다. 4월 중순은 조금 쌀쌀했지만 정오의 햇살은 다행히 따스했다. 나는 정거장 온돌 의자에 앉아 있는 양자 씨 옆에 앉았다. 엉덩이가 따뜻했다.

-집에는 같이 사는 식구가 아무도 없는 거죠?

눈치를 살피다가 나는 마음에 있던 말을 꺼냈다. 검정색 에코백을 만지작거리던 양자 씨의 손이 멈췄다.

-아이구, 그람요. 혼자 사니까 보호사 선상님이 오지요.

한글 교실에 가는 날 아침에 생활지원사가 전화를 해준다는 것을 준숙 씨에게 들은 적이 있었다. 잊어버리고 다른 데 갈까 봐 도착했는지 확인 전화를 한다고도 했다. 한글반 학습자는 모두 혼자 살았다.

-혼자 공부하믄 틀렸는지 맞았는지 물어볼 사람이 없어서 참 그려유.

한글을 아는 수준이 비슷하다면 좋았겠지만, 양자 씨도 나처럼 교실에서 고충이 있었던 모양이었다. 초급 과정인 선 긋기부터 시작했어도 자음을 읽고 소리로 찾아내기까지 시간이 걸릴 수밖에 없었다. 나를 계속 붙들고 있을 수는 없고, 옆 사람 피해줄까 봐 자꾸 물어볼 수도 없어서 조심성 많은 양자 씨는 가만히 있는 경우가 많았다.

-아이구, 챙피해서 다른 사람헌테는 물어볼 수도 없지요.

어르신들의 시대는 여자들의 교육을 금지했었다. 부당한 환경을 이겨낸 여자의 입장을 생각하면 무학이 부끄러울 일이 아니었다. 대부분의 생활 교육은 현장에서 경험하기 때문에 굳이 한글을 몰라도 해결해 왔을 것이다. 은행이나 병원 등의 일상생활의 불편은 개인이 감당할 일이었다. 위축될 수밖에 없는 세월을 보낸 사람들이었다. 이름 석 자를 떨리지 않고 쓸 수 있으면 만족이라던 양자 씨의 첫 인사가 생각났다.

-저는 학교에서 방과후 수업 봉사도 하고 뭐, 사람들 도와주는 거 좋아해요. 제가… 댁으로 방문해서 한글 공부를 도와드려도… 될까요?

길 건너 단지에 한글 선생이 사는 행운을 잡으라는 농담은 하지 않았다. 다만 내 오지랖이 양자 씨의 문맹 암흑을 걷어주기를 바랄 뿐이었다.

-네? 우리집에 선상님이 오신다니 기분이 좋아요. 아이구, 그라믄 선상님이 힘드신데요. 그래주시면야 지한테 도움은 되지만서 유…….

고개를 숙여 엉킨 카드 목걸이를 풀면서 말을 흐렸다. 양자 씨의 습관이었다. 수업 시간에도 내 입을 보고 발음을 확인하라고 해도 바로 고개를 들지 않았다. 양자 씨는 교통 카드를 잡은 뒤에야 나를 바라보았다. 웃고 있는 나를 보고 양자 씨도 마주 웃었다.

그렇게 방문 수업을 하게 되었다. 복지관 담당자에게는 추가 수업을 알렸지만, 다른 학습자들에게는 비밀을 약속했다. 담당자는 누군가 학습자의 형평성을 따지는 경우를 걱정했다. 나는 수업을 마치고 오후에 양자 씨 집으로 찾아갔다. 양자 씨가 자음과 모음을 완전히 기억하는 날까지 해볼 작정이었다. 옥분 씨와 수준이 비슷하기만 해도 불안이 가실 것 같았다.

지난주, 인사말 '문자 보내기' 수업에서도 양자 씨는 옥분 씨에게 밀렸다.

-한 번 보낸 인사말을 다시 써서 저한테 또 보내주세요.

내 휴대전화에서 옥분 씨가 보낸 문자를 확인하고 혼자 다시 해보라는 주문을 했다. 그리고 몸을 돌려 준숙 씨의 휴대전화를 받아 글자를 확인했다. 준숙 씨에게 종이비행기 모양을 눌러 카톡을 보내라고 말하며 전화기를 돌려주었다.

-선생님, 이제 어떻게 해요?

옥분 씨가 큰 소리로 또 나를 불렀다. 지난 시간에도 한 글자를 만들 때마다 물었다. 수업 시간에 열심히 하는 옥분 씨는 칭찬할 만했다. 하지만 다른 학우도 기회를 줘야 했다. 준숙 씨는 혼자 할 수 있었지만 확인이 필요했고, 양자 씨는 휴대폰을 가져오지 않았지만 가르쳐줘야 했다. 내가 옥분 씨 옆에만 있을 수는 없었다. 열심히 참여하는 옥분 씨와 양보만 하려는 양자 씨 사이에서 나는 숨이 막힐 때가 많았다. 양자 씨에게 내 휴대전화를 건네면서 말했다.

-인사말 문자를 받으면 제가 어때요? 아, 모두 잘 지내시는구나. 라고 생각하면서 제가 행복해지잖아요.

양자 씨는 내 휴대전화를 가만히 들고만 있었다.

-저한테 인사말 보내기 숙제 있어요. 아시죠? 보세요, 여기, 여기서 기역, 니은을 찾아서 글자를 완성하고 이렇게 보내주시면 돼요. 제가 보여드릴게요.

나는 '감사합니다' 문자 쓰기를 설명했다. 양자 씨에게 휴대전화를 내밀었지만 받지 않았다. 양자 씨와 어깨를 붙이고 다시 시연했다. 내 카톡 상단에 고정된 '윤경희'를 불러서 인사말을 쓴 후에 보내기를 눌렀다. 내가 혼자 다 했다.

　양자 씨 집으로 첫 과외 수업을 갔을 때 나는 딸기를 들고 갔다. 현관등이 꺼지자 어둠이 주방까지 스산하게 했다. 작은 원룸은 발코니 쪽에서 빛이 들어왔다. 왼쪽 3단 서랍장 위에는 네모난 접이식 거울이 펼쳐져 있고, 분홍색 플라스틱 통에 빨간색이 보이는 립스틱과 몇 가지의 화장품이 담아져 있었다. 옷이 걸린 행거 위에 분홍 꽃 레이스 하얀 덮개천이 얹혀 있었다. 레이스의 분홍빛은 바랬지만 덮개천 흰색은 영롱했다. 부모가 양반이었다던 양자 씨의 성품이 보였다. 햇빛을 따라 잎사귀를 돌리는 식물처럼 내 고개가 발코니로 향했다. 발코니 왼쪽에 세탁기가 보였고 그 앞에 복지관 스티커가 붙은 금전수가 훌쩍 자란 모습이었다. 복지관에서 분갈이 활동을 할 때 내가 화분에 스티커를 붙였다. 양자 씨는 반려자를 위하듯 금전수를 가장 양지 바른 곳에 놓아 가지가 사방으로 자라게 했다. 옷가지가 널려 있는 빨래건조대 아래에는 창문 쪽으로 식탁 의자가 놓여 있어서 복잡해 보였다. '밖을 내다보려면 창문이 너무 높아서……' 의자가 밖에 있는 이유로 믿어지지 않은 변명이었다. 열린 창문으로 바람이 드나들었고, 멀리 보이는 푸른 허공이 시원해 보였다. 단출한 살림살이에서 외로움이 보였다. 나는 자꾸 어둠이 깔린 현관을 바라보았다. 내가 현관으로 눈을 돌리면 현관을 등지고 앉은 양자 씨도 돌아보았다.

　-따님이 가까이 사신다고 했던가요?
　TV 위에 걸린 가족사진을 보면서 물었다. 딸이 결혼할 때 찍은 사진인 것 같았다. 사진 속의 양자 씨는 올림머리에 분홍색 한복을 입고 있었다. 옆에 서 있는 나이 많은 남자가 누군지 묻지 않았다. 남편처럼 보이지 않았지만.

-아이구, 아니에요. 일산에 살아요…. 뭐…, 가, 끔… 오긴 해요.

그녀가 쟁반에 깎아 놓은 사과와 딸기를 내놓으며 말했다. 마포에서 한 시간도 안 걸리는 거리가 멀다는 말로 들렸다.

-동네에 있는 경로당에도 다니시죠? 집에만 계시지 마세요. 사람들을 만나야 웃을 일이 생기니까 다들 어울리시더라고요.

나는 포크로 사과를 찍어 입에 물었다. 양자 씨는 옆에 있던 커피포트를 기울여 따뜻한 물을 건네면서 말없이 고개를 끄덕였다. 내가 기침할 때마다 따뜻한 물을 마셨던 것을 기억한 모양이었다. 차차 나는 현관 쪽의 어둠에 익숙해졌다. 작은 옷장과 기역자로 놓인 싱글 매트리스에 전기장판 조절기가 켜져 있는 것이 보였다. 방바닥이 따뜻했다. 나를 위해 보일러를 틀었을 거라는 생각이 들었다.

-자음과 모음을 반복해서 연습해 보려고 해요. 괜찮으시죠?

따뜻한 물을 한 모금 마셨다. 양자 씨는 낯익은 필통을 꺼내고 교재를 내놓았다.

-아이구, 지가 공부할 자격이 있는지 모르겄어요. 선상님이 참 잘했어요, 말해주면 기분이 좋아지니께 선상님이 하자는 대로 혀야쥬.

자격은요 무슨…… 생각 없이 말을 삼켰다. 나는 작은 탁자에 올려진 교재 중에서 초기에 공부했던 자음과 모음을 찾았다. 가져간 한글 그림 카드에서 자음과 모음카드를 펼쳐 놓았다. 그림의 글자를 보면서 자모를 반복해서 따라 읽게 했다. 반복 연습이 제일 빠른 방법이었다.

'박양자' 이름이 적힌 보드 앞에 양자 씨가 섰다. 나는 맨 위에 써

놓은 '박, 양, 자' 글씨에 파란색 동그라미로 자음과 모음을 분류해서 그려놓고 화살표로 연결하면서 다시 설명했다. 양자 씨는 보드지우개 크기의 정사각형 구석에다 공책에 쓰듯이 작은 자음과 모음을 그렸다. 정사각형 안에서 음소들이 떠다니는 것처럼 보였다. 이름을 완성한 후, 지그시 바라보는 양자 씨의 얼굴에 미소가 번지며 주름살이 깊어졌다. '정말 잘했어요!' 양자 씨의 어깨를 감싸안은 손에 힘을 주었다. 학우들의 박수를 받았다. 양자 씨도 무사히 해냈다.
"네, 참 잘하셨어요. 우리는 또 복습했어요. 문자로 보내는 숙제를 내주겠어요. 어떻게요? 이렇게요, 여기 보세요. 먼저 카톡에서 '한글 선생님 윤경희'를 찾아요. 여기에다 '한글 선생님 윤경희 이준숙'이라고 글자를 쓰세요. 김옥분, 박양자 각자 이름을 쓰는 건 아시죠? 마지막으로 이 종이비행기 모양을 누르시면 됩니다. 인사말을 보낼 때도 똑같이 하시면 됩니다. 참 쉽죠?"

대답을 하는 두 사람과 달리 양자 씨는 숙제를 하지 않겠다는 듯이 혼자 교재를 보고 있었다. 생활지원사가 전화를 하면 언제든지 받는다는 얘기를 전해 들었지만, 양자씨에게 구형 휴대전화를 가져오라는 재촉은 더 이상 하지 않았다. 다들 한글을 잘 알아서 양자 씨가 공부하러 가기 싫다고 말한 적이 있었다고 담당 생활지원사가 일러주었다. 그래도 선생님이 너무 잘 해주니까 힘을 낸다고.

양자 씨의 글씨는 힘이 넘치고 반듯했다. 한글을 알아야겠다는 의지가 보였다. 그런데 휴대전화는 가져오지 않았다. 나는 수업 시간마다 '문자 보내기'를 연습했다. 다른 학우들이 문자를 쓰고 보내기를 연습하는 동안, 양자 씨는 내가 물으면 읽지도 못할 것이 뻔한데 눈에 보이는 글자만 베껴 썼다. 앙다물고 있는 양자 씨의 새빨간 입술이 도드라져 보였다. 내가 하는 문자 수업을 바꿔야 하는지를 답당자와 상의하기도 했다. 어쩔 수 없었다.

언젠가 양자 씨의 목에 걸린 카드 지갑을 보고 왜 두 개냐고 물었을 때, 하나는 교통카드, 또 하나는 신용카드라고 했다. 신용카드 하나로 교통 카드도 겸할 수 있다고 다른 학습자들이 말해주어도 본인은 습관이 되었다고 했다. 빠져나가는 계좌가 달라서 카드를 따로 써야 한다고 생각한 모양이었다. 누구나 굳혀진 행동을 바꾸는 과정이 쉽지 않았다. 특히 어르신들의 고집은 쉽게 꺾이지 않았다. 지금까지 살아온 삶의 지혜로 존중받을 수도 있지만 첨단 과학이 눈앞에 펼쳐지는 현실을 받아들이는 것도 지혜가 아닌가. 나는 한글을 배우면서 급변하는 사회를 동시에 배우는 시간이기를 바라는 욕심이 자꾸 커졌다. 한글을 모르던 때와 알게 된 때의 차이를 느껴야 할 텐데. 겸손한 말투나 점잖은 태도와 다르게 아무도 믿으려 하지 않는 양자 씨의 과거가 궁금했다.

교실에서 제일 체격이 좋은 양자 씨를 보면 시어머니가 생각났다. 지혜롭게 고부간을 풀어가시고 자식들에게 부담을 주지 않으려는 신세대 어머니였다. 그런데 어머니는 당연한 것처럼 무작정 아버님을 의지했다. 왜 그랬느냐는 질문에 어머니의 대답은 결혼 후 이십여 년이 지나서 들었을 것이다. 어머니의 심장 수술 때문에 서울 아산병원에 입원했을 때 간병을 하다가 나눈 대화였다. '내가 글을 몰라서, 아버지한테 설움을 많이 당했다.' 손수건으로 어머니의 눈물을 닦으며 나는 '이렇게 현명한 시어머니는 세상에 없다'고 칭찬했다. 그때라도 내가 한글을 알려줬다면 평생 두부값, 콩나물값을 받아서 썼던 어머니의 삶이 십 원어치라도 나아졌을까. 왜 시어머니에게 한글을 가르쳐볼 생각을 못했을까.

며칠 전, 양자 씨를 만난 적이 있었다. 역에서 마을버스를 타고 집으로 가는 길이었다. 오후 5시라 아직 버스 안은 혼잡하지 않았다. 나는 맨 뒤에 앉아 있었다. 나중에 버스에 올라타는 양자 씨를 발견하고 반가움에 손을 번쩍 들었다. 버스 카드를 능숙하게 찾아 찍는 것을 보고 나는 혼자 웃었다. 언제나처럼 깔끔하게 차려입고 어딘가에 다녀오는 모양이었다. 자리를 찾느라 둘러보던 양자 씨는 나와 눈이 마주치기가 무섭게 얼굴을 돌렸다. 뒤에 오는 할머니와 얘기를 나눴다. 버스 중간쯤 빈자리에 앉는 것을 지켜보았다. 나는 훔쳐본 것을 들킨 것처럼 가슴이 뛰었다. 저절로 몸이 움츠려졌다. 나를 소개하면 한글 교실에 다니는 것을 들키게 돼서일까. 내가 힐끔거리면 양자 씨가 불편해할까 봐 창문에 얼굴이 닿을 듯이 고개를 돌렸다.

한글을 몰라서 배운다는 것이 더 부끄러운 일일까. 의아했지만 나는 양자 씨의 사정을 생활지원사에게 들은 뒤부터 더 가슴이 먹먹해졌다. 전쟁으로 고아가 된 양자 씨는 서른 후반에 딸이 있는 남편과 결혼을 했고 일산에 산다는 딸은 양자 씨의 친딸이 아니라는 사연이었다. 이십 년 전에 남편이 갑자기 쓰러졌을 때, 딸에게 연락을 하면서 구급차를 부르지 못했다. 글을 모르는 양자 씨는 딸과 함께 병원을 가야 한다는 단순한 생각뿐이었다. 딸이 오는 도중에 119에 연락을 했지만 그 사이 남편은 한 마디 인사할 시간도 없이 떠나버렸다. 딸은 양자 씨를 원망했고, 양자 씨는 변명도 부정도 하지 않았다. 남편의 죽음이 양자 씨 때문이라는 생각이 굳어질수록 눈물이 많아졌다. 내가 딸을 어치케 키웠는디유……, 글을 알았다믄…… 그랬으믄 내 사는 게 쫌 달랐을까유? 양자 씨의 질문에 나는 아무 말도 하지 못했다. 양자 씨는 '부모복'이 없었으니 남편도 딸도 손자도 원래 없었어야 했는지 모르겠다면서 눈시울이 붉어졌다.

"자, 자, 이제 받아쓰기 준비하세요!"

준숙 씨는 받아쓰기할 때 받침이 무엇인지가 제일 어렵다는 말을 또 했다. 그리고 혼잣말을 모두에게 들리게 몇 번이고 반복했다. "나는 받침이 젤 어려워. 잘 생각이 안 돼. 왜 그런지 모르겄어. 이상혀. 늙으믄 죽어야지. 수업 시간에는 전화기 소리를 진동으로 바꿔놔야지, 그게 기본 인디, 참…. 그리구 왜 전화기를 안 가져와? 가져와야 수업을 허는디 참 이상하지. 이상혀!"

옥분 씨의 전화벨 소리와 문자 보내기를 포기한 양자 씨의 전화기까지 들먹였다. 양자 씨는 못 들은 것처럼 이면지 맨 위에 '박양자'를 쓰고 있었다. '한 끼도 공짜밥을 먹은 적이 없었어유.' 양자 씨가 배운 세상은 그랬다고 했다. '넘한테 아쉬운 소리 안 하려고 죽도록 일만 했는디 내가 왜 무시를 당해야 해유?' 언젠가 양자 씨가 했던 말이 떠올랐다. 관절염으로 굵어진 손가락 마디가 하얗게 되도록 쥔 양자 씨의 주먹이 떨고 있는 것이 보였다. '늙으면 죽어야혀, 참.' 아무 때나 중얼거리는 경도인지장애인 준숙 씨의 입술을 내 손바닥으로 막아버리고 싶었다.

준숙 씨는 무표정하게 받아쓰기장을 준비했다. 양자 씨는 이면지에 이름을 완벽하게 써 놓고 섬처럼 앉아 있었다. 긴장했는지 굳은 얼굴로 이름을 응시했다. 나는 양자 씨 쪽으로 상체를 수그렸다. 그리고 받침이 없는 단어 '도라지'를 쓰게 했다. 옥분 씨에게는 '선물'을 불렀다. 준숙 씨는 '생일 선물을 사요'를 받아쓰게 했다.

몇 차례 큰소리로 말했더니 기침이 나왔다. 받아쓰기 시간에는 자주 기침을 했고 나는 따뜻한 물을 마셨다. 어떤 기침이든 어르신들과 함께 하는 수업에서는 더더욱 조심스러운 시절이었다. 교실 뒤쪽에 놓인 커피포트에서 물을 더 받았다. 물이 너무 뜨거웠다. 돌아서니 준숙 씨와 옥분 씨의 머리가 맞닿아 있는 것이 보였다. 양자 씨가 두 사람을 보더니 바로 고개를 돌렸다. 들은 단어를 생각하면서 시험을 봐야지 기억에 더 남는다고요, 라고 말하면서 나는 양자 씨의 눈치를 살폈다. 옥분 씨는 뭔가를 지적하는 준숙 씨의 말을 듣느라 내 말을 듣지 않았다. 옥분 씨의 공책을 보니 '선물'의 '니은' 받침은 맞게 써 있었다. 돌아서면 잊어버린다더니 그래도 학습자들은 조금씩 실력이 늘었다.

찬물을 받아오겠다는 말을 하면서 정수기를 찾아 복도 끝으로 나왔다. '노인일자리' 어르신이 창틀을 닦고 있다가 엉거주춤 인사를 건넸다. 나는 한쪽 입꼬리를 올리며 고개를 숙였다. 그녀는 한글 공부를 하느냐는 입말을 하며 아는 체했다. 이미 알고 있으면서 확인하는 것이 나는 마음에 들지 않았다. 그녀는 몇 번, 수업 시간에 문을 열고 들어왔다가 아직 끝나지 않았느냐 묻고는 열심히 공부하라는 말을 내뱉고 나갔다. 일흔이 넘고 여든이 넘어서도 수업 중인 교실에 드나들면 안 된다는 것을 배워야만 아는 것인가. 준숙 씨가 왜, 몇 번이나 저러냐고, 열심히 하라는 말 속에 글을 모르느냐고 무시하는 게 있다고 중얼거린 적이 있었다. 내가 담당 복지사에게 말해서 주의를 주게 했다.

"선상님, 도라, 다음에 뭐였쥬?"

교실에 다시 들어서니 양자 씨의 질문이 들렸다. 나는 찬물을 섞어 미지근해진 물을 입에 물고 걸어갔다.

"도라지, '지'를 쓰시면 됩니다. 어디, '도라'는 네, 잘, 쓰셨어요."

나는 물을 삼키고 나서 맑은 목소리로 불러주었다. 옆에 서서 지켜보았다. 양자 씨의 연필이 움직이지 않고 있어서 다시 '지'를 힘주어 말했다. 뒤로 가서 옥분 씨의 답을 보고 돌아왔을 때까지 양자 씨의 연필 쥔 손은 한 자리에 멈춰 있었다.

"기억이 안 나시나요? 괜찮아요, 지는, '지읒'에 'ㅣ'를 쓰세요. 지읒, 엥? 아이구, 참, 아직도 지읒을 기억 못하시나용!"

애교 섞은 내 목소리에 힘이 들어갔음을 느꼈다. 얼른 나는 미소를 지으며 양자 씨를 보았다. 꼿꼿한 태도는 그대로였지만 귓불이 붉어졌고, 얼굴이 굳어 보였다. 기역과 니은을 헷갈리는 옥분 씨였다면 웃고 넘어갔을 텐데 양자 씨는 다르다는 걸 잊었다. 아유, 하하, 나는 애교를 부리며 양자 씨의 어깨를 감쌌다. 단단하게 굳은 어깨 근육이 움직이지 않았다. 아차, 불안이 엄습했다. 양자 씨와의 관계가 살얼음처럼 간당간당했다. 밥값을 나눠 내지 않았을 때 양자 씨가 했던 말이 문득 떠올랐다.

양자 씨가 딸의 집에서 외손주를 키웠다고 했다. 딸네 부부가 맞벌이여서 도와주려는 의도였다. 딸에게 받은 돈으로 양자 씨는 손주를 풍족하게 건사했다. '장모님한테 돈이 너무 많이 들어가는 거 아냐?' 자다가 일어나서 화장실에 가려는데 우연히 딸 부부의 말소리를 듣게 되었다. '다리가 후들…후들… 떨려서 벽을 잡고 걸었다니까요.' 그 시간으로 돌아간 듯 양자 씨는 말을 멈추고 숨을 내쉬었다. 양자 씨는 그날 다시 잠이 들지 않았다. 딸은 비용을 줬다고 생각했고 양자 씨는 손주와 함께 쓰는 용돈이라 따로 챙기지 않았다. 손주의 장난감이나 좋은 옷을 사 입힐 때 말리지도 않았던 딸이었다. 가족이기 때문에 계산속으로 따지지 않았다고요. 양자 씨는 다시 돌아간다면 사위의 그 말을 못 들은 척했을 거라고 했다. 나중에 나눴던 딸과의 대화는 오히려 후회로 남았다. 입맛을 잃었고 기운이 빠졌다. 잠을 자려고 누우면 눈물이 주루룩 흘렀다. 우울증 약을 먹어야 잠이 들었다. 독거인 양자 씨는 기초생활수급자를 신청했다.

"아이구, 저를 가르치느라 선상님이 너무 힘들어서 어치케 한대유."
 내가 노트북을 보면서 파일을 저장하고 있을 때, 양자 씨의 목소리가 들려왔다. 연필과 지우개를 공책 위에 가지런히 올려놓으면서 웃음기 없는 얼굴로 말했다. 모두들 가방에 교재를 넣었다. 집에 갈 준비를 하느라 내 말은 뒷전인 것 같았다.
"아니요, 괜찮아요, 오늘 잘하셨어요!"
 최대한 톤을 높여서 말했다.
"여기 계신 분들 모두 같아요. 새로 배운 거 금방 까먹어요. 근데요, 저도, 저도 그러잖아요. 우리는 치매 예방 운동하는 거잖아요. 교실까지 걷기 운동, 공부 뇌 운동이요."
 치매 증세가 있으면 기억력이 떨어지는 건 어쩔 수 없는 현상이었다. 뜬금없는 말이나 큰소리로 중얼거리는 것 모두 흔한 노인성 증상이었다. 외워지지 않은 것이 당연하다는 말은 매번 들어도 위로가 된다고 나는 배웠다. 그 말을 듣고 싶은 노인 학습자에게는 반복 학습처럼 반복 응원이 꼭 필요했다.
"모두 정말 잘했어요. 배운 거 잊어버려도, 다음 시간에 또 연습하면 되는 거, 아시죠? 이제껏 모르고도 잘 살아왔으니까요."
 수업을 정리했다. 목소리가 '시'를 넘어 '도'까지 올라갔다. 목이 다시 아팠다.
"문자 보내기 숙제, 잊지 말아주세요. 자, 박수요!"

나는 건강 박수를 시작했다. 나를 따라 모두가 박수를 치면서 목소리를 높였다.
"쓰담쓰담이요, 잘했어요, 잘했어요, 참 잘했어요."
팔뚝을 쓰다듬던 손을 돌려 양자 씨와 하이 파이브를 하면서 '내일 만나요' 인사를 했다. 항상 맨 나중에 나가던 양자 씨가 웬일인지 먼저 나갔다. 인사를 끝까지 하지도 않았다. 웃지 않는 얼굴이 맘에 걸렸지만, 화장실이 급했나, 생각했다.

'안녕하세요 감사합니다 윤경희 한글 선생님'
빈 교실에서 나는 모두에게 각각 카톡을 보냈다.

카톡, 문자가 왔다. 남편과 저녁을 먹고 있을 때였다. 밥을 먹다 말고 전화기를 열어보니 옥분 씨의 숙제가 도착해 있었다. '선생님 윤경희 김옥분' 글자가 완벽했다. 잘했다는 카톡을 보내려고 쓰는 도중에 문자가 왔다. '안녕하세요' 문자를 보니 저절로 미소가 지어졌다. '100점입니다^^ 참 잘했어요~' 남편 얼굴 가까이에 전화기를 내보였다. 다른 사람들과 자연스럽게 문자로 대화하는 어르신들의 떨리는 손가락이 보이는 듯했다.
카톡. 9시가 다 되어서였다. '선생님' 역시 준숙 씨였다. 원래도 계절이나 건강을 묻는 문자를 곧잘 보냈다. 준숙 씨도 아들네서 분가했을 때, 죽을 생각을 했었다고 했다. 손주들의 떠드는 소리가 없는 적막한 어둠이 무서웠다고. 나는 준숙 씨가 있어서 한글 교실이 잘 돌아간다는 칭찬을 아끼지 않았다. 사실이었다. 외로움을 이기려고 과일을 손질해 가져오고, 밥을 산다고 했다. 잠시 뒤에 또 카톡 소리가 들렸다. 고무장갑을 끼우고 주방을 정리하는 중이었다. 고개를 돌려 '한글교실 박양자' 발신인을 확인했다. '선사니ㅁ 바ㄱ앙자'라는 글자가 보였다. 문자를 보내다니……. 쭉, 고무장갑을 뒤집어 벗었다. 가슴에 손바닥을 얹었다. 연애편지를 받은 것처럼 심장이 떨렸다. 휴대전화의 창이 흐려지면 다시 불을 켜듯이 문자가 빛을 받게 했다. '와! 양자 씨야, 이거 봐, 이거 봐요.' 남편을 불렀다. 이런 날이 오다니! 남편에게 문자를 자랑했다. 내 머릿속이 환해졌다.

나는 몇 번이고 다시 문자를 확인했다. 양자 씨의 집에서 3단 서랍 위에 놓여 있던 휴대전화가 생각났다. 양자 씨가 한글로 문자를 보낼 수 있다고 생각해 본 적이 없었다. 이렇게 문자 할 수 있다는 것은 이제 한글 실력도 좋아질 거라는 신호처럼 느껴졌다. 오전 수업 시간의 꺼림칙했던 마음이 풀렸다. 어떻게 보낼 수 있었을까. 궁금했지만 참았다. 먹먹한 가슴으로 문자를 썼다. '아이고, 참 잘했어요^^ 문자를 받으니까 정말 기뻐요♬. 우리 내일 만나요♡' 보내기를 눌렀다. 나는 문자를 확인하는지를 기다렸다.

보낸 문자의 숫자 1은 사라지지 않았다. 몇 번을 더 봤지만, 미확인 숫자는 내가 잠들 때까지 그대로였다. 문자를 보내고 나서 급한 일이 생긴 것일까.

기쁜 마음을 안고 복지관으로 향했다. 한글 교실로 오르는 2층 계단에서 프로그램 담당자를 만났다.

"팀장님! 박양자 씨가 문자를 보냈어요!"

나는 신이 났다. 목을 아껴야 한다는 생각이 들었지만 기쁜 마음이 더 컸다. 달려 올라가서 양자 씨의 문자를 보여주었다. 다음 말을 시작하기 전에 나는 고개를 젓는 담당자의 얼굴을 보았다. 벌게진 눈에서 눈물이 흐르고 있었다. 영문을 몰라서 어리둥절해하는 나에게 팀장은 자신의 휴대폰을 내밀었다. 생활지원사에게 온 내용이었다. 대화창에 쓰인 박양자라는 이름이 눈에 들어왔다. '박양자 님이 돌아……, 우울증 약이랑 수면제를 …….'

무심결에 나는 담당자의 팔을 잡아챘다. 내 손에 있던 휴대전화를 떨어뜨렸다.

"네? 이게 무슨 말이에요? 아니요, 말도 안 돼요! 이거 보세요! 나한테 문자를 보내셨다고요!"

담당자를 붙잡고 흔들었다. 문자가 왔다고. 온몸에 소름이 끼쳤다. 말이 안 돼. 나도 모르게 몸이 떨렸다. 담당자가 2층 조리실 앞 의자까지 나를 부축했다. 담당은 뒤처리를 하러 떠났다.

열 시 십 분 전, 나는 오른손으로 창턱을 잡으며 교실 복도를 걸어갔다. 교실 안에서 사람들의 소리가 들려왔다. 막다른 골목 같았다. 문득, 코로나 시기에 요양병원에서 입맛이 없다면서 먹기를 거부하고 혼자서 눈을 감은 시어머니가 생각났다. 한달 전, 금전수 줄기가 누렇게 죽은 것을 봤을 때 물어봤어야 했다, 금전수가 왜 아프냐고. 아직 추우니까 창문 열고 밖에 내다보지 마세요, 한 마디 더 건넸어야 했다. 어제 양자 씨 집에 과외하러 방문했더라면 아무 일이 없었을까. 어젯밤에 문자를 받고 전화를 했더라면 오늘 만날 수 있었을까. 받아쓰기가 뭐라고……, '지읒' 따위가 뭐라고……. 명치가 뼈근했다. 가슴을 때려야 숨이 쉬어졌다. 세 번째 숨을 몰아쉬다가 나는 문을 열지 못하고 돌아섰다.

내려가는 계단 벽에 기대어 섰다. 담당에게 수업을 못하겠다는 카톡을 보내려고 휴대전화를 열었다. 장례식장에 간 담당 복지사의 문자가 들어와 있었다.

'생활지원사가 방문하면 문자 보내는 걸 가르쳐달라고 조르셨대

요. 선생님께는 비밀로 해달라고⋯⋯.'

눈물이 핑 돌아 문자가 뭉개져 보였다. 한글을 배우지 않았다면 또 다른 외로움이 더해지지 않았을까. '양자 씨, 왜 그랬어요. 이 일은 양자 씨가 그렇게 듣고 싶어 하는 '참 잘했어요'를 이제 들을 수 없는 거 아시죠?'

양자 씨, 왜요! 도대체 왜 그랬어요! 나는 양자 씨를 만났던 버스 정거장 의자에 앉았다. 의자는 싸늘했다. '이게 뭐예요, 이게⋯. 박양자 씨, 참 잘못했다고요!' 손바닥으로 의자를 쓸었다. 지읒을 불량스럽게 말한 내 입술을 때릴 것 같아서 우물쭈물 씰룩씰룩했다.

| 작가노트 |

좋은 소설을 쓰고 싶은 소망으로 행복하지만, 소설과 상관없는 분야에서 그저 그렇게 시간을 보내고 있다. 그래서 아직 나의 봄은 겨울인 것 같다.
정수남 선생님과는

'소설 작품을 제대로 이해하려면 뭘 할까요?'라는 질문에서 시작된 인연이다.

그 후로 20여 년, 글을 쓰는 일이 사람을 살릴 수도 있다는 것을 알려주는 시간이었다. 삶의 고비마다 집중할 수 있는 장난감처럼 소설은 공기였고, 엄마였고, 생명줄이었다.

텅 빈 제 머리에 소설을 넣어주신 선생님의 혜안을 존경합니다.

어떤 사랑

신 신

　계획과 달리 퇴원은 쉽지 않았다. 갑자기 왜 면담을 하자는 것일까. 정도는 분명 치료가 잘됐다고 들었다. 어떻게든 퇴원을 늦추려는 것 같아 그녀는 언짢았다. 대답을 기다리듯 자신을 쳐다보는 의사를 외면했다. 창으로 눈을 돌렸다. 검은 구름이 하늘을 온통 뒤덮고 있었다. 곧 폭우가 쏟아질 기세였다. 두 시간 전 집을 나설 때 일기예보를 확인했는데 잊고 있었다. 그녀는 손바닥을 내려다봤다. 식탁 위에 있던 볼펜으로 갈겨쓴 글자가 땀에 번져 흐릿했다. '와이퍼'라는 걸 겨우 떠올렸다. 병원 오는 길에 자동차 정비소에 들러 부실한 와이퍼를 교체할 생각으로 적어놓은 거였다. 핸들에 손을 얹는 순간 그 생각은 사라졌다. 머릿속에 입력된 것은 최종목적지 뿐이었다. 그녀는 일의 순위를 따져 일 순위에만 집중하는 버릇이 있었다. 때문에 가끔 다른 것을 놓치곤 했다.
　"좀 앉으시죠. 잠깐이면 됩니다."
　갈 길이 급한데 의사가 재촉을 했다. 잠깐은 얼마만큼의 시간을 말하는 것일까. 정도 역시 그렇게 말했었다. 잠깐만 쉬겠다고. 그녀 생각에 잠깐은 짧은 시간이 아니었다. 그녀는 묵묵히 창밖을 응시했다.
　어떻게 해도 그녀가 응하지 않자 의사가 낮게 한숨을 쉬며 인터폰을 들었다. 곧 간호사가 들어왔다. 그녀는 휴대폰을 들여다보았다.

퇴원 처리 시간이 예상보다 오 분이 초과됐다. 불필요한 말을 냉정하게 끊지 못한 게 후회스러웠다. 진료실을 나서며 생각했다. 다시는 이 사람을 만나지 않았으면 좋겠다고. 불행히도 또 만날 확률은 컸다. 아마도 정도는 이곳에 다시 오게 될 터였다. 의사 역시 병원을 쉽게 뜰 사람 같지 않았다. 단정할 수는 없지만 어쩐지 그래보였다.

  정도를 이곳에 세 번째 입원시킨 후 포털에서 담당 의사를 검색했다. 그가 신입이라 정보가 부족했다. 집에서 최근거리라 이용하면서도 그녀는 병원을 별로 신뢰하지 않았다. 첫 입원 때만 해도 의사들은 치료와 상담에 성의를 보였다. 입원이 반복되자 환자 케어에 소홀해졌다. 주로 약물 치료에만 의존하는 듯했다. 때로 보호자와의 상담 예약시간을 어겼다. 약속을 어기다니. 성장기에 기본교육을 부실하게 받은 티가 나는 사람들이었다. 그런 이들에게 성실한 진료를 기대하기는 어려웠다. 그녀는 신입이 혹시 유사의료인이 아닐까 의심했다. 다행히 그는 한때 작은 해변도시에서 개인병원을 운영했다. 포털에 그 병원 홈페이지가 나와 있어 예전 기록을 훑어봤다. 그가 이 심심산골 5등급 정신병원으로 옮긴 이유는 나와 있지 않았다. 보호자 의견조차 함부로 뭉개는 걸 보면 망한 건지도 모른다. 어쨌든 자발적인 이동은 아닐 거라고 생각했다. 이곳은 의사도 환자도 제 발로 올만한 데는 아니었다.

  그녀는 일층 원무과로 내려갔다. 마지막이라며 동생에게 구걸하다시피 빌린 카드로 입원비를 정산했다. 창밖 멀리 7병동이 절반쯤 구름에 묻혀 있었다. 먹구름만큼 어두운 정도의 얼굴이 떠올랐다. 원무과를 나오자마자 숄더백에서 우황청심환 한 병을 꺼내 마셨다. 손에 들고 있던 휴대폰을 터치했다. 문자메시지들이 아귀처럼 달려들었다. 체불 월세, 미납공과금, 연체 카드 대금……. 그녀는 검은 하늘을 향해 깊은 한숨을 토해낸 뒤 7병동 쪽으로 발을 떼어놓았다.

 핸들을 잡은 손에 힘이 들어갔다. 좁은 비포장도로는 멀미가 날만큼 구불거렸다. 밀착력이 떨어진 와이퍼 때문에 시야가 굴절돼 보였다. 이따금 주먹만 한 돌들이 바퀴에서 튕겨져 나갔다. 안전운전에 온 신경을 쓰는데도 경차는 위태롭게 흔들렸다. 전 같으면 정도가 핸들을 잡았을 텐데, 생각하니 착잡했다. 백미러로 슬쩍 뒷좌석을 살폈다. 짐 보따리 사이에 끼어 앉은 정도는 빗줄기가 날아드는 차창에 무감각한 시선을 던지고 있었다. 여전히 기분이 좋아 보이지 않았다.
 병동에서도 퇴원은 순조롭지 않았다. 정도의 반응은 뜻밖이었다. 평소와 다를 바 없는 퇴원이었다. 젊은 남자보호사와 함께 병실 복도를 걸어 나오던 정도는 출입구 쇠창살에 붙어 선 그녀를 발견하자 고개를 돌렸다. 병실로 되돌아가려는 정도를 보호사가 막아섰다. 그녀는 간호데스크로 고개를 돌렸다.
 "정도가 그동안 약을 잘 먹었나요?"
 모니터를 보고 있던 간호사가 고개를 들었다.
 "말을 잘 안 들어요. 참, 그런데 최근에는 처방이 안 내려왔어요."
 그녀는 담당 의사에게 분노했다. 분명 치료가 잘 됐다고 하지 않았나. 불안했지만 일단 퇴원을 해야 했다. 간호사에게 약간의 수고비를 건네며 도움을 요청했다. 간호사는 보호사에게로 가서 귓속말을 주고받았다. 이십여 분 뒤 정도는 이불보따리와 옷 몇 벌이 든 종이가방을 들고 승용차 뒷좌석에 올랐다.
 출발 직전 그녀는 휴대폰 내비를 켰다. 집 근처 주민센터까지 한 시간 사십 칠 분이 걸린다고 나왔다. 정도를 그곳에 데려가 기초생활수급자 신청을 할 생각이다. 병이 재발하기 전에 어떻게든 그 문제를 해결해야 한다. 기초생활수급자가 되면 입원비와 약값이 무료다. 일찍 신청했더라면 좋았을 것이다. 그동안 몇 번이나 정도에게 말하려 했지만 기회가 없었다. 반복되는 입원으로 빚이 꽤 불었다. 돌려막기가 일상이 됐다. 지인들은 노골적으로 그녀를 피했다.

 언제쯤 말을 꺼낼까. 거칠게 내리꽂는 빗속을 힘겹게 나아가면서 그녀는 고민했다. 중요한 건 타이밍이었다. 주사는 효과가 빠르다니까. 스스로를 안심시키려는 듯 그녀는 고개를 주억거렸다. 상태를 지켜보다 눈빛이 순해지면, 기분이 좋아 보이면…… 그러니까 몸에 약기운이 돌면 그때……. 하지만 정도가 순순히 동의해줄 지 의문이다. 그냥 주민센터로 갈까. 담당자 도움을 받아서……. 역시 만족스럽지 않다. 그 자리에서 정도가 거부하면 어쩌나. 담당자는 굳이 권하지 않을 텐데.

 안전하고 효과적인 방법이 떠오르지 않았다. 기초수급자가 되지 않으면 정도를 다시는 입원시키기 힘들다. 그녀는 자신의 충고가 더 이상 정도에게 먹히지 않는 현실이 안타까웠다. 정도는 이제 어떤 말도 들으려 하지 않았다. 삶은 그녀에게 너무도 불공평했다. 승리를 위해 모든 노력을 다했음에도 그녀는 인생에서 KO패를 당할 위기에 몰려 있었다. 지난 일을 떠올리자 새삼 울분이 솟구쳤다. 충동적으로 엑셀러레이터를 밟았다. 자동차가 빗길에 휘청 미끄러지며 앞으로 튀어나갔다.

 돌이켜보면 그때 어긋나기 시작했다. 그때 냉철하게 돌려보냈어야 했다. 오년 전, 폭군처럼 연일 횡포를 부리던 무더위가 끝나고 날씨가 두뇌활동에 알맞게 유지되던 어느 주말이었다. 정도가 집을 챙겨 집으로 내려왔다. 의과대학 본과 일 학년이니 빡빡한 공부와 잦은 시험으로 바쁠 때였다. 그녀는 근심스런 속내를 미소로 감추며 물었다.

"다음 주에 시험이 있던데."

정도는 대답하지 않았다. 그저 잠깐 쉬고 싶다고만 했다. 잠깐만 쉬겠다고. 벌게진 눈. 버석대는 피부. 한눈에도 수면 부족이 역력해 보였다. 아무리 시험이 일순위라 해도 그 얘기를 계속하는 건 효율적이지 않았다.

"그래, 충전이 필요할 때가 있지. 그런데 쉬는 것도 요령이 필요해. 엄마 생각엔 말이야…… 아니다, 그럴 것 없이 문자로 보내줄게……."

그녀가 말을 마치기 무섭게 정도가 제 방으로 들어가 버렸다.

"똑"

도어를 잠그는 소리가 들려왔다. 이 집에서 단 한 번도 들어본 적 없는 낯선 소리였다. 그녀는 굳게 닫힌 방문을 굳은 얼굴로 바라보았다. 까닭 없이 가슴이 죄어들었다.

그 날 이후 오늘까지 정도는 학교로 돌아가지 않았다. 잠깐만 쉬겠다는 건 거짓말이었다. 뒤늦게 휴학계를 제출했다는 걸 알게 됐다. 휴학은 의대 6년 과정의 계획에 없던 일이었다. 정도가 계획표를 무단이탈한 것에 그녀는 충격을 받았다. 공든 탑이 개미구멍에 무너진다지만 자신은 아들 관리에 바늘 끝만 한 구멍도 없었다고 자부해왔다. 하지만 구멍이 있지 않고는 저런 불성실과 무책임이 어떻게 뇌에 버젓이 자리 잡을 수 있단 말인가. 배신감과 두려움에 몸을 떨었다. 언젠가 유튜브에서 보았던 광경이 눈앞에 어른거렸다. 뇌에 구멍이 숭숭 뚫린 광우병 소였다. 어기적거리며 걷다가

네 다리를 풀썩 꺾으며 그 자리에 주저앉던 소. 그 소는 아마도 살처분 되었을 것이다.

초등교사였던 그녀는 임신 직후 일을 그만두었다. 올바른 가정교육에서 소외돼 뒤처지고 망가진 아이들을 그녀는 학교에서 적잖게 보아왔다. 학교가 그런 아이들을 바로잡을 가능성은 별로 없었다. 초임교사 시절 그녀는 아이들을 엄하게 지도하다 학교와 학부모 양쪽에서 욕을 먹고 손을 떼었다. 솔직히 말하자면 이미 의욕을 상실한 상태였다. 입학 전부터 아이들에게 잘못 길들여진 습관들은 뿌리가 깊었다. 그녀는 습관의 끈질긴 저항에 놀랐다. 자신의 아이는 영유아기부터 반듯하게 키우겠다고 마음먹었다. 미련 없이 사표를 썼다.

출생 이후 몇 년간은 본의 아니게 정도를 방치했다. 서툰 초보엄마 노릇에 산후우울증이 겹친 탓이었다. 그 결과는 유치원 입학 후 드러났다. 정도는 등원을 제멋대로 했다. 늦잠으로 셔틀버스를 타지 못해 데려다주어야 했고 하원 직전에 가서 밥만 먹고 오는 경우도 있었다. 나이 탓을 하기도 뭣한 게 다른 원생들은 노란 유치원 차를 잘만 탔다. 급기야 담임에게 호출을 당했다. 정도는 유치원에서도 제 기분대로 행동해 학습 분위기를 망치는 주범으로 교사들에게 찍혀 있었다. 유치원 복도에서 마주친 같은 반 엄마는 상냥하게 다가와 제 일처럼 정도를 걱정해주었다. 그녀의 얼굴이 붉게 달아올랐다. 사회생활 첫 출발부터 아들이 낙오자가 된 것 같았다. 그녀는 그날부터 초보엄마에서 엄격한 초등교사로 되돌아갔다.

입간판에 적힌 경유 가격이 생각보다 비쌌다. 그녀는 빨간불이 켜진 주유경고등을 조마조마하게 쳐다보며 주유소를 지나쳤다. 얄팍한 지갑 속을 헤아리며 다음 휴게소에서 주유와 식사와 대화를 한 꺼번에 해결하리라 생각했다. 정도는 뒷좌석에서 미동도 없었다. 눈길만 창밖에서 운전석으로 돌렸을 뿐이다. 뒤통수가 따가웠다. 주사 효과가 나타나기를 기다렸다. 지금쯤 약물이 모세혈관을 타고 전신으로 퍼져나가고 있을 거야. 곧 눈에 힘이 풀리겠지. 그러면 오늘 일도 무난히 풀릴 것이다. 이십 분을 달려 산지를 벗어났다. 곧게 뻗은 사차선 국도로 들어섰지만 상황은 나아지지 않았다. 비는 그쳤지만 비구름대는 여전히 거대했고 주위는 심해처럼 어두웠다.

그녀는 국도변 휴게소로 향했다. 관광휴게소라는 명칭에 어울리지 않게 분위기가 썰렁했다. 관광버스는 한 대도 보이지 않았다. 시멘트 바닥이 쩍쩍 갈라진 넓은 주차장에는 흰색 냉장트럭과 감색 승용차 한 대만 서 있었다. 최대한 빨리 식당에 다녀올 만한 위치에 주차를 했다. 지갑과 휴대폰을 챙겨 밖으로 나왔다. 보호사는 정도가 아침을 굶었다고 했다. 정도는 국물 있는 음식을 좋아했다. 그녀는 일순위로 소고기 국밥을 떠올렸고 마침 휴게소에는 그 메뉴가 있었다. 계산을 하는데 갑자기 손이 떨릴 정도로 심장이 벌렁거렸다. 정도가 차에 잘 있을까 걱정이 됐다. 국밥을 받아들고 부리나케 승용차로 뛰어갔다.

이번에는 악순환을 끊을 수 있을까. 핸들을 두 팔로 끌어안은 채 그녀는 막막해했다. 어떻게 계산해도 이런 결과가 나올 순 없었다. 어떻게 이런 말도 안 되는 오답이 나오느냐 말이다. 이십 년 동안 A급 투자를 했다면 지금쯤 A까진 아니어도 B는 되었어야 옳다. 하다못해 C급이라도 돼 있어야 하는 거 아닌가. 이건 뭐냐. F도 아니고 아예 열외 인생이다. 심하게 말하면 살처분 된 소나 다름없다. 정도가 방에서 곰팡이처럼 서식한지 벌써 오년이다, 오년. 앞으로도 햇빛을 쐬러 나올 가능성이 있느냐 하면 아니다. 희망적이지 않다.

그녀는 억울했다. 지인들은 부러운 듯 감탄하곤 했다. 교사 출신 엄마는 역시 다르다고. 보란 듯이 온 몸으로 자부심을 발산하며 살아왔다. 훗날 경험을 바탕으로 자녀교육비법서를 출간하겠다는 계획도 세워두었다. 다른 건 몰라도 인간이 갖춰야 할 기본만큼은 똑 부러지게 가르쳤다.

그녀가 생각하는 자녀교육의 기본은 시간관리였다. 성실성과 책임감은 물론 세상의 무한경쟁에서 끝까지 살아남을 수 있는 자생력까지도 그녀는 시간관리를 통해 길러질 수 있다고 믿었다. 그것은 잃을 염려가 없는 안전한 평생자산이었다.

유치원에서 상습 지각 소동을 겪은 뒤 그녀는 정도에게 시간을 관리하는 법을 제대로 가르치기로 했다. 첫 순서로 생활계획표를 짰다. 8절 도화지 위에 정도의 일과를 잘게 나누었다. 기상과 취침과 식사시간은 물론 30분간 낮잠을 자고 3분간 이를 닦고 하루 세 번 30초씩 손 씻는 시간을 정했다. 애가 기계냐고 지금은 남이 된 남편이 화를 냈다. 현실을 모르는 소리라며 반박했다. 유치원에 가면 실제로 그렇게 일과가 나누어져 있다, 식사나 손 씻기는 정해진 시간에 해야 한다, 낮잠시간에 맞춰 낮잠을 자지 않으면 체벌을 당하기도 하고 운 나쁘면 이불속에서 맞아죽기도 한다, 고 말하자 남편도 더는 뭐라 하지 않았다.

그녀는 집안 곳곳에 생활계획표와 탁상용 시계를 비치했다. 정도는 툭하면 시간을 어겼다. 식사 시간은 20분인데 때론 5분 만에 때론 40분 만에 먹었다. 느리게 먹어도 문제지만 단체 생활에선 빨리 먹는 것도 좋지 않았다. 모든 일에는 최적의 실행 시간이 있는 법이다. 그녀는 식탁에서 말없이 생활계획표와 시계를 가리켰다.

　중학생이 되자 스스로 계획표를 짜게 했다. 모든 시간은 정확히 최종 목표를 위해서 소비되어야 한다는 점을 그녀는 거듭 강조했다.

　"인생은 시간의 집합이야. 그러니 성패는 시간관리에 달려 있다고 봐야겠지."

　"정도야, 엄마 생각으론 말이야, 과목별 우선순위를 정해야 될 것 같은데. 일 순위를…… 그래, 그렇지! 수학, 영어, 국어로 하고……."

　"시간 낭비는 죄악이란다. 엄마는 학창시절에 말이야, 영어 단어는 등하교 길에 다 외웠단다. 암기 과목은 요약 페이퍼를 만들어 쉬는 시간에 해결했지. 식사 때나 화장실 갈 때."

　정도 앞에서 그녀는 항상 엄격한 교사의 말투를 사용했다. 모자지간이니 당연한 거겠지만 정도는 그녀와 코드가 잘 맞았고 때로 앞장서서 자신의 역할을 수행해 나갔다. 한껏 고무된 그녀는 더욱 성심껏 정도를 케어했다. 계획표를 따라가는 길에는 온갖 장애물이 많았다. 그녀는 그것들을 치워주기로 마음먹었다. 일 순위로 처리한 장애물은 친구였다.

　유아기부터 정도는 친구를 좋아했다. 유치원 때도 공부보단 친구에 더 눈을 돌렸다. 정도가 친구를 인생 일 순위로 삼으면 어쩌나 걱정이 됐다. 그러면 앞날은 보나마나 남편과 닮은꼴이 될 터였다. 초중고시절 의리맨으로, 대학시절 술자리 감초로 통했던 남편은 언제부턴가 주말이면 넷플릭스만 끼고 살았다. 반면 교과서만 파고 살아 사회성이 완전 제로라는 말까지 들었던 남편 친구는 동기와 선후배들이 그의 명함을 받지 못해 안달이었다.

　그녀의 근심을 눈치 챘는지 정도가 도시락을 싸달라고 했다. 이제 정도는 학교 식당에서 친구들과 티격태격하며 줄을 설 필요가 없게 됐다. 도시락이 학교 급식보다 훨씬 맛있다며 좋아했다. 식사시간이 삼분의 일로 줄었고 그만큼 공부시간이 늘었다. 시험이 닥쳤을 때는 한결 유용했다. 등하교를 위해 남편 반대를 무시하고 할부로 자신의 소형 승용차를 장만했다. 뒷좌석에 간이 책상을 설치했다. 지금 운전하는 폐차 직전의 이 낡은 자동차다. 그녀는 돈 생각만 하는 남편을 비웃었다. 돈은 또 벌면 되지만 버스에서 시시덕거리며 흘려보낸 시간은 다시 돌아오지 않는다.

학교생활 또한 관리가 필요했다. 교직 경험상 학교는 믿을만한 교육기관이 아니었다. 자신의 시선이 닿지 않는 학교에서 정도가 긴 시간을 보내는 게 그녀는 불안했다. 어쩐지 사각지대에 방치해두는 것 같았다. 이번에도 정도가 아이디어를 냈다. 학교생활일지를 쓰겠다고 했다. 정도가 등교한 뒤 그녀는 볕 좋은 창가에서 커피를 마시며 전날 정도가 기록해둔 일지를 읽었다. 그러면 정도와 함께 교실에 앉아있는 느낌이 들었고 마음이 편안해졌다.

그러나 시간 관리의 가장 큰 장애물은 뭐니 뭐니 해도 정도 자신에게 있었다. 밤늦게 학원에서 돌아오면 정도는 곧바로 자려고 했다. 공부 욕심이 많기는 해도 아직 아이였다. 과제를 미루는 게 나쁜 습관이라는 걸 몰랐다. 그녀는 정도가 숙제를 끝낼 때까지 옆에서 꼿꼿한 자세로 책을 읽었다.

대학입학 후 정도는 그녀의 생각과 거의 일치할 만큼 시간을 잘 관리하고 운영했다. 잠시라도 소통에 공백이 생긴 적은 없었다. 정도는 객지의 대학생활을 세세하게 그녀와 공유했다. 정도의 대학생활시간표는 그녀의 컴퓨터에도 저장돼 있었다.

한때 정도를 칭찬하며 교과서니 시계니 별명을 붙였던 이웃들은 언제부턴가 정도를 히키코모리라며 쑥덕거렸다. 그녀는 부정하지 못했다. 어느 날, 목욕탕 앞 쓰레기통에 버려진 대학노트에서 이상한 낙서를 발견했다. 읽으며 그녀는 경악했다. 히키코모리로 살고 싶다고? 그걸 극복하는 거라면 모를까 꿈이 히키코모리라니!

그녀는 밤낮으로 원인 규명에 골몰했다. 자녀교육 관련 유튜브를 찾아봤다. 지역사회 명사들과 상담했고 유명 철학관에도 갔다. 그들은 일단 정도와 대화를 해봐야겠다고 말했으나 아무도 정도를 밖으로 불러내지 못했다. 정도는 새벽마다 13층 창문을 열고 누군가와 긴긴 대화를 나누었다. 그녀는 만능키와 드라이버를 동원해 정도 방문을 열었다가 수차례 집밖으로 쫓겨났다. 추운 겨울에 낡은 아파트 지상주차장에서 벌벌 떨며 밤을 새웠다. 삼년 칠 개월 만에 정도는 제 방에서 나왔다. 정신병원 직원들에 의해서였다.

히키코모리와 정신장애자를 떠올릴 때마다 그녀는 몸서리를 쳤다. 특별한 계기가 오지 않는 한, 정도는 그 이름들에 갇혀서 남은 생을 보내게 될 게 분명했다. 거기에 이제 하나 더, 기초생활수급자를 추가할 신세가 됐다. 이대로라면 정도의 평생 재산은 성실성과 책임감이 아니라 정신질환과 약간의 정부보조금이 될 판이었다. 그렇다면 자신의 재산은 대체 무엇인지, 무엇이 남는지 그녀는 궁금했다. 전혀 예상치 못한 어떤 것이 자신을 기다리고 있을 것만 같았다. 그리고 그것이 자신의 남은 인생을 올가미처럼 결박하고 지배하리란 불길한 예감이 들었다.

정도는 국밥을 먹지 않았다. 얼결에 마주친 눈빛이 싸늘했다. 주사 기운이 돌 때가 됐는데. 그녀는 신경이 곤두섰다. 약발이 떨어질 때마다 정도 입에서 어김없이 튀어나오던 그놈 목소리가 당장이라도 등 뒤에서 들려올 것 같아서였다. 하지만 더는 망설일 수 없었다.

그녀가 마음속으로 정한 식사시간이 지났다. 그녀는 운전석 앞 유리창에 시선을 박은 채 오늘의 일순위 과제에 대해 조심스럽게 입을 열었다. 매월 지급되는 생활보조금이 탐날 만도 하건만 정도는 반응이 없었다. 듣고 있는지 조바심이 났다. 사회복지 담당자가 물어볼 몇 가지 예상 질문까지 알려준 뒤 주의를 주었다.
"담당자 앞에 가서 네가 말을 잘해야 돼. 너야 자격이 충분하지만 그래도……."
설명이 거의 끝나가던 참이었다. 정도가 불쑥 끼어들었다.
"그거 내 얘기야?"
그녀는 당황했다.
"내가 그걸 왜?"
"아까도 말했지만 너는 자격이……."
"내가?"
"……"

하아! 정도가 헛웃음을 터뜨렸다. 백미러 속에 흰자위가 번뜩였다. 정도는 그럴 줄 몰랐다고 했다. 엄마가 그럴 줄 몰랐다고. 그러면서 자신은 환자가 아니라고 말했다. 정도는 입원 때와 조금도 달라지지 않았다. 그때도 '나 안 미쳤다'며 난동을 부려 여기로 끌려오지 않았나.

당시 입원 수속을 밟는 동안에도 정도는 횡설수설했었다. 자신은 그저 혼자 있고 싶었을 뿐이라며. 진료실에서, 폐쇄병동 입구에서 그녀는 정도의 어깨를 잡아 흔들었다. 제발 정신 차려! 네 생각에만 빠져 있는 그게 바로 병이야. 넌 밖으로 나와야 해. 절대 그렇게 살아선 안 돼. 무의미하게 시간을 낭비하는 건 죄악이야! 히키코모리 따위가 어떻게 꿈이 될 수 있어?

뒷좌석에서 정도가 입원 때와 토씨 하나 다르지 않은 이야기를 자동재생 플레이어처럼 되풀이했다. 백미러로 엿보니 넋이 반은 나가 있었다. 그녀는 다급해졌다. 운 나쁘면 조만간에 다시 병원으로 가야할 지도 모른다. 어떻게든 주민센터로 가야 해. 그래서 정부 보조금을……. 하지만 섣불리 말을 꺼낼 수 없었다. 중언부언하던 정도가 지친 표정으로 입을 다물었다. 한동안 질식할 것 같은 정적이 흘렀다.

"병원으로 돌아가자."

정도가 먼저 침묵을 깼다.

좀 전과 달리 목소리가 차분했다. 꽤나 이성적으로 말하는 것처럼 들렸다. 그러나 혈관에 약물이 돌고 있다면 저런 말이 나올 수는 없었다. 병원으로 가겠다니. 저를 입원시키지 않으려고 내가 매번 얼마나 몸부림을 쳤는데. 무엇 때문에 알거지가 됐는데. 나쁜 년, 돈만 받아먹고 주사를 놓지 않은 게 틀림없어. 그녀는 속으로 병동 간호사에게 욕을 퍼부었다. 미리 우황청심환을 먹어두길 잘했다. 이럴 때마다 덩달아 흥분했다면 정도와 벌써 남남이 되고 말았을 것이다.

"차 돌려."

정도가 말했다. 그 폐쇄병동으로 돌아가겠다니. 아무리 정신 나간 환자라도 제 발로 그곳을 가지는 않는다. 정도 역시 입원 때마다 쇠창살 안으로 들어가지 않으려고 발버둥을 쳤었다. 정도가 불안한 상태라는 것을 알면서도 그녀는 말을 들어줄 수가 없었다. 이대로 들여보냈다간 영영 정도를 잃게 될 것 같은 불길한 예감이 들었다. 왠지 정도가 그곳에서 다시는 나오지 않을 것 같았다. 병동에서 자신을 보고 돌아서던 정도의 모습이 눈앞에 어른거리면서 그게 일시적 반응이 아니었을지 모른다는 생각이 들자 불안감은 더욱 커졌다. 정신병원에서 히키코모리처럼 웅크려 평생을 보내게 하려고 입원을 시킨 게 아니었다. 진심 그런 게 아니었다. 대체 병원은 그 동안 뭘 한 거야…… 시간을 오 년 전으로 되돌릴 수만 있다면……. 두서없는 회한에 휘둘리던 그녀는 가까스로 이성을 되찾으며 일순위 과제를 떠올렸다. 마음을 추스른 뒤 차분한 목소리로 정도를 달랬다.

"정도야, 엄마는……."

"그냥 가."

"들어 봐! 엄마 생각에는 말이야……."

그녀가 고개를 뒤로 젖히며 목청을 높이자 정도의 얼굴이 터질 듯 붉게 부풀어 올랐다.

"그만해! 엄마 생각은 나도 잘 알아!"

격한 외침과 동시에 뭔가 휙 날아왔다. 그녀의 오른쪽 턱을 때리고 핸들에 부딪쳤다가 발판으로 떨어진 그것은 휴대폰이었다. 비명을 지르며 두 손으로 얼굴을 감싸는 그녀를 향해 정도가 차갑게 쏘아붙였다.

"그걸 보면 알 거야. 뭐가 부족해서 그래. 아직도 나한테 무슨 할 말이 남은 거냐고!"

그녀가 기어이 울분을 터뜨렸다.

"너 대체 왜 이 지경이 된 거야? 사람이 왜 이렇게 망가졌어? 응? 엄마는 이해할 수 없구나…… 너는 예의바른 모범생이었어. 뭐든 스스로 잘해냈고 얼굴에는 자부심이 가득했지. 너, 그때 대학에서 뭔 일이 있었던 거야. 응? 대체?…… 왜 말 안 해? 엄마가 알아. 네 인생은 그때부터 어긋나기 시작한 거야…… 그래, 그때부터

년……."

그녀의 목소리가 날카롭게 높아졌다가 점차 울먹임으로 변했다. 정도가 그녀를 바라보았다. 그 눈빛은 그녀가 정도를 바라볼 때처럼 아득하고 절망적이었다.

"내 얼굴에 자부심이 가득했다고? 왜 내 머릿속에는 그런 기억이 없지. 모범생? 내가 뭘 했다고? 난 모범이 될 일을 한 적이 없어. 그저 시키는 대로 살았을 뿐. 화장실도 엄마가 정한 시간에 갔잖아. 학창시절 내내 내 별명이 로봇이었던 거 알지? 아무리 생각해봐도 아니야, 난 그런 사람이 아니라고……."

마치 허공 속 누군가의 목소리를 중계하는 듯한 저 기계적인 말투. 자신감 넘치고 반듯했던 자신의 과거를 부정하는 해괴한 주장들. 이건 정도가 하는 말이 아니야. 아니야, 아니라고. 그녀는 세차게 도리질치며 애원했다. 정신 차려! 돌아와! 정도는 돌아오지 않았다. 오히려 제 생각으로 더 깊숙이 빨려 들어갔다.

"내가 만든 생활계획표를 보여 줄 때마다 엄마 얼굴은 무표정했어……. 몇 번이고 수정을 했지. 엄마의 예상 답안을 생각하느라 계획표 앞에서 난 늘 긴장했어, 학교 시험 때보다도 더. 엄마가 원하는 최종 목표에 맞춰 일 순위, 이 순위, 삼 순위 과제를 정하고 지우고 다시 쓰고…… 포기하고…… 자책하고 다시 썼지……. 그렇게 완성된 백퍼센트 엄마표 계획표를 내밀면 엄마는 엄청난 칭찬을 퍼붓고 집은 지옥에서 다시 천국이 되고……."

그녀는 손가락으로 귀를 막았다. 약을 먹지 않을 때 정도는 망상이 심했다. 심지어 그것은 논리정연하기까지 했다. 억지 주장은 종종 그녀마저 헷갈릴 정도로 정교했다. 냉정해지자!, 고 그녀는 생각했다. 이건 다른 놈이 정도 목청을 빌린 거야. 약발이 떨어지기만 하면 득달같이 나타나는 그놈 말이지. 그녀는 알고 있다. 지금 정도에게 필요한 것은 경청과 공감이 아니다. 오직 약물뿐이다.

"대학 가서 가장 괴로웠던 건 휴강 시간이었어. 계획표에 없는, 갑자기 생긴 시간을 어떻게 써야할지 몰랐지. 고민하고 생각했어. 이럴 때 엄마라면 어떻게 시간을 보냈을까. 무엇을 했을까. 답이 나오지 않으면 엄마한테 문자를 보냈어. 엠티, 동아리 활동, 미팅 …… 엄마 생각대로라면 시간 낭비에 해당하는 것들이었어. 갈등 끝에 그것들을 일과에서 삭제했지. 그리고 나니 마음이 얼마나 편하던지. 엄마가 기뻐하는 게 눈에 선했어……."

정도의 망상은 끊길 듯 말 듯 이어졌다. 말 같지 않은 말에 귀를 기울이는 건 시간 낭비였다. 그녀는 자동차 키를 손에 쥐었다. 시동을 걸려고 키를 꽂는데 정도가 고집을 부렸다.

"병원으로 돌아가."

"안 돼."

가더라도 기초수급자 신청을 하고 가야 한다며 그녀는 정도를 윽박질렀다. 그러자 정도가 뒷문을 열고 밖으로 뛰쳐나갔다. 뒤이어 운전석 문이 열렸다. 그녀는 두 손으로 핸들을 움켜쥐었다. 좁은 문 앞에서 두 사람은 옥신각신했다. 경차가 삐걱대며 흔들렸다. 한껏 무거워진 먹구름이 비를 뿌리기 시작했다. 그녀는 몸 어딘가에 극심한 통증을 느끼며 쓰러졌다.

그녀는 두 손으로 쇠창살을 움켜쥐었다. 싸늘하고 낯선 질감에 소름이 끼쳤다. 뒤를 돌아보았다. 천장에 막대형광등이 드문드문 박혀있는 침침한 복도가 눈에 들어왔다. 병실이 좌우로 주욱 늘어서 있었다. 복도 끝 병실 앞에 머리를 허리까지 풀어헤친 한 여자가 집요하게 그녀를 노려보고 있었다.
 가까이 다가오는 발소리에 그녀는 고개를 돌렸다. 정도가 입구의 쇠창살에서 몇 발짝 거리를 두고 멈춰섰다. 잠시 그녀를 바라보다 입을 열었다.
 "본과 일학년 때였어. 해부학을 공부했지. 카데바로 실습하는 시간을 견디기 힘들었어."
 동기들은 경쟁적으로 실습에 매달렸지만 정도는 카데바가 그저 푸르딩딩한 시체로밖에 보이지 않았다. 해부학 시간마다 시체에 대한 두려움에 온 몸에 한기가 흘렀고 포르말린 냄새와 시신 특유의 냄새에 구토를 참지 못했다. 하지만 문제는 그게 아니었다.
 실습을 하는 몇 주 동안 정도는 기이한 느낌에 젖어들었다. 자신이 그 시체와 다를 바 없다는 생각이 들었던 것이다. 실습이 진행될수록 그 생각은 점점 더 강렬하게 정도를 괴롭혔다. 실습생들이 메스와 가위를 들이대는 데도 시체는 아무 말이 없었다. 머리카락을 자를 때도, 피부를 박리할 때도 심지어 뇌를 절개해 대뇌와 소뇌를 적출할 때도 시체는 실습대 위에서 속수무책으로 당하기만 했다. 도무지 실습을 할 수가 없었다. 하지만 고민을 털어놓을 친구가 없었다. 친구 사귀는 일이 공부보다 어려웠다. 엄마에게 터놓고 상담을 하고 싶었다. 휴학계를 내고 집으로 내려갔다.
 "그동안 그런 얘길 왜 한 번도 내게 하지 않은 거지?"
 그녀가 물었다.
 "했어. 하고 또 했지. 엄마는 듣지 않았어…… 내가 말할 때마다 엄마는 엄마 이야기를 했지. 내 생각에서 빠져나오라고 소리치면서."
 "……"
 "방에 앉아 생각했지. 아니, 생각이란 걸 해보려고 했어…… 내 생각이 뭔지 하나도 모르겠더군. 지난 이십 년 동안 엄마가 내게 한 말들만 집요하게 떠올랐어. 이제 조금은 희미해졌지만 그 말들은 지금도 내 머릿속에서 떠나지를 않아……."

"문밖에서 엄마 목소리가 시도 때도 없이 들려왔어. 그때마다 미쳐버릴 것 같았지. 노트든 벽이든 아무 데나 써 갈겼어, 누구 생각인지도 모를 생각들을. 내 방 벽지의 그 무수한 볼펜자국들…… 난 그 방으로 돌아갈 거야. 왜냐고? 이유 같은 거 없어. 그냥 돌아가고 싶으니까. 나와도 내 발로 나올 거야, 그게 언제가 될지 모르지만. 히키코모리라고? 히키코모리가 어때서? 그건 병이 아니야. 라이프스타일일 뿐이지. 그렇게 사는 게 왜 나쁜데?"

히키코모리, 또 그 얘기다. 안 돼. 그 방은 안 돼. 거기로 돌아가지 마. 그녀는 정도의 어깨를 잡아 흔들며 정신 차리라고 말해주고 싶었으나 밖으로 나갈 수가 없었다. 쇠창살을 움켜쥔 그녀의 팔이 부들부들 떨렸다.

"엄만 늘 날 사랑한다고 말했지. 그동안 날 여기로 보낸 것도 그 사랑 때문이었을 거야. 아마도 그래서였을 거야. 바로 지금 내 마음이 그래…… 새 주치의 선생님, 괜찮은 분이야. 난 처음으로 도움을 받았어. 엄마도 치료 받고 나아졌으면 좋겠어."

정도가 그녀에게 휴대폰을 내밀었다. 아까 운전석으로 집어던진 거였다. 해지한 거라서 쓸 수는 없어. 엄마 폰은 내가 잘 보관할게. 뒤돌아서 몇 걸음 걷던 정도가 되돌아왔다.

"참, 병원비는 걱정 마. 의사 선생님이 기초수급자 신청에 필요한 소견서를 챙겨주신다니까. 입원 석 달째는 소견서 발급이 가능하대. 싫으면 할 수 없기는 한데…… 집에 돈 없다며? 내 생각대로 하는 게 좋을 거야."

그녀는 손바닥만 한 병실 창문 앞에 뻣뻣하게 서 있었다. 촘촘한 창살 틈으로 밖이 내다보였다. 멀리 어둠에 잠겨가는 산중턱이 눈에 들어왔다. 거기 어딘가에 작은 산사가 있다는 것을 그녀는 알고 있었다. 지난 해 홧김에 찾아갔던 곳이었다. 빠르게 저물던 산동네의 저녁, 산모퉁이를 돌 때마다 드문드문 나타나던 인가, 풀숲 사이로 끝없이 이어지던 좁디좁은 산길과 발아래서 부글부글 물거품을 일으키며 무섭게 흘러가던 검푸른 계곡물이 눈에 선하게 떠올랐다. 그리고 문득 꿈결처럼 들려오던 풍경소리. 열흘을 머물 생각이었던 그녀는 고작 하룻밤을 자고 내려왔다. 그때 거기서 만났던 비구니가 보고 싶었다. 아예 들어가 버릴까. 뜬금없는 생각이 들었다.

밤이 깊도록 그녀는 창가를 떠나지 못했다. 손에는 정도가 주고 간 휴대폰이 있었다. 전화와 문자메시지와 카톡을 열어보았다. 보관된 수천 통의 기록은 대부분 그녀가 보낸 것들이었다. 하루도 빠짐없이 보낸 메시지마다 정도를 걱정하고 격려하는 그녀의 마음이 애틋하게 깃들어있었다.

문자메시지들을 읽던 그녀는 깊은 자책에 빠져들었다. 태교부터 시작해 이토록 공들여 키운 아들을 버리고 출가를 하겠다니. 한 순간의 충동에 불과하지만 그마저도 부모라면 가져서는 안 되지. 내가 미친년이지! 그녀는 자신을 질책하면서 광우병 소처럼 풀썩 무너지려는 마음을 독하게 추슬렀다. 정도 상태는 심각했다. 끝까지 자기 논리에만 빠져 있었다. 약만 잘 먹었다면 이런 일은 일어나지 않았을 것이다. 비구름과 울창한 숲을 감쪽같이 삼켜버린 칠흑 같은 밤의 한복판에서 그녀는 생각했다. 병원에서 나가는 대로 정도를 살려낼 방법을 어떻게든 찾아내야겠다고.

| 작가노트 |

아마 1999년쯤이었을 것이다. (정확한 연도는 기억나지 않는다.)
그해 4월 21일, 정수남 선생님께 첫 수업을 들었다.
당시 나는 소설가에게 직접 창작 수업을 받는다는 것만으로도 감사했고, 소설 이야기를 나눌 문우들이 생겼다는 사실에 들떠 있었다.
두툼한 노트에 선생님의 말씀을 한 자도 놓치지 않으려 필기하며
난생처음 소설 합평이라는 것도 경험했다. (그때 노트를 아직 가지고 있다.)
소설을 써본 적 없는 나는 그저 의욕만 넘쳤다.
2년 뒤, 문우 몇몇이 등단했다.
그것도 A급 신문사와 문예지를 통해.
나는 소설이 무엇인지도 모른 채 소설을 포기했다.
육아를 핑계로. (강의실에 네 살 아이를 데려가곤 했는데, 그때마다 죄송한 마음이었다. 어느 날, 사모님께서 아이를 보시고는 사탕을 사주셨다!)
십수 년이 지나 다시 읽고 쓰기를 시작했다.
정수남 선생님께 배울 때는 소설이 어렵다고 생각한 적이 없었다.
읽고, 쓰고, 배우는 모든 순간이 마냥 즐겁고 행복했다.
(완전 초보였던 나를 내치지 않으시고^^ 열정적으로 지도해 주신 선생님 덕분이다.)
하지만 지금은 아니다.
읽는 것도, 쓰는 것도 어렵다.
그 과정이 행복하면서도 고통스럽다.
그 점에서 스승 정수남 선생님이 정말 존경스럽다.
사십여 년간 쉼 없이 글을 써오셨고,
그동안 쌓아 올린 창작의 결과물은 가히 어마어마하다.

30대의 사고력과 필력으로 팔순을 맞이하신 정수남 선생님!
앞으로도 늘 건강하시고, 건필하세요.
사모님과도 오래도록 행복하시길 빕니다.

아픈 손가락

양 희 순

달걀을 몰래 훔쳐서 갈까, 아니면 실험에 필요하다고 말할까? 말숙은 내일이 오기도 전에 이 궁리 저 궁리 하다가 잠이 들었다. 월요일 아침이 밝았다. 말숙은 책보자기를 대충 둘둘 말아서 허리에 질끈 동여맸다. 마루를 두 손으로 짚고 발에 고무신을 대충 꿰어 신었다.

에랴! 모르겠다. 다 귀찮다. 아낙은 잔소리만 할 게 불을 보듯 뻔한 일이었다. 그렇지! 쓰고 다시 가져다 두면 모르겠지, 마침 아낙이 보이지 않았다. 부엌문을 열고 허리를 낮게 구부리고 살금살금 부엌 안으로 기어 들어갔다. 빛바랜 녹색 찬장은 크고 납작한 돌덩이를 대들보 삼아 기우뚱하게 얹혀 있었다. 손 때가 잔뜩 낀 손잡이에 파리똥이 붙어 끈적거렸다.

찬장 문을 밀었다. 반찬 담긴 그릇들을 지나 구석에 달걀 그릇에 눈이 멈췄다. 달걀 하나를 집어 손에 쥐고 문을 밀어서 닫았다. 살금살금 부엌을 나와 마당을 가로질러서 천천히 대문을 나왔다. 한 손을 뒤로하고 천천히 마당을 가로질러 사립문을 열고 나오자마자 앞만 보고 달렸다. 가슴이 콩당콩당 정신없이 뛰었다.

교무실 바로 앞 종루에서 급사 아저씨가 종을 쳤다. 토요일 둘째 시간이 시작되는 종소리였다. 종은 운동장에서도 복도에서도 울렸다. 아이들은 시끄러운 종소리에 쫓겨서 교실로 들어갔다. 4학년 3반 담임이 회초리를 들고 교무실에서 나왔다. 줄무늬 바지 단 밑으로 작은 발에는 하늘색 슬리퍼를 신었다. 총총총 방정맞은 걸음으로 복도를 걸어 교실 안으로 들어갔다.

작은 키에 단정하게 양복을 차려입고 얼굴이 작은 얼굴이 일년 내내 햇빛을 보지 못한 사람처럼 창백했다. 검은 뿔테 안경 밑 숱이 많은 눈썹은 타고 남은 숯검정 같았다.

담임은 회초리를 교탁 위에 올려놓고 교탁 밑에서 자연책을 꺼냈다. 어딘가를 펼치더니 칠판에 또박또박 글자를 써 내려갔다. 회초리를 지휘봉 삼아 글자를 짚고 얼굴에 핏대를 세워가며 목청을 높였다.

"월요일 자연 시간에 교과서와 상관없는 실험을 할 겁니다. 여러분은 달걀을 한 개씩 가져오도록 해요."

서울에서 내려오신 선생님은 뭐가 달라도 달랐다. 순간 말숙이 눈동자가 빠르게 커졌다.

응. 달걀이라고?

무슨 맛있는 것이라도 만드는 것일까?

말숙은 늘 혼자였다. 놀아줄 사람도 없고 아낙도 딸을 워낙 데면데면하게 대했으므로 어쩔 수 없이 혼자 노는 것이 편하고 좋았는지도 몰랐다. 아낙은 어린 딸을 일을 시키려고 안달하기 일쑤였다. 무엇 하나 맘에 들지 않았다. 아낙은 성질이 급하고 거칠었다. 제비새끼처럼 줄줄이 모여서 자신만 바라보고 있는 자식들 키우랴, 농삿일 하랴, 손이 열 개라도 모자랄 판이었다. 말숙이 의견 따위는 궁금하지 않았다. 말숙은 게으르고 굼떴으므로, 아낙은 타이르기보다 손이 먼저 나갔다. 말숙은 아낙에 대한 반항심이 커갔다.

겨울이 끝나갈 무렵이었다. 햇볕이 마당을 거쳐 마루에 올라와 올망졸망한 아이들을 따뜻하게 감쌌다. 아낙은 모처럼의 휴식을 아이들 머리에서 이를 잡느라 손이 바쁘게 돌아가고 있었다. 아낙은 아이들은 한 명씩 차례로 마루에 눕히고 무릎에 머리를 포개 이를 잡고 있었다. 말숙이 차례가 왔다. 말숙은 어머니가 오랜만에 자신을 따뜻하게 안아주는 것이 좋았다. 머리를 맡기고 포근한 겨울 한낮을 졸면서 즐기고 있었다. 아낙이 손에 바짝 힘을 주고 머릿속을 뒤졌다. 깨알같은 하얀 서케가 머리카락에 다닥다닥 붙어서 햇빛에 반짝거리고 있었다. 통통하게 살찐 이를 한 마리씩 잡아 손톱 사이에 놓고 뭉개서 죽였다. 손톱에 피가 흥건했다. 잡아도 잡아도 끝이 없었다.

순간 아낙이 돌변했다.

"이런 더런년!"

아낙의 거친 손이 머리카락을 힘껏 움켜 쥐었다. 귀청이 터질 뻔했다.

서너 발짝을 질질 끌고가 찬물에 공 던지듯 쳐박았다. 순식간에 말숙이 마음이 얼음같이 차갑게 식어 버렸다.

혹시 새엄마는 아니겠지, 말숙은 이제는 복수밖에 없다고 다시 한 번 다짐했다. 청개구리처럼 뭐든지 반대로 할 것이라고도 생각했다. 자신 때문에 속이 터져서 엄마가 죽으면 후회는 되겠지만, 무덤이 떠내려가도 절대 울지 않을 것이라고 단단히 각오했다.

그때부터 말은 잘 듣지도 않고 시킨 일도 제대로 안 했다. 며칠 전에는 육성회비를 당장 내놓으라고 학교도 가지 않고 헛간 옆에 버티고 서서 돈 내놓으라고 고집을 피웠다.

　없는 돈이 어디서 나오겠는가, 아낙은 욕을 하고 때렸지만, 말숙은 꼼짝도 하지 않았다. 책보를 불태워버린다고 겁을 줘 간신히 말숙을 학교로 내몰았다.

　수업을 마치고 집으로 돌아오자마자 말숙은 헛간 건초더미 속에서 달걀을 찾았다. 이상한 일이었다. 말숙은 아낙 모르게 암탉 동태를 잘 파악하고 있었다. 오늘은 반드시 달걀을 낳아야 하는데, 저런 쳐 죽일 놈에 달구 새끼가 달걀 낳을 생각은 없고 마당에서 연애질만 하고 있었다. 이제 암탉은 예전 같지 않게 늙어 버렸다. 잔금이 자잘한 갈색 눈을 치켜뜨고 수탉을 따라다니며 잔소리를 퍼부어 대고 있었다.

　말숙은 뒤꼍에서 암탉이 흘린 달걀을 몰래 주워서 횡재를 한 일을 떠올렸다. 암탉이 달걀을 많이 흘려만 준다면, 먹고 싶은 것도 맘껏 사 먹고, 공책도 사고, 부자도 될 테니까.

　오늘 암탉이 급해서 둥지로 갈 틈이 없지는 않았을까, 달걀은 없었다. 그럴 리가 없는데? 오늘은 달걀을 낳아 주어야 하는데?
아낙에게 여섯이나 되는 자식이 있었다. 줄줄이 딸 넷 중에 말숙은 둘째 딸이었다. 하지만 아낙은 딸은 아들을 낳기 위해 거쳐야 하는 과정 중에 생기는 불필요한 존재라고 생각하고 있었다.

　하지만 말숙은 눈치가 빨랐다. 필요한 돈이나 먹을 것을 제때 주지 않는 아낙에게 대처하는 법을 알게 되었다. 조르고 졸라 겨우 타내기는 귀찮고 화가 치미는 일이었나, 그녀는 늘 그 방법을 택했다.

　아낙은 첫째 딸에게 관대했다. 누구나 첫 번째 실수는 용서해 주기 마련이었다. 하지만 둘째까지 딸로 기어 나와서 부모에게 심히 귀찮은 존재가 되었다는 사실은 미안한 일인 것을 말숙은 잘 알고 있었다. 그러나 절대 인정하려 하지 않았다. 누구 탓도 아닌데 아낙은 말숙을 미워하기만 했다.

 언제부터였던가, 말숙은 아이들이 돈 대신 달걀을 주면 구멍가게 아저씨가 공책을 준다는 것을 알았다. 사탕도 준다는 것도 알았다. 또 치맛바람깨나 일으키는 시골 학부모들은 달걀 한 꾸러미를 선생님께 선물하는 것을 긍지로 여기고 있다는 것도 알았다. 그러면서 자신의 아이들만 예뻐해 주기를 은근히 바라고 있다는 것도 알게 되었다. 말숙은 학교에서나마 주목받기를 바라고 있었다. 하지만 아낙은 워낙 무덤덤하고 일에 파묻혀 살았다. 말숙의 바람과는 다르게 아무것도 모르고 일만했다.
 새 학기가 시작되고 얼마 지나지 않아서 생긴 일이었다. 내일 군교육청에서 초등학교 어린이를 대상으로 학력평가를 치른다고 학교로 연락이 왔다. 성적하곤 상관없이 아이들 학력 수준이 어느 정도인지 알아보는 시험이었다.
 대표 주자로 말숙이 발탁됐다.
 수업이 끝나고 다섯 명이 남아서 몰래 시험지를 미리 공부하는 것이었다. 담임이 아이들 몇 명을 교실에 남으라고 몰래 다가와서 말했다. 말숙은 얼굴에 생기가 돌면서 웃음을 참지 못했다.
 말숙과 봉자를 포함해 5명이었다. 말숙은 어깨를 펴고 주위를 둘러봤다. 공부깨나 하는 아이들이었다. 이럴 때는 우리 엄마도 달걀 꾸러미라도 대접해야 하는 것이 아닐까? 봉자는 왜 포함된 것일까?.
 다음날 담임이 답을 알려준대로 시험문제가 똑같이 나왔다. 말숙은 당당히 일등을 했다. 무슨 영문인지 반 친구들이 말숙을 괜히 미워했다. 짝꿍까지 책상에 금을 그어놓고 넘어오질 못하게 했다. 둘은 주거니 받거니 신경전을 벌이다가, 말숙이가 먼저 짝꿍을 꼬집어 뜯었다. 짝꿍도 꼬집었다. 말숙이 마지막으로 손등을 피나게 긁어서 쐐기를 박았다.

이튿날이었다.

시커멓고 다부져 보이는 남자 한 명이 4학년 3반 교실 문 앞에 나타났다.

작은 얼굴에 곱슬머리를 짧게 깎았다. 흰자를 거의 점령한 까만 눈알이 눈 안에서 빠르게 굴렀다. 눈깔이 짝꿍 얼굴을 거쳐서 말숙이 얼굴에서 정지했다. 입가에 비웃음이 스쳐 지나갔다.

남자가 말했다.

"너 내 동생 때렸제. 한 번만 더 때렸다간 뒈질 줄 알아잉."

같은 학교 6학년 2반 짝꿍 오빠였다. 말숙은 무섭고 화가 치밀어 올랐으나 그깟 일로 눈물은 보이지 않았다. 아낙이 바보같이 쳐 운다고 워낙 닦달을 해놔서 이력이 생겼다. 애늙은이 같기도 했다. 대신 오빠가 있었으면 좋겠다고 생각했다. 아낙도 입버릇처럼 '아들이 있어야 마음이 든든허제' 라고 말하곤 했었다.

일요일 새벽 댓바람부터 수탉이 천둥 치듯 소리를 질렀다. 머리 꼭대기에 얹힌 벼슬이 한층 새빨개지고 부리 밑에서 벼슬이 마구 흔들거렸다. 말숙은 침까지 흘리며 막바지 단잠에 빠져 있었다. 시어머니가 미운 며느리 깨우려는 듯이 수탉이 꼬끼오 소리를 질러대는 통에 화가 머리끝까지 치밀어 올랐다. 당장이라도 뛰쳐나가 저놈의 주둥이를 꽉 묶어 버리고 싶은 심정이었다.

지붕 위로 날카로운 햇살이 뱀처럼 스르륵 기어들어 오고 있었다. 지붕 끝 이음새 위에서 잠자던 까치가 날랜 몸짓으로 화살처럼 날아갔다. 아낙은 이불을 밀어내고 일어나 머리에 수건을 두르고 방을 나갔다. 어제 고주망태가 되게 술을 마신 농부는 벌써 논두렁에 꼴 베러 가고 없었다. 몇 켤레나 될까? 댓 돌 위에는 고만고만한 검정 고무신들이 제멋대로 놓여 있었다. 마당까지 떨어져 나동그라져 뒤집힌 신발을 주워 올리고 아낙은 제일 큰 검정 고무신에 발을 꿰어 넣었다. 버선 뒤꿈치가 달아서 몇 번이나 덧댄 듯이 보였다. 실자국이 서로 뒤엉켜 있어서 어지러워 보였다. 아낙은 마당을 가로질러 헛간으로 갔다.

아낙은 일요일 아침 반찬으로 식구들 먹을 신선한 계란찜을 만들어야겠다고 생각하고 있었다. 적어도 이틀에 한 번은 닭이 알을 낳아 줬으므로, 오늘은 둥지에서 하얀 달걀이 뽀얗게 빛나고 있을 것 같았다. 헛간은 이층처럼 보였다. 아래층에는 돼지가 살고 이층은 변소로 사용하였다. 암탉은 가끔 이곳에 둥지를 틀기도 했다. 헛간 한 칸에 재가 쌓여 있었다. 건초더미와 어우러져 썩어 자빠지면 거름으로 썼다. 골목 어귀에 들어서는 순간 온 집안에 불쾌한 냄새가 진동했다.

아낙이 둥지 가까이 다가오자, 암탉은 화들짝 놀라 둥지에서 뛰어나와 꼬꼬댁 소리를 질렀다. 아낙이 빨리 나가 주기를 바라기라도 하듯이 둥지에 눈길을 던지고 마당에서 서성거렸다. 아낙이 건초더미를 헤집고 손을 넣어 안을 샅샅이 뒤졌다. 달걀은 없고 막 나간 암탉의 온기만 남아 있었다. 아낙은 허망한 듯 빈손을 들고 헛간 밖으로 나왔다.

잠시 후 사립문이 열리면서 풀이 가득 담긴 지게를 지고 농부가 들어섰다. 비스듬하게 작대기로 지게를 받쳐놓고 세수를 하러 마당가로 갔다. 빨간 얼굴이 햇빛을 받아 번드르르 빛나 보였다. 먼지와 땀으로 범벅이 된 얼굴에 물을 두세 번 떠서 손으로 펴 발랐다. 수건으로 닦았다. 수건에 까맣게 손때가 묻어 있었다. 신발을 벗어 던지고 방 안으로 들어갔다.

찬장에 몇 개 뒹굴고 있는 계란으로 찜을 만들어 아낙이 밥상을 두 손으로 받치고 들어갔다. 아직 밥상 앞에 앉지도 못하는 사내아이를 무릎에 앉히고 여덟 식구가 밥상을 마주하고 앉았다. 밥을 먹기에는 상이 비좁아 터질 듯했다. 계란찜은 어린 남동생 차지였다. 아낙은 바닥에다 보리밥 그릇을 놓고 밥을 먹었다. 아낙은 늘 배가 고팠지만, 아이들 앞에서 배부른 척했다. 늘 부족한 음식을 해놓고 먹지도 않고 늘 아이들 걱정만 했다. 바닥에 누룽지도 남기지 않고 싹싹 긁어왔건만, 눌러 담지도 않았건만, 밥이 밑바닥에서 맴돌고 있었다. 아낙은 자식들 얼굴을 천천히 바라보고 이내 느리게 수저를 놀렸다. 잠시 말숙이 표정을 살폈다. 말숙은 눈길 한번 주지 않고 밥을 급하게 퍼넣고 있었다. 농부는 밥상 한가운데에 앉아서 수저를 들었다. 큰 그릇에 밥이 수북하게 올라와 있었다. 자식들 밥보다 흰쌀이 더 많이 들어간 밥이었다. 말숙은 아버지가 남자이고 일도 많이 하니까 그럴 수 있다고 생각했지만, 쌀밥도 계란찜도 먹고 싶었다.

아낙이 숟가락을 들다 말고 말했다.

"말숙이 아부지! 오늘은 원센네 소를 좀 빌려다가 모 숭굴라믄 써래 질을 좀 해야 헐 것 같소!"

"된 다든디! 어저께 다 말해 낮구마."

농부가 대답했다

아낙이 이어서 말했다.
"닭이 늙어서 그런가! 요새 통 알을 낳다 말다 헌당께!."
농부가 버럭 소리를 질렀다.
"저 엄병 헐 놈에 달구 새끼를 모가지를 탁 비트라서 쳐 잡아 묵어 뿌러야제."
농부는 철이 없어 보였다.
"얼릉 밥이나 묵으씨요."
아낙도 다 생각이 있었다. 달걀을 모아서 병아리를 만들어야 할지, 알을 모아 목돈을 만들어야 할지, 다 늙어서 죽어 버리기 전에 장에 내다 팔아버려야 할지, 닭이 열 마리라도 모자랄 판이었다. 말숙은 뜨끔했다. 하지만 그것은 부모가 하는 그런 걱정이 아니었다. 달걀을 훔치지 못하게 될까 싶어서였다.

아침상을 물리고 큰딸은 동생들은 안중에도 없이 슬그머니 일어서서 밖으로 나갔다. 읍내에 서커스단이 들어왔다고 온 마을이 들썩거렸다. 큰딸은 아낙에게 서커스를 보고 싶다고 말했지만, 큰 것이 철딱서니가 없다고 혼이 났으나 포기하지 않았다. 큰딸이 부엌에서 빨간 보따리를 들고 나왔다. 달걀이라면 열 개는 넘고도 남아 보였다. 흐물거리고 맘대로 다루는 것이 달걀은 아니고 쌀이 담긴 듯했다. 말숙은 깜짝 놀랐다. 쌀도 팔 수가 있구나! 라고 생각했다. 그 일로 농부네 가족은 며칠을 쌀은 가뭄에 콩 나듯이 들어 있는 보리밥을 먹어야 했다. 큰딸은 주위를 살피며 보따리를 뒤에 감추고 구멍가게를 향해 느릿느릿 걸어갔다. 살그머니 꺼내 진열대로 올려놓고 가게주인이 얼마를 쳐줄지 눈치를 살폈다. 가게주인은 돈을 세면서 고개를 갸우뚱 흔들며, '살 거는 없냐!' 하고 물었다.

큰딸은 꾸깃꾸깃한 지폐를 윗주머니에 넣고 손을 빼지 못하고 가게를 나왔다. 어디서 지켜보고 있다가 나타났는지 큰딸 친구가 옆에 서있었다. 서커스 구경을 친구를 데리고 갈 예정이었다.

말숙은 큰딸 뒤를 졸졸 따라갔다. 저런 빙충이는 내 동생도 아니라는 듯이 큰딸이 동생을 가로막으며 말했다.

"애기는 누가 보냐! 그렇게 입고 맨날 코나 질질 흘리면서 나를 따라 댕길라고 난리를 쳐 쌌냐?

말숙이 큰딸을 쏘아보며 대꾸했다.

"겁대가리가 없구마이, 칵 엄마한테 일러 불랑께."

큰딸이 더 크게 소리를 질렀다.

"엄마한테 말만 해봐 가만 안 둘 텡께"

큰딸은 뒤도 돌아보지 않고 읍내를 향해 걸어갔다. 아낙은 첫딸에게 거는 기대가 컸다. 자신의 이루지 못한 꿈이 딸을 통해서 이루어지기를 바라고 있었다.

말숙은 써커스가 어떤 건지 궁금했지만, 달걀을 훔쳐서 판 죄도 있고, 남들이 볼까봐서 크게 싸울 입장이 못 되었다. 까짓 서커스 안 보면 그만이지, 체념한 듯 집으로 터벅터벅 걸어갔다. 혹시 구멍가게 아저씨가 몰래 훔쳐서 나온 것을 안다면? 챙피한 일이라 생각이 들었다. 그런 까닭으로 달걀 가격을 묻지도 않고 공책이나 사탕으로 바꿨다.

"아저씨! 공책 주세요!"

"달걀 하나에 공책값이 보돗이 된디, 그냥 얼릉 가지 가쁘리라이!"

다 기어 들어가는 목소리로 말하면 아저씨는 이렇게 가격을 알려줬다. 도둑은 제 발이 저리기 마련이었다.

가게에는 과자랑 사탕이랑 먹을 것이 많았다. 말숙은 주로 공책을 샀다. 부모는 한 가지 말숙이 잘하는 것이 있다고 생각했다. 시킨 일도 잘 안 하고 떡하니 방에 엎드려 자빠져 공부하는 것이 미울 때도 있지만, 그나마 공부는 잘하니 기특하네! 하고 바라볼 때도 있었다.
 말숙은 영악했다. 혹시 달걀을 훔쳤다고 혼내면, 엄마가 돈을 안 줘서 어쩔 수 없이 달걀을 훔쳐 팔았다고 해야지, 마음속으로 변명할 거리를 대비해 놓고 있었다.

 말숙이 집은 같은 담을 끼고 교회 뒤에 있었다. 그날도 예배를 알리는 종소리가 교회 앞마당을 가로질러 담장을 넘어서 온 동네에 울려 퍼졌다. 종소리에 놀라 교회당으로 간 교인들이 시끄럽게 떠들었다. 11시 쯤 어른 예배가 끝난 후 에 어린이반 예배가 또 있었다. 공짜 사탕이 받으러 담을 넘어 교회당 안으로 들어가 볼까, 하지만 도둑고양이처럼 보이는 것이 싫었다. 동냥아치처럼 체면을 구기기도 싫었다.
 교회당 안에서 아이들이 마룻바닥에 앉아 목청껏 소리높여 찬송가를 부르고 있었다. 젊은 남자 집사가 까만 바탕에 빨간 십자가가 그려진 매미채처럼 생긴 뜰채를 들고 아이들 눈앞에다 멈춰 세웠다. 아이들이 돈을 넣는지, 그냥 손만 집어넣어 보는지, 말숙은 늘 궁금했다. 집사도 궁금했는지 주머니 안으로 들어가는 손을 주시했다.
 이제 사탕을 주는 순서였다. 집사가 사탕을 들고나와서 아이들에게 한 개씩 나누어 줬다.
 아이 돌보랴, 암탉을 살피랴, 다시 눈길을 마당 안으로 던졌다.
 사내아이가 흙 마당을 마구 기어 다니고 있었다. 구석에 흙을 파서 입속에 퍼 넣었다. 말숙은 얼른 달려가서 손을 빼냈다. 침이 섞여 흙으로 범벅된 손을 치마에 닦고 아이를 들쳐업었다. 아이는 신이 나서 두발로 양쪽에서 허리를 찼다. 말숙은 아이가 귀여워서 죽겠다는 듯이 엉덩이 두드리고 말을 시켰다. 아이가 침을 질질 흘리면서 웅얼웅얼 알아들을 수 없는 말을 끝없이 했다. 말숙은 동생이 남자라서 귀여운 것은아니었다. 아기이고 동생이라서 예쁜 것이다. 아낙은 아들만 귀했으므로 먹을 것이 있으면 숨겨 두었다가 딸들 모르게 사내아이에게만 주었다.

먹을 것이라면 눈에 불을 켜고 찾아다닌 말숙은 아들 줄라고 산 것을 어떻게든 빼앗아 먹으려고 발악을 했다. 맛도 있었지만, 일부러라도 훔쳐 먹었다.

암탉이 어디로 갔는지 없고 수탉이 두엄 속에서 모이를 찾고 있었다.

점심 때가 다 되어서 아낙이 밭에서 돌아왔다. 모자 삼아 머리에 쓴 누렇게 바랜 수건을 벗어 던졌다. 물을 벌컥벌컥 들이켜 마셨다. 허기진 배를 채울 틈 없이 사내아이부터 안아서 젖을 물렸다. 하지만 말숙은 안중에도 없고 닭의 행방을 쫓아 여기저기 눈을 돌리고 있었다.

아낙이 물었다.

"말숙아! 오늘 달구 새끼가 달걀 안 낳냐?"

말숙이 대답했다.

"내가 어처케 알아"

말숙은 아침부터 달걀만 찾고 있었지만, 여태까지 해온 짓이 있었으므로 전혀 관심이 없는 척 툭 쏘아 부쳤다. 하필 그때 암탉이 둥지에다 알을 낳았다고 자랑질하며 꼬꼬댁 하면서 울었다. 닭 쫓던 개

지붕 쳐다보는 격이었다.
"말숙아! 알 찬장에 갖다 놔둬라."
말숙은 알이 담긴 찬장에 달걀을 놓고 몇 개쯤일지 대충 헤아려 봤다. 아낙은 몇 개인지 잘 몰랐다. 아낙은 셈에는 상당히 우둔한 편이었다.

1교시를 알리는 종이 울렸다. 담임이 교실 문을 열고 들어왔다. 담임은 아이들이 달걀을 깨뜨릴까 싶은 걱정에 1교시 수업을 단행하고 있었다. 옆구리에 출석부를 끼고 왼손에 작은 항아리 같은 이상스럽게 생긴 물건을 들고 있었다. 담임은 출석부를 교탁에 올려놓고 칠판에 분필로 오늘의 실험 제목을 분필로 또박또박 적었다.
반 아이들은 모두 달걀을 한 개씩 손에 쥐고 있었다.
담임이 한 손을 들어 올리며 말했다.
"달걀 안 가져온 사람 손들어 봐요?"
"지금부터 실험을 시작하겠습니다. 모두가 실험 도구를 준비하지 못했을 거예요, 제가 하는 것을 잘 보세요."
손을 드는 사람이 없자 담임이 말을 이었다. 담임은 실험에 쓸 달걀을 가져오지 않았다. 담임은 제일 앞줄에 앉은 남자아이한테 달걀을 가져오라는 손짓을 했다. 달걀을 빈 항아리 같은 작은 화장품 용기 위에 올려 놓았다. 달걀이 중간에 턱 걸렸다. 담임이 입을 열었다.
"잘 보세요? 달걀이 안 들어가지요?"
담임은 달걀을 다시 꺼내서 교탁에 올려놓고, 통 안으로 종이를 찢어서 수북이 넣고 성냥을 긁어 불을 붙였다. 하얀 연기가 솟아 올랐다. 뜨거워진 용기 위에 다시 달걀을 올려 놓았다. 달걀이 쑥 들어갔다. 빠른 시간에 실험이 끝났다. 모두가 꿈을 깬 아이들 허망한 눈빛이었다.

저걸 보여주려고 모두 달걀을 가져오라고 한 것인가? 신기했지만, 먹을 것을 만들지 않았으므로, 실망하는 표정이었다.

"실험이 끝났으니, 뒷줄에 있는 사람이 달걀을 걷어 오세요!"

뭐라고요? 아이들 입에서 한숨 섞인 탄성이 흘러 나왔다.

차마 선생님 말씀은 어길 수 없는 노릇이었다. 집에 몰래 다시 가져다 두려고 했던 말숙은 큰 낭패였다. 이내 마음을 비웠다. 맨 뒷줄에 앉은 남학생이 달걀 바구니를 들고 아이들 코앞에 댔다. 모두 넣었다. 수업을 마치라는 종이 급하게 울렸다.

담임은 출석부를 왼팔에 끼고 오른팔에 회초리를 들었다. 바구니를 든 학생에게 따라 나오라는 시늉을 했다. 담임이 앞문을 열고 복도로 나갔다.

남학생이 양손으로 달걀 바구니를 들고 담임 뒤를 졸졸 따라 갔다.

지각 대장이 의자에서 벌떡 일어섰다. 급하게 가려다 몸이 옆으로 휘청거렸다. 뒷문을 열고 복도로 달려 나갔다.

담임이 뒤돌아봤다.

"서, 선생님!"

"선생님! 그 달걀로 우리 엄마가 공책 사라고 했는디요?"

지각 대장은 눈을 동그랗게 뜨고 담임을 똑바로 쳐다보면서 말했다.

담임은 이내 무안한 표정으로 지각 대장을 쳐다보더니 곧 신경질적으로 말했다.

"아놔! 도로 가져가라 이 자식아!"

바구니에서 달걀을 꺼내 던지듯 지각 대장 손에다 놓았다.

말숙은 지각 대장이 부끄러워하지 않고 자신의 생각을 당당히 표현하는 용기가 부러웠다. 하지만 다른 학부모가 달걀 한 꾸러미도 선사하는 마당에 고작 달걀 한 개 가지고 뭘 그러냐, 하면서 쫌스러운 자신을 나무랐다.

실험도 끝나고 재미있는 일이 없을까? 말숙은 방향 없이 느릿느릿 걸었다. 한 번도 못 타본 그네가 눈에 쏙 들어왔다. 운동장을 가로질러 그네 앞으로 다가갔다. 집에 가봐야 동생도 돌봐야 하고 드센 아낙은 일을 시키지 못해 안달할 것은 불 보듯 뻔한 일 이었다. 더구나 오늘 달걀이 없어진 것을 이미 알고 있을 것 같았다. 분명히 머리카락을 사정없이 움켜서 쥐고 놓아 주지 않을 것이다. 말숙은 생각이 거기까지 미치자 금방 기가 죽어서 그네 기둥을 잡고 우두커니 서있었다.

하늘에서 그네 위에 서있는 아이 치맛자락이 큰 잎사귀와 어우러져 살랑살랑 춤을 추고 있었다. 뒤쪽으로 몸통이 굵은 플라타너스 나뭇가지에 넓은 잎들이 무성하게 우거져 빽빽한 울타리를 만들고 있었다. 그 너머 좁은 도로 위로 버스가 먼지를 일으키며 어디론가 달려가고 있었다. 교장은 얼마 전에 그네를 새로 들여왔다. 오빠 있는 아이들은 신나게 그네를 탔다. 아이들을 말숙이 기다리는 것을 알고 있었지만, 모두 그네에서 내려올 생각이 없었다. 해가 서산으로 뉘엿뉘엿 넘어가기 시작하자 아이들이 하나둘씩 집으로 불려 들어갔다. 말숙은 이때다 싶어 얼른 그네를 잡았다. 그네가 서서히 올라가기 시작하자 그네를 힘껏 굴렸다. 이번에는 저 높은 가지까지 가 보자! 하늘에서 나뭇잎과 말숙이 무릎이 맞닿았.

별것도 없었다. 순간 모든 것들의 움직임이 정지되고 주위가 고요해진 느낌이 들었다. 봐주는 사람도 없이 혼자 타는 그네는 영 재미가 없었다. 시들해져서 그네 가는 대로 몸을 맡겼다. 그네가 차츰차츰 느려졌다. 말숙을 부르러 오는 사람이 없었다. 왼발로 땅을 짚고 다시 그네에서 양손을 뗀 후 나머지 발을 땅에 놓았다. 얼마나 오래 탔는지, 하늘이 노랗고 몸이 휘청거렸다. 어둑어둑 땅거미가 밀려오는 운동장은 온통 사방이 흔들거리며 차가워지진 공기가 얼굴을 때렸다.

텅 빈 운동장을 뒤로 하고 천천히 걸어서 교문 밖을 나섰다. 목구멍에서 쓴 것이 스멀스멀 올라왔다. 멀미가 난 사람처럼 머리가 어질어질하고 사방이 빙빙 돌았다. 팔다리가 풀리고 온몸에 덜덜 떨리면서 오한이 느껴졌다. 몸 가누는 것도 힘이 들어 보였다. 두 팔을 축 늘어뜨리고 집을 향해 간신히 걸어갔다.

마당으로 들어서자마자 암탉이 바로 눈에 들어왔다. 한층 어두컴컴해진 헛간에서 마치 두엄이랑 싸움이라도 하는 것처럼 속을 후벼 파고 있었다. 달걀을 낳았던지, 말았던지, 말숙에게는 이제는 관심 밖에 일이었다. 아낙은 아직 돌아오지 않고 있었다. 동생들이 먹을 것을 찾느라 부엌을 들락거리고 있었다. 돌 지난 동생이 눈물 콧물이 범벅이 된 손을 빨고 방 한구석에서 울다가 지쳐서 잠들어 있었다. 파리들이 코 주위에서 윙윙거리며 앉더니 다시 날아갔다. 말숙은 아기 옆으로 가더니 책보를 두른 채로 털썩 무너졌다. 곧 깊은 잠에 빠져 들었다.

잠결에 어렴풋이 아낙 목소리가 들려왔다.

"말숙아! 밥은 먹고 자야제!"

대답할 힘이 없었다. 다시 눈을 감았다.

농부가 말을 이었다.

"뚜드러 패서 깨와바."

"깨워도 통 일어나 앉지도 못 헌당께. 내일부터 좀 일찍 들어와서 밥을 멕에서 재워야 되겄어."

말숙은 저녁밥을 거르는 경우가 많았다. 들에서 늦게 들어오는 아낙을 기다리다 잠들어 버렸기 때문이었다.

아낙이 이어서 말했다.

"아가 몸이 많이 약해졌어. 저렇게 굶고 자면 아침에 일으케서 안 챠나도 도로 바그르르 허니 눴뿐당께. 돈이 있어야 보약이라도 멕이제."

농부가 말을 받았다.

"엇그제께 길에서 말숙이 담임 선생을 만났는디, 육성회비 땜시 미안하다고 말헌께, 말숙이가 공부를 잘하고 있응께, 걱정허지 말라듬마."

말숙은 농부가 술을 먹고 비틀거리며 다닐 때가 많았으므로, 길에서 마주쳐도 아는 척도 안 했다. 학교에 오는 것도 싫어했다.

지난번 소풍 가는 날, 삶은 달걀을 먹고 체한 적이 있었다. 아낙이 나무뿌리 삶은 물을 보약이라고 줬다. 맛있는 줄 알고 급하게 들이켰다. 그 후로 보약 소리만 들어도 속이 울렁거렸다. 보약이 싫었다.

아낙이 다시 말을 이었다.

"달걀이 자꾸 없어지기레 누가 가져갔나 가만 봉께 저년이 돌라 갔드랑께. 독사탕을 얼마나 사다 쳐묵었는지 입맛이 없는 갑써. 요새 통 쳐묵덜 안 한당깨. 동식이가 뭘 묵는 것만 봐도 아들만 주나 싶어서 눈깔을 치케 뜨고 염병 지랄을 헌당께로."

말숙은 다시 깊은 꿈속으로 빠져들어 가고 있었다.
아낙 목소리가 점점 멀어져 갔다.

| 작가노트 |

  소설을 배워보자고 마음먹고 문학교실 문을 두리리게 되었습니다. 운이 좋게 정수남 작가님을 만날 수 있었습니다. 어느덧 6개월이 지났습니다. 처음에 한 장 쓰기도 힘들었던 글이 이제 여기까지 이르렀습니다. 작가님 덕분입니다. 작가님께서는 항상 웃으시지만, 예리하신 만큼 항상 정곡을 찌르십니다. 자신의 내면을 깊이 들여다보는 것이 글을 쓰는 일인 것 같습니다. 이제 막 첫걸음을 내딛게 되었네요. 작가님과 인연은 정말 행운이라 여깁니다. 열심히 쓰겠습니다. 배움의 장을 만들어 주신 고양시 문인협회 회장님께도 감사드립니다.

  정수남 작가님 팔순을 진심으로 축하드립니다.

분양

이영주

선택받지 못한 것들

　자판기 앞에 선다. 어떤 음료를 마실까 고민 한다. 사이다, 콜라, 환타, 옥수수 수염차, 오렌지 주스가 있다. 습관이 무섭다고, 사이다로 손을 뻗었다 이내 거둔다. 몸에 변화가 생기면서부터 나는 항상 자판기 앞에 서면 고민을 하고 만다. 의사의 말이 떠오르기 때문이다. 어차피 내가 키울 것도 아닌데 사이다를 먹겠어. 하지만 손은 이미 옥수수수염차가 있는 버튼을 향한다. 이런 고민을 한지 벌써 5개월째에 접어들고 있다.
　선택받은 음료수는 영광, 혹은 자랑스럽다는 듯이 요란한 소리를 내며 떨어진다. 선택받지 못한 음료수들을 바라보니 어쩐지 슬퍼 보인다. 어쩌면 자기 자신을 탓하고 있을지도 모른다는 생각이 든다. 내가 선택해서 마운틴 듀로 태어난 게 아니잖아! 왜 난 팔리지 않는 거냐고!
　그래. 인생은 스스로 선택해서 사는 것이라고 하지만 실상은 그렇지 않다. 뜻밖의 상황에서 우리의 선택을 기다리는 것들은 내가 스스로 선택하는 것이 아니다. 내가 선택할 수밖에 없는 상황을 만든다. 나는 선택하고 싶지 않은데 말이다. 선택을 강요당한다. 하지만 그것 역시 우리는 '선택'이라는 단어를 사용한다. 선택의 길에는 수

많은 것들이 나의 선택을 기다리고 있다. 초조하고 떨리는 모습으로. 그리고 선택받지 못한 것들은 또 다른 운명이 기다린다. 어쩌면 나의 선택은 하나님의 선택보다도 중요한 것일지도 모른다. 누군가의 인생을 좌지우지하는 선택이라면 말이다.

괜스레 선택받지 못한 음료수들에게 미안하다.

M120

옥수수수염차를 들고 있는 내 손을 한번 쳐다본다. 그녀는 항상 나의 어딘가를 주시한다. 처음 만났을 때 어려운 결정을 했다고 위로 해줬다. 이 일이 있은 후, 누군가 내게 해준 첫 위로였다. 진심인지 아닌지 알 수 없으나 달콤했고, 고민없이 위로를 삼키며 마음을 열었다. 자신 역시 그런 경험으로 이 일을 알게 되었고, 그런 계기로 이곳에서 일하게 됐다고 소개했다. 그녀는 항상 나를 감싸 주는 듯 말을 하지만, 그녀와 나 사이에는 '가식적인'이란 이름을 가진 벽이 있다. 우리는 서로 어떤 이야기를 하든 간에 그 벽을 넘지 못한다는 걸 알고 있다. 더군다나 이런 경험을 가진 여자는 차갑고 아주 무딘 마음을 가진 사람이란 걸 안다.

-김송미씨의 집을 보고 분양을 원하는 사람이 나타났어요. 송미씨가 올린 집 정보만 보고 분양을 원하셔서 이사 비용까지 모두 대주시겠다고 하시더라고요. 이런 경우는 정말 흔치 않아요. 하지만 알다시피 집 안에 하자가 생겼을 경우 계약은 파기 될 거예요. 리모델링이 안 된 집을 원하시니까 리모델링을 할 경우 계약은 파기 됩니다. 저번에도 말했지만 이렇게 분양 되는 일은 쉽지 않아요. 그야말로 운이 좋은 거죠. 그리고 분양을 원하는 분들도 상위층에 속하

는 사람들이 대부분예요. 시세보다 웃돈도 받을 수 있고 이보다 좋은 조건은 없죠. 워낙 후한 거래여서 망설이실 필요 없을 거예요.

마치 기계가 떠드는 듯하다. 나는 그녀가 꺼내놓은 분양 계약서를 눈으로 훑어본다. 집은 아기, 이사 비용은 출산 비용, 하자는 아이가 아플 경우, 리모델링은 제왕절개를 뜻하는 그녀의 암호가 섞인 말들을 들으며 동시 해석을 하자니 세상이 조용하게 느껴진다. 아무도 없는 곳에 나와 뱃속에서 세상을 볼 준비를 하는 아기만 세상에 존재하는 것 같다. 어쩌면 이 세상을 보지도 못할 뻔한 아기. 그렇게 아이와 나, 둘만 이 커피숍에 앉아 있는 것 같다. 세상은 내가 지금 벌이고 있는 모든 일들이 도대체 무슨 일인지 알려주지 않는다. 이 세상은 도대체 어떻게 변해갈까, 이 아이가 내 나이가 되었을 땐 어떤 세상일까 궁금해진다.

친구의 친언니가 결혼을 했는데, 아이가 안 생겨 시험관으로 임신을 했다던데. 인간도 병원에서 만들 수 있는 그런 세상. 그래. 사실 나는 이미 시중에 판매된 인간 로봇일 수도 있다. 시험관을 넘어 누군가에게 아기를 생산해주는 인간과 똑닮은 출산 기계까지 발전된 세상. 하지만 인간들이 우려했던 일이 일어나고 말 것이다. 로봇은 자신이 인간인 줄 착각하고, 자신이 인간인 척 거리를 활보하고 사람들을 속이겠지. 하지만 언젠가 그것이 인간이 아닌 로봇이었음을 알아차린다. 왜냐면 인간과 로봇은 결정적인 차이점을 가지고 있기 때문이다. 감정의 유무. 영화를 너무 많이 봤나보다.

다시 정신을 차리고 계약서를 살펴본다. 증거를 남기지 않기 위해, 누가 보면 평범한 임대 계약서로 보이는 가짜 같은 진짜 계약서에 쓰여 있는 나의 이름을 본다. 어쩌면 저 이름은 가짜 이름일지도 모른다. 사실은 M120이라는 이름을 가진 로봇이라는 생각이 더욱 선명해진다. M120. 낯설지가 않다.

떠난 버스는 되돌아오지 않는다

태워다 주겠다는 그녀의 회의를 한사코 거절하고 버스 정류장으로 향한다. 앱에도 정보가 없는 버스 시간표들을 본다. 서울과는 달리 시골에서는 버스들이 갑이다. 정해진 시간에만 버스를 이용할 수 있다. 그것이 내가 발견한 서울과 시골의 차이점이다. 버스 시간표에 익숙하지 않은 나는 항상 볼일을 보고 버스 정류장에서 버스가 오기를 무작정 기다린다. 어떤 때는 50분도 기다려본 적이 있다. 50분 간격을 가지고 오는 버스가 떠나는 걸 눈앞에서 바라볼 수밖에 없었던, 1분 아니 단 30초만 빨리 왔어도 기다림 없이 버스를 탈 수 있었던 날이었다. 하지만 후회한들, 버스는 떠나고 없었다. 아무리 불러도 되돌아오지 않는 게 떠난 버스다. 그렇게 떠나는 버스를 보면 속이 탔다. 그럴 때면 나는 가방 속에 있던 미지근해진 음료수를 벌컥벌컥 마셨다. 버스의 뒷모습은 마치 헤어진 남자친구의 뒷모습 같았다. 지금은 받아들였다. 사람들의 눈을 피해 내려온 시골 마을에서 버스를 기다리는 일에 이제 익숙해져간다.

오늘은 운이 좋아서인지 아니면 슬픈 결정을 한 내게 마지막 연민으로 하늘이 주신 선물인지 2분 정도 지나니 버스가 온다. 60대 정도 돼보이는 아주머니가 내 얼굴과 배를 훑어보더니 이내 자리에서 일어난다. 임산부를 위한 양보. 9개월 전 내가 누군가에게 해주었던 호의를 누군가에게 받고 있다.

"에고 여기 앉아요! 몇개월이나 됐어요? 우리 딸도 임신 했는데~"
"이제 7개월 돼가요."

"어유 힘들겠다. 어려보이는데 결혼을 일찍 했나봐~ 동안인가?"

마지 못해 대답하며 마치 자리를 양보해주기를 바랐던 사람처럼 서둘러 자리에 앉는다. 그만 내리시길 바라며. 무릎 위에 가방을 올리고 배를 가리고 더 말을 걸어오기 전에 이어폰을 꽂는다. 창밖의 풍경은 내가 처한 상황들과는 반대로 평화롭고 고요하며 아름다웠다. 엎어놓은 국그릇을 배에 올려놓기라도 한 듯 볼록한 배를 쳐다본다.

불러오는 배와 자꾸만 올라오는 헛구역질. 그리고 밤이 되면 먹고 싶은 것들이 떠오르는 이유는 이별 후유증인 줄 알았다. 밤이 되면 먹고 싶은 것들을 사다가 먹었다. 초콜릿, 과자, 케이크, 치킨, 피자, 사이다 등은 나의 빈자리를 채워주듯 포만감을 주었고 나를 위로했다. 나는 나를 위로해 주는 그들로 인해 배가 자꾸 불러온다고 생각했다. 살이 찐다는 걸 알면서도 계속해서 무언가를 먹는 것은 그 자체가 스트레스가 된다. 스트레스를 받을 때면 헛구역질을 유발했던 나의 고3시절을 떠올리며 입술을 훔쳐냈다. 그리고 남자친구 생각을 하며 눈물이 나려고 할 때면 사이다를 마셨다. 내가 태어나서 가장 많은 탄산을 섭취한 게 그 시기가 아닐까. 원래 불규칙적이었던 생리는 스트레스를 받으면서 더욱더 소식을 감추었다고 생각했다. 어쩌면 그 모든 생각들은 내가 그렇게 믿고 싶어서 떠오른 것일 수도 있다. 그렇게 내 몸에는 변화가 오고 있었다. 그러한 변화가 단순한 변화들이 아니었음을 알아차린 것은 배꼽에서부터 시작하여 밑부분으로 이어진 붉고 긴 줄이었다. 배꼽은 마치 이제는 너에게 진실을 말해주겠다며 이야기를 하고 있는 것 같았다. 나에게 진실을 알려준 그 줄은 마치 금방이라도 갈라질 것만 같았다.

굿 쵸이스

 병원을 찾아갔다. 유산은 명백한 '살인'이라고 외치는 사람들의 근거를 뒷받침 해주는 시기였다. 이미 아기는 내 뱃속에서 무럭무럭 자라 손과 발이 생겼다. 나는 어떻게 해야 하는지 생각해 보았다. 평소에 계획적인 생활을 하던 나는 습관처럼 다이어리와 펜을 꺼냈다. 물론 이것은 내 계획에 있지 않던 상황이었다. 핸드폰을 열고 5개월 전만 해도 습관적으로 누르곤 하던, 이미 핸드폰에서는 지워졌지만 여전히 지워지지 않고, 내 머릿속 어딘가에 숨어있던 그의 번호가 기다렸다는 듯이 튀어나와 눌리고 있었다. 통화버튼을 누를까 말까 고민을 하다가 폴더를 닫았다. 전화해봤자 받지도 않았을 것이었다. 그와 헤어지고 술기운을 빌려 몇 번 전화해봤지만, 단 한 통도 받아주지 않았던 그였다. 그리고 그가 안다고 한들 그 역시 현명한 선택을 말해주지는 못할 것이었다. 현명한 선택이라고 해봤자 그 선택은 둘 중 하나이다. 아기를 낳아서 함께 키우느냐 아니면 지우느냐. 이미 사랑이 식어서 나를 떠나버린 그가 아기를 낳자고 할 리가 없었다. 또한 아직 어린 우리가 아기를 낳아서 키우는 건 절대적으로 무리수였다. 하지만, '하지만'이라는 단어로 작은 희망에 기대를 거는 것은 어쩌면 아직도 그에게 남은 나의 희망고문이었다. 그럼 가장 확률이 높은 건 아기를 지우는 선택이었다. 하지만 그것은 자신이 없었다. 두렵고 무서웠다. 과연 아기를 지우는 것이 옳은 것인지 아니면 아기를 낳아서 혼자 길러야 하는 것이 옳은 건지 서로 자기가 옳다고 외치는 수많은 생각들이 머릿속을 왔다 갔다 했다. 나에겐 조언을 해줄 사람이 필요했다. 하지만 지금 그 어떤 누구에게 조언을 구해야 할지도 막막했다. 수많은 빚을 남기고 사고로 돌아가신 아버지와 그 충격으로 매일같이 약을 달고 사는 어머니는 나의 조언자로 적합하지 않았다.

  나의 가장 친한 친구 정화. 과연 이런 경험이 없는 정화는 나를 얼마나 이해해주고, 어떠한 옳은 길로 안내해줄까. 다른 사람에게 말을 하기 전에 이 일에 대해 혼자서 깊이 생각해보고 고민해 볼 필요가 있다는 생각이 들었다. 그리고 나는 나와 같은 경험을 가지고 있는 사람들의 조언이 아닌 경험을 듣고 그들의 경험으로 인해 위로를 삼아야 했다. 그것이 내게 가장 필요한 것들이라고 생각했다.

  나에게는 아기를 낳을지 말지 이외에 선택할 것들이 많았다. 헤어진 남자친구에게 연락을 할 것인가 말 것인가, 정화에게 말할 것인가 말 것인가. 나는 가능한 선택의 수를 줄여야 했다. 그래야 일이 조금 단순하게 보일 수 있기 때문이었다. 선택할 수 있는 폭이 줄어든다는 것은 내가 고민해야할 일들이 줄어들고 있다는 것이었다.

  이 상황에 가장 쉬운 선택은 휴학 뿐이었다.

랜선 상담가

  하도 검색을 했더니 핸드폰은 육아 용품, 출산, 낙태 등의 알고리즘으로 뒤덮혔다. 누군가 내 핸드폰을 볼까봐 혼자 있는 방 안에서도 주변을 살피기도 했다. 내가 누군지 모르는 사람들이 지금은 필요했다. 돈도 안들고 내가 누군지 밝히지 않아도 되는 인생 상담. 나는 대나무숲 어플을 깔고, 인생 상담소 카테고리를 클릭했다. 많은 사람들이 자신의 고민을 쏟아내고, 친절한 누군가들이 그 고민에 해결책들을 제시해주었다. 나는 썼다 지웠다를 반복하다 나의 고민을 화면 속에 내뱉었다. 심장이 떨리는 건지, 아이가 태동을 시작한 건지 몸 속 무언가가 계속 진동 소리를 냈다.

사람들은 나의 사정에 흥미를 느끼고 많은 댓글을 달았다. 일단 남자를 찾아라, 무조건 낳아야지, 요즘 미혼모 지원 서비스가 좋으니 용기내라, 애기가 불행할 것 같다 등…….

머릿속이 더 복잡해지는 기분에 속이 울렁거릴 때, 개인 메시지가 도착했다는 알림 소리가 '띵'하고 울렸다. 마치 '정신차려봐!' 하듯. 자신도 같은 경험을 겪은 사람으로서 도움을 주겠다며 자신에게 연락처를 줄 수 있는지 물어봤다. 꼬박 하루를 고민했던 나는 벼랑 끝에 몰린 심정으로 그녀에게 문자를 남겼다. 그러나 며칠 동안 답이 오지 않았다. 그 사이 아이는 한뼘 더 자라 내 몸을 곧 박차고 나올 것만 같았다. 잊고 지내려 할 때쯤, 그녀에게 답장이 왔고 만나서 이야기하자고 했다.

그녀는 여러 이야기를 나누다가 조심스럽게 그곳에 대해 이야기를 꺼냈다. 그렇게 나는 나의 의지와 상관없이 그들에게 선택 받았다.

정말 그녀는 이 일을 겪어본 나의 '선배'로서 나의 생각, 심정, 방법까지 모두 읽어내고 나에게 해답을 주었다. 일단 나에게 아기는 낳는 게 좋다고 말했다. 사실 나 역시 아기를 지우는 것은 너무도 두려운 일이었다. 하지만 낳는다고 해도 그 낳고 난 후에 어떻게 해야 할지 막막했다. 그렇다고 해도 이 아기를 '팔 것'이라는 생각은 단 한 번도 해본 적이 없었다. 그런 일이 존재 하는 줄 몰랐기 때문이기도 했다. 그녀 역시 아기 분양소를 듣고 인간이라면 어떻게 그럴 수 있겠냐고 업체 관련된 사람들에게 화를 냈었다고 했다. 하지만 자신이 처한 상황은 그녀가 업체를 선택하게 만들었고, 사람다운 사람이 되지 않기로 마음먹으니 후회 없는 선택이었다고 했다.

인생의 걸림돌이 될 일들이 오히려 그녀의 인생에 새로운 변환점이 되어주었다고 했다. 출산 선배답게 어차피 생김새는 자신이 어떻게 할 수 없는 것이고, 추후의 돈으로 해결 할 수 있는 문제이니 건강이 제일 중요하다는 현실 조언을 해주었다. 자신 같은 경우는 아기를 낳고서 분양한 경우라고 했다. 그런 말을 하고 있는 그녀의 입술을 보고 있자니 오싹했다. 어쩜 필요하다면 살인도 마다하지 않을 사람으로 보였다. 내 얼굴에 놀란 빛이 역력했는지 그녀는 흥분한 말투를 가라앉히고 운이 좋으면 낳기 전에도 분양이 되기도 한다며 말을 이었다. 그 경우에는 좋은 시설에서 아기도 낳고 아기를 낳을 때 아기를 분양한 사람들의 보건증을 이용하기 때문에 의료기록도 남지 않는다고 했다. 이곳이 그 사이트니 들어가 보라며 나에게 작은 명함을 주었다. 명함에는 'B-분양소'라는 문구와 작은 사이트 주소가, 그리고 그 밑에는 아주 조그만 글씨로 289017이 적혀 있었다.

www.B-bunyang.com

집으로 돌아온 나는 그 사이트를 들어가 보았다. 회원인증번호를 치라는 화면이 나왔다. 나는 다시 명함을 보며 289017을 치고 엔터 키를 조심스럽게 눌렀다. 밝게 웃는 아기들의 모습이 화면을 가득 채웠다. 나는 내 의지와는 상관없이, 이 명함을 받았다는 이유로 이 사이트의 회원이 되었다. 아기가 발로 내 배를 툭 찼다. 임신 사실을 누군가에게 들킨 것 마냥 놀랐다. 놀란 가슴은 좀처럼 진정이 되지 않았다. 다음 페이지로 넘어간 화면은 이루 말할 수 없는 충격과 어지럼증이 일어났다. 그것은 마치 강아지 분양 사이트를 연상케 했다. 과연 이게 현실속인지 영화 속인지 분간이 안가기 시작했다. 과연 내가 살고 있는 곳이 대한민국이라는 나라가 맞는 것인지 궁금해졌다. 사이트에는 아기를 낳는 사람의 건강검진 결과지와 자기소개, 그리고 이제 갓 태어난 아기들의 사진과 아기를 낳은 산모의 짧은 설명과 분만유형, 아기의 성별, 태어난 날과 시간, 몸무게, 키가 적혀있었다. 스크로를 내리자 맨 막지막에 적혀있던 가격은 가히 충격이었다. Q&A 창에는 익명의 몇몇 사람들이 궁금한 점들을 올려놓았다. 눈이 작은 것 같은데 조금 더 싸게 분양받을 수는 없을까요, 어느 뇌가 더 발달했는지 알 수 있을까요. 과연 이 아기들이 이 분양소를 방문하는 사람들에게 분양되어 갔을 때 얼마만큼 행복하게 살아갈 수 있을지 궁금해졌다. 그리고 내가 낳을 아기 역시 어떤 인생을 살아가게 될지 걱정이 되었다. 그 때 중요했던 건, 나는 그 순간 아기를 낳을 생각을 하고 있었다는 것이었다.

며칠 뒤에 나는 그녀를 다시 만났다. 이게 과연 옳은 행동인지 아닌지 판단할 수 없을 만큼 나의 판단 능력은 혼란에 뒤덮혀 있었다. 나는 그녀에게 나의 건강검진 결과지와 아이 초음파 검사 사진을 보여주었다. 그녀는 잠시 들여다보더니 미소를 띄었다.

남자 아이고 건강하기 때문에 이 정도면 최고가로 아기를 분양 시킬 수 있다고 했다. 그럼 얼마 정도라는 말이 내 입에서 새어나왔다. 그녀는 놀라지 말라는 식으로 조용하고 강요하는 어투로 말했다.

"3000."

3000만 원이면 지금까지 아르바이트를 하던 바에서 개강할 때는 화목과 주말만, 방학 때면 매일 밤 나가서 일을 해도 2년을 꼬박 해야 벌 수 있는 돈이었다. 저 돈을 받는다면 알바를 하지 않아도 되므로 학업에 더 집중할 수 있고 그럼 나는 그 시간에 취업을 위해 더 많은 준비를 할 수 있다는 생각이 들었다. 그렇게 되면 원하는 곳에 취직도 하고, 연애도 하며 남들처럼 평범하게 살 수 있겠다는 계산을 끝마쳤다. 내 삶이 순탄해지는 순간이었다.

"그래. 지금 아기를 지우기에는 살인이나 다름없는 시기이다. 그렇다고 낳아서 내가 키울 수는 없다. 불안정한 가정 속에서 자라나는 아이의 심정은 누구보다 잘 아니까. 그래. 태어나서 딱 한 번. 내가 벌이는 죄 중 가장 큰 죄를 저지른다고 생각하자."

그 순간, 또다시 태동이 느껴졌다.

VIP

혹시라도 분양 받는 사람들이나 아기를 낳는 사람들이 지인을 만나게 되면 일이 곤란해진다는 점을 감안하여 병원은 서울에서 가까운 강원도에 설립하였다고 했다. 1층은 진료소 2층은 분만실과 주사실, 수술실 등이 있고 3층은 아기들이 4층에는 산후 조리원 5층에는 분양 사무소가 위치해 있는 5층짜리 건물이었다. 병원 시설은 서울 유명 병원 못지 않았다. 분양 받는 사람들 대부분이 부유층에 속하기 때문에 병원의 시설이나 의사, 간호사들의 학력이나 기술들이 모두 최고로 이루어졌다고 했다. 그렇다면 왜 그렇게 돈 많은 사람들이 정식적인 입양 절차를 밟지 않고 이렇게 불법적으로 아기를 분양받는 것일까? 어느 질문에나, 어느 행동에나 이유는 있었다. 그들은 자신의 아기의 '근본'에 대해 알고 싶었고 그들의 입양 사실을 숨기고 싶어 했다. 이왕 자신이 아기를 선택해서 데려갈 수 있다면 그들은 자신의 아기가 커서 예쁘고, 잘생기고, 똑똑하고, 키가 크기를 바란다. 그걸 알고 싶으면 우리 몸에는 숨길 수 없는 유전자를 알면 된다. 어떤 엄마와 아빠 사이에서 만들어진 아기인지를 알면 그 궁금증은 조금 해결이 되는 것이다.

　그녀를 만난 뒤 모든 상황이 나에게 평온함과 안정감을 주었다는 생각을 했다.

사이다가 먹고 싶을 때

　임신 동안 여러 번 남자친구가 생각이 났다. 자신의 유전자를 이어받은 아기가 지금 이 세상에 나오려고 하는 것을 알고나 있을까? 만약 우리가 헤어지지 않았더라면 그와 나는 지금 이 사건을 어떻게 대처하고 있을까? 불현듯 억울해졌다. 헤어지고 난 뒤 이런 일이 생기면 모든 피해는 여자가 받는 걸까? 왜 하필 난 여자로 태어난 거지? 너는 남자아이라 다행이다.

　생각은 꼬리에 꼬리를 물었고 마치 내 배에 생긴 긴 줄 마냥 끝없이 흘러내리는 듯했다. 이럴 때는 꼭 사이다가 생각이 났다. 어렸을 적 엄마가 나에게 만들어준 습관이었다.

　"눈물이 나거나 울고 싶어질 때는 사이다를 마셔. 그러면 이 톡톡 쏘는 것들이 너의 슬픔을 없애줄꺼야."

　그 습관은 지금까지도 이어졌다. 하지만 이곳에 온 뒤로는 사이다를 마시지 못하고 있었다. 최상의 조건의 아기를 탄생하게 하려면 나의 노력이 필요했다.

　조금 전에 마시고 남은 옥수수수염차를 가방에서 꺼내 마시고 핸드폰을 집어 든다. 부재중 전화가 2통이 와 있다. 모두 그녀에게서 온 것이다. 나는 그녀에게 전화를 건다. 내 아기를 분양한 사람들이 내가 아기를 낳기 전까지 산후조리원에 묵기를 원한다는 것이다. 모든 병원비와 음식 역시 그 사람들이 대주겠다고 했다고 한다. 나로서는 나쁠 것이 없다. 혼자 살기 때문에 갑자기 아기가 나오면 어쩌나 걱정하지 않아도 되고, 무엇을 먹어야 하는지 고민하지 않아도 된다. 그리고 매달 나가던 월세비도 절약할 수 있다. 지금까지 태명을 지을 필요가 없었지만 지금 이 순간 태명을 지어주고 싶다. 복덩이라고. 한순간의 실수가 나의 극단적인 선택에 의해 좋은 일들로 바뀌게 만들어 주었으니까.

남은 옥수수염차를 한 번에 마신다. 아기를 낳는 그 순간 나는 물 대신 그 동안 못 마신 사이다를 마시고 싶다.

3,000만 원어치의 사이다

12시간 만의 고통은 새로운 인간을 만든다. 난 끝내 아이의 얼굴을 보지 못했다. 지금까지 그 아이의 어떠한 것도 궁금해 하지 않으려고 노력했다. 아기에 대해 무언가가 궁금해지려고 할 때면 영화를 보고, 게임을 했다. 가만히 누워있는 이 순간 수많은 궁금증이 스쳤지만 그 궁금증은 끝내 풀 수 없는 것들이었다. 답답한 마음이 들어 산후 조리원에 돌아가자마자 나는 동전을 들고 병원 복도로 나선다. 회음부가 아물지 않아 아직 거동이 불편하지만 지금 나에겐 너무도 필요한 것이 있다.

자판기 앞에 선다. 나는 동전을 넣고 주저 없이 사이다를 누른다. 선택받은 사이다가, 기다렸단 듯 명쾌하게 떨어진다. 나는 사이다를 주워서 뚜껑을 따고 벌컥벌컥 마신다. 누군가가 이런 내 모습을 보았다면 마치 사막에서 오아시스라도 찾은 사람인 줄 착각했을 것이다. 사이다를 마시는 동안 그 동안 있었던 기억들이 모두 스쳐 지나간다. 눈물인지 땀인지 모르는 것이 뺨을 타고 흘러 내려 사이다

캔 속을 다시 채운다.

나는 창밖을 내다 본다. 새로운 인간이 태어나는 동안 세상은 그대로 안녕하다. 먼 산을 바라보며 그 누구도 내게 해주지 않은 말을, 듣지 않아야 마땅한 내 자신에게 말한다.

"수고했다. 이제 조금 쉬자."

어쩌면 계획을 바꿔야 할지도 모른다는 생각을 한다. 옷을 사 입고, 운동을 하고, 다른 친구들을 만나고, 대학교를 다니기 위해. 그것을 할 수 있는 시간들이 오기까지. 갑자기 가슴에서 무언가 새어 나와 윗도리를 적신다. 주인을 잃은 모유가 끝없이 흐른다.

저 멀리 새 아파트가 지어지는게 보인다. '분양 합니다'라고 적힌 현수막이 바람에 펄럭인다.

요즘 저런 집은 얼마일까? 훗날 나도 저런 집을 분양 받아 화목한 가정을 꾸려 나갈 수 있을까? 분양, 참 말이 쉽다.

| 작가노트 |

20년 전, 선생님을 만나 처음 소설을 썼습니다.

설레였습니다.

20년이 지난 지금, 선생님의 전화 한 통으로 잊고 살았던 소설을 다시 만났습니다.

설레였습니다.

제 인생의 설레고 단단한 한 페이지가 되어주셔서 진심으로 감사드립니다.

유정 문구

이 찬 옥

동네 사람들은 나를 보고 착한 여자라고 한다. 내가 운영하는 문방구 상호 '유정문구'에 어울리게 정이 넘친다고도 한다. 작은 얼굴에 눈이 커서 금세라도 눈물이 떨어질 것 같은 나의 외모도 한 몫한다. 이 동네에서 여러 해 문방구를 하는 동안 특별히 사람들에게 나쁜 인상은 주지 않았으니 그럴 만도 하다. 게다가 여름날 날씨가 더울 때면 문방구 앞에 간이 의자를 놓고 앉아서 오고가는 사람들과 인사를 나누고 마음이 동하면 반값 세일을 하는 아이스크림으로 선심을 쓰기도 했다. 옆 가게인 '김밥천국'과 맞은편에 있는 '싱싱청과'와 심지어 좁은 골목을 사이에 두고 있는 '대성약국'조차 그동안 손님들과 심심찮게 악다구니가 일어났어도 문방구에선 그런 일이 한 번도 없었다.

굳이 문방구에서 일어났던 일을 따지자면 일 년 전 남편이 실종되어서 며칠간 문을 닫았을 때뿐이다. 동네 사람들은 닫혀있는 문을 두드렸고 한참 만에 나가보면 김밥천국 남자가 갖다 놓은 김밥이 어묵 국물과 함께 놓여있었다. 싱싱청과 총각이 놓고 간 커다란 멜론은 그 당시 나의 갈증을 시원하게 풀어주었다. 여름 내내 나는 넋이 나간 표정으로 문방구 밖 빨간 플라스틱 의자에 앉아서 줄곧 뜨개질만 했다. 모자와 장갑 수십 개를 떠서 겨울에는 자선단체에 보내기도 했다.

싱싱청과 총각이 다가왔다. 아줌마, 이렇게 그냥 있는 것보다 사람을 찾는 전단지를 벽에 붙여보는 게 어때요? 내가 멍한 표정으로 올려다보고 있으려니까 싱싱청과 총각이 재촉했다. 아저씨 사진 좀 갖고 와보세요. 나는 얼김에 문방구 안쪽 진열장 위에 놓여있던 액자에서 남편과 나란히 찍은 사진을 꺼냈다. 그 사진을 그대로 주어도 좋으련만 나는 그 사진의 반을 찢어 나만 남은 사진을 액자에 도로 넣었다. 나는 A4 용지에 남편의 사진을 복사해서 싱싱청과 총각에게 내밀었다. 나는 싱싱청과 총각이 시키는 대로 여백에 남편의 나이와 이름, 실종되던 날의 인상착의를 적어 넣었다.

「이름 : OOO

나이: 38세

키: 170센티미터

특징: 실종 당시 녹색 나뭇잎 무늬의 반팔 남방을 입고 있었음.」

그날 남편의 인상착의는 또렷했다. 나는 전단지를 복사했다. 복사된 남편의 얼굴은 주민 센터 게시판에서 보았던 지명수배범 같기도 했다. 싱싱청과 총각은 자기가 틈나는 대로 전단지를 붙여주겠다고 했다. 나는 우선 전단지 백 장을 복사 했다. 복사된 종이가 한 장 씩 나올 때마다 복사기에선 불빛이 번쩍거렸다. 시간이 갈수록 복사기에서 열이 났다. 남편이 산속 동굴에서라도 있다가 나오는 듯 했다. 나는 그날, 문방구를 시작하고 복사기를 장만한 이래로 가장 많은 복사를 했다. 처음으로 복사기 값을 톡톡히 한 셈이었다.

오년 전, 세월의 두께가 쌓인 오래된 건물로 세 들어 왔다. 사실 따질 게재가 못되었다. 방 한 칸과 재래식이지만 수도 시설이 있는 부엌이 있는 것만으로도 감지덕지했다. 일찌감치 가출을 해서 가족의 정 없이 살아온 남편과 나는 방 한 칸이라도 생긴 게 감개무량했다. 남편은 고등학교를 졸업하고 집을 나와서는 여러 곳을 전전하다 십여 년을 줄곧 그 동네의 가구공장에서 일했다. 나와 살림을 차릴 무렵에는 기침을 심하게 했다. 나는 어떻게 해서라도 내가 먹여 살릴 테니 가구 공장 일은 하지 말라고 했다. 그동안 내가 번 돈을 털어 살림집을 겸한 상가 보증금 천만 원을 냈다. 머리를 짜고 짜내어 문방구를 하기로 했다. 남편과 함께 지낼 수 있고 남편도 일을 할 수 있으니 다행이라고 생각했다. 그 동네는 마을버스가 다닐 정도의 골목 양쪽으로 잡다한 상가와 가구점을 겸한 공장들이 늘어서 있었다. 가구 공장을 상대로 한 음식점과 술집은 성황을 이루었으나 사실 문방구는 어울리지 않는 업종이었다. 상가 뒤편으로 오래된 집들이 있고 두세 동으로 이루어진 작은 아파트가 있었을 뿐이니 문구류를 살 아이들도 많을 리 없었다. 다행히 일 킬로미터 정도 떨어진 곳에 초등학교가 있었는데 이 동네에 사는 아이들은 문방구를 거쳐서 통학 했다.

  빠진 날이 더 많을 정도로 겨우 고등학교 졸업을 하고 공부에는 애착이 없었으면서도 장사를 하려고 생각했을 때 꼭 문방구를 하고 싶었다. 이미 가구 공장을 그만 둔 남편은 나의 의견에 별 이의가 없었다. 상가를 소개한 부동산 아저씨는 문방구를 하려는 우리 부부를 말렸다. 그럴수록 나는 더욱 그래야할 것 같은 오기 같은 것이 생겼다. 그리 넓지 않은 세 평 남짓의 공간에 사방 벽면으로 물건 거치 선반을 짜 넣고 유리 장을 놓았다. 문방구 꼴이 제법 갖춰졌을 때는 마음이 설레어서 제대로 잠도 이룰 수가 없었다. 진열장은 문구제조사에서 갖다 준 문구류로 가득 찼다. 가구공장에서 목재 먼지를 마셔 가며 일하던 남편도 뭔지 모를 기대로 가득 차 눈이 반짝였다.

등교 시간인 아침에 열 댓 명 아이들이 다녀갔다. 하교를 하는 오후 역시 마찬가지였다. 바쁜 시간이 지나 남편과 아침 식사를 하기 위해 문방구 문을 잠그려 할 때였다. 김밥천국 옆에서 화장품대리점을 하는 여우같이 생긴 여자가 건너왔다. 그래도 옛날엔 문방구가 잘되었는데. 요즘은 학교에서 학용품을 도매로 구매해서 아이들에게 나누어 준대요. 남이 잘되는 꼴은 못 볼 것 같은 여자가 한 마디 덧붙였다. 문방구 밖에다 여러 가지 갖다 놔 봐요. 뭐, 오락기라든가. 사실 문구류만을 팔아서는 별로 남는 것이 없었다. 우선 문방구 밖으로 냉동고를 갖다놓고 반값 세일을 하는 아이스크림을 가득 채워 놓았다. 동전을 넣고 누르면 사탕이나 장난감, 액세서리가 나오는 기계도 놓았다. 오백 원짜리 동전을 넣고도 자기 능력만 있으면 얼마든지 계속할 수 있는 오락기도 서너 대 들였다. 오후가 되면 문방구 밖은 오락을 하고 뽑기를 하는 아이들로 고물거렸다. 오락기에서 나는 전자음이 그치지 않았고 가끔 아이들 사이에서 자리를 다투는 악다구니가 있었다. 문방구 옆에 있는 김밥천국과 화장품 가게, 좁은 골목 건너편에 있는 대성약국에 방해가 되지 않을까, 의식이 되기는 했다. 대성약국의 늙고 마른 여자 약사는 가끔 나와서 문방구 쪽에 눈길을 주며 헛기침을 하고 들어갔다. 김밥천국 남자는 문방구에 들른 아이들이 가끔 들어와 김밥이나 떡볶이라도 먹을 줄 알았는지 내심 반기는 눈치였다. 건너편 싱싱청과 총각이 문방구 쪽을 건너다보며 소리쳤다. 이제 이 동네에 활기가 도는 것 같네. 아줌마가 복덩인가 봐요.

　가구 공장에서 일하던 것보다는 훨씬 편해졌을 남편의 얼굴에도 화색이 돌았다. 아이들이 등교하는 바쁜 시간이 끝나면 남편은 문방구 밖으로 기계들을 내놓고 들어왔다. 그때마다 남편은 문방구

문을 잠그고 '외출 중'이라는 팻말을 내걸었다. 하루가 멀다 하고 나에게 달려드는 남편이 처음엔 싫지 않았다. 신혼 때는 하루에도 몇 번씩 그렇게 할 수 있다는 얘기도 들은 터였다. 그렇게 반년이 지났을 때였다. 남편은 심각하게 말했다. 우리 이제 애가 들어설 때 된 거 아닌가? 특별히 가족계획을 한 적도 없었기 때문에 남편의 그 말에 나도 의구심이 생기긴 했다. 더구나 허구한 날 그 짓을 해대는데 생기지 않는 게 이상하기는 했다. 병원에 가서 여러 가지 검사를 했다. 의사는 심각하게 말했다. 아기집이 생기기 힘들어요. 남편에게 의사가 한 말을 그대로 했다. 이상하게 나는 영원히 아기를 가질 수 없을 것이라는데도 큰일이라는 생각이 들지 않았다. 사실 전부터 나는 아이에 대한 기대를 하지 않았다. 나를 사랑해주는 남편이 있으면 좋겠다는 생각만 했다. 남편도 나의 그런 태도에 압도당했는지 별말이 없었다.

오후에 아이들이 오는 시간이면 오락기나 뽑기 통이 막혀 동전을 먹는 등 자잘한 일들이 많았다. 언젠가부터 남편은 모든 일에 적극적으로 나서지 않았다. 문방구에 딸린 방에 벌렁 누워있거나 그것도 여의치 않으면 성성청과에 가서 참견을 하였다. 나 혼자 발을 동동 구르더라도 굳이 그런 남편을 불러들이지 않았다. 가끔 대낮에도 동네 술집에서 술을 마시고 얼굴이 불쾌해져서 들어왔다. 나는 그때 남편을 방안으로 밀어 넣고 나오지 못하게 했다. 아이들 코 묻은 돈이긴 했지만 문방구 월세와 이것저것 잡세를 내고도 남편과 내가 먹고 살 만큼은 되었다. 나는 그 생활에 만족했다. 나는 자주 콧노래를 흥얼거렸다.

어릴 때 나는 술 취하지 않은 아버지를 본적이 별로 없었다. 아버지는 달랑 여동생과 나뿐인 자매를 별로 좋아하지 않았다. 아버지에게는 그렇게 예쁜 존재라던 딸을 안아준 적도 없었다. 한밤중에 술 취해서 들어오면 엄마와 다투는 소리가 들리고 조금 지나면 엄마의 절규와 매질 소리가 들렸다. 동생과 나는 건너편 방에서 문을 잠그고 이불을 뒤집어 쓴 채 오돌오돌 떨었다. 아버지의 행패가 더 심해지면 엄마는 우리 자매를 데리고 며칠 씩 이모 집이나 친하다는 친구 집으로 피신을 했다. 이모나 엄마 친구의 시선은 곱지 않았다. 아침에 학교에 가기 위해 화장실을 쓰거나 밥을 먹을 때면 더욱 눈치가 보였다. 그나마도 사흘만 지나면 대놓고 우리가 떠날 것을 권했다. 그때 나는 차라리 아버지의 폭력이 있는 집이 낫겠다는 생각을 했는데 엄마는 그렇지 않았나보다. 우리 자매가 더 크고 엄마가 병이 들었을 때도 아버지의 폭력은 줄어들지 않았다. 성인이 되기까지 수년을 주유소, 편의점, 음식점 등에서 알바를 하였지만 내가 안락하게 지낼 집은 없었다. 이 동네 가구 공장에서 말이 경리이지 온갖 허드렛일을 하면서 겨우 내가 쓸 방 한 칸을 구했다. 남편과 만나기 전 몇 년을 성냥갑만한 방에서 생활 했지만 눈치 볼일도 없고 누구의 간섭도 받지 않는 천국 같은 곳이었다.

 문방구를 시작 한 뒤에 그럭저럭 2년이라는 세월이 흘렀다. 행운의 여신이 우리 편이라도 되는 듯 동네에 변화의 바람이 불었다. 동네의 중심이 되었던 레코드 공장이 헐리고 2천 세대 가까이 되는 아파트가 생겼다. 그 규모에 걸맞게 초등학교와 중학교도 들어섰다. 도로가 새로 나고 하천이 정비되었다. 많은 가구공장들이 이전을 하고 폐업을 하였다. 그 자리에는 새 건물의 상가가 들어섰다. 내가 있던 상가도 세를 올려 받았지만 다행히 주인은 나가라는 말은 하지 않았다. 오히려 상가 주인들이 합세하여 건물 전체 리모델링 공사를 하였다.

아파트 쪽문 바로 옆에 있는 우리 문방구는 아침저녁 등하교를 하는 학생들로 몸살을 앓을 정도로 붐볐다. 남편이 문방구 안에 있는 방에서 거드름을 피울 틈도 없었다. 사는 일에 시들하던 남편은 다시 활기를 찾는 것 같았다. 저녁이면 현금을 세는 재미가 쏠쏠했다. 얼마간 남편과 나는 마치 로또에 당첨된 것처럼 얼이 빠져 있었다. 한꺼번에 사람이 몰릴 때면 나는 정신을 똑바로 차렸다. 남편에게 여기저기 숨어있는 문구류를 찾게 하고 나는 열심히 계산기를 두드렸다. 나는 항상 웃는 얼굴로 손님이 들어올 때마다 큰 소리로 인사했다. 사람들은 나보고 참 친절하다고 했다. 남편과 내가 둘이서 문방구에 있으면 사람들은 부부가 매일 함께 있으니 얼마나 좋겠냐고 했다. 어떻게 저리 참한 신랑이 있냐고도 했다. 그동안 거의 없던 복사를 하는 손님도 생겼다. 그럴 때는 나는 남편에게 물건을 팔게 하고 복사를 했다. 복사할 것이 많아 시간이 한참 걸리면 나는 기분이 좋았다. 책속의 활자들이 복사될 때 나는 내가 그 내용을 읽은 것 같은 기분이 들었다. 가방끈이 짧은 내가 꽤나 유식하게 느껴졌다. 복사를 할 때 기차 지나가는 소리가 들렸다. 치익 칙, 치익 칙. 소리와 함께 흘러나오는 빛도 좋았다. 마치 내가 밤기차를 타고 어디론가 떠나는 기분이 들었다.

아파트와 초등학교가 들어서 문방구에 활기가 생길 무렵 방 두 칸짜리 전세는 얻어나갈 만큼 돈이 모였다. 나는 좀 더 욕심이 생겨 아파트로 갈 때까지 이사를 미루자고 했다. 그때 이사를 했으면 아무 일도 일어나지 않았을까. 남편이 달라진 건 그 즈음이었다. 남편은 아이들이 몰려들어 바쁜 시간에 나 혼자 절절 매어도 방에서 꼼짝도 하지 않거나 휑하니 나가버리기 일쑤였다. 밤중에 문 닫을 시간이 되어서야 술이 떡이 되어 들어올 때도 부지기수였다. 싸움

같은 건 싫어 그런 남편을 그냥 내버려두었다. 그래도 어쩔 수 없을 땐 잔소리를 좀 하기는 했다. 그 때 나를 쏘아보는 남편의 눈빛은 무서웠다.

그날은 가게에 체육 기구 같은 묵직한 물건들이 들어와 남편의 손길이 필요한 날이었다. 미리 남편에게 도움을 부탁했는데 남편은 함흥차사였다. 전화를 해도 받지 않았다. 나는 그날 단단히 별렀다. 남편에게 어떤 다짐이라도 받겠다고 결심했다. 남편은 밤늦게 술 냄새를 풀풀 풍기며 들어왔다. 도대체 당신은 허구 헌 날 뭐하는 거예요. 마누라는 혼자 뼈 빠지게 일하는데. 그 말 정도는 할 수 있지 않은가. 남편은 한참을 충혈 된 눈으로 나를 쳐다보더니 문방구 매장으로 나갔다. 벽에 무더기로 걸려있는 줄넘기 중에 하나를 빼왔다. 그리고는 난데없이 다짜고짜 내 몸을 후려쳤다. 내가 피할 겨를도 없이 남편은 연달아 줄넘기를 채찍삼아 때렸다. 나는 울부짖으며 그만하라고 소리쳤다. 남편은 그런 나를 조롱하듯이 흐흐거리기까지 했다. 나는 맞은 아픔보다도 어떤 충격에 휩싸여 그날 밤을 보냈다. 다음날 아침, 내가 정신을 차리고 자줏빛 멍이 든 부분에 타박상 연고를 바르고 있을 때도 남편은 푸푸 거친 숨을 몰아쉬면서 잠에서 깨어나지 않았다. 나는 쑤시는 통증을 참으며 아침 등교시간에 문방구에 들른 아이들을 웃는 얼굴로 맞았다. 등교시간이 지나자 나는 문방구 문을 잠그고 방으로 들어왔다. 남편은 그때서야 깨어나서 아무 말도 하지 않았다. 나는 말문이 막혀버렸다. 나는 남편에게 아침상을 차려주었다. 남편은 묵묵히 아침밥을 먹고 또 나갔다. 나는 그때 그렇게 하지 말아야 했다. 그때 가만있었던 것이 그 후의 사태를 불러왔다.

나는 남편이 어렸을 때의 아버지처럼 무서웠다. 나는 남편에게 아무 말도 할 수 없었다. 아무 말 없이 남편에게 밥을 차려주었고 금고에서 돈을 꺼내어 나가도 뭐라 하지 않았다. 아이가 없는 상태에서 너무 오래 산 것일까. 난 아이를 낳을 수 없었다. 그쯤에서 헤어져야 했을까. 나는 약국 옆 태양 부동산에서 전셋집을 알아보았다. 돈이 모자랐지만 조금 무리를 하면 안 될 것도 없었다. 남편이 예전처럼만 된다면 못할 것이 없었다. 나의 움직임을 알아챘는지 남편이 한마디 했다. 난 이사 가고 싶지 않아. 남편은 단호했다. 그에게 집은 별로 중요하지 않은 것 같았다. 나는 집 알아보던 것을 중단했다. 문방구가 잘되어 돈이 많이 벌렸지만 처음에 생각하던 간절한 희망 같은 건 없어졌다. 몸만 더 고달팠다. 달리 방도는 없었다. 별로 다를 것 없는 날들이 반복됐다.

 문방구엔 약간의 고가 품목들이 있다. 대개 야구배트, 배드민턴채와 같은 스포츠용품들이 그렇다. 남편이 두 번째 폭력을 휘두른 도구는 야구배트였다. 그 밤중에 재빨리 도망치지 않았더라면 나는 다음 날 온몸에 깁스를 해야 됐을 것이다. 나는 병원에 가지 않았다. 멍과 상처를 감추느라 그 더위에 긴 팔을 꺼내 입었다. 문방구 안에서 폭력의 도구가 될 만 한 것들은 꺼내서 눈에 띄지 않는 깊숙한 곳에 넣어 놓았다. 빨간색 고무 피복을 입힌 아령도 있었다. 그것은 단번에 내 머리를 반쪽으로 쪼갤 흉기로 보였다. 남편은 나를 때린 다음 날 아침 나가서 며칠 동안 집에 들어오지 않았다. 나와 살고부터 처음 있는 일이었다. 나는 기다리지 않았다. 궁금하거나 걱정도 되지 않았다. 그대로 들어오지 않아도 좋을 것 같았다. 아니, 그러길 바랐다. 한 번만 더 남편이 내 몸에 손을 대면 나도 어떻게 돌변할지 몰랐다. 남편은 어디 가서 다른 여자와 살면서 애를 만들었는지도 몰랐다. 나와 사는 것은 그냥 먹고 살기 위한 방편이라는 생각이

들었다. 김밥천국 남자는 남편이 키가 작고 얼굴이 까무잡잡한 여자와 같이 걸어가는 것을 봤다고 귀띔하였다. 아마도 우리나라 여자는 아니지 싶다는 말도 빼먹지 않았다.

아, 다 용서할 수 있었다. 남편이 열심히 일하지 않는 것도, 다른 여자와 함께 지내는 것도. 그러나 나에게 손을 대는 것만은 참을 수 없었다. 그건 사람의 도리가 아니었다. 그리고 남편은 내가 어려서부터 떠돈 이유를 알고 있었다. 그렇다면 더 용서할 수 없는 일이었다. 무더운 날이 계속되는 팔월 초순이었다. 김밥천국, 약국 등 상가의 모든 매장들이 휴가라는 팻말을 걸고 떠날 때였다. 이미 남편과 나 사이에 휴가 같은 걸 거론할 때는 아니었다. 방학을 해서 거의 손님이 없는 문방구 문을 매일 습관처럼 열고 닫고 했다. 별로 할 일도 없는데 웬일인지 남편은 고분고분 내 일을 돕는 시늉을 했다. 옆 상가 사람들이 얼굴이 까매져 휴가에서 돌아올 무렵이었다. 아파트 담장 위로 배롱나무에 핀 붉은 꽃송이가 유난히 눈에 띄었다. 낮이 길어 어둑어둑 해졌을 때는 꽤나 시간이 되었을 게다. 때를 넘기는 것이 아쉬워 배도 고프지 않은데 냉장고에 넣어둔 콩 국물을 꺼내 국수를 말았다. 국수 가락을 후루룩 넘기며 남편이 말했다. 우리 헤어지자. 문방구를 빼서 돈은 반씩 나눠가지고 서로 다른 데로 가자. 나는 헤어지자는 데는 천 번이라도 동의할 수 있었지만 돈을 나눠가지자는 말엔 부르르 화가 났다. 괘씸하기 짝이 없었다. 법적으로 혼인한 사이가 아니니 분쟁의 여지는 없었다. 서로 말로만 잘 합의하면 되는 것이다. 나는 그럴 수 없노라고 했다. 당신만 나가면 되겠다고 했다. 돈 같은 건 일체 없다고. 남편은 나의 그 말에 굳은 얼굴이 되었지만 별말이 없었다. 사실 말이 없는 남편이 무서웠다.

남편은 곧바로 나가더니 한참 지나 소주병을 나발 불며 들어왔다.

진열대 위에 쌓여있던 노트와 색종이 등을 밀어내더니 구석에 숨겨놓았던 야구 배트를 찾아냈다. 흐흐거리며 나에게 다가왔다. 술에 취해 정신이 없는 와중에도 문방구 문을 걸어 잠그는 것을 잊지 않았다. 나는 흠씬 두들겨 맞았다. 나는 소리조차 낼 수 없을 만큼 생의 의지가 꺾였다. 나는 고스란히 매를 맞았다. 남편도 그런 내게 맥이 빠졌는지 제 풀에 꺾여 야구 배트를 내려놓았다. 남편은 깡 소주를 마시다가 곯아 떨어졌다. 온몸이 욱신거리면서 화끈거렸다. 연락을 끊고 산지 오래된 엄마에게 갖다 준다고 박스로 사놓았던 파스도 어디론가 자취를 감추었다. 대성약국은 휴가 중이었다. 나는 남편이 마시다가 남긴 소주를 컵에 따랐다. 나는 소주를 단숨에 마셨다. 온몸이 욱신거리던 통증이 사라지는 듯 했다. 오래전 부엌 바닥에서 등을 돌리고 앉아 술을 마시던 엄마의 모습이 떠올랐다. 병원에 한 번 갈 수 없었던 엄마의 치료약이었던 것이다. 힘이 불끈 솟았다.

맨바닥에 웅크려 자고 있는 남편이 마디가 있는 벌레처럼 보였다. 나는 방문턱에 걸터앉아 남편이 누워있는 방안과 문방구 매장에 골고루 눈길을 주었다. 문방구 안 진열대와 진열대 사이 벽에 걸려있는 한 다발의 줄넘기가 눈에 들어왔다. 키가 닿지 않아 평소 남편을 시켜 꺼내 달라고 했던 것이었다. 나는 의자를 벽에 붙이고 올라가 줄넘기 하나를 꺼냈다. 선수용으로 나온 길고 굵은 줄이었다. 나는 올가미를 만들었다. 세상모르고 곯아 떨어져 있는 남편의 목에 걸었다. 나는 올가미를 건 남편의 머리를 베개에 놓았다. 남편은 그러도록 기척이 없었다. 나는 마치 놀이라도 하듯 담담하게 남편의 몸을 다루었다. 올가미의 두 가닥 긴 줄을 두 손으로 쥐었다. 힘껏 쥐고 한 번만 당기면 된다. 그러면 남편은 소리 한 번 지를 사이도 없이 이 세상을 떠날 것이다. 하나, 둘, 셋. 나는 줄을 양손에 잡고 있는 힘을 다해 세게 당기었다. 남편이 눈을 부릅떴거나 숨넘어가는 소리를 냈을 것이다. 그러나 나는 보지도 듣지도 못했다. 줄넘기 자국으로 깊게 패인 남편의 목은 벌겋게 되었다. 평소에 먹지 않던 술을 마신 술기운의 위력은 대단했다. 나는 축 늘어진 남편을 방에서 끌어내려 줄넘기 줄로 남편을 포승줄로 묶듯 감았다. 초등학교 봄 운동회 때 팔았던 깃발 천으로 남편을 덮어씌우고 다시 한 번 꽁꽁 묶었다. 거의 사용한 적 없는 캐리어에 남편을 밀어 넣었다. 팔과 다리를 종이 접듯 꺾어 가방 속으로 욱여넣었다. 나는 남편을 넣은 캐리어를 끌고 하천 쪽으로 올라갔다. 술기운으로 생긴 힘은 아직 남아있었다. 한밤중의 거리에는 사람이 없었다. 초등학교를 지나면 드문드문 있는 집들과 아파트를 지을 부지에 있는 주말 농장뿐이었다. 땀이 삐질삐질 났다. 어쩌면 자동차보다도 속력이 더 났을 걸음걸이로 동네에서 한참 떨어진 저수지까지 갔다. 옛날에 이 저수지에서 낚시도 하고 여름에는 유원지이기도 했다는데 산과 들을 허물어 아파트를 짓고부터는 거의 쓰레기 매립지가 되어가고 있었다. 나는 저수지를 한 바퀴 돌아 사람의 접근이 거의 없을 지점에 보자기로 싸인 남편을 밀어 넣었다. 돌아오는 길, 달그락 달그락 캐리어 바퀴소리가 크게 들렸다. 사람은 없었다. 야생 고양이가 눈빛을 쏘며 후다닥 달아났다.

다음날 점심 때 과부 꽃집 '소록소록'에 들렀다. 꽃집 바깥 진열대엔 빨강, 분홍, 하양 여러 가지 색깔의 제라늄이 있었다. 나는 빨간색 제라늄 화분을 들었다. 아는 것이 많아 말도 많은 꽃집 과부가 말했다. 빨간색 제라늄 꽃말은 사랑 그리고 결심이야. 그 말을 들으니 나의 선택이 더 맘에 들었다. 나는 작은 제라늄 화분 세 개를 가

겨와 필기구 진열대 위에 올려놓았다.

 분양이 되지 않아도 아파트 정문, 후문, 쪽문 쪽으로 새 상가 건물이 계속 들어섰다. 아파트 입주 2년이 다 되어가는 데도 상가의 반은 비어있었다. 후문 쪽으로 대형 문구점이 들어섰다. 매장 크기만 해도 내가 하는 문방구의 서너 배는 되었다. 물건 가격도 싸다고 했다. 회원이 되면 카드를 만들어주고 포인트도 쌓인다고 했다. 문구류를 사러 오는 아이들은 뚝 떨어졌다. 자주 문방구를 들러 얼굴을 익혔던 학부모와 아이들이 문방구 앞을 빠르게 지나갔다. 그래도 문방구 앞 오락기에서 게임을 즐기고 뽑기를 하는 아이들은 사라지지 않았다. 대형 문구점에선 복사비도 싸다고 했다. 나는 <복사해드립니다>라고 새긴 흰색 아크릴 판 위에 대형 문구점과 같은 가격을 빨간색 매직으로 써넣었다. 복사하는 것마저 빼앗기고 싶지 않았다.
 동네는 점점 바뀌어갔다. 대기업에서 운영하는 대형 마트가 생겨서 돌씨슈퍼가 문을 닫았다. 싱싱청과의 총각도 장사가 안 되어 큰일이라고 했다. 골목 모퉁이에서 떡볶이나 순대를 팔던 포장마차들도 체인점 형태의 깨끗하고 맛도 좋은 떡볶이 집에 밀려 자취를 감추었다. 사실 문방구도 대형매장이 생긴 뒤로 매출이 반이나 줄었지만 나는 떠나고 싶지 않았다. 상가 주인을 찾아가 장사가 안 된다고 사정을 하니 월세를 좀 내려주었다. 주인도 들어올 사람이 없으니 별 수가 없었던 것이다. 나 혼자 먹고 사니 큰돈이 필요하지도 않았다. 시간이 많아져 한가해졌다는 것이 달라진 점이었다. 싱싱청과 총각은 그만 장사를 접을지 말지 노상 울상이었다. 이번만은 잘해보려고 했는데 정말 재수가 없다고 했다. 한가하니까 말라가는 채소와 과일에 툭하면 물을 뿌렸다. 가게 앞도 뻔질나게 쓸어댔다. 이제는 남의 집 장사까지 신경 쓸 처지가 되었으니 정말 장사가 안 되기는 안 되나 싶었다.

 싱싱청과 총각이 내 남편의 실종을 걱정하며 사진을 달라고 할 때만 해도 거기까지려니 생각했다. 내가 남편 찾는 전단지를 복사 해 놓고 쌓아두고 있으니 이제 그것까지 참견이었다. 아니 그렇게 쌓아만 두면 어떡해요? 사방팔방 다 붙여도 아저씨가 돌아올까 말까 한데. 도대체 그렇게 한숨만 쉬면 어떡해요? 싱싱청과 총각은 나를 나무라면서 말했다. 그리곤 진열대 위에 있는 접착테이프를 찾아내어 전단지를 한 움큼 집어 들고 나갔다. 자기네 가게를 봐달라는 말도 잊지 않았다. 오전 시간이라 싱싱청과도 손님이 없기는 마찬가지였다. 대형마트에선 이런 시간에 오히려 부지런한 주부들이 차를 몰고 와서 여유롭게 장을 본다는 얘기는 들었다. 싱싱청과 총각은 두 시간여가 되어 땀을 뻘뻘 흘리며 돌아왔다. 그동안 싱싱청과에선 김밥천국 남자가 냉면 구미로 쓴다고 방울토마토 한 바구니를 사갔을 뿐이었다. 나는 싱싱청과 총각에게 믹스커피로 탄 냉커피를 한 컵 가득 따라 주었다. 싱싱청과 총각은 냉커피를 단숨에 벌컥벌컥 마셨다. 아휴, 시원하다. 아예 전단지 붙이는 알바를 할까요? 하며 킬킬거렸다. 냉커피 한 잔 가지고는 안 될 일이었다. 라면을 끓일 테니 먹겠냐고 했다. 싱싱 청과 총각은 거기까지는 생각을 안했는지 감지덕지한 표정을 지었다. 그리고 문방구 안으로 따라 들어왔다. 한여름 좁은 방에서 뜨거운 라면을 먹으면서도 싱싱청과 총각은 맛있는 요리라도 먹는 것처럼 감탄을 연발했다. 이렇게 맛있는 라면은 처음 먹어봐요. 라면이라고 해도 같은 라면이 아니죠. 아줌마가 끓여준 라면이 정말 기가 막히네요. 지나친 아부라고 느껴졌지만 나쁘지 않았다. 오랜만에 누군가와 함께 식사를 할 수 있게 되어 기분이 좋았다. 남편과 사이가 좋던 시절도 떠올랐다. 싱싱청과 총각은 라면을 다 먹고 나가면서 내일 또 전단지를 붙이겠으니 복사를 해놓으라고 했다.

왜 쓸데없이 남의 일에 참견을 하느냐면서 복사를 하지 않을 수도 있었다. 그런데 이상하게도 나는 싱싱청과 총각 말을 잘 듣고 있었다. 저녁 시간에 나는 복사지 한 묶음을 꺼내어 복사를 시작했다. 한 장 한 장 남편의 얼굴이 빛 속에서 튀어나왔다. 남편의 얼굴은 웃고 있었지만 내겐 울상으로 보였다. 남편이 웃고 찍은 유일한 사진이었다. 남편의 얼굴은 내게 애원하고 있는 것 같았다. 남편의 얼굴이 복사기 아래에 쌓여갔다. 어쩌면 남편이 살아나 자기를 찾는 이 전단지를 볼지도 모르지. 어쩌면 정말 그럴지도 모른다는 생각이 들었다. 나타나서 자기를 열심히 찾아준 나에게 고맙다는 인사를 할지도 모른다. 그래, 나는 내가 할 수 있는 일을 다 한 것이다. 나는 복사를 다해놓고 흐뭇한 마음으로 열무김치에 밥을 쓱쓱 비벼 저녁을 먹었다.

다음날도 싱싱청과 총각은 마치 자신의 일터에 출근을 하는 사람처럼 문방구로 건너왔다. 오늘은 먼 동네까지 가서 붙여야겠어요. 그는 마치 자신의 업무 계획을 말하는 사람 같았다. 이제 몇 군데만 더 붙이면 아저씨는 분명히 돌아오실 거예요, 라는 위로의 말까지 했다. 그리고 급한 볼일이라도 보는 사람처럼 황급히 나갔다. 나는 싱싱청과 총각이 전단지를 붙이고 돌아왔을 때 어제와 동일하게 냉커피를 타 준 다음 라면을 끓여주었다. 이것 밖에 줄 것이 없어요. 나는 변명하듯이 말했다. 아이고, 아줌마도. 별 말씀을. 내가 얼마나 라면을 좋아한다고요. 매끼라도 먹을 수 있어요. 더구나 아줌마가 끓여준 것이 얼마나 맛있는데. 하면서 말도 살짝 놓았다. 남편은 라면을 좋아하지 않았다. 어쩌다 라면을 끓여주면 자신을 소홀히 대한다고 투덜거렸다. 나는 싱싱청과 총각이 참 착하다고 생각했다. 남편이 없어져 혼자 살게 된 나를 가엾게 여기고 더구나 별 것도 아닌 라면을 너무 맛있게 먹어주는 것을 보면 정말 좋은 사람인 것 같았다. 싱싱청과 총각과 결혼하는 사람은 행복할 것이다. 그 생각을 하다가 그에게 그렇게 말해주니까 싱싱청과 총각은 몸 둘 바를 몰랐다. 그런 모습을 하는 걸 보면 그는 정말 착하고 좋은 남자다. 그날 밤도 나는 남편을 찾는 전단지를 복사했다. 비운의 인생을 살다 갔다는 프랑스 여가수의 '장밋빛 인생'이란 노래를 들으면서.

　싱싱청과 총각이 전단지를 붙여준다고 나가기 시작한 지 열흘이나 되었다. 라면 박스가 비워지고 있었다. 싱싱청과 총각은 전단지를 전봇대나 담벼락에 붙이는 것 말고도 지나가는 사람들에게 나눠준다고 하였다. 싱싱청과 총각과 나는 라면을 먹고 나서 문방구 밖에 있는 등받이가 없는 플라스틱 의자에 앉았다. 나는 두터운 실로 겨울 스웨터를 짜고 싱싱청과 총각은 남의 집처럼 자기네 가게를 건너다보았다. 어쩌다 과일을 찾는 손님이 오면 부리나케 뛰어갔다. 문방구에 온 아이들이 가끔 싱싱청과 총각을 흘낏거렸다. 아줌마, 저 아저씨랑 결혼했어요? 그렇게 묻는 아이도 있었다. 김밥천국 남자가 밥 때가 지나서 한가해질 시간이면 가게를 나와 어슬렁거리며 합류했다. 그렇게 붙어있으면 정분난다니까. 아줌마야 그렇다 치고 총각인 자네가 좀 억울하지 않나. 늙수그레한 김밥천국 남자는 마치 자기 일이라도 되는 양 혀를 끌끌 찼다. 아휴, 형님도 참. 나는 그냥 이 아줌마가 안돼서 도와주는 것뿐이라니까요. 싱싱청과 총각은 정말 착했다. 나는 가끔 오십 프로 세일하는 아이스크림을 꺼내주었다.

정말 김밥천국 남자 말대로 나는 싱싱청과 총각하고 정이 들었는지도 모르겠다. 복사를 해놓고 나면 은근히 총각이 기다려졌다. 어떻게 하면 라면을 더 맛있게 끓일까 고민하기도 했다. 총각은 이렇게 열심히 복사를 하고 전단지를 붙이는데 왜 남편이 안 나타나는지 모르겠다고 슬픈 얼굴을 했다. 아줌마, 아저씨 꼭 돌아올 거예요. 이렇게 착하고 예쁜 아줌마를 두고 안 오면 정말 바보지. 싱싱청과 총각의 위로는 달콤했다. 나는 이제 라면 대신 더 맛있는 것을 만들어주어야겠다고 생각했다.

날이 너무 더웠다. 소나기도 한 줄기 내리지 않았다. 남편이 없어진 지 일 년이 되었다. 이 동네 가게들은 거의 다 문을 닫고 휴가를 떠났다. 가까운데 물놀이라도 다녀와야지 미치지 않겠냐고 사람들은 입을 모아 말했다. 싱싱청과도 문을 닫았다. 총각이 건너왔다. 머리통만한 수박을 한 통 들고서. 나는 화채를 만들어 줄 테니 방으로 들어가 있으라고 했다. 내가 화채 그릇을 들고 들어갔을 때 싱싱청과 총각은 웃통을 벗고 있었다. 계속 틀어대 더운 바람이 나오는 선풍기에 땀에 찌든 반 팔 남방을 대고 있었다. 싱싱청과 총각은 기다렸다는 듯이 나에게 다가왔다. 나는 올 것이 이제 왔다는 듯이 얌전하게 싱싱청과 총각이 하는 대로 몸을 맡겼다. 싱싱청과 총각은 격렬하게 몸을 움직이면서 땀을 뻘뻘 흘렸다. 나는 손을 뻗어 선풍기의 강풍 버튼을 눌렀다. 싱싱청과 총각은 사정을 하기 직전 내 몸에서 나갔다. 나는 굳이 그렇게 안 해도 된다고 말하지 않았다. 다시 한 번 싱싱청과 총각이 여자를 배려하는 남자라는 생각을 했을 뿐이다.

삼 일 동안 싱싱청과 총각과 나를 방해하는 사람은 아무도 없었다. 대성약국 부부는 일주일 동안 해외여행을 갔고 웬일인지 사이가 좋지 않은 화장품 집 여자들과 김밥천국 식구들이 어울려 서해 해수욕장으로 떠났다. 가끔, 열려진 방문 사이로 복사기 위 남편의 얼굴이 있는 전단지가 보였다. 그럴 때마다 나는 피식 웃었다. 남편은 절대 돌아오지 않는다. 싱싱청과 총각과 나는 정사 후에 싱크대만 달랑 있는 부엌에서 싱크대 수도꼭지에 고무호스를 연결해 샤워를 했다. 아줌마, 이렇게 시원한 피서는 처음이에요. 싱싱청과 총각은 너무 좋아했다.

휴가가 끝나고 싱싱청과 총각은 밤에 과일가게 문을 닫은 뒤에 문방구로 건너왔다. 아직 붙이지 않은 남편의 전단지가 쌓여있었지만 그것을 붙이러 나가겠다는 말은 이제 하지 않았다. 나 역시 아무 말도 하지 않았다. 나는 수백 장의 전단지를 검은 비닐에 넣어 쓰레기통에 처넣었다.

팔월 말 저녁 바람은 시원해지기 시작했다. 사람들은 경기도 좀 풀린다고 말했다. 상가 사람들은 저녁 장사를 시작하기 전 잠시 휴식을 취하러 가게 밖으로 나왔다. 아휴, 아줌마. 요즘 뭐 좋은 일 있으신가 봐요. 얼굴이 피네, 펴. 우리 집 말고 좋은 화장품 쓰나봐. 여우같은 화장품 여자가 말 머리를 꺼냈다. 옆에 있던 김밥천국 남자가 야릇한 미소를 지으며 말했다. 싱싱청과 과일이 피부를 좋게 하거든. 요즘 비타민 좋은 것 새로 나왔는데. 대성약국 여자도 기어이 한 번은 끼어들었다. 소문은 발이 달렸는지 온 동네로 퍼졌다. 그 뒤로 화장품 여자는 안하던 발걸음을 자주 했다. 싱싱청과 총각이 문방구 앞 의자에 앉아있는 것이라도 보면 꼭 한마디 했다. 그러다 정말 정들겠어. 그러면 싱싱청과 총각은 변명이라도 하듯 머리를 긁적이며 말했다. 아, 나는 이집 아저씨 빨리 찾아줄라고 전단지 돌리는 것밖엔 없어요. 화장품 여자는 필시 싱싱청과 총각에게 마음을 두고 있었던 게다. 나는 화장품 여자에게 미안한 마음이 들지 않았다. 오히려 마음 한 구석에 어떤 자랑 같은 마음이 차올라 뻐근했다. 이제 나는 싱싱청과 가게 문이 닫히는 소리가 들리면 방을 정리하고 방안에 딸기향이 나는 방향제를 뿌렸다.

여름이 다 가도록 나는 문방구 앞 플라스틱 의자에 앉아서 뜨개질을 했다. 싱싱청과 총각이 입을 겨울 조끼를 떴다. 화장품 여자가 껌을 씹으면서 다가왔다. 언제 돌아올지도 모르는 서방님 위해서 이 더운 날 뜨개질을 다하고. 하여튼 열녀 났다니까. 싱싱청과 총각이 건너편에서 씩 웃고 있었다. 아줌마, 그런데 그거 아셔요? 나는 바늘로 실의 코를 끼우다 말고 화장품 여자를 쳐다보았다. 싱싱청과, 저 남자 총각 아닌 거 말예요? 그 말을 듣는 순간 나는 귀가 먹먹해졌다. 나는 아무렇지도 않은 듯이 마음을 가다듬고 화장품 여자에게 말했다. 그럴 리가 있나요? 혼자 살잖아요. 화장품 여자는 비웃듯이 픽픽 웃었다. 아휴, 아줌마도 순진하긴. 싱싱청과 총각, 마누라에게서 접근금지명령 떨어졌어요. 나는 아예 뜨개질감을 옆에 치워놓고 달려들 듯 물었다. 왜요? 뭐, 잘은 모르지만 여자를 때렸다지.

해거름에 싱싱청과 총각이 술을 마시고 문방구 안으로 들어섰다. 문방구 창으로 스며드는 붉은 노을과 싱싱청과 총각의 불콰한 얼굴이 교차되었다. 아줌마, 나 속이 볶여 그러는데 얼큰하게 라면 한 번 끓여줄래요. 나는 싱싱청과 총각의 얼굴을 똑바로 쳐다볼 수 없었다. 수 없이 뾰족한 펜들이 꽂혀있는 진열대의 필통을 바라보며 말했다. 라면이 떨어졌어요. 싱싱청과 총각은 의아한 표정으로 나를 쳐다보더니 내 품으로 쓰러지려고 했다. 나는 싱싱청과를 밀어냈다. 그가 넘어지다가 가까스로 진열장에 손을 짚었다. 싱싱청과 총각은 물끄러미 나를 쳐다보다가 문방구를 나갔다.

골목 상가는 휑해졌다. 화장품 가게에는 '폐업 정리 세일'이라는 광고지가 붙었다. 싱싱청과는 문을 닫았다. 김밥천국은 오랜 단골이 있어 명맥은 유지할 수 있다고 했다. 대성약국 약사는 이곳은 자기의 평생 터이기 때문에 떠나지 못한다고 했다. 게다가 자기 상가였기 때문에 약사는 언제나 여유로웠다. 싱싱청과 건물 간판에서 사진 속 싱싱청과 총각이 웃고 있었다.

김밥천국 남자의 얼굴이 자못 어두웠다. 싱싱청과가 죽다니. 이 동네에 무슨 액운이 끼었나봐. 남은 화장품을 반값으로 처분하고 있는 화장품 여자도 손님이 나가자 튀어나와 종알거렸다. 나는 이 동네에 도저히 무서워서 못살겠다. 남자들을 끌어가는 귀신이 있으니. 화장품 여자는 정말 무서운 듯 머리를 흔들었다. 내가 그럴 줄 알았다니까. 가만이나 있지. 기어이 부인한테 가서…. 참 그 여자도 남편 잘 못 만나 안됐다. 살인자 되고. 화장품 여자는 내가 무슨 말이라도 해야 되지 않겠냐는 표정으로 나를 쳐다보았다.

햇빛이 눈부신 정오에 싱싱청과 간판에 점주 얼굴로 나와 있는 싱싱청과 총각을 핸드폰으로 찍었다. 사진으로 인화해서 A4용지에 복사를 했다. 다른 사람처럼 보였다. 그 위에 '사람을 찾습니다.'라고 매직으로 쓴 다음 다시 복사 했다. 나는 한가한 시간에 복사를 한다. 치이익. 치이익. 싱싱청과 총각의 얼굴이 나올 때마다 빛이 지나간다. 야간열차의 흔들리는 불빛 같다. 나는 싱싱청과 총각과 함께 여행을 떠난다.

| 작가노트 |

아주 오래 되었다. 가끔 유치원에 다니는 어린 아들의 손을 잡고 문학학교 소설창작반에 가기도 했다. 늘 소설은 아득했다. 그때마다 정수남 선생님께서 소설로 가는 이정표를 제시하며 갈 길을 독려해주셨다. 등단을 하고도 나는 게으르고 느리게 움직이는 작가였다. 선생님에게 또한 무심했다. 지금 나는 처음 선생님을 만났을 때 선생님의 나이가 되었다. 어젯밤 선생님께서 보내주신 시집 <희망사항>을 읽고 펑펑 울었다. 가끔 뵐 때 미소와 씩씩함으로 반겨주시던 선생님께 나는 안도했었던가. 치열한 절망과 희망, 사랑이 담겨있는 시가 내 가슴속에서 소용돌이쳤다. 선생님, 이제 저도 벌떡 일어나 소설의 길로 더욱 힘차게 나가겠습니다.

그림자놀이

이 창 경

"윤숙아, 잘 지냈지?"
"어머! 민경아! 반가워. 이게 얼마 만이니!"
"연락하고 싶은 적도 많았었는데 시간이 너무 빨리 흘러버렸네! 다음 주에 시간 되면 나랑 제주도 여행 가지 않을래?"
"갑자기, 여행? 제주도로?"
"우리 딸 회사에서 한림 근처에 있는 리조트 숙박권이 나왔다고 친구랑 다녀오라는데, 네 생각이 제일 먼저 나더라고."

　민경의 전화를 받은 것은 거의 1년 만이었다. 그일 이후로 그녀와는 연락이 끊긴 채 지내왔기 때문이다. 윤숙은 먼저 손 내밀어 준 친구가 고마웠다. 그러나 뜬금없이 여행이라니. 그것도 비행기를 타고 가는 제주도 여행을?
　요즘 그녀는 독립한 딸아이가 엄마를 보고 싶어 할 때마다 함께 있어 주는 것을 삶의 최우선 순위로 삼고 살았다. 며칠 전에도 윤숙은 다음 주말에 딸이 지내고 있는 오피스텔에 들르기로 약속했었다. 그러나 그녀는 흔쾌히 민경과 함께하기로 했다.
　윤숙은 대학교 2학년 때 민경과 백마에 갔던 기억이 떠올랐다. 오전 수업을 마친 후 민경은 오후는 건너뛰고 백마에 가보자고 했었다. 서울에서 멀지 않은 데다 기차를 타며 여행 기분까지 낼 수 있어서였을까? 당시 친구들 사이에서는 백마역 앞 화사랑에 다녀오는 것이 유행이었다.

지금은 상상할 수도 없는 일이지만, 윤숙이 대학생이던 1980년대 중반만 해도 군사 정권에 반대하는 집회로 인해 대학가는 늘 대치 상태였다. '호헌 철폐! 독재 타도!'를 외치는 학생들의 구호가 난무했고, 그들을 진압하기 위해 전경이 쏜 최루탄 가루가 자욱했었다. 그 와중에도 한편에서는 MT를 다녀왔고 미팅도 했다. 학점을 걱정하며 리포트를 제출했고 어느새 대학을 졸업했다. 일찌감치 결혼한 친구도 있었고, 누군가는 직장을 얻기 위해 여기저기 기웃댔다. 그녀들 또한 그 대열에 있었다.

서울역에서 경의선 기차를 타고 30분 정도 달려 백마역에 도착했다. 역 주변은 아무리 둘러보아도 변변한 건물 하나 없었다. 논밭 가운데로 난 사잇길을 무작정 따라 걷다 보니까 거짓말처럼 주점 카페가 나왔다. 간판에는 궁서체로 커다랗게 '화사랑'이라고 씌어있었다. 실내는 낮은 조도 때문에 어두컴컴했고 정태춘의 '북한강에서'가 흘렀다. 개인적으로나 사회적으로나 혼란스럽기만 했던 시절이지만 그날 민경을 따라나선 덕분에 윤숙은 살벌하고 불안정했던 기억 사이로 낭만을 하나 간직할 수 있었다. 그 후로는 단둘이 어딜 가본 적이 없었다. 대학을 졸업하면서 영문과 친구 둘과 네 명이 모임을 만들었기 때문이다.

1년 전 민경은 30년 동안 만나왔었던 이 모임에서 갑자기 탈퇴해서 남은 친구들에게 충격을 주었다. 그 후 별다른 소식이 없던 그녀가 뜬금없이 윤숙에게 연락해 여행을 가자고 한 것이다. 윤숙은 이제야 민경의 내심을 알 수도 있겠다고 생각했다. 잠깐이나마 일상에서 벗어나 새로운 장소를 향해 떠난다는 것은 이유를 불문하고 즐거운 일이기도 했다. 윤숙은 늘 이런 식으로 여행을 떠났다. 잔잔한 일상에 일렁이는 작은 파문처럼 남편이나 친구의 갑작스러운 제안에도 여간해서 마다하지 않았다. 민경은 한라산 둘레길을 걷자고 했다.

새벽 다섯 시라 썰렁할 것으로 예상했지만, 김포공항 국내선 탑승장은 첫 비행기를 타려는 사람들로 이미 북새통을 이루고 있었다. 알록달록 원색으로 차려입은 인파 사이로 자신을 향해 손을 흔드는 민경이 보였다. 이 친구는 평범하기만 했던 학생 때보다, 나이 들어가면서 더욱 보기 좋게 변해왔다. 닥쳐오는 고난에 의연히 대처하며 씩씩하게 살아온 그녀의 삶이 그런 분위기를 만들고 있는 듯했다. 여간해서 들뜨는 일이 없는 친구가 오늘은 다소 과장되어 보인다고 느꼈다. 뜬금없는 연락에도 선뜻 따라나서 주어 고마웠던 것일까? 친구를 만났다는 안도감에 윤숙도 민경을 향해 활짝 미소를 지어 보였다. 반갑게 손을 잡는 민경은 들뜬 목소리다.

"잘 살았지? 1년 만인데 똑같네! 근데 살은 더 빠져 보인다? 더 예뻐졌는데?"

친구의 덕담에 윤숙도 한마디 건넸다.

"별 소릴 다하네. 나야 원래 살이 잘 안 찌잖아. 너도 보기 좋다."

윤숙은 3년 전 봄, 모임 친구들과 제주에 왔었던 기억이 떠올랐다. 한라산 숲은 녹음으로 싱그러웠고 서귀포 바닷가에는 꽃이 만발했었다. 돌아오는 비행기에서는 또 오자고 입을 모았었다. 다음에 올 때는 가을에 와 보자고도 했었다. 눈 깜짝할 사이에 시간이 흘렀고 지금 그녀들이 찾은 제주는 공교롭게도 예전에 약속했던 것처럼 11

월 초 늦가을이다.

　제주공항에 도착해 이틀 동안의 일정을 짜기 위해 공항 2층에 있는 커피숍에 들렀다. 오늘은 1구간 천아 숲길을 걷고, 내일은 올레길 14, 15구간의 일부를 걷자는 민경의 제안에 윤숙은 그러자고 맞장구를 쳐 주었다. 아무 계획도 없이 갑자기 떠나온 것 치고는 꽤 체계적인 여행이 될 것 같아 즐거운 마음이 들었다. 1년만이지만 어제 본 사이처럼 익숙한 것도 윤숙은 좋았다. '이렇게 귀한 관계를 그렇게 무 자르듯 잘라 버리다니!' 새삼 민경의 결정이 너무 성급했던 것은 아닌지 아쉬운 마음이 들었다.

　가을 단풍으로 유명한 한라산 둘레길 1구간이었지만, 철 지난 숲에서 단풍은 거의 찾아볼 수 없었다. 드문드문 만나는 짙은 주황색 나뭇잎이 간신히 지나간 시간을 붙들고 있을 뿐이었다. 이제 곧 이마저도 모두 떨어져 겨울을 맞이하겠지. 윤숙은 걷는 내내 마지막 단풍을 아쉬운 눈길로 바라보았다.
　윤숙은 여전히 친구의 내심이 궁금했지만 어떻게 된 일이었냐고 캐묻지는 않았다. 그보다 차라리 그녀가 모임에서 나간 후 일어났던 일들에 대해 말해줄까 하다가 그마저도 그만두었다. 그녀는 굳이 육지에서부터 짊어지고 온 무거운 생각들로 눈앞의 성찬을 망치고 싶지 않았다. 갑작스러운 친구의 전화에 딸과의 선약을 깨면서까지 떠나온 여행이었지만 역시 친구와 오기를 잘했다는 생각이 들었다.

　모임 친구들과 걸었던 7구간은 걷기에도 적당했고 날씨도 화창했었는데, 그동안 모임에 있었던 변화만큼이나 둘레길의 상황도 이번에는 달랐다. 1구간 천아 숲길에 들어서자, 계곡이 나타났다. 어림짐작으로도 폭이 30미터는 훨씬 넘어 보이는 천아계곡이었다. 윤숙은 길도 아닌 이곳으로 가는 것이 맞는지 망설였지만, 민경은 이미 성큼 들어서고 있었다. 계곡은 가뭄으로 인해 바닥에는 바윗덩이들이 드러나 있었고, 습기를 잔뜩 머금어서 미끄러웠다. 앞에서 걷던 민경이 윤숙을 향해 "조심해! 바닥이 무척 미끄러워!"하고 외쳤다.

비라도 많이 와서 계곡에 물이 흐르고 있었다면 천아 숲 1구간을 걷는 것은 애초에 시작도 할 수 없었다. 초입부터 이런 상황이라니, 윤숙은 오늘의 일정이 만만치 않겠다는 생각이 들었다. 계곡을 간신히 건넜더니 이번에는 조릿대가 끝없이 펼쳐지는 급경사 구간이었다. 가파른 산길을 기어오르며 이것은 트래킹이 아니라 등산 같다면서 숨을 헐떡이며 올랐다.

작년 여름이 끝나갈 무렵, 그날도 민경은 먼저 윤숙에게 연락을 해왔었다.

"우리 모임에 대해 생각해 봤는데 나는 이쯤에서 그만하려고 해."
"뭐? 모임에서 나가겠다는 거야? 왜? 무슨 일 있어?"

놀라서 이유를 묻는 윤숙에게 민경은, "그래도 너희는 좋은 사람들이라는 거 안다."라며 에둘러 말했다. 30년이 넘는 동안 꾸준히 만나왔고 앞으로도 평생토록 지금처럼 만날 것으로만 생각했기 때문에 윤숙은 당황스러웠다. 그리고 이유가 무엇인지 궁금하기도 했다.

"언제부턴가 그 모임에 나갈 때마다 맘이 불편하더라고."
"어머! 그랬었구나. 나는 전혀 모르고 있었네. 그러면 네가 그런 마음 먹은 게 꽤 오래된 거네?"

"글쎄, 그러고 보니 한 5년 됐나?"

"어쩌니! 네가 그렇게 긴 시간 동안이나 고민했는데 우리는 그것도 모르고 있었다니! 우리가 너무 무심했네!"

"내가 학원생들이 많아져서 바쁘다고 했더니 지현이가 너는 늘 바쁜 척 만 한다고 하더라고! 나는 그런 뜻에서 한 말이 아니었는데……."

"아, 그랬었구나. 지현이가 툭툭 던지는 식으로 말할 때가 있긴 해."

"나는 시간이 너희들보다 자유롭지 못하다는 뜻에서 했던 말인데 걔는 내가 학원생이 많아졌다고 자랑하는 것으로 느꼈던 것 같아. 한번은 내가 수업 마무리하고 가느라고 약속 시간에 늦었던 적이 있었는데 대뜸 앞으로는 늦는 사람이 커피 사라고 하더라. 커피 값이 아까워서가 아니라."

민경이 말을 마치기도 전에 윤숙이 끼어들었다.

"아! 그날 일은 나도 기억나. 약속한 시각에 늦으면 늦는다고 미리 말이라도 해주면 좋았을 텐데, 너는 매번 연락도 없이 늦게 왔었어. 그래서 지현이가 한마디 했었던 것으로 기억해."

"그 시간은 내가 일하는 시간인 것을 뻔히 알면서 매번 평일 대낮에 약속을 잡았었잖아. 그래 놓고 또 늦었다고 그런 식으로 말하는 것에 많이 놀랐었고 속도 좀 상하더라."

"그랬었구나! 그 시간은 네가 힘들다고 말했으면 좋았을걸! 우리는 너의 상황을 잘 몰랐으니까……."

"처음에 몇 번 말했었지만, 약속할 때마다 내 입장만 내세울 수도 없어서 어떻게든 맞춰볼 생각이었지."

"서로 오해가 있었던 것 같네."

"그래. 이유야 어떻든 내 잘못이지. 내가 약속 시간에 못 간 것이니까. 암튼 그때부터였던 것 같다. 이 친구들과 계속 만나려면 입조심도 해야 하고, 내 상황과 상관없이 시간에 늦어서도 안 되겠구나 하고 말야."

그녀가 털어놓은 몇 가지 일화는 윤숙이 느끼기에 딱히 모임을 나갈만한 이유는 아니었다. 민경이 남편과 사별한 지 몇 년 안 된 탓에 심경의 변화를 일으켰나? 하는 추측도 해 보았다. 남편이 갑자기 죽고 혼자 남는다는 것이 얼마나 큰 충격이고 비통한 일일지 윤숙은 감히 짐작하기도 어려웠다. 그렇지만 그녀가 자신의 개인사 때문에 모임을 탈퇴한다는 것은 가능성이 없어 보였다. 친구가 그런 식의 경솔한 결정을 내리지 않는다는 것쯤은 알 수 있었다. 그렇다면 대체 무엇 때문이었을까?

제주 애월읍은 오후 2시경 비 예보가 있기는 했지만, 강우량도 적었고 틀릴 때도 있어서 신경 쓰지 않았다. 그러나 정확히 그 시간쯤 되자 빗방울이 떨어지기 시작했다. 처음에는 보슬비라 오히려 분위기 있고 좋다고 생각하며 걸었다. 그러나 점점 빗줄기가 굵어지자, 민경은 가져온 우비를 입었고 윤숙은 우산을 꺼냈다. 대낮인데 하늘은 점점 어두워지는데다 한참을 걸었지만, 길에는 그녀들뿐이었다. 아마 이런 분위기에서는 누군가를 만나도 두려운 마음이 먼저 들었을 것 같았다. 그것이 남자라면 더욱…….

예상했던 대로 한라산 둘레길 1구간은 만만치 않았다. 길도 없어 계곡을 건너야 했고, 급경사를 오르기도 했다. 길에는 줄곧 돌이 깔려있어서 발목을 다치지 않도록 조심하며 걸어야 했다. 흙이 깔려 있어 걷기 쉬운 구간은 물이 고여 있어서 신발이 진흙 속에 빠질까 봐 신경을 곤두세워야 했다. 급기야는 비까지 내리니 갈수록 태산이었다.

눈앞의 돌발 상황에, 잡다한 상념은 사라지고 어떻게든 안전하게 이곳을 빠져나가야 한다는 위기감이 엄습했다. 6킬로를 오로지 걷는 것에만 집중하여 막상 주변은 감상할 여유가 없는 고난의 행군이었다. 가을비가 우중충하게 내리는 한라산은 딱히 시선을 잡아끄는 구석도 찾아볼 수 없었다.

몇 해 전 봄, 친구들과 걸으며 좋았던 기억 때문이었는지 윤숙은 이번 여행도 가을날의 낭만적인 산책쯤을 상상했었다. 그러나 힘든 상황만 계속되자 괜히 왔나? 하는 생각이 슬그머니 들었다. 밤늦도록 딸과 수다를 떨며 행복해하는 자기 모습도 떠올랐다. '주말에는 아이와 영화를 보고 스파게티 맛집도 가기로 했었는데 나는 이 숲속에서 지금 뭘 하고 있는 거지?'

윤숙이 조심스레, "민경아 힘들지 않아? 비가 와선지 걷는 사람이 없네. 다른 코스를 택할걸 그랬나 봐!" 하니까 민경이도 한마디 거들었다.

"만약 나 혼자였다면 이쯤에서 포기하고 돌아갔을지도 몰라. 네 덕분에 계속 걸을 수 있는 거지……."

둘은 빗속을 약 3시간 가까이 말없이 걸었다. 침묵하며 걷는 동안 윤숙은 친구들과 함께 왔었던 한라산의 봄을 떠올렸다. 봄날의 숲은 발걸음이 닿는 곳마다 축제라도 열린 듯 황홀했었다. 그때까지만 해도 친구들 사이에는 어떤 갈등도 없었다. 적어도 표면적으로는 그랬다.

대학을 졸업하며 영문과와 국문과 친구들이 만든 모임이었지만 미수와 지현이는 같은 동네 출신이라 더욱 각별했다. 미수는 매사 호기심이 많고 자기주장이 강했다. 지현은 미수의 그런 성격을 타박하면서도 그러려니 맞춰주었다. 키도 크고 날씬한 데다 얼굴도 예뻤지만, 지현은 늘 미수의 당찬 성격을 부러워하는 듯했다. 미수가 원하는 것을 자신도 원했던 것처럼 지현은 미수가 하는 대로 대부분 따라 주었다.

미수와 지현은 여행을 좋아했다. 50줄에 들어서자, 아이들은 독립해 나가고 남편이 퇴직하여 집에는 부부 둘만 남게 되면서 그녀들은 더욱 밖으로 나갈 궁리를 하는 듯했다.

'늙고 다리 힘 풀리면 하고 싶어도 못 해! 다닐 수 있을 때 최대한 많이 다녀야 해!' 언제부터인가 그녀들은 모이기만 하면 여행에 관한 얘기를 주로 했다. 분위기가 시들하다가도 여행 얘기만 나오면 눈을 반짝이며 좋아했다. 지현이가 진짜 여행을 좋아했는지는 확실치 않았지만, 미수와 지현이는 늘 의견이 일치했다. 윤숙은 새삼 자신을 되돌아보았다. 넷이 만든 모임이 두 사람의 입맛대로만 흘러가고 있었던 것은 아닌가 하고.

민경이 모임에서 나가기 전 해 봄에도 미수는 갑자기 텔레비전 홈쇼핑에 땡처리 여행상품이 나왔다며 베트남 여행을 가자고 했었다. 3박4일에 1인당 30만 원이면 공짜나 다름없다는 그녀의 말에 지현이가 가세하며 일사천리로 베트남 여행이 추진되었다. 민경은 학원 때문에 동행할 수 없다고 해서 베트남엔 셋만 갔다.

현지에 도착해 보니까 저렴한 비용은 미끼에 불과했다. 여행 내내 뭔가를 하도록 유도하며 지갑을 열게 하는 것이 여행사의 전략인 듯했다. 사정이 이렇다 보니 배보다 배꼽이 크다고 애초에 TV 광고에 나왔던 가격보다 옵션비용으로 더 큰 비용을 지불해야 했다. 현지에서 지출한 비용은 모임 회비로 처리하고, 함께 가지 못했던 민경의 계좌로는 30만 원만 이체했다. 그 일은 그렇게 아무렇지 않게 넘어갔다고 생각했다.

어느새 비가 그치고 젖은 나무들 사이로 햇살이 비쳤다. 비가 그친 후의 숲은 무척 상쾌하고 신비롭게 느껴졌다. 1시간이면 왔을 거리를 3시간 동안 빗속에서 악전고투 한 상태였지만, 천아 숲을 빠져나가려면 아직도 3킬로나 남아있었다. 긴장하고 걸은 터라 배고픔도 못 느꼈지만, 시간을 확인하니 점심시간이 훨씬 지나있었다. 우선 준비해 간 김밥을 먹기로 했다. 숲이 모두 젖어있어서 마땅히 앉을 곳을 찾기도 어려웠다. 급한 대로 가지고 있는 비닐을 젖은 돌 위에 깔았다.

어깨에 물고기 모양 문신을 가득 새긴 사장님이 만든 김밥 맛은 과연 어떨지 싶었는데 의외로 꿀맛이었다. 고요했던 숲속에 그녀들의 웃음소리가 퍼져나갔다.

기력이 충전된 데다 비도 완전히 그친 상태라 오늘의 목적지를 향하여 다시 활기차게 걷기 시작했다. 목적지에 한 발짝씩 가까워질수록 걸음은 점점 더 빨라졌다. 어두워지기 전에 숲을 벗어나야 할 것 같아 다시 긴장했기 때문이다. 인적이 드물기도 했고, 깊은 산 속이라 어둠도 빨리 올 게 분명했다. 핸드폰의 지도 앱을 들여다보며 계속 버스정류장의 위치와 시간을 확인했다. 이번에 도착하는 버스를 타기 위해 더욱 속도를 냈다. 이내 숲을 빠져나오기는 했지만, 보림농장 삼거리 2차선 도로변에서 좌우 어느 쪽인지 헷갈렸다. 다 왔다는 안도감에서 별생각 없이 왼쪽으로 방향을 잡고 걸었다. 잠시 후 앱을 확인하고는 빠르게 가던 길을 돌이켜 급히 뛰기 시작했다. 앱에서 안내하는 대로라면 버스가 도착할 시간이 거의 되어가고 있었다.

 간신히 정류장을 찾아 기뻐할 사이도 없이 바로 버스가 도착했다. 얼른 버스에 올랐다. 제주도 사투리를 쓰는 기사 아저씨는 무심한 표정으로 이번 버스가 막차라고 알려주었다. 순간 윤숙은 가슴을 쓸어내렸다. '만약 버스를 놓쳤다면 어두워진 한라산 깊은 숲속에서 우리는 어떻게 됐을까?' 숲에서 정확히 정류장까지 인도한 지도 앱이 없었다면? 아까 재빨리 돌이킨 길에서 잘못을 감지하고도 바로 돌이키지 못하고 우물쭈물하며 잘못된 방향으로 더 걸었다면? 깜깜한 숲에서 공포에 떨었을 것을 생각하니 윤숙은 마지막 버스를 잡아탈 수 있었던 것이 얼마나 다행스러운지 몰랐다.

 '지나고 나면 기억도 나지 않을 크고 작은 사건들이 연속해 벌어지는 것이 여행이구나! 인생도 여행처럼 그렇게 흘러가고 있다. 우리는 매번 꽤 그럴듯한 계획을 세우지만, 막상 닥쳐오는 일들에 대해서는 한 치의 예측도 할 수 없다. 아무리 애를 써봐도 비바람만 계속될 때 우리는 어떻게 해야 하나? 그러나 끝나지 않을 것 같던 비바람이 어느새 그치고 반가운 햇살이 얼굴을 비추기라도 하면 인간은 또다시 자연의 질서 앞에 겸손해질 수밖에 없다.' 어둠이 깔리는 한라산 도레오름을 미끄러지듯 빠져나가는 버스 안에서 윤숙은 생각에 잠겼다.

 민경이가 모임을 탈퇴한 후 남은 세 사람은 난처했다. 늘 만나던 상수동 카페에는 미수와 지현이 이미 와 있었다. 친구들에게 항상 상냥한 모습이었던 미수가 굳은 표정으로 윤숙을 맞았다. 코끝까지 흘러내린 두꺼운 안경을 빠르게 위로 치켜올리며, "어서 와라. 지금껏 남들 얘기인 줄로만 알았는데 결국 우리에게도 이런 일이 생겼네!"

곁에서 지현도 한마디 거들었다.

"그러게나 말이야. 미리 말 한마디 없이 이게 무슨 일이라니. 지난번 모임 때 걔가 먼저 간다길래 화가 났나? 했지만 이렇게까지 나올 줄은 몰랐네."

미수는 짐짓 의미심장한 표정을 지으며 말했다.

"사실 그날 민경이가 먼저 가겠다고 했을 때 난 대충 짐작은 했었어."

이럴 때 무슨 말을 해야 할까, 윤숙은 조심스러웠다.

"우리가 뭔가 놓친 것이 있었겠지."

"……."

잠깐의 침묵을 깨고 지현이 말했다.

"우리가 놓친 것? 불만이 있었으면 한마디라도 했어야 우리가 알 수 있었던 것 아닐까? 그래야 우리가 설명하든지, 변명하든지 했을 거 아니겠어? 이건 뭐, 카톡방에서도 일방적으로 나가버리고 말이야."

지현의 말에 잠자코 있던 미수가 말했다.

"학원 운영하랴, 교회 다니랴, 매번 시간이 없다는 민경이 때문에 사실 나도 약속 시간을 정할 때마다 신경이 쓰이긴 했지."

지현은 상관없다는 표정이었다.

"하기야 이렇게 된 마당에 이유가 뭐 필요하겠어. 그나마 카톡방에서 나가고 나서 너희들한테는 전화라도 했지? 나한테는 글쎄, 문자 몇 줄 보내고, 끝이야. 걔 그렇게 안 봤는데, 너무 예의가 없는 사람 같아."

지현의 날 선 목소리에 미수는 안경 너머로 윤숙을 힐끗 바라보며 말했다.
"어차피 이렇게 된 거 차라리 잘된 일이라고 생각하자. 앞으로는 시간에 구애받지 않아도 되니까……."
지현은 아직도 궁금한 게 많은 듯 대화를 이어갔다.
"그런데 걔는 우리가 그렇게까지 보기 싫었다니? 그 오랜 시간을 싹 다 포기할 만큼 우리가 구제 불능으로 보였을까?"
지현의 팔을 살짝 잡으며 미수가 말했다.
"그건 그렇고 얘들아, 회비를 좀 더 모아서 내후년쯤 북유럽 가는 거 어때? 유명한 곳은 거의 가봤는데 나 거기는 안 가봤거든."
미수의 말에 지현이가 만족스러운 듯 웃었다.
"그래, 나는 찬성이야. 그리고 이제야 말이지만, 걔가 시간관념이 좀 없었잖아? 걔가 어디 여행 일정만 못 맞췄니. 모임에도 매번 늦었잖아! 너희들도 기억나지? 내가 참다못해 늦는 사람이 커피 사라고까지 했었던 거."
기다렸다는 듯 윤숙이 한마디 했다.
"그래. 나도 그날 기억나. 이제 와서 생각해 보니까 민경이는 늘 학원에 매여 있고 우리는 모두 시간이 자유로운 편이었는데 아무도 그런 거 신경 안 썼던 것 같아. 주로 약속 시간을 평일 낮으로 정했었으니 말이야. 가능하면 민경이가 쉬는 날 만났어도 좋았을 텐데 그때는 왜 그 생각을 아무도 못 했을까?"
윤숙의 말에 둘은 말없이 커피만 홀짝였다. 어색한 분위기를 바꿔보려는 듯 지현이 테이블 위 커피잔을 정리하며 말했다.
"아, 배고파. 우리 자리 옮겨서 뭐 좀 먹을까?"

자동차로 이동했다면 30분 이내에 도착했을 거리를 만원 버스에 끼어서 2시간 동안 시달리고 나니까 피곤이 몰려왔다. 건너편 좌석에 기대 서 있는 민경의 눈도 퀭해져 있었다. 그러나 색다른 경험을 하고 있다는 생각에 윤숙은 이내 마음이 누그러졌다. '사서 고생하는 이런 여행의 기회가 앞으로 몇 번이나 더 있겠어?'

이튿날은 최종목적지를 한담해변으로 잡고 숙소에서 일찌감치 출발하였다. 협재해수욕장을 지나 한림 바닷가를 걷다가 민경이 갑자기 바닷물에 들어가 보자고 했다. 11월의 제주답게 바닷바람이 세차게 불고 있었기 때문에 윤숙은 망설였다. 민경이 먼저 신발과 양말을 벗어 던졌다. 의외로 바닷물은 따뜻했다. 파도를 피해 뛰어다니며 큰소리로 웃고 떠들었지만, 쉴 새 없이 철썩이는 파도 소리에 그녀들의 웃음소리는 바다 저편으로 파묻히고 있었다.

미수가 미리 알아봐 놓은 합정역 앞 타코 맛집으로 자리를 옮겼지만 결국 화제는 다시 모임에서 나가버린 민경에 관한 이야기로 돌아갔다. 지현이가 곁눈질로 미수 쪽을 슬쩍 살피며 말했다.

"우리가 베트남 가서 쓴 옵션비용 때문에 걔가 이러는 건 아니겠지? 그거 얼마 되지도 않았잖아, 안 그래?"

이에 윤숙이가 한마디 던졌다.

"옵션비용은 모임 회비에서 쓰고, 오지 않은 사람에게는 안 주는 거라고 너희들이 그랬잖아! 그래야 다음에는 모두 참석한다고. 다른 모임에서도 다들 그렇게 한다면서!"

지현이는 당연하다는 듯이 말했다.

"그래, 우리 문화센터 동생들이랑 여행 갈 때도 우리는 다 그렇게 해."

미수도 한마디 했다.

"그래서 민경이 준다고 비행기에서 입생로랑 립스틱도 샀었잖아?"

　윤숙은 답답한 마음에 음식은 거의 입에 대지 않은 채 대화를 이어갔다.

"아니, 나는 베트남에서도 너희 말이 이상하다고 생각하긴 했었어. 예정에도 없이 우리끼리만 갑자기 떠난 여행이고, 미리 민경이랑 얘기했던 적도 없었고……. 너희 둘이 그렇다니까 난 그저 그런가, 하며 그냥 넘어갔던 것뿐이야."

　윤숙의 말에 지현이 발끈했다.

"어머 얘, 베트남에서는 너도 좋다고 했었잖아. 이런 상황이 되니까 너는 우리말에 그냥 쫓아왔다는 식으로 말하는 것은 듣기에 좀 그렇다. 얘……. 그리고 걔도 그래. 불만이 있으면 말로 해서 풀면 될 일이지 여태 가만히 있다가 이렇게 행동한다는 게 말이 되니?"

　윤숙은 민경이가 전화로 자신에게 했던 말이 떠올랐다.

"나도 생각이 짧았지만, 우리 중 누구도 여행에 오지 못한 친구를 배려한 사람이 없었잖아. 앞으로 계속 이런 식이라면 자기는 이쯤에서 빠져야겠다고 판단했을지도 모를 일이지."

　지현의 목소리가 점점 커지고 있었다.

"그러니까 너의 말은 이렇게 된 게 다 우리 탓이다?"

"그런 말이 아니라 늦었지만, 지금이라도 한 번쯤 생각해 보자는 거야. 오래된 친구라고 하면서 우리는 서로에 대해 얼마나 관심을 가졌었는지……. 약간의 배려가 필요했던 것은 아닌지."

　미수가 끼어들었다.

"사실, 친구들끼리 만나는데 한 사람만을 배려하는 것도 정상은 아니지 않나? 우리가 민경이보다 시간이 자유롭다고 해서 늘 배려해야 한다면 누구는 늘 받기만 하고 나머지 사람들은 주기만 해야 해. 친구 사이에 그런 일은 이상하지 않아? 그렇게 따지면 서로를 배려하지 않은 것은 민경이나 우리나 피장파장이지. 우리와는 상관없이 제가 벌여놓은 일로 바쁜거였잖아."

미수의 말에 지현이 생각났다는 듯, "그래, 나도 알바 끝내고 올 때는 엄청 피곤한 상태일 적이 많았어. 그때마다 걔는 연락도 없이 늦었고……. 남의 시간도 소중하다는 것을 모르는 애 같아. 걔는."

지현의 말에 윤숙이도 가만히 있지 않았다.

"사실 지현이가 알바 나가고부터는 모임 날짜를 정할 때 지현이 알바 시간은 미리 피해 주었잖아. 지현이 일정은 몇 달 전부터 빼주었지만, 민경이는 자기 학원을 하니까 아무 때나 올 수 있는 것으로 우리 편한 대로 생각했지."

지현은 난처한 표정으로 말했다.

"나는 내 일정을 미리 말했던 것뿐이야. 그러면 걔도 시간 정할 때 자기 일정을 미리 말하지, 그랬다니?"

윤숙이 말했다.

"힘든 시간 내서 나왔는데 늦은 사람이 커피 사라고 해서 민경이도 속이 상했다고 하더라."

지현이 얼굴을 붉히며 작은 소리로 말했다.

"그게 언제 적 얘긴데 그래. 그리고 그때 나는 농담했던 건데? 하도 걔가 자주 늦길래……. 걔가 힘들게 나온 것까지는 몰랐지."

"그때쯤부터였다고 했던 것 같아. 민경이가 우리 모임을 부담스럽게 느끼기 시작했던 게."

듣고만 있던 미수가 끼어들었다.

"민경이도 참 대단하다. 그랬으면서 이제껏 우리 앞에서는 아무렇지 않은 척 행동한 거였구나!"
 지현의 목소리가 다시 커졌다.
 "꽁하니 말 한마디 없다가 사람 뒤통수치는 것을 보면 걔를 이해할 수가 없어."
 미수가 지현이를 제지하며, "그렇다고 우리에게 책임을 떠넘기려는 너의 태도도 사실 의외다. 그때는 아무 말 안 하고 있다가 이제 와서 이렇게 말하는 것은……. 이렇게 된 것이 우리 때문이고 너는 아무 책임이 없다는 건가?"
 평소의 미수답지 않은 돌발 언행에 핏기 없는 윤숙의 얼굴이 더 창백해졌다.

 서울행 비행기 출발 시간이 밤 9시였지만, 한림 바닷가에서 오래 지체할 수는 없었다. 오늘의 목적지 한담해변에 도착하면 공항에 가기 전, 애월의 카페에도 잠깐 들르기로 했기 때문이었다. 한담해변을 향해 다시 걸었다. 한림읍을 지나다가 우연히 작은 갤러리를 발견했다. 신기해하며 기웃거리는 그녀들을 향해 그림을 배우는 사람들끼리 하는 작은 전시회라며 들어오라고 했다.
 오래된 집 두 채를 개조해 오른쪽은 카페로, 왼쪽은 전시 공간으로 사용하고 있었다. 아마추어지만 그림을 완성하기 위해 들였을 그들의 시간과 노력을 생각하면 허투루 지나칠 수 없었다. 그림을 감상한 후 어느새 둘은 갤러리 옆 찻집에 앉아 있었다. 작은 격자 창문을 통해 비쳐 드는 햇살이 마주 앉은 그녀들의 얼굴을 환하게 비춰주었다. 주인이 직접 만들었다는 국화차 한잔에 그때까지 촘촘히 시간을 계산하던 긴장된 마음이 스르르 녹는 듯했다. '비행기 시간

에 늦을 것 같으면 애월은 다음번에 가면 되지!'

"그런 뜻은 아니었지만 나 때문에 네가 기분 나빴다면 미안해. 베트남에서 우리끼리 회비를 100만 원도 넘게 썼었잖아. 그 사실을 민경이한테는 비밀로 한 것은 누가 봐도 우리 실수였지."

지현이 윤숙의 말을 제지하며, "야, 야! 비밀은 무슨 비밀! 어쩌다 보니 그냥 얘기를 못 한 것뿐이지, 걔가 우리한테 물어봤다면 얘기를 안 했겠어? 열두 번도 해줬겠지. 안 그래?" 하며 미수를 바라보는 눈동자가 흔들렸다.

상기된 표정으로 윤숙은 말했다.

"이유야 뭐가 되었든, 우리 중 누구도 민경이한테는 끝까지 얘기하지 않았잖아. 마지막에 회비 정산해서 돌려줄 때 알고 나더니 민경이가 굉장히 어이없어하더라고!"

윤숙을 외면하며 미수가 말했다.

"우리가 그랬었나? 나는 너희들 중에 누군가가 말했을 거로 생각했다."

윤숙은 작심한 듯 말을 이어갔다.

"지난번에도 우리는 만나서 헤어질 때까지 해외여행을 어디로, 언제 갈까 하는 문제로 거의 4시간을 허비했어. 송년 모임이었고 3개월 만이었으니까 할 얘기가 많았을 만도 한데, 우리는 오로지 각자 원하는 때와 장소를 말하느라 시간을 다 보내 버렸지. 누군가 제안하면 그곳은 자기가 가 봤던 곳이라 안된다 하고, 그래서 또 다른 장소를 정하려 하면 또 다른 사람 때문에 안되고! 한 번 가본 곳이라도 다시 가볼 수도 있었을 텐데, 우리 중에 누구도 자기의 고집을 내려놓고 맞추려는 노력을 한 사람은 없었던 것 같아. 헤어질 즈음에는 싸운 사람들처럼 분위기가 냉랭해졌었잖아."

안경 너머 미수의 눈빛이 싸늘했다. 그러나 애써 마음을 감추려는 듯 입가에 미소를 지으며, "그날 분위기가 과열됐었던 것도 사실이지만, 나는 속으로 우리 친구들이 하나같이 개성이 참 강하다고 생각했지, 모임을 그만두는 사람이 나올 것이라고는 상상도 못 했다."

윤숙도 어두운 표정으로 말을 이어갔다.

"꼭 그날 일 때문만이었겠니. 습관처럼 익숙해서 모두 그저 그러려니 무뎌져 가고 있을 때 가장 먼저 눈치챈 사람이 민경이일 수도 있겠지."

윤숙의 얼굴이 창백해지는 것을 느꼈는지 미수가 서둘러 말했다.

"자자, 지나간 얘기는 이제 그만하자. 지금 와서 우리끼리 이래 봐야 다 소용없는 일이야. 앞으로는 마음속에 있는 생각을 최대한 표현하면서 잘 만나면 되지 않겠어?"

지현이도 거들고 나섰다.

"그래, 걔는 항상 이런저런 핑곗거리가 너무 많았어. 그리고 이 말은 안 하려고 했는데, 우리는 애들 결혼도 못 시키고 있는데 걔 딸은 시집가서 걔는 손주도 보고. 차라리 우리 앞에서 손주 자랑이라도 하던가. 이건 뭐 걔는 바늘로 찔러도 피 한 방울 안 나올 거야."

미수와 윤숙은 잠자코 듣고만 있었다. 지현은 계속 이어갔다.

"그리고, 걔네 시댁에 돈이 그렇게 많다면서 이 나이까지 굳이 그렇게 악착같이 일을 해야 한다니? 여행도 못 다니면서까지 말이야."

지현이를 제지하며 미수가 한마디 거들었다.

"시댁에 돈이 있다고 해봐야 지방 땅 얼마나 한다고! 이제 진짜, 민경이 얘기는 그만하자!"

지현이 맞장구를 쳤다.
"아! 그래. 이제 걔 얘기는 그만하고 북유럽 가는 계획이나 세우자!"
이때 윤숙이 무거운 표정으로 입을 열었다.
"오랜만에 만나서 할 얘기가 여행에 관한 것뿐이라면 굳이 우리가 시간 내서 만날 이유가 있을까? 그냥 각자 지내다가 여행 갈 때 모여서 여행이나 다녀오면 될 거 아니겠어? 내가 한 번이라도 더 친구들을 만나려 했던 이유는 함께 있으면 아무 조건 없이 편하고 때로 위로도 받았기 때문이야. 그런데 우리는 시간이 갈수록 편해지기보다 점점 더 내 주장만 하는 고집스러운 모습으로 변해가고 있었던 거 같아."
미수가 끼어들며 말했다.
"난 그것이 우리 친구들이 다들 개성이 강해서라고 생각했는데?"
윤숙은 미수를 외면한 채 또박또박 말했다.
"너는 그렇게 생각했는지 모르지만, 내가 보기에는 개성이라기보다 이기심이 선을 넘었던 거지. 오늘 이곳에 나오면서도 많이 고민했어. 기대도 잠깐 했고. 그런데 역시 난 여기까지인 듯하다. 나중에 모여서 여행이나 한 번 가든지 하자고."
말릴 틈도 없이 윤숙은 벌떡 일어서더니 출구 쪽으로 향했다. 갑자기 벌어진 상황에 두 사람은 할 말을 잃고 윤숙이 사라진 출입문만 바라보고 있었다. 친구들 앞을 유유히 걸어 나오면서 그녀는 생각했다. '아. 민경이도 이런 마음이었겠구나!'

윤숙과 민경은 찻집을 나와 한림읍의 좁은 골목길을 다시 걸었다. 집마다 구멍이 숭숭 뚫린 현무암을 쌓아 만든 나지막한 울타리가 정겨워 보였다. 민경은 갤러리에서 챙겨온 그림엽서를 들여다보며, "요즘은 이 사람들처럼 새로 무언가를 배우는 중년들이 부쩍 많아지고 있어. 이제라도 자신을 찾아가려는 노력이겠지? 그리고 유튜브에서는 나를 피곤하게 하는 인간관계를 빨리 정리하고 용감하게 혼자가 되라고 하잖아. 내가 모임을 그만두는 것도 혹시 나도 모르게 그런 풍조에 편승하고 있는 것은 아닌가 하는 생각을 했었어."

민경의 얘기를 들으며 윤숙은 세상이 모두 자기만을 위해 살라고 부추기지만, 다들 자기만을 바라보다가 결국 모두 혼자가 되는 것은 아닌가 하는 걱정이 되었다. 더 의미 있는 일은 나의 시간과 돈을 주변과 나누려는 노력이겠다는 생각도 했다.

1박2일 동안 민경이는 자신이 모임에서 나가게 된 구체적인 이유는 얘기하지 않았지만, 에둘러 이렇게 말했다.

"그 모임과 나의 인연은 거기까지였다고 생각해. 살아있는 것은 모두 변하기 마련인데 나는 세월 속에서 우리도 변해왔다는 것을 잊고 있었던 것 같아. 그리고 이번 여행처럼 스치듯 만나는 것도 좋지 않아? 언제까지 우리 인연이 계속될지 알 수 없지만 이번에 너와 함께할 수 있었던 것에 감사해."

| 작가노트 |

2023년 12월, 개인적인 고난의 시간을 겪으며 생과 사의 경계가 거의 모호해진 상태로 들어오게 되었던 글쓰기반 수업. 되돌아보면 나에게는 수업이라기보

다는 치료시간이었다. 덕분에 매일 새벽마다 일어나 앉아 가당치도 않은 글쓰기에 매달릴 수 있었다. 거기에 몰두하는 동안은 신기하게도 현실의 고통을 잊을 수 있었다. 아마 꿈을 꾸고 있었던 것 같다. 아주 재미있는 꿈을.

매일매일 눈물 바람인 나에게 같은 아픔을 가진 선생님은 담담하게 당신의 개인사를 들려주셨다. 선생님의 의연한 모습에서 나도 모르게 위안을 받았다. 이런 아픔을 저렇게 대처할 수도 있는 거구나! 하고. 선생님처럼 나도 슬픔을 그런 방식으로 다루려 노력했다. 슬픈 마음이 많이 안정되는 듯한 느낌이었다.

나중에 선생님 시집을 읽으며 알았다. 선생님도 또한 누구보다 많이 아파하고 계셨다는 것을. 그렇지. 누구나 똑같은 거지. 어쩌면 선생님은 그런 방식으로 배려하셨겠구나. 또다시 눈시울이 붉어졌다.

아이가 아프면서 하나님은 많은 분을 나에게 보내주셨고 그 천사분들을 통해 차츰 고통을 딛고 일어서는 경험을 하게 했다. 내 일처럼 인맥을 다 동원해 주신 단골 의사 선생님, 쏟아붓는 소나기를 곁에서 함께 맞아준 막내 여동생, 함께 울며 기도한 친구들, 그리고 정수남 선생님.

그분은 알고 계셨을지 모르겠지만 아마도 하나님은 정수남 선생님을 만나게 하시는 방법으로 나를 위로하셨는지도 모르겠다. 아니 확실히 그렇다. 그분의 아픈 개인사뿐 아니라 출석하시는 교회에서 장로님으로서 이웃을 위해 봉사하시는 모습을 보면서 이분은 하나님께서 이렇게 귀하게 쓰시는 분이구나 하고 깨달았기 때문이다.

올 2025년 을사년에 팔순을 맞으신 선생님은 아직도 늘 청년의 기개로 종횡무진이다. 그분에게 이런 건강을 주신 하나님께 감사한다. 하나님이 보실 때 선생님은 아직도 해야 할 일이 많기 때문일 것이다. 앞으로도 더욱 건강하게 글도 쓰시고 수업도 하시며 사모님과 언제까지나 행복하게 지내시기를 부족한 제자가 하나님 앞에 기도드린다.

아웃싸이더

임 진 아

유난히 안 풀리는 날이 있다.

오늘이 그랬다. 골 운이 안 좋아서 그랬는지 전반 내내 뛰어다녔는데도 고작 세 골이 전부였다.
이런 망할, 그대로 바닥에 주저앉아 버리고 싶은데 등 뒤에서 우렁찬 함성소리가 강당을 흔들었다. 골리앗 김경태다. 김경태는 체격이 크고 어깨가 산처럼 넓어서 별명이 골리앗이다. 김경태는 낚아챈 공을 들고서 성큼성큼 골대로 다가갔다. 하지만 우리 편 수비도 만만치 않았다. 김경태는 슛을 쏘려고 우측으로 몸을 돌렸지만 수비군에 가로막혔다. 좌측을 노려보았지만 거기에도 개미처럼 부지런한 수비군이 버티고 있었다. 새삼스러운 일도 아니다. 골리앗이 뜨면 언제나 수비조가 같이 뜬다. 골리앗은 세트처럼 수비조를 끌고 다녔다. 수비조의 임무는 뻔했다. 물 샐 틈 없는 철벽 수비를 시도하거나 파울을 유도하려고 일부러 몸싸움을 걸어보거나. 그토록 뻔한 공식이지만 그래도 수비는 수비였다. 사방이 방어의 벽에 막혀버렸다는 걸 알아차린 골리앗은 잠시 주춤하더니 망설임 없이 그 자리에 서서 슛을 날렸다. 하지만 아무리 천하무적 김경태라도 그렇지 그건 누가 봐도 무모한 에어리어였다.
설마, 골인 아니겠지?

나는 마음속으로 간절히 빌었다. 제발 골리앗이 쏘아올린 공이 네트 안으로 들어가지 않게 해달라고. 오 하느님 도와주세요. 그런데 맙소사, 어메이징한 일이 일어났다. 골리앗의 손을 떠난 공이 골대를 빙그르르 한 바퀴 돌더니 골대 안으로 스르르 들어가 버린 것이다. 골인. 함성소리와 함께 관중들이 일제히 자리에서 일어서며 외쳤다. 골리앗 김경태, 천하무적 김경태. 김경태는 이긴다.

이대로 가다간 역전패를 당할 게 뻔하다. 정신을 바짝 차려야한다.
야, 이쪽으로 넘겨.
우선 소리부터 질렀다. 왜냐하면 나는 우리 팀 주장이니까. 주장으로서 나부터 정신 줄 차리고 전열을 가다듬고 처음부터 다시 시작해야 하니까. 그래야 죽지 않고 살아남을 수 있으니까. 불안한 표정으로 공을 들고 있던 아군들이 내 목소리를 알아듣고 민첩하게 움직였다. 오 마이 구드니스. 나의 믿음직스러운 원군들은 비록 기량은 떨어질지라도 오늘도 열일을 하는 중이었다. 그런데 공이 순순히 내 쪽으로 넘어오나 싶더니 웬 걸, 두 번째 패쓰 끝에 내 쪽으로 날아오는 공을 바람처럼 잽싸게 채 가는 그림자가 있었다. 김경태였다. 그림자는 공을 든 채 얼어붙은 듯 머뭇거렸다. 그리고 간단히 슛을 날렸다. 저게 과연 들어갈까 싶은 포지션인데 의구심도 잠시 공은 네트 안으로 사뿐히 빨려 들어갔다.
으악 안 돼,
나는 비명을 질렀다.
연달아 삼 점 슛 에어리어라니, 눈에 불이 확 인다.
눈앞에서 공을 빼앗기다니 자존심이 걸린 문제다. 나는 알 수 없는 괴력을 발휘해 한달음에 적진으로 달려갔으며 보기 좋게 공을 낚아챘다. 그리고 놀랍게도 빼앗긴 공을 되찾아 오는데 성공했다. 관중 속에서 요란한 휘파람 소리가 들렸다. 응원 소리 같기도 하고 야유하는 소리 같기도 했다. 침착할 것, 또 침착할 것. 어느 순간에라도 냉정을 잃지 말 것. 몸을 돌리는 순간 등 뒤에서 심판의 신경질적인 호루라기 소리가 들렸다. 워킹 바이얼레이션 파울이었다.
 등줄기에서 땀이 흘렀다.

 골리앗 김경태가 전학을 온 건 석 달 전이었다.
 비현실적으로 큰 키가 트레이드마크인 김경태는 예전 학교에서도 농구의 레전드라는 닉네임이 따라다녔다고 했다. 그래도 그 때까지만 해도 노란 염색 머리에 바보처럼 언제나 실눈을 뜨고 다니는 녀석이 위협적인 존재가 될 줄은 몰랐다. 적어도 녀석이 나타나기 전까지는 모든 게 완벽했다. 나는 내 왕국의 작은 왕이었다. 그런데 문제가 생겼다. 녀석의 등장으로 나의 왕국은 심각한 균열에 직면했다. 나는 암초를 만났다. 녀석의 실체가 드러난 건 중간고사가 끝난 뒤였다.

 강은 선수, 앞으로 나오세요.
 담임이 햇살처럼 낭랑한 목소리로 나를 호명했다. 담임이 나와 눈을 맞추며 생글생글 웃는 걸 보니 좋은 일이 생긴 게 분명하다.
 여러분 축하해주세요, 담임이 교탁 위에 놓인 상장을 높이 들어 보였다.
 우리 은이가 또 일등을 했구나.
 두 개의 상장이 나를 기다리고 있었다. 하나는 얼마 전에 시즌 오프한 학생 단체전 우수상이고 또 하나는 청소년 길거리농구 대회

일등상이다. 친구들의 부러운 눈초리를 한 몸에 받으며 나는 유유히 상장을 옆구리 끼고 브이자를 날렸다.

어깨가 으쓱했다.

이런 날이 올 줄 알았다. 그런데 이상한 일이다. 담임의 칭찬에 마음이 들떴지만 한 편으로는 어서 이 시간이 지나가 버렸으면 좋겠다는 생각이 간절했다. 운동선수로 상을 받는 건 기쁜 일이지만 친구들 앞에서 인정을 받으려고 애쓰는 것처럼 보이는 건 영 불편하다. 게다가 칭찬이라니, 그런 건 나 강은에게 어울리는 단어가 아니다. 자칭 타칭 농구 천재로 불리는 나 강은은 어른들의 칭찬 따위가 없어도 얼마든지 에이스가 될 몸이란 말이다.

개인전과 단체전을 동시에 석권하는 건 말처럼 쉬운 일이 아니다. 단체전이야 늘상 준비해온 일이니까 그렇다 치고 삼대삼 길거리 농구라고 만만히 보다간 큰 코 다친다. 물론 풀 코트만큼은 아니지만 언더그라운드에도 영웅은 넘쳐난다. 얼마 전에는 아랍 왕자라는 별명을 가진 피부색이 가무잡잡한 다문화 선수랑 붙었다. 그 애는 검은 눈동자에 한 쪽 머리카락을 길게 땋은 품새부터 심상치가 않았다. 부모가 아프리카 어디를 거쳐서 노동을 하러 왔다는데 코치가 입만 열면 그 애를 야, 다문화라고 불러서 우리끼리도 다문화로 통했다. 그런데 어느 틈엔가 잠깐 사이에 이편의 수비망을 뚫고 달리던 다문화가 갑자기 프리드로우라인에 딱 멈춰서더니 그대로 덩크슛을 날려버린 것이다. 나는 눈앞에서 일어난 일을 보고도 믿을 수가 없었다. 세상에 마이클조던도 아닌데 프리드로우 덩크슛이라니. 그 날 새로운 사실을 알았다. 아마츄어도 하늘을 날 수 있다는 걸.

아차, 성적표를 가져가야지.

담임의 얼굴이 흐려졌다. 잦은 훈련과 시합 탓에 나는 친구들보다 종종 늦게 성적표를 받아보곤 했다. 새삼스러운 얘기도 아니다. 그런데 오늘 따라 담임 얼굴이 유난히 흐린 걸 보니 성적이 많이 저조한 걸까. 성적표를 받자마자 버릇처럼 평균부터 확인했다. 평균점수 이십 칠 점. 형편없는 점수지만 이번에도 목표달성에는 실패했다. 또 꼴찌를 비껴갔다.
 울고 싶었다.

 요번엔 드디어 꼴찌에 성공했냐?
 덕구가 내게 물었다. 초등학생 때부터 같은 학교를 다닌 덕구는 성적표쯤은 가볍게 오픈할 수 있는 나의 죽마고우다.
 냅둬라, 나 좀 울어야겠다.
 야 누가 보면 너 꼴찌해서 존나 슬퍼서 우는 줄 알겠다.
 나 꼴찌 아니거든.
 그러게 왜 꼴찌를 못하고 그러냐. 그게 뭐라고.
 절친이라는 게 이렇다. 안 그래도 속이 쓰린데 그 말을 들으니까 속이 더 쓰리다.

 운동으로 대학에 가려면 운동으로 승부를 봐야한다고 선배들은 말했다.
 첫째가 운동이고 둘째가 공부라는 얘기였다. 선배들의 말은 틀린 게 아니었다. 운동선수도 공부를 잘 해야 대학에 가는 시절이라지만 아주 돌 머리가 아닌 다음에야 누가 뭐래도 공부보다 운동이 먼저였고 나로 말하자면 공부 아닌 운동에서 첫째가는 게 하나도 안 힘들었다. 운동은 노력 이전에 재능이 있어야하는 거고 타고난 운동 재능이 있어서인지 내가 가진 소질에 비례해서 자신이 있었다.

그런데 문제는 공부였다. 공부가 아주 싫은 건 아니었지만 처음부터 공부로 승부를 보려는 마음이 없어서인지 손이 잘 안 갔다. 그래도 아주 손을 놓지만 않으면 성적이야 중간쯤은 나왔고 그럴 자신이 있었다. 하지만 그러기엔 내 자존심이 허락하지 않았다. 왜냐하면 나에게는 오래된 로망이 있기 때문이다. 나의 로망은 아웃싸이더였다. 말하자면 운동에서는 천재 소리를 듣지만 공부는 가볍게 꼴찌를 선택해버리는 시크한 아웃싸이더 말이다.

종례가 끝나고 나서 담임이 나를 호출했다.
성적이 많이 저조하던데 괜찮니? 담임이 내 얼굴을 살폈다.
운동과 학업을 병행하는 건 누구에게나 쉬운 일이 아니야, 그러니 용기를 내렴. 꾸준히 하다보면 언젠가 성적이 오르는 날이 있을 거야. 나는 고개를 끄덕였지만 마음속으로 엉뚱한 생각을 했다. 꼴찌를 하려고 나름대로 애를 썼는데 세상에는 참 쉬운 일이 없구나, 역시 꼴찌는 아무나 하는 게 아니라고.
잠깐만,
담임이 물었다. 자기 소개란에 닮고 싶은 캐릭터를 아싸라고 적었던데 그게 무슨 뜻이야? 희망진로란에도 장래희망란에도 목표란에도 온통 같은 소리뿐이던데.
아 그거요? 덕구가 끼어들었다.
아웃싸이더의 줄임말이에요. 농구 천재 강은의 목표는 공부에서 일등이 못 될 거면 차라리 꼴찌를 하는 거래요, 그게 더 멋있어 보인다나요. 뭐 아웃싸이더가 되려면 그 정도는 해줘야죠.
그쯤에서 멈춰줬으면 좋겠는데 덕구가 한 마디 더 보탰다.
야 근데, 솔직히 말해서 은이 너 어차피 공부로 일등 하긴 글렀으니까 괜히 튀어 보이고 싶어서 일부러 꼴찌하려고 애쓰는 거 아냐? 왜 있잖냐, 이솝 우화에 나오는 여우의 신포도 말이야. 달콤해 보이는 포도를 먹으려고 기를 쓰고 뛰어오르다가 아무리 노력해도 안 되니까 저 포도는 틀림없이 맛이 없는 신포도일 거야, 하며 침을 퉤 퉤 뱉어 버리고 포기하는 여우 얘기 말이야.

담임의 얼굴이 아까보다 더 흐려졌다.

언제부터였더라? 내가 아웃싸이더를 꿈꾸기 시작한건.
공부 아닌 운동으로 상급학교에 진학하겠다고 마음먹고 무슨 일이 있어도 운동에서 최고가 되겠다고 결심하던 그 날이었을까. 아니면 운동선수가 공부로 성공을 하는 건 너무 머나먼 일이니 그 시간에 차라리 운동에 집중하는 편이 낫겠다고 현실을 일찌감치 깨달아 버린 다음부터였을까? 그것도 아니면 아랍 왕자 다문화가 프리드로우 라인에서 덩크슛을 날리던 날 하늘을 날아오르는 게 얼마나 눈부신 일인지 그게 어떤 기분일까 상상하다가 공연히 풀이 죽었던 날부터였을까. 그래서 운동 말고 지상에서 일어나는 일들이 모조리 시시해져버리기 시작한 건. 그래서 어디에도 질질 끌려 다니지 않겠다고 세상이 어떻게 굴러가든 나는 나대로 내 길을 걸어가겠다고 마음속으로 다짐하기 시작한 건.

평균 이십 칠점이 찍힌 성적표를 들고 집에 들어갔지만 엄마는 태연했다.
이번에도 꼴찌는 아니네.
어떻게 알았어?
평균이 적어도 한 자릿수는 나와야한다고 그래야 전교 꼴찌를 할 수 있다고 꼴찌를 하는 것도 쉬운 일이 아니라고 지난번에 네가 말했잖니.

그걸 기억하고 있었다니 엄마도 꼴찌가 아주 신경이 안 쓰인 건 아니구나 싶다. 하기야 꼴찌에 가까운 성적이나 꼴찌나 거기서 거기니까 엄마는 내 성적에 대해서라면 일찌감치 마음을 비웠는지 모른다.

그럼 다음번에는 꼴찌해도 괜찮아?

어, 엄마가 고개를 끄덕였다.

정말 괜찮아?

그럼, 아무리 싫어도 어차피 누군가 꼴찌를 하게 되어 있는 거라면 어쩔 수 없는 거고 그게 하필 내 새끼여야 한다면 사이좋게 돌아가면서 하면 되는 거니까.

사이좋게 돌아가면서 하지 않고 나 혼자 도맡아서 하면?

흠, 엄마가 고개를 저었다.

그건 곤란해, 혼자서 꼴찌를 도맡는 일이 반복되면 자존감에 심각한 문제가 생길 수 있거든, 농구 천재 강은이 자존감 바닥 치는 건 곤란하니까.

그럼 꼴찌를 도맡아서 하지만 않으면 되는 거네?

당연하지, 엄마가 고개를 끄덕였다.

나는 조금 안도했다. 하지만 엄마가 모르는 게 있다. 엄마 아들 강은은 공부 꼴찌를 한다고 해서 자존감에 상처를 입을 만큼 나약한 아이가 아니라는 걸. 성적 때문에 벌벌 떠는 건 공부 빼면 시체인 범생 조무래기들이나 하는 짓이다. 나는 그렇게 시시한 약골이 아니다. 내가 정말로 두려워하는 건 공부 꼴찌가 아니라 운동과 공부를 둘 다 잘하려고 기를 쓰는 만능충 또라이가 되는 거다. 친구들은 그런 애들을 엄친아라고 부르며 부러워하지만 그런 건 하나도 안 부럽다. 그건 영원한 아웃싸이더를 꿈꾸는 나 자신과의 약속을 스스로 배반하는 거니까. 나는 다시한 번 굳게 결심했다. 기말고사에서는 무슨 일이 있어도 꼴찌를 하고 말겠다고. 그래서 공부 따위에 초연한 아웃싸이더의 면모를 세상에 당당히 보여주겠노라고.

마리아의 집은 고요했다.
입구로 연결된 계단으로 오르는 길목에 붉은 장미 넝쿨이 탐스럽게 피었다. 란이 아직 안 나왔으면 조용히 휘파람을 불 생각이었는데 장미 넝쿨 앞에 란이 서 있었다.
생각해 봤는데, 란이 입을 열었다.
일주일 뒤 내 생일에 너랑 김경태를 같이 초대하겠다고 마리아 엄마에게 말씀드렸어.
란은 태어날 때부터 한 쪽 시신경이 거의 말라버린 데다가 지독한 난시여서 늘 무거운 검정 뿔테 안경을 쓰고 있다. 어릴 때 부모님이 돌아가셔서 성당에서 운영하는 청소년 보호시설 마리아의 집에서 수녀님을 마리아 엄마라고 부르며 자랐다고 했다.
왜 하필 그 자식이랑 나를 같이 묶는데, 라는 소리가 저절로 튀어나올 뻔 했지만 꾹 참았다. 나는 란 앞에서 화를 내 본 적이 한 번도 없다. 왜냐하면 나는 좋아하는 사람 앞에서 예의를 지킬 줄 아는 착한 아웃싸이더니까. 내 마음을 알아차린 걸까. 란이 덧붙였다.
너도 알다시피 김경태는 우리 반 농구 주장이잖니, 그런데 전학 온 지 얼마 안 돼서 그런지 친구가 없는 거 같아서 내가 응원하는 마음을 담아서 초대하고 싶어서. 너는 초등학교 때부터 내 친구였지만 김경태도 우리 반이니까, 괜찮지?

그게 다야? 나는 건성으로 고개를 끄덕였다.

어, 란이 고개를 끄덕였다.

우리 반 애들이 그러는데 김경태가 저녁밥도 못 얻어먹고 다닌대. 부모님이 호프집을 하느라고 너무 바빠서 운동선수가 맨 날 라면만 끓여 먹는대. 그래서 내가 생일날 우리 반 대표로 저녁 밥 한 번 먹이려고.

그거야 어디까지나 초대하는 사람 마음이지만 나는 기분이 조금 상했다.

란은 눈에 띄는 걸 유난히 싫어해서 경기가 있는 날에도 늘 입구 쪽 구석 자리에 앉아서 조용히 내 경기를 지켜보곤 했다. 비가 오나 눈이 오나 한 번도 빠지지 않고 나를 응원하는 란은 나의 열성 팬이다. 그런 란이 생일 날 나 말고 김경태를 같이 초대하겠다니 기분이 좋을 리 없다.

근데 너희 반 덕구가 그러는데 너 닮고 싶은 캐릭터에 아싸라고 적었다며, 그게 무슨 소리야?

두 가지 뜻이 있는데 하나는 아웃싸이더.

또 하나는?

아끼고 싸랑하는 사람이라는 뜻이야.

그렇구나, 란이 깔깔 웃었다.

나는 두꺼운 뿔테 안경 속에서 잠자고 있을 란의 고요한 눈동자를 떠올렸다. 어쩌면 지금쯤 란의 눈동자도 같이 웃고 있을까. 란은 알까. 내가 아끼고 싸랑하는 사람은 세상에서 단 한 사람 란이 뿐이라는 걸.

어제 중간고사 성적표가 나왔는데 요번에도 김경태가 꼴찌를 했나봐. 담임이 괜찮다고 위로를 했는데도 풀이 많이 죽어 보여. 아마도 운동도 잘 하고 공부도 잘 하고 싶었을 텐데 뜻대로 안 돼서 실망했겠지. 운동도 잘 하고 공부도 잘 하고 싶은 건 모든 애들의 로망이니까. 너도 그러니?

아니, 나는 고개를 저었다.

너도 내가 운동도 잘 하고 공부도 잘 하는 애였으면 좋겠니?

아니, 란이 해맑게 웃었다.

은아, 나는 너가 공부를 못 해도 좋아. 왜냐하면 너는 하나 뿐인 내 친구이자 우리 학교 농구 천재니까. 천재는 원래 하나밖에 못하는 거니까.

란은 천사다. 이럴 때 나는 란이 좋다. 왜냐하면 나에게 뭐든지 다 잘 하지 않아도 좋다고 운동만 잘 하면 된다고 그래도 된다고 말해주니까. 나를 생긴 그대로 받아주니까. 그런 사람은 흔하지 않으니까.

골리앗 김경태가 란의 생일 초대를 받은 건 충격이었다. 게다가 녀석에게 꼴찌의 영광마저 빼앗길 줄이야. 나는 멘붕에 빠졌다.

나도 꼴찌를 해보려고 나름대로 노력을 안 한 건 아니다.

필살기는 기둥 세우지 않기. 정답의 일반 확률에서 벗어나 순수한 노력만으로 문제를 푸는 거다.

공부를 못 하는 애들이 꼴찌에서 벗어나기 위해 사용하는 으뜸 공식은 기둥 세우기다. 컴퓨터 싸인펜으로 과목당 한 가지 번호만 찍어서 공략하는 거다. 국어는 1번, 수학은 2번, 역사는 3번. 이런 식으로 일관성 있게 한 줄로 선을 죽 긋고 나서 시험이 종료될 때까지 그냥 엎드려 잔다. 그러니까 객관식 5지선다형이라면 한 번호로 기둥세우기만 해도 평균 20점 정도는 나온다는 얘기다. 아이러니는 이렇게 찍고 자는 애들이 자기 머리를 써서 문제를 푼 애들보다 점수가 잘 나온다는 거다. 왜냐, 출제자 입장에서 보면 문항별 정답률을 일정한 비율로 분산시키는 게 일반적인 현상이기 때문이다. (물론 이것이 의무 규정은 아니지만 그래도 한 가지 번호만 집중해서 정답을 배치하는 경우는 거의 없다. 이를테면 국어는 삼십 개 문항 중에 이십 개가 1번이 정답이라거나 수학은 이십 개 문항 중에 열 개가 3번이 정답이라거나 이런 식으로 무리하게 정답이 배치되는 경우는 흔치 않다는 얘기다. 그런데 이것도 예외가 있어서 언젠가 만난 괴짜 미술선생님은 유난히 5번에 정답을 많이 배치해서 살 떨리는 정오표라는 별명을 얻었다. 이 분은 전체 문항 중에 절반이 넘게 정답이 5번이어서 무심코 5번이 아닌 다른 번호로 기둥 세우기를 했다가 기록적인 바닥 점수 테러를 당한 애들이 꽤 많았다. 물론 한 번이라도 점수 테러를 당해 본 뒤에는 무조건 5번에 기둥을 세워서 의외의 고득점을 보장받는 경우도 있었지만 그렇게 배짱 있는 출제자는 몹시 희귀한 사례에 속한다.) 그러나 맹세코 나는 단 한 번도 기둥 세우기를 해 본적이 없다. 그건 멀쩡한 내 머리를 놔두고 정답이라는 확률에 점수를 떠맡길 수 없다는 이상한 자존심 때문이기도 하지만 기둥 세우기를 하면 무려 두 자리 수 점수가 나오게 되고 그러면 영광의 꼴찌를 차지하기가 더더욱 어려워지기 때문이다.

요번 중간고사만 해도 그랬다.

나는 평소대로 기둥세우기를 안 한다는 나만의 원칙을 지켰으며 여느 때처럼 소신에 맞게 정답을 체크했다. (굳이 찍었다고 표현하고 싶지는 않다.) 그리고 어쩌면 운이 좋으면 십 점대 이하 한자리 수 평균도 바라볼 수 있다는 벅찬 희망에 부풀었다. 하지만 공부 꼴찌가 되는 일은 생각처럼 쉬운 게 아니었다. 경쟁자들은 차고 넘쳤다. 만사가 귀찮아서 아무렇게나 적당히 찍고 자버리는 귀차니스트들이야말로 천하무적이었다. 그 애들은 꼴찌에서 벗어나기 위해 두 자리 수 성적을 꿈꾸며 한 번호로 기둥을 세우거나 하는 식의 거룩한 정신노동은 절대로 하지 않는다. 한마디로 말해서 그냥 내키는 대로 살자가 좌우명인 애들인데 태어날 때부터 성적 따위야 꼴찌를 해도 그만 안 해도 그만이라는 초긍정 생존 에너지를 탑재했다. 내 경험에 비추어 보면 이런 애들을 피해갈 길은 없다. 그냥 운명에 맡기고 그 애들이 자기 인생을 살아가듯 나도 내 길을 가면 되는 거라고 나는 스스로를 다독였다. 그런데 중간고사 때 큰 변수가 생겼다. 그건 새로 전학을 온 골리앗 김경태가 시험을 째고 무단결석을 해 버린 거다.

오 트래지디!

나는 절망했다. 설령 성적에 아무리 초연하다고 해도 시험 때 무단결석을 하는 경우는 흔치 않다. 시험 때 무단결석을 해버리면 성적관리 규정에 따라 전교 최하위 점수의 칠십퍼센트에 해당하는 점수를 부여받고 자동으로 전교 꼴찌로 등극하게 된다. 그러니까 요는 내가 아무리 기를 써서 꼴찌 점수를 만들어 놓는다 해도 무단결석생은 나보다 무조건 삼십프로나 낮은 점수를 받게 되는 거다. 만일 김경태가 시험기간 내내 날마다 무단결석을 한다면 붙어보나 마나 당연히 김경태에게 꼴찌를 빼앗기는 거다. 오죽하면 전교 꼴찌를 안 하려면 무단결석만 안 해도 된다는 불후의 명언이 있지 않은가. 그런데 시험 때 무단결석을 밥 먹듯이 해버리는 녀석이 나타난 거다. 나는 엄청난 복병을 만났다.

차라리 나도 무단결석을 해버릴까.

하지만 그건 데미지가 너무 컸다. 설령 내가 뼛속까지 아웃싸이더라 해도 시험 때 결석을 해 버리면 생활기록부에 불성실한 학생으로 기록되어 대학 입시에서 무거운 감점을 받게 될지 모른다. 성실성이란 운동선수에게는 생명 같은 거다. 그건 운동 실력과는 또 다른 문제다. 게다가 엄마와 담임에게는 뭐라고 변명할 것인가. 제 소원은 공부 꼴찌를 해보는 거예요, 그러려면 무단결석을 해야 해요, 그게 진정한 아웃싸이더가 되는 길이니까요, 그래야 저도 한번 쯤 주체적인 인간으로 세상을 살아갈 수 있지 않겠어요, 이런 소리를 늘어놓을 수는 없지 않은가.

마침내 고민 끝에 나는 정면대응을 선택했다. 일단 골리앗 김경태를 찾아가 보는 거다. 찾아가서 얼굴을 보고 확인하고 싶은 게 있었다.

날 보자고 한 게 너냐?
강당 앞에서 골리앗 김경태가 물었다. 개인 훈련을 하다왔는지 붉게 상기된 얼굴로 나를 내려다보는 포스가 얼얼했다. 나보다 거의 머리 하나 만큼 키가 큰 녀석은 거대한 어깨도 어깨지만 양 쪽으로 날렵하게 찢어진 눈매 때문에 그게 멋있어서 응원을 한다는 여자애들도 있었다.
란이가 생일 날 너도 초대했다며.
어, 골리앗이 고개를 끄덕였다.
그래서 말인데 요번에 너희 반과 우리 반이 결승전에서 붙잖냐, 거기서 이기는 사람이 대표로 란의 생일 초대를 받기로 하는 게 어떨까.
대표로 한 사람만? 골리앗이 고개를 갸우뚱했다.
란이는 둘 다 초대했잖아, 왜 그래야 하는데.
몰랐냐? 란이 생일 날 초대하고 싶은 사람은 바로 나라는 걸. 너는 단지 같은 반이라는 이유로 예의상 넣어준 거 뿐이라구. 그걸 모르고 떠드는 네가 불쌍해서 이 참에 실력자도 가릴 겸 내가 교통정리를 해 주려고 그런다.

골리앗의 얼굴이 일그러졌다.

좋아, 소원이라면 들어주지. 초대하는 사람 정성을 생각해서 초대를 받아주려고 했는데 둘 중 하나뿐이라면 결투가 필요하겠군. 어차피 반 대결이라고 해봐야 결국 너와 나, 두 사람의 일대일 경기가 될 테니까.

녀석이 생각보다 쉽게 수락을 해서 나는 조금 당황했다. 하지만 만만하게 보이면 안 된다.

내친 김에 사랑은 나눠가지는 게 아니라는 말을 덧붙이려고 했는데 엉뚱한 소리가 튀어 나왔다.

야 근데 너 웬만하면 시험 때 결석하지 마라.

골리앗이 나를 노려보았다. 가소롭다는 표정으로 니가 뭔데, 하는 얼굴이다.

시험 때 무단으로 결석하면 꼴찌 하잖냐. 굳이 전교 꼴찌를 해야겠냐?

상관없어, 어차피 성적으로 대학 갈 거 아니니까. 골리앗이 말했다. 근데 코치님이 무단결석이 많으면 대학 갈 때 불리하대서 안 그래도 이제부터 웬만하면 결석 안 하기로 코치님과 약속했다.

나는 마음 속으로 쾌재를 불렀다.

골리앗이 무단결석을 안 하면 내가 공부 꼴찌를 차지하는 건 시간문제다. 꼴찌 문제는 해결됐고 이제 남은 건 하나, 경기에서 골리앗을 이기는 것뿐이다. 그러면 나는 농구의 신이자 공부 꼴찌를 겸비한 완벽한 아웃싸이더로 재탄생하는 거다. 그 순간 새로운 의구심이 고개를 들었다.

　하나만 물어보자, 근데 무단결석은 왜 하는 거냐?

　호프집에서 새벽까지 써빙 알바를 하거든. 부모님이 운영하는 호프집인데 일이 힘들어서 대학생 알바를 못 구해서 운동 끝나고 내가 도와드리는데 그 바람에 늦잠을 자서 아침에 못 일어날 때가 많아. 평소라면 늦더라도 등교는 하니까 지각 처리가 되지만 시험 때는 오전 중에 일찌감치 학교가 끝나 버리니까 어쩔 수 없이 결석 처리가 되는 거지.

　운동만 해도 쉽지 않은데 밤늦게까지 서빙 알바를 하다니 놀랍다. 녀석의 어디에 그런 힘이 숨어 있는 걸까. 갑자기 녀석이 아주 조금 커 보였다.

　종료 삼분을 남겨놓고 프리드로우 찬스가 상대편으로 넘어갔다.
　예상대로 골을 잡은 골리앗이 차분히 숨을 고른 뒤 슛을 날렸다. 두 개의 골이 연달아 네트 안으로 빨려 들어갔다. 골리앗은 찬스를 놓치지 않았다. 이변은 없었다. 이제 동점이다. 시간이 얼마 남지 않았다. 누군가 내 쪽으로 패스한 공을 놓치지 않고 그대로 낚아챘다. 나는 죽을 힘을 다해 몸을 날렸다. 공이 허공으로 날아올랐다. 문득 어디선가 나를 보고 있을 란에게 묻고 싶었다. 란아 보고 있니? 잘 봐, 절대로 놓치면 안 돼. 공이 가볍게 바스켓을 통과하는 순간 종료를 알리는 벨소리가 울렸다. 버저 비터였다.

　함성 소리가 더 커졌다.

| 작가노트 |

　서기 이천이년도의 어느 날 일산문학학교에서 정수남선생님을 처음 뵈었다. 밥 먹고 사느라 밥을 벌기 위해 학교에 나가고 저녁이면 힘겨운 노동 끝에 겨우 한숨을 돌리고 어린 새끼가 오물거리며 밥을 받아먹는 모습만으로도 형언할 수 없는 기쁨에 사로잡혔던 나날이었다. 허나 한편으로는 소시민의 삶이란 고작 이런 건가 이런 그림을 위해 그토록 앞을 보고 달려왔던가, 알 수 없는 허무감에 사로잡혀 헤매었다. 그러다 일산문학학교를 만났다. (문학하는 여자들은 팔자가 세다며 절대로 문학 근처에 얼씬거리지 말라던 모친의 당부도 잊었다.) 많지 않은 수강생들을 앞에 놓고서 선생님은 [베란다 문학에서 벗어나라, 공간을 넓혀라]라고 주문하셨고 그 와중에 나에게 해주신 두 가지 말씀이 기억난다. [너는 남자 같은? 데가 있다. 시원시원하다.] 덧붙여 [너는 원고 약속을 잘 지킨다.] 그렇게 선생님의 지도를 받은 지 얼마 안 되어서 전북일보 신춘문예 당선의 영광을 안았다. 너무도 감사한 일이었지만 신춘 고아라는 말을 증명해 보이듯 살아가는 일에 쫓겨 드문드문 문예지에 원고를 송고하는 게 전부인 나날을 보내야했다. 돌이켜보면 아쉬움 뿐이지만 선생님의 지칠 줄 모르는 왕성한 필력을 본받아 언젠가 나도 제대로 된 작품을 묶어보리라 다짐한다. 덧붙여 어려움에 처해있을 때 사람의 기를 살려주시는 선생님의 넉넉한 미소와 품성을 배우고 싶다. 허니 소설도 문학도 종국에는 사람살이일진대 차라리 문학 이전에 인간적으로 끌리는 매력 - 걍 인간이 귀여워서 모두 용서되는? 그런 경지- 을 연마해보는 건 어떨까 궁리해본다.

코드 블루 코드 블루

임 철 균

　산 채로 가죽을 벗기고 있었다. 투박하고 두꺼운 가죽 장갑을 낀 사내가 좁디좁은 철창 속에서 검은 족제비의 모가지를 거칠게 잡아꺼냈다. 모가지를 잡힌 족제비가 발톱을 잔뜩 세워 저항하지만 가죽 장갑에 가벼운 흠집만 낼 뿐이었다. 족제비를 움켜쥔 사내가 마당에 수직으로 세운 ㄱ자 모양의 나무틀로 걸어갔다. 왼손으로 모가지를 잡고 오른손으로 꼬리부분을 잡았다. 교수대 모양의 나무틀 끝에 달린 커다란 쇠갈고리에 버둥대는 족제비의 항문을 거침없이 끼웠다. 항문 깊숙이에 쇠갈고리가 들어간 족제비가 온 몸을 비틀었다. 세상에서 제가 낼 수 있는 가장 큰 소리를 내며 갈고리에 항문이 걸린 채 허공에서 버둥거렸다. 사내가 곁에 있던 쇠몽둥이를 들어 울부짖는 족제비의 머리통을 주저 없이 내려쳤다. 족제비의 몸뚱이가 이내 추-욱 늘어졌다. 장갑을 벗은 사내가 허리에 찬 가죽벨트에서 손바닥 길이만한 가늘고 날카로운 칼을 꺼냈다. 항문에 쇠갈고리가 걸린 채 허공에 축 늘어진 족제비의 몸을 곧게 만들었다. 망설임 없이 족제비의 성기 쪽에서 가슴 쪽으로 칼날을 내리그었다. 지-익 소리가 나면서 족제비의 배에 빨간 줄이 선명히 나타났다. 그어진 족제비의 뱃가죽을 양 손으로 잡은 사내가 힘을 주어 한껏 벌렸다. 찌-이-익 소리가 들리며 순식간에 족제비의 몸에서 가죽이 분리되며 하얀 지방층이 보였다. 족제비의 뱃가죽을 양 옆으로 벌린 사내가 이번에는 꼬리 쪽에 칼을 대었다. 왼손으로 족제비의 머리를 잡고 오른 손으로 꼬리를 잡아 무릎을 굽히며 힘껏 아래로 잡아 내렸다. 약간씩 멈칫거리기는 했지만 찌지직 소리와 함께 족제비의 가죽이 주둥이까지 깨끗이 벗겨졌다. 하얀 지방층의 족제비 몸뚱이가 이내 빨갛게 변하기 시작했다. 근육에 붙은 생살들이 움찔거리며 온 몸에 방울방울 피가 맺히기 시작했다. 순식간에 산 채로 가죽이 벗겨진 족제비가 다시 정신이 들었는지 울부짖으려는데 시뻘건 주둥이만 달싹거릴 뿐. 사내가 쇠갈고리에서 시뻘건 족제비의 몸뚱이를 빼내었다. 사육장 쪽으로 걸어갔다. 철창에 갇힌 족제비들이 사내가 다가오자 머리를 좌우로 부산히 움직였다. 사내가 한 철창 안에 시뻘건 족제비의 몸뚱이를 밀어 넣었다. 시뻘건 족제비의 몸뚱이가 들어오자 철창 안에 있던 족제비가 바로 허겁지겁 뜯어먹기 시작했다. 허벅지 쪽의 살이 뜯겨나가는 시뻘건 몸뚱이의 족제비 주둥이에서 쉰 소리가 흘러나왔다. 바로 옆 철창에 갇힌 족제비가 혀를 길게 내밀어 시뻘건 몸뚱이에서 흘러내리는 핏물을 연신 핥았다.

15시간 30분 전

사내가 테이블 위에 있는 리모컨을 집어 들었다. 전원 버튼을 눌렀다. 핏빛으로 가득 찼던 텔레비전 화면이 검은색으로 변하면서 육 칠 평 크기의 병동 휴게실이 침묵에 잠겼다. 휴게실 한편에 놓인 간이 소파에 깊숙이 몸을 뒤로 기댄 사내가 두 다리를 길게 뻗었다. 양손을 앞으로 하여 굳게 팔짱 낀 채 눈을 감았다.

13시간 30분 전

-코드 블루, 코드 블루 6층 병동. 코드 블루, 코드 블루 6층 병동…….

새벽 정적을 깨는 방송이 병동 전체에 울려 퍼졌다. 다급하게 뛰는 발자국 소리들. 방송 소리 발자국 소리에 잠을 깬 사내가 팔을 들어 시계를 들여다보았다. 새벽 4시가 되어가고 있었다. 다시 잠들지 못하고 사내가 이리저리 몸을 뒤척였다. 병동이 다시 고요에 잠겼다.

10시간 30분 전
아침 회진을 도는 의사들의 대화와 간호사들 오가는 소리에 사내가 눈을 떴다. 휴게실을 나와 병동 중앙에 있는 데스크를 지나 엘리베이터 앞에 섰다. 엘리베이터 문이 열리자 사내가 은빛 사각 공간 속으로 뚜벅 뚜벅 걸어 들어갔다.

병원 현관문을 나선 사내가 몸을 돌려 건물을 올려다보았다. 본관 건물 뒤편 더 높은 건물에 <성균관의대 강북삼성병원>이라는 파란색 글자와 기업 로고가 선명했다. 병원입구 쪽으로 가던 사내가 검은색 기와가 얹어진 건물에 걸린 커다란 현수막을 올려다보았다. '백범 김구선생의 혼이 숨 쉬는 경교장'이라는 글씨와 김구선생이 환하게 웃는 모습이 그려져 있었다.

병원 정문을 지난 사내가 도로 건너의 경향신문사 건물을 바라보았다. 가벼운 군화에 단단한 고무로 된 무릎 보호대와 팔 보호대 그리고 장갑에 헬멧을 쓴 완전무장 차림의 병력들이 여기저기서 우르르 우르르 몰려다니고 있었다. 거리 곳곳이 온통 검은색으로 물들어있었다. 주위를 둘러보던 사내가 경찰버스와 병력들에 의해 왼쪽 인도가 막혔음을 확인하고 오른쪽으로 몸을 돌려 걷기 시작했다. 100여 미터 쯤 걷던 사내가 발걸음을 멈추었다. 인도 오른쪽에 하얀 석조 건물을 바라보았다. 한 쪽에 소나무가 다른 한 쪽에 대나무가 심어져 있는 아치형 입구 위에 <四一九革命紀念圖書館>이 적혀있었다. 건물을 올려다보던 사내가 소나무 몇 그루 심어진 건물 위에 나란히 휘날리는 세 개의 깃발을 바라보았다. 태극기를 가운데 놓고 '419革命犧牲者遺族會' 깃발과 '419民主革命會' 깃발이 한겨울 바람에 을씨년스럽게 휘날리고 있었다.

 사내가 지하로 내려갔다. 개찰구를 지난 사내가 다시 지하로 더 내려가 전철 승강장에 섰다. 두꺼운 통유리로 된 안전벽이 승강장을 따라 길게 이어져 있었다. 사내가 승강장의 끝으로 천천히 발걸음을 옮기다 마지막 안전 유리문 앞에 섰다. 전철이 도착하지 않아 닫혀 있는 안전 유리문 앞에 선 사내가 유리문에 적힌 하얀색 글을 바라보았다. <맑스>라는 제목의 시를 사내가 소리 없이 읽었다. 전철이 도착하고 문이 열렸다. 출입문 창에 기댄 사내가 끝없이 이어지는 창 밖에 어두운 터널을 바라보았다. 광화문역에 전철이 멈췄다. 전철 밖으로 사내가 나왔다. 경찰들이 입고 있는 형광색 상의에 반사된 아침햇살이 지하에서 올라 온 사람들의 온 몸에 날카롭게 박혔다. 전철역입구에서 보신각 가는 길까지 도로 양쪽이 소란스러웠다. 경찰 버스들이 여기저기서 부르릉 부르릉 요란스러운 소리를 냈다. 전국의 번호판을 각각 단 경찰 버스들이 도로 양쪽에서 부산스레 서로 꼬리에 꼬리를 물고 있었다. 줄지어선 가로수들 여기저기에 알록달록한 색깔의 현수막이 군데군데 걸려있었다.

 [새해맞이 보신각 타종행사에 국민 여러분을 초대합니다.]

 걸어서 종각역에 도착한 사내가 길 건너편에 보신각을 바라보았다. 한겨울 아침 햇살 아래 경찰버스들이 보신각을 중심으로 요란스레 출근을 하고 있었다. 경찰 모자를 쓴 포돌이가 민중의 지팡이를 들고 경찰버스 곁면에서 밝게 웃고 있었다. 종각 전철역 입구 근처 대리석 벤치에 사내가 앉았다. 도로 건너에 있는 건물을 올려다보았다. 강철과 유리로 지어진 옛 삼성본관 건물이 차갑게 빛나고 있었다.

안국동 사거리 쪽으로 몸을 돌린 사내가 도로가 철판에 적힌 조계사를 보고 걷기 시작했다. 경찰 순찰차 대 여섯 대가 조계사 앞 도로 양쪽에 세워져 있었다. 사내가 조계사 입구에서 출입문으로 향하는데 두툼한 파카를 입은 중년 사내 두 명이 날카롭게 쏘아보았다. '大韓佛敎總本山曹溪寺'라는 커다란 글씨가 써진 출입문 아래 사천왕이 입구 양쪽을 지키고 있었다. 출입문 앞 계단 아래 건물 벽에 한 걸인이 모자를 바닥에 놓고 차가운 돌바닥에 엎드려있었다. 커다란 카메라를 어깨에 멘 남자가 사내를 앞질러 비닐하우스와 승용차들이 즐비한 마당으로 바쁘게 걸어갔다. 수많은 카메라들이 마당 여기저기에 세워져 있고 기자들이 둘 셋씩 모여 웅성거리고 있었다.

대웅전 앞에 선 사내가 두 손을 모아 합장을 했다. 울긋불긋한 글귀가 지붕에 걸려 휘날리고 있는 대웅전 계단을 올라갔다. 커다란 유리 미닫이문을 열고 사내가 대웅전 안으로 들어섰다. 배낭을 내려놓고 신발 끈을 푼 사내가 주위를 두리번거리다 중앙에 있는 기둥 옆의 빈 방석으로 가서 앉았다. 자리에 앉아 고개를 든 사내가 대웅전 정면에 있는 세 개의 커다란 금박 불상을 올려보았다. 겉옷을 벗고 이내 절을 하기 시작했다. 최대한 느린 호흡으로 108배를 마친 사내가 자리에 앉아 결부좌를 튼 채 눈을 감았다. 어머니……. 사내의 입에서 가는 소리가 새어나왔다.

조계사에서 나온 사내가 도로의 횡단보도 앞에 서있다, 돌아섰다. 절 입구 돌바닥에 여전히 허리를 숙인 채 엎드려 있는 걸인 사내의 앞에 섰다. 동전 몇 개뿐인 낡은 모자에 사내가 만원 지폐 한 장을 놓자 걸인 사내가 돈을 보곤 고개를 들어 사내를 보았다. 돌아선 사내가 다시 도로로 나가 주위를 두리번거리다 안국동 사거리 표지판을 보고 걷기 시작했다.

7시간 30분 전

　안국동 사거리에 도착한 사내가 왼쪽으로 걸음을 옮겨 광화문 방향으로 걸었다. 정복을 입은 경찰들의 숫자가 눈에 띄게 늘어났다. 배낭을 메고 검은색 점퍼에 검은색 모자를 쓴 사내를 경찰들이 쳐다보았다. 일본대사관 들어가는 길목에 중무장한 경찰병력이 방패를 든 채 꼿꼿이 서있었다. 경복궁 담장 길을 따라 사내가 걷기 시작했다. 길 건너편 국립현대미술관 카페 안에서 사람들이 호젓하게 커피를 마시며 평화로이 담소를 나누고 있었다.

　경복궁 담을 따라 걷는 사내의 눈에 골목골목마다 중무장 차림으로 무리지어 휴식을 취하고 있는 경찰들이 보이기 시작했다. 가파른 오르막길이 나타났다. 도로 중앙에 청와대 앞길 교통통제라는 표지판이 보였다. 깃발을 든 사내의 뒤를 따라 한 무리의 사람들이 톤 높은 중국어로 대화를 하며 사내를 지나쳤다. 자연스럽게 사내가 그 무리의 중간에 휩쓸렸다. 검은색 점퍼의 사내들이 군데군데 선 채 지나가는 사람들을 날카롭게 쳐다보고 있었다. 오르막길 정상에 도착한 사람들이 여기저기서 사진을 찍었다. 청와대를 배경으로 사진을 찍는 사람들 속에서 사내가 북한산 쪽을 한참 바라보았다. 그런 사내의 곁으로 검은색 두꺼운 가죽점퍼를 입고 길 한편에 서 있던 중년의 사내가 소리 없이 다가왔다.

　"어떻게 오셨습니까?"

위력이 담긴 목소리의 중년 사내가 날카로운 눈초리로 물었다.
"연말연시 휴가라 보신각 타종식 좀 보려고 지방에서 왔습니다. 온 길에 청와대 구경도 좀 하려고 들렀고요."
대수롭지 않게 사내가 말했다.
"그러세요? 죄송하지만 신분증하고 그 배낭 좀 볼 수 있을까요?"
정중한 어투이지만 부탁하는 내용이 아닌 강압적인 목소리였다.
"그러세요."
바지 주머니에 있는 지갑에서 신분증을 꺼내 건네 준 사내가 어깨에 메고 있던 배낭을 앞으로 돌렸다. 사내에게서 신분증을 받아 든 중년의 사내가 사람들 뒤쪽으로 빠졌다. 사내가 중년 사내의 뒤를 따라갔다. 신분증을 들여다보던 중년의 사내가 사내를 잠깐 쏘아보나 싶더니 건네받은 배낭을 바닥에 내려놓았다. 무릎을 굽히고 앉은 중년의 사내가 배낭의 지퍼를 열었다. 고개를 기웃하여 배낭 안을 들여다보더니 안에 있는 물건을 배낭 밖으로 꺼냈다. 사각으로 접은 얇은 모직 담요, 면 티셔츠, 바지, 속옷, 수건, 세면도구, 두꺼운 양말 몇 켤레. 그런 중년의 사내를 사내가 말없이 내려다보았다. 배낭 안의 모든 것을 꺼낸 중년의 사내가 배낭을 거꾸로 들어 털기 시작했다. 중년의 사내가 일어나 손을 털며 됐다고 말했다. 중년의 사내가 모두 꺼내 놓은 것들을 사내가 다시 하나씩 배낭에 담기 시작했다.
"협조해 주셔서 고맙습니다. 구경 잘하시고 가세요."
사무적인 목소리로 말을 마친 중년의 사내가 다시 제 자리로 돌아갔다. 배낭을 둘러멘 사내가 '神武門'이라고 적힌 아치형 석조 출입구를 통해 경복궁 쪽으로 들어갔다. 작은 광장이 나타났고 매표소와 출입구가 있었다. 사내가 몸을 뒤로 돌려 왼쪽 눈을 감고 오른쪽 눈을 가늘게 떴다. 가늠쇠 구멍 같은 아치형 석조 통로 너머 정중앙에 청와대를 한참 바라보다 돌아섰다. 사내가 표를 구매하여 경복궁 경내로 발길을 옮겼다. 왕비의 침전인 교태전을 지나 부지런하게 정치하라는 뜻의 근정전 앞 돌계단에 사내가 앉았다. 앙상한 나뭇가지에 간신히 매달려 있는 바짝 마른 나뭇잎들이 스산한 겨울바람에 바들바들 떨고 있었다.

6시간 30분 전

광화문으로 사내가 나왔다. 삼거리 큰 도로 곳곳에 시커멓게 깔려 있는 중무장한 경찰병력들이었다. 사내가 나온 출입문 앞에 긴 창을 든 두 명의 포졸 복장이 서있었다. 꼼짝도 하지 않았다. 누군가 다가가 툭 건드리니 눈을 깜박거렸다.
"사람이야! 살아있어!"
두 포졸의 곁에 사람들이 서서 V자를 그리며 사진들을 찍었다. 두 포졸이 하는 일은 광화문을 지키는 것이 아니라 관광객들의 사진모델이 되어주는 것이었다.
사내가 횡단보도를 건너 광화문 광장으로 발길을 옮겼다. 대한민국 역사박물관 바로 곁에 똑같은 높이의 건물을 바라보았다. 성조기가 한겨울 바람 속에서 매섭게 펄럭이고 있었다. 성조기가 나부끼는 건물 바로 앞 광장에 세종대왕이 굳게 입을 다문 채 묵묵히 앉아있었다. 사내가 발길을 옮겨 광화문역으로 들어가는 지하도 윗길을 지났다. 한겨울 하늘 아래 긴 칼을 허리에 차고 눈을 부릅뜬 채 정면을 똑바로 바라보고 있는 이순신 장군 동상 앞에 섰다.
사내가 이른 아침에 도착했을 때보다 세종대로 사거리 풍경이 살벌해져 있었다. 아침나절에만 해도 듬성듬성 빈 곳이 보이던 양쪽

도로에 경찰버스들이 빽빽이 대어져 있었다. 사내가 사거리 횡단보도에 걸려 있는 커다란 사각 현수막을 보았다. 보신각 타종식에 따른 교통 통제 구간이었다. 보신각을 중심으로 교통통제 구간인 빨간 선이 동서남북으로 그어져 있었다. 보신각에서 한참 떨어져 타종식과는 관계없는 청계광장도 빨간 선 끝자락에 묻어 있었다. 교통 통제가 시작되면 빨간 선 구간 전체는 경찰들이 통제를 할 것이라는 설명이 친절하게 적혀 있었다. 사람들의 통행은 오직 경찰이 열어놓은 한 곳을 통해서만 들어오고 나갈 것이었다. 보신각 주변의 도로 양쪽에 경찰버스들이 촘촘히 세워져 있을 것이기에, 가두리 양식장처럼 사람들이 그 안에서만 바글바글 머물며 제야의 종소리를 들을 것이었다.

세종로 사거리의 대한감리교본부 건물이자 동화면세점이라 적힌 건물 앞에서 10여 명의 사람들이 옹기종기 모여 있는 것이 사내의 눈에 들어왔다.

"우리나라가 어떻게 일구어 낸 나라입니까. 그런데 빨갱이 종북 세력들이⋯⋯."

귀를 찢는 여자의 날카로운 소리가 커다란 스피커를 통해 사거리에 쩡쩡 울리고 있었다. 그 뒤로 오른편에는 조선일보 건물이, 왼편에는 동아일보 건물이 주변 건물들을 압도한 채 우뚝 서 있었다. 찢어질 것 같은 여자의 목소리가 두 건물 사이에서 공명되어 온 거리를 서슬 푸르게 휩쓸고 있었다. 청계광장 소라탑 입구에서 서너 명의 남녀가 통기타를 치며 노래를 부르고 있었다.

"우리의 노래가 이 그늘진 땅에 따뜻한 햇볕 한 줌 될 수 있다면 어둠 산천 타오르는 작은 횃불 될 수 있다면⋯⋯."

동그랗고 넓은 소라 입구 바로 앞에서 그들이 부르는 노래 소리가 소라탑 입구로 들어가 허공으로 솟아오르면서 점점 작아지고 있었다. 대신에 길 건너편 동화면세점 앞의 스피커 소리가 소라의 꼭지를 따라 아래로 내려와 청계광장을 쩡쩡 울리고 있었다. 광교다리가 나타나면서 오른쪽에 <을지로1가> 도로 표지판이 보였다. 오른쪽으로 몸을 돌린 사내의 눈에 <CAFE DE MARINE>라는 간판과 그 앞의 화단에 바람개비 조형물들이 들어왔다. 사내가 다가가 노란색 커다란 바람개비를 손가락으로 돌렸다. 바람개비가 돌아갔다. 사내가 입으로 훅! 불어보았다. 바람개비가 돌아가지 않았다. 사내가 있는 힘껏 후-우-욱! 하고 불어보았으나 바람개비는 꿈쩍도 하지 않았다.

사내가 명동성당 입구에 섰다. 성당 보수공사로 칸막이를 설치해 놓은 입구가 드나드는 수많은 사람들로 무척 혼잡스러웠다. 검은 사제복을 입은 신부들과 수녀들이 바쁘게 오가고 있었다. 명동성당 오르막길을 오른 사내가 중세시대 암흑의 하늘을 찌르던 날카로운 창 같은 건물 본당을 올려다보았다. 본당 안 입구에서 성수를 찍어 이마에 묻힌 사내가 성호를 그었다. 줄지어 선 긴 의자의 가장 뒷자리에 앉은 사내가 두 손을 모으고 눈을 감은 채 고개를 숙였다. 본당에서 나온 사내가 마당 한편에 있는 사무실로 들어갔다.

"죄송해요. 오늘은 제야 미사 준비도 있고 해서 예약이 되어 있지 않으면 신부님들이 도저히 시간이 안돼서요."

"괜찮습니다."

고해성사를 신청하던 사내가 인사를 하고 사무실을 나섰다. 사무실에서 나온 사내가 성당 마당에서 계성여고로 통하는 문 쪽으로 걸어갔다. 성당 본당 아래에 있는 고해성사실로 들어섰다. 다닥다닥 붙은 고해성사실에 빨간 불이 모두 들어 와 있었다. 사내가 고해성사실 앞에 있는 대기자 의자들 맨 뒤편에 앉았다. 깍지 낀 두 손 위에 숙인 이마를 기댄 사내가 눈을 감았다.

  명동성당을 나온 사내가 서로 어깨를 부딪히며 걸을 수밖에 없는 혼잡한 명동거리를 지나 큰 도로에 나섰다. 연말연시 분위기에 들뜬 사람들, 선물을 사는 사람들, 데이트를 즐기는 연인들로 대형백화점 주변이 온통 사람들로 가득 메워져 있었다. 도로 한쪽에 길게 늘어선 관광버스에서 중국 관광객들이 빨간 깃발을 든 사람의 꼬리를 물고 연이어 내렸다. 중국 관광객들이 지나가자 일본어로 호객행위를 하던 노점상들이 일제히 중국어를 소리 높여 외치기 시작했다. 새벽부터 내내 사내의 눈에 보이던 완전무장한 로보캅 같은 경찰이 명동 거리에는 전혀 보이지 않았다. 빨간 교통 통제봉을 든 친절한 미소의 경찰들이 드문드문 보일 뿐이었다. 제야의 분위기에 한껏 들뜬 평화로운 모습의 사람들 속에 서 있던 사내가 을지로 입구 쪽으로 몸을 돌렸다. 을지로 입구에 도착한 사내가 도로 표지판 아래서 시청 방향 쪽으로 횡단보도를 건넜다. 명동거리에서 벗어나자마자 다시금 시커먼 경찰병력들이 사내의 눈에 보이기 시작했다.

4시간 30분 전

  시청 주변에 다다르자 도로 곳곳에 경찰버스들이 주차되어 있었다. 시청광장이 보이기 시작했다. 시청광장 정문에 도착한 사내가 시청 정면 외벽에 걸린 커다란 현수막을 올려다보았다.

  -괜찮아 바람 싸늘해도 사람 따스하니까.

  글귀를 사내가 한참 바라보았다.

  서울광장 스케이트장. 사각 진 광장에 동그랗게 조성되어 일장기 같은 형태의 스케이트장이었다. 동그란 스케이트장 안에 사람들이 가득 차 있었다. 손에 손을 잡고 알록달록한 옷을 입은 채 스케이트를 즐기는 젊은 남녀들, 아장아장 걸음 걷는 어린 아기 손을 양쪽에서 잡고 가는 젊은 부부, 하얀 백발을 휘날리며 멋지게 스케이트를 타는 노년의 신사. 사내가 걸음을 멈추었다. 스케이트장 밖에서 안과 밖을 가르는 담장에 두 팔을 걸치고 물끄러미 사람들을 바라보았다. 백색의 얼음 위에서 스케이트를 즐기는 형형색색의 사람들과 담장 너머에서 그들을 우두커니 바라보는 검정색 복장의 사내 위로 한겨울 차가운 햇살이 비추고 있었다.

한참 사람들을 바라보고 있던 사내가 주위를 두리번거렸다. 털모자에 빨간색 등산점퍼, 빨간색 누비바지, 갈색 털신으로 단단히 무장한 채 한겨울 속에 우두커니 쪼그리고 앉아 있는 60대 중반의 여자에게 사내가 다가갔다. 여자 곁에 동그란 스텐리스 통이 세워져 있고 그 곁에 구멍 뚫린 굵은 플라스틱 시장바구니가 놓여있었다. 사내가 자신에게 다가오자 여자가 사내를 올려다보았다.

"어, 또 왔네."

사내를 본 여자가 웃었다. 그런 여자에게 사내가 가볍게 목례를 했다. 사내가 무어라 하지 않았는데도 앉아있던 여자가 일어나 시장바구니에 담긴 긴 종이컵들에서 컵 하나를 꺼냈다. 갈색 병들의 뚜껑을 각각 열어 커피와 크림과 설탕을 종이컵에 덜어 넣었다.

"근데 왜 아직 안 내려갔어?"

여자의 말에 사내가 말없이 미소를 지었다.

"오늘 장사 어땠어요?"

"뭐 그래. 그래도 엊그제 집회가 컸잖아. 그 날 한 달 팔 거 다 팔아서 괜찮아. 오늘은 또 여기 이렇게 있으면 스케이트 타고 나오는 사람들이 제법 사 먹어."

여자가 웃으며 말했다.
"근데 어떡하지 오늘은 컵라면 안 가져 왔는데. 아, 오늘 파업 철회했다며? 그럼 뭐야? 엊그제 결사투쟁하겠다고 결의한 집회는? 올 한 해 안 넘기려고, 마무리 질려고 짜고 친 고스톱 집회였던 거야?"
뜨거운 커피를 건네며 연신 말을 거는 여자에게 사내가 말없이 미소만 지었다.
"그게 뭐야. 할려면 끝까지 하든지. 죽도 아니고 밥도 아니고. 그래야 나 같은 사람도 아, 댕기면서 그나마 먹고 살텐데. 하여튼 두고 봐. 여자가 한을 품으면 오뉴월에도 서리가 내린다는 옛말이 괜히 생긴 게 아냐. 이쪽에서 물러나면 쟤들도 그만큼 물러날 것 같지? 천만에. 내 보기엔 사람들 앞으로 지금보다 더 호되게 아주 된통 당할 거야."
받아든 뜨거운 커피를 두 손으로 받친 채 여자의 말에 사내가 가볍게 고개를 끄덕였다.
"2008년 촛불 때는 정말 대목이었는데 요샌 별로야. 사람들이 예전만큼 안 나와. 아무리 날이 춥기는 해도 말이야."
사내에게 커피를 건넨 여자가 고개를 뒤로 돌려 스케이트장 안을 바라보았다.
"좋겠다. 행복한 나라에서, 행복한 대통령 밑에서, 저렇게 행복해서들."
동그란 스케이트장 안을 담장 밖에서 바라보며 여자가 말했다.
"그래도, 이번 파업은 철회해도, 앞으로 2차 집회 3차 집회 한다니까 그때는 사람들이 좀 나올 거예요."
사내가 말했다.
"해야지 하나보다 하는 거지 뭐. 그렇잖아? 내가 이 바닥 장사 하루 이틀 했나. 그래도 어떻게 해. 기다려봐야지. 나야 죽으나 사나 집회 현장 찾아 다니면서 먹고 사는 사람이니까 말이야. 근데 저것들은 오늘 집회도 없는데 왜 저렇게 시커멓게 진을 치고 지랄이야 지랄이."

여자가 시청 주변에 늘어서 경찰버스와 군데군데 열을 맞춰 무리 지어 다니는 경찰들을 보며 말했다. 커피를 다 마신 사내가 여자에게 만 원 한 장을 건네자 여자가 주머니에서 천 원 지폐들을 꺼내어 세기 시작했다. 그런 여자에게 사내가 미소를 지으며 가볍게 고개를 가로저었다. 여자가 의아한 눈으로 사내를 쳐다보는데, 가볍게 여자에게 인사를 한 사내가 돌아서 대한문 쪽으로 걸어갔다.

"고마워. 새해 복 많이 받고. 건강하고. 아, 나 오늘밤 보신각 종치는 데 있을 건데 컵라면들 가지고 갈 거야. 오면 나 찾아와. 서비스로 그냥 줄게!"

여자가 걸어가는 사내의 뒤편에서 큰소리로 말했다. 여자의 말에 사내가 고개를 뒤로 돌려 미소를 지으며 손을 흔들어주었다.

1시간 30분 전

서울역 광장에 들어선 사내가 우뚝 서 있는 동상 앞에 섰다. 흰 도포자락 휘날리며 한 손에는 수류탄을 꼭 움켜쥐고 다른 한 손은 주먹을 꼭 쥔 채 당장이라도 앞으로 뛰쳐나갈 것 같은 비장한 몸짓에 표정이었다. 강우규 의사의 동상을 바라보며 서 있는 사내의 곁으로 광장을 순찰하는 한 무리의 경찰이 지나갔다. 대합실로 가는 계단을 올라간 사내가 몸을 돌려 서울역 광장 맞은편에 우뚝 서있는 벽돌색 <SEOUL SQURE> 건물을 바라보았다. 건물의 바로 옆에 절반도 되지 않는 높이로 바짝 달라붙은 남대문경찰서. 조그만 유리 건물에 반사된 따가운 햇살이 주변에 온통 퍼지고 있었다. 그 속으로 경찰버스들이 어딘가에서 끊임없이 오고 또 어딘가로 끊임없이 가고 있었다. 반사된 햇살에 눈살을 찌푸리던 사내가 광장 왼편으로 고개를 돌렸다. 연세라는 글자가 써진 커다란 건물 앞에 긴 고가도로가 눈길을 가로 지르고 있었다.

서울역사 뒤편에 계단으로 사내가 내려왔다. 서울역P주차장이라고 쓰인 곳을 향해 걸어갔다. 바지 주머니에서 키홀더를 꺼내 버튼을 눌렀다. 승합차 한 대에 불이 깜빡깜빡 들어왔다. 차에 다가가 문을 열고 올라탄 사내가 차에 시동을 걸었다. 관리사무소에서 주차비를 치르다 잔돈을 거슬러주려는 직원에게 사내가 됐다고 미소를 지으며 담배 한 개비를 부탁했다. 계산을 끝낸 사내가 빈 지갑을 보며 쓸쓸하게 웃었다. 주차장 입구 도로가에 차를 세운 사내가 자동차 시거잭을 달구어 담배에 불을 붙였다. 깊게 한 모금을 빨아들인 사내가 숨을 참았다. 잠시 눈을 감고 있던 사내가 차에 시동을 다시 걸었다. 서울역 후문 앞 횡단보도에 빨간 불이 들어왔다. 사내가 차를 세웠다. 사람들이 사내의 차 앞을 지나갔다. 운전대에 두 손을 모아 얹은 사내가 고개를 잠시 숙였다. 뒤에서 차들이 경적을 울리며 사내를 재촉했다. 고개를 든 사내가 팔목의 시계를 보았다. 오후 5시. 파란불이 들어왔다. 사내가 탄 차가 서서히 앞으로 나아가기 시작했다. 500여 미터 앞에 고가 도로가 보였다. 전방 도로 위에 걸린 표지판에 빨간불과 파란불이 연달아 깜빡였다. 돌아갈 수 없다는 유턴금지 표시를 사내가 올려다보았다. 망설임 없이 계속 차를 직진시킨 사내가 고가 도로에 진입했다.

"여보시오, 게서 뭐 하시오."

"세상 구경합니다."
"아니 세상 구경 뭐 할 거 있다고."
"아름다워서요."
"시퍼렇게 젊은 사람이 시덥기는 원."
뉘엿뉘엿 해 저물어 가는 서울역 앞 고가 난간에 사내가 차를 세웠다. 고가 아래에서부터 휘적휘적 비질을 하며 올라 온 늙은 청소부가 사내에게 물었다
"차가 고장 났어요?"
"아닙니다."
"근데 왜 여서 차를 세우고 있어요?"
"세상이 고장 나서요."
"거, 여서 차 세우고 그러면 안 돼요, 위험해요."
"네."
"어여 내려가요. 경찰이 보면 요새는 벌금 많이 물어요."
"네, 곧 내려 갈 겁니다."
사내가 쑥스럽게 웃으며 대답하였고 늙은 청소부는 그런 사내가 미덥잖지만 갈 길 가는 데, 가다 어쩐지 그래도 영 미덥잖아, 고가 난간에 여전히 우두커니 선 채 정면을 바라보는 사내를 뒷눈질 하면서, 휘적휘적 고가를 다 내려와 연말 수당이라 올해는 나올 돈 얼마나 되려나 생각하는데…….
서울역 앞 고가 난간에 긴 현수막 두 개가 걸려 허공에 휘날렸다. 현수막을 늘어뜨린 사내가 굵은 쇠사슬을 꺼내어 스스로 제 몸을 칭칭 감아 묶기 시작했다. 고가 난간 아래로 빨간 바탕에 하얀 고딕체 글씨, 하얀 바탕에 검정색 고딕체 글씨가 써진 긴 현수막 두 개가 바람에 이리저리 휘날렸다. 서울역 광장을 지나던 사람들이 현

수막을 보고 웅성거리기 시작했다. 고가 끝에서 경찰 두 명이 사내가 있는 지점을 향해서 뛰기 시작했다. 순간, 불길이 일었다. 시뻘건 불길이 갑자기 일면서 연기가 나기 시작했다. 하얀 연기가 나는가 싶더니 이내 검은 연기가 꾸역꾸역 고가 위로 피어올랐다. 한 점 불꽃이 희고 검은 연기 속에서 점점 격렬하게 커지면서 시뻘건 불기둥이 되고 있었다. 서울역 광장에서 고가 위 시뻘건 불기둥을 바라보는 사람들 사이에 외마디 비명들이 터졌다. 산 채로 생살이 타들어가는 끔찍한 냄새가 겨울하늘 아래 진동을 했다.

한바탕 시뻘건 불길이 휩쓸고 지나간 시커먼 자리에 고가 도로를 내려갔던 늙은 청소부가 다시 불려왔다. 타다 남은 앙상한 잿더미들을 쓸어 모으며 비질을 하다 잠시 허리를 펴고 황금색 끝자락 석양을 바라보았다. 사내가 서있던 자리에 서서 각자 제 갈 길 가기에 바쁜 세상을 물끄러미 바라보았다.

한해의 마지막을 보내고 새해를 맞이하는 제야 종소리가 텔레비전에서 울려 나왔다. 창밖에 한겨울 칼바람 속 차가운 어둠이 무심히 깊어가는 밤, 늙은 청소부가 소주잔을 기울이며 사내를 생각했다.

| 작가노트 |

나는 공작원이다. 내가 공작 임무를 받은 곳은 그곳이다. 황해도 해주 공작소, 함경도 공작소 아니다. 경기도 파주 공작소이다. 우리 공작소 총책은 정수남 선생이다. 선생은 해방둥이로 평양 대타령 출신이다. 남한과 북한 기껏해야 삼천리인 이 땅에서 선생은 분단의 허리 근처에서 산다. 그리고 밤낮없이, 끊임없이 남과 북을 오간다. 선생에게 비무장지대 철조망 그딴 것들은 전혀 문제가 없다. 수백만 발의 지뢰밭

지대도 마찬가지다. 선생에게는 아주 대단한 무기가 있기 때문이다. 김일성이 솔방울을 타고 두만강을 넘나들며 쪽바리들을 아그작냈다는데, 정수남 선생은 어린 시절 38선 철조망 넘다 한 쪽 눈 다친 이후 남한 용산고등학교에서 정희성, 최인호를 만나서 온갖 글을 쓰며 천승세와 모택동 모자를 평생 쓰기로 약속한 이후 이 땅 분단과 통일에 결말을 기필코 보리라 다짐하였다. 그러한 선생이 어언 팔순이 되고 말았다. 비통한 심정에 이 앙 다무는 선생의 모습이 눈에 선하다. 그리고 한편 미소 짓는 선생의 모습 또한 그려진다. 내가 선생에게 특별히 부여받은 임무는 확실하다. 무엇을 어떻게 하라고 아주 구체적으로 지시 받았다. 그리고 또한 나는 알고 있다. 나와 같은 임무를 부여받은 파주 공작소 공작원들이 매우 많다는 것을.

| 필자약력 |

곽애영_

김나영_
2016년 『작가연대』로 작품활동 시작. 2021년 소설집 『스마일맨』. 2024년 소설집 『잃어 가는 것들』.

김성문_
2009년 국제신문 신춘문예 단편소설 등단. 장편 『어느 봄 그해 여름』 단편 『모던에덴』 외 다수.

김성훈_
국책은행 지점장 퇴임.

김애련_
능곡교회 문화센터 수필반 수강 중.

김옥전_
동덕여대 대학원 문창과. 2004년 『시와시학』 시 등단. 2014년 『시와미학』 평론 등단. 시집 『당신의 새는 안녕하신가요』.

필자약력 ▮ 507

김정옥_
능곡문화센터 시니어 글쓰기반 수강. 능곡문화센터 3인 수필집. 『수요일, 오후 3시』(2024년 10월 25일 펴냄).

김지윤_

문창길_
김제 출생. 1984년 <두레시동인>으로 작품활동 시작. 시집 『철길이 희망하는 것은』 『북국독립서신』(우수문학나눔도서 선정).인도네시아번역시집 『Apa yang Diharapkan Rel Kereta Api』. 계간 『창작21』 편집인 겸 주간. 한국작가회의 회원. 경기작가회의 이사. 창작21작가회 회원. 민족문학연구회 공동회장. 한국, 몽골문학예술인협회 한국대표. 한국버마작가회 한국대표. 고양작가회의 회장.

박시연_
『창작21』 신인문학상 등단. 한국어교원, 문해교육사.

박인숙_
파주시 교하로 거주. 2024년 시 공부.

백경종_
1955년 전북특별자치도 고창 출생. 파주문협 회원.

신 신_
2016년 5·18신인문학상 당선, 제목 「기억의 유통기한」. 2019년 전태일문학상 수상, 제목 「딱지란 무엇인가」. 2022년 신라문학대상 당선, 제목 「어떤 사랑」.

신정주_
전북 정주 출생. 본명 신경희. 서양화가, 시인. 2011년 제 82회 『自由文學』 신인상. 시부 2회 추천 완료. 한국 自由文學협회 회원. 고양문인협회 회원. 2015년 첫 시집 『가난한 화가의 아내』(도서출판 天山). 2018년 제 2시집 『물고기뼈만 그리는 화가의 아내』(도서출판 天山). 2023년 제 3시집 『나는 마고다』(도서출판 메아리). 2022년 7월 종로구 인사동 조형갤러리 <신정주전> 전시. 2024년 2월 <빛나는 예술혼>전(인사동 조형 갤러리). 2025년 3월 '2025한국 미술의 팬덤을 위한 전시회', <한국 현대 대중미술의 진단>전(인사동 조형갤러리).

양희순_

이영주_
지금은 소설이 아닌 예능작가의 길을 걷고 있다. MBC <진짜사나이>, MBC <무한도전>, tvN <언니네 산지직송> 등 예능 작가로 활동 중.

이찬옥_
2003년 『문학나무』에 단편소설 「집」이 당선 되어 작품 활동. 소설집으로 『티파니에서』 『메종』 『마릴린 먼로가 좋아』가 있고, 함께 지은 책으로 『네 여자 세 남자』 『feat.죽음』 『슈가 제로 크리스마스』가 있다. 직지소설문학상 우수상, 작가포럼문학상 수상.

이창경_
1967년 서울출생. 1989년 덕성여대 국어국문학과 졸업. 2004년 리치 웨이공인중개사 운영 중. 2024년 공동수필집 『수요일 오후 3시』.

임진아_
2003년 전북일보 신춘문예 등단. 「땅 따먹기」「뒤주 이야기」「징계위원회」「헝그리복서클럽」 등.

임철균_
1964년 전남 광주 출생. 가톨릭대학교 국문과 졸업. 동대학원 국문과 박사 졸업. 2017년 『창작21』 소설 신인상 등단. 2021년 『창작21』 시 신인상. 2025년 『작가연대』 평론 신인상. 2005년 <가톨릭 문학상> 소설 수상. 2017년 <제1회 박종철문학상> 소설 대상. 2017년 <서울시 공공미술 스토리텔링> 문학부문 수상. 공동작품집 『2018신예작가』 외.

장영호_
2014년 『열린시학』 등단.

정현경_
제10기 파주 문예대학 수료. 글쓰기 플랫폼 브런치스토리 작가명 '정유쾌한씨'로 활동. 정수남 문학공작소 시 동아리 활동.

조수행_
2011년 『창작21』에 수필 「가시도 아프다」와 「마리이야기」를 발표하며 작품 활동 시작. 2024년 수필집 『어쩌면 아름다운 마디』.

미 진_
2021년 좋은생각 주최 생활문예대상. 장려상 수상. 공저 『여름이야기』와 『나에게 선물한 가을』. 2023년 에세이 『집이라는 그리운 말』 출간. 2024년 한국소설신인상 「감기」로 등단.

최미경_
능곡문화센터 3인 공동수필집 『수요일, 오후 3시』 출간.

최태랑_
2024년 『에세이문학』 등단. 『도시로 간 낙타』 등 시집3권. 『아버지 열매』 수필집. 2022년 김만배 작품상 수상. 2022년 인천문학상 수상. 2023년 아산문학 금상수상.

한신경_
『서정문학』 79기 신인상 소설부문 수상. 제3회 119문학상 문학분야(소설) 특선 수상.

홍 휴_
파주문예대학 10기 수료.